Friedrich Gebhardt

# Dokumentationssysteme

Mit 14 Abbildungen

Springer-Verlag
Berlin Heidelberg New York 1981

Friedrich Gebhardt

Gesellschaft für Mathematik
und Datenverarbeitung mbH Bonn
Schloß Birlinghoven
Postfach 1240
D-5205 St. Augustin 1

ISBN-13:978-3-540-10744-6     e-ISBN-13:978-3-642-68073-1
DOI: 10.1007/978-3-642-68073-1

CIP-Kurztitelaufnahme der Deutschen Bibliothek
Gebhardt, Friedrich:
Dokumentationssysteme / Friedrich Gebhardt. – Berlin ; Heidelberg ; New York :
Springer, 1981.
ISBN-13:978-3-540-10744-6



2145/3140-543210

# Vorwort

Lange Zeit hindurch wurden Dokumentationssysteme in Form von
Karteien geführt; Zugang hatte praktisch nur die betreibende
Organisation, etwa die Dokumentationsstelle eines Gerichts oder
eines Industrieunternehmens.

Bereits vor 1960 begannen Versuche, die erweiterten Möglichkeiten
der Datenverarbeitung zur Suche in Datenbeständen auch für
Dokumentationseinrichtungen nutzbar zu machen. Inzwischen wird
außerdem die Datenfernübertragung eingesetzt, um Benutzern weitab
von der Rechenanlage den Zugang zu ermöglichen. Es gibt Datenbanken mit Tausenden von Kunden, die über die ganze Welt
verteilt sind.

Dokumentationssysteme sind eine spezielle Form von Informations-
systemen. Charakteristisch für sie ist, daß sie als wesentlichen
Inhalt "weiche" Daten enthalten, nämlich Inhaltskennzeichnungen
von Dokumenten, meistens in der Form von Schlagworten oder
Kurzfassungen. Die "harten" Daten anderer Informationssysteme
sind entweder exakt oder mit einer abschätzbaren Genauigkeit
bekannt (Beispiele: Name und Geburtsdatum von Betriebsangehöri-
gen; physikalische Konstanten; volkswirtschaftliche Statistiken);
dagegen sind Inhaltsbeschreibungen von Dokumenten auf vielerlei
Weise möglich. Dies betrifft nicht nur die Frage, wie detailliert
man den Inhalt wiedergibt, ob man bevorzugt breite oder spezifische Schlagworte zuteilt und welchen von mehreren, bedeutungs-
gleichen oder -ähnlichen Ausdrücken man verwendet, sondern sehr
viel diffiziler das Problem, welche Aspekte eines Dokuments
dokumentationswürdig sind. Sogar bei sehr genau vorgegebenen
Arbeitsanweisungen kommen unabhängig voneinander arbeitende Indexierer in der Regel zu unterschiedlichen Ergebnissen, und oft
fällt es ihnen selbst in einem Gespräch miteinander schwer, einen
Konsens zu finden.

Womöglich noch schwieriger ist die Lage bei der Benutzung eines
Dokumentationssystems, da der Abfragende typischerweise nur eine
ungenaue Vorstellung von seinem Problem und möglichen Lösungs-
wegen hat. Er muß also nicht nur seine Fragestellung beschreiben,
sondern sich auch noch überlegen, mit welchen Schlagworten der
Indexierer wohl einschlägige oder doch mindestens inhaltsver-
wandte Dokumente belegt haben könnte.

Die spezifische Thematik bei der Darstellung und Analyse von
Dokumentationssystemen liegt daher in der Beschreibung der Dokumente, in den teilweise recht diffizilen Verfahren der Suche und

in dem Problem, wie Suchergebnisse zu bewerten und die Qualität verschiedener Suchmethoden zu vergleichen sind; dazu kommt natürlich die Beschreibung existierender Systeme. Bei der Behandlung dieser Fragen möchte das vorliegende Buch eine Brücke schlagen zwischen der Informatik und dem Bereich der Information und Dokumentation. Eine ausführlichere Darstellung der technischen Seite und ihrer theoretischen Fundierung findet der interessierte Leser in Peter C. Lockemann und Heinrich C. Mayr: Rechnergestützte Informationssysteme; das Standardwerk für die dokumentarische Seite ist der "Lai-Lu-MU", Klaus Laisiepen, Ernst Lutterbeck und Karl-Heinrich Meyer-Uhlenried: Grundlagen der praktischen Information und Dokumentation (siehe Literatur-Verzeichnis).

Das erste Kapitel gibt einen Überblick über Dokumentationssysteme, ihre Möglichkeiten, Probleme und Anwendungen. Es soll dem Leser helfen, bei der Lektüre der nachfolgenden Teile den Zusammenhang zu erkennen.

Die Kapitel 2 und 3 betrachten Dokumentationssysteme von der dokumentarischen Seite aus: formale Beschreibung und inhaltliche Erschließung von Dokumenten und Speicherung der Datenelemente in Dateien.

Der zentralen Problematik sind die Kapitel 4 und 5 gewidmet, nämlich den theoretischen Methoden und den praktischen Verfahren zum Auffinden der gewünschten Informationen. Die Suchfunktionen bilden die Bauelemente zur Formulierung von Suchfragen. Die Bewertung der Ergebnisse kann sinnvoll nur mit Mitteln der Wahrscheinlichkeitstheorie erfolgen. Dieser Ansatz führt dazu, daß das Dokumentationssystem nicht nur eine Teilmenge der Dokumente auswählt, sondern diese auch noch gewichtet (Rangfolgesortierung). Weitere Suchmethoden basieren auf der Ähnlichkeit der Dokumente untereinander (Cluster-Verfahren) und auf Iterationen aufgrund von Bewertungen einzelner gefundener Dokumente durch den Benutzer. Die praktische Seite der Suche besteht vor allem im Aufbau der Abfragesprachen; daneben werden Fragen des Datenschutzes und Hinweise zum Umfeld von Dokumentationssystemen behandelt.

Das sechste Kapitel beschreibt ausgewählte, existierende Einrichtungen: Retrieval-Systeme, Datenbasen, Anbieter von Informationsdiensten und Telekommunikationsnetze.

In das abschließende siebente Kapitel sind zwei Problemkreise mit linguistischem Hintergrund aufgenommen: die Analyse von Wortformen und Sprachstatistiken.

Vorausgesetzt werden beim Leser Grundkenntnisse der Informatik. Einige Abschnitte benutzen ferner Methoden der Wahrscheinlichkeitsrechnung und mathematischen Statistik. Die einzelnen Kapitel und Abschnitte sind weitgehend unabhängig voneinander lesbar.

Das Thema "Dokumentationssysteme" wird nicht scharf eingegrenzt, sondern es werden immer wieder interessante Ergebnisse aus verwandten Gebieten eingestreut. Dabei versteht sich von selbst, daß "interessant" ein subjektiver Begriff ist, der Präferenzen des Autors widerspiegelt.

Es wird nicht versucht, alle Darlegungen durch Literaturangaben zu belegen. Die Literaturhinweise konzentrieren sich einerseits auf wichtige, ergänzende Arbeiten und andererseits auf Belege für Aussagen, die schwieriger zu verifizieren sind. Zahlreiche weitere Referenzen finden sich in der Serie "Annual Reviews of Information Science and Technology", die im Auftrag der American Society of Information Science herausgegeben wird.

Ich bin für die Unterstützung der Arbeit durch verschiedene Personen dankbar. Die Herren Prof. Dr. Peter C. Lockemann, Universität Karlruhe; Prof. Tor Henriksen, Norwegische Bibliotheksschule Oslo; Dr. Andreas Moser und Dr. Bernd S. Müller, beide GMD, haben das Manuskript oder Teile davon durchgesehen und mir zahlreiche wertvolle Hinweise gegeben. Frau Angelika Junge hat die Texte erfaßt. Die Gesellschaft für Mathematik und Datenverarbeitung m.b.H. Bonn (GMD) hat mir technische Hilfe gewährt und mir insbesondere ihre Rechenanlage Siemens 7.760 für die Erfassung und Bearbeitung des Textes zur Verfügung gestellt.

Im Juli 1981                                    Friedrich Gebhardt

# Inhaltsverzeichnis

# Inhaltsverzeichnis

# 1. Überblick

Das erste Kapitel soll eine Einführung darstellen und einen
Überblick über Dokumentationssysteme, ihre Möglichkeiten und
Grenzen vermitteln. Die meisten Themen werden in den folgenden
Kapiteln nochmals, und zwar ausführlicher, behandelt. Die Kennt-
nis der Zusammenhänge soll dem Leser helfen, bei der Behandlung
von Details nicht den roten Faden zu verlieren.

## 1.1 Literatur-Dokumentation

Wieviele wissenschaftliche Aufsätze werden jährlich veröffentlicht? Sie sind nicht mehr zu zählen. Allein die Zahl der
Patentschriften übersteigt weltweit eine Million pro Jahr. Auch
nur auf einem begrenzten Fachgebiet den Überblick zu behalten
oder Literatur zu einer gerade aktuellen Fragestellung zu finden
ist fast unmöglich.

Den Wissenschaftler und andere Benutzer bei der Suche nach der
gewünschten Literatur zu unterstützen ist eine Aufgabe der Lite-
ratur-Dokumentation.

Dokumentation
___________

Das Wort "Dokumentation" wird in der Umgangssprache in vielen
Bedeutungsvarianten benutzt. Die Dokumentation zu einem Ereignis
kann eine Sammlung von Fakten sein, die jemand möglichst aus
Originalquellen zusammengestellt hat. Eine Programm-Dokumentation
ist eine Beschreibung der Datenflüsse und Verarbeitungsschritte
eines DV-Programms. In einem Betrieb kann mit der Dokumentation
die Dokumentationsstelle gemeint sein. Das Wort kann die Tätigkeit oder deren Ergebnis bezeichnen.

Wo immer Zweifel an der gerade beabsichtigten Bedeutung des
Wortes "Dokumentation" bestehen könnten, sollte man es nur in
Zusammensetzungen oder in feststehenden Phrasen benutzen; Bei-
spiele sind "Programm-Dokumentation", "Dokumentationsprozeß",
"Dokumentationswesen", "Dokumentationsstelle" und "Information
und Dokumentation". Der letzte Ausdruck wird häufig mit "IuD"
abgekürzt und im Sinne von "Dokumentationswesen" benutzt; die
Beigabe "Information" soll ausdrücken, daß man nicht nur die

# 1. Überblick

Technik des Dokumentationsprozesses im Auge hat, sondern auch deren Zweck, nämlich dem Benutzer die benötigten Literaturangaben oder sonstigen Informationselemente zukommen zu lassen. Dabei spielt sicher auch eine Rolle, daß das Wort "Information" einen wissenschaftlicheren Beiklang als "Dokumentation" genießt.

Wir wollen den zahlreichen Versuchen, "Dokumentation" zu definieren, keine neue Variante hinzufügen und es bei groben Begriffsbestimmungen bewenden lassen. Eine allgemeine akzeptierte Definition gibt es nicht; die verschiedenen Vorschläge auszuführen und zu analysieren würde zu weit führen und sei Lehrbüchern der Dokumentation überlassen.

## Dokumentationsprozeß

Unter dem Dokumentationsprozeß wollen wir das Sammeln, Ordnen, Analysieren und Beschreiben von Dokumenten zum Zwecke der Verbreitung von Wissen verstehen.

Bei den Dokumenten handelt es sich in der Praxis in erster Linie um Literatur. Das ist aber nicht die einzige Dokumentart; genau so gut kann man Kunstwerke, Projekte, Forschungsgruppen, Organisationen und viele andere Dinge oder Personen dokumentieren.

Der Zweck des Prozesses ist in die Begriffsbestimmung aufgenommen, damit der Urheber des Dokuments und der Nutzer der Beschreibung nicht vergessen werden.

Zu den Mitteln, Dokumente zu beschreiben, wollen wir weiter unten einige Hinweise geben; genauere Ausführungen folgen im Kapitel 2.

Zur Abgrenzung von der Katalogisierung von Büchern im Bibliothekswesen sei vermerkt, daß dort im wesentlichen physische Einheiten (Bücher, aber auch Mikroformen, Tafeln, Schallplatten und andere Gegenstände) gesammelt, geordnet und so beschrieben werden, daß man sie wieder auffinden kann. Eine Analyse des Inhalts findet nur so weit statt, als das zur Aufgliederung nach Sachgebieten, sei es für die Aufstellung im Magazin, sei es für Sachkataloge, nötig ist.

## Dokumentationssystem

Unter einem System versteht man eine Menge von Objekten, die untereinander in Beziehungen mit wohldefinierten Eigenschaften stehen. Wenn diese Beziehungen vornehmlich in der Aufnahme, Verarbeitung und Weitergabe von Informationen bestehen, nennt man das System ein Informationssystem. Auf die zahlreichen Versuche, "Information" zu definieren, wollen wir hier jedoch nicht eingehen.

Unter einem Dokumentationssystem verstehen wir ein Informationssystem zur Verbreitung des Wissens über Dokumente und ihren

Inhalt, wobei der Autor des Dokuments wie der Abnehmer des Wissens (der Benutzer) ausdrücklich in das System mit einbezogen werden.

Unbeschadet dieser weiten Formulierung richtet sich das Hauptinteresse des Buches auf DV-Systeme, die die Ergebnisse von Dokumentationsprozessen speichern, und auf die Hilfsmittel zur Analyse der Dokumente wie auch zum Auffinden der gespeicherten Informationen. Häufig werden wir nur dieses Kernstück des Gesamtsystems als Dokumentationssystem bezeichnen.

Daneben hat sich die Benennung "Retrieval-System" eingebürgert, die dort zu bevorzugen ist, wo eine Verwechslung mit dem Gesamtsystem vermieden werden soll.


Dokumentationsspeicher
________________________

Je nach dem speziellen Zweck eines Dokumentationsprozesses werden unterschiedliche Verfahren eingesetzt. Der einzelne Wissenschaftler führt häufig eine Zettelkartei der ihn interessierenden Literaturstellen. In automatisierter Form wird eine kleine Datei daraus.

Der klassische Dokumentationsspeicher ist eine Kartei, in der jeder Nachweis eines Dokuments je nach Ordnungskriterium mehrfach abgelegt ist, beispielsweise unter Autor, herausgebender Organisation und unter mehreren Schlagworten. Manche Karteien haben einen erheblichen, kaum noch handhabbaren Umfang erlangt. Als Beispiel sei die Sammlung des Bundessozialgerichts mit (1970) etwa 450.000 Karteikarten genannt.

Spezielle meist einmalige und nicht auf laufende Fortführung gerichtete Dokumentationsformen sind Bibliographien. Das Ergebnis der inhaltlichen Analyse kann in unterschiedlicher Weise wiedergegeben werden, zum Beispiel als verbale Charakterisierung (Annotation), in Form von Schlagworten oder durch eine Sortierung nach Sachgruppen.

Eine fortlaufende Form solcher Bibliographien sind die Referatezeitschriften.

Sobald die Datenverarbeitung als technisches Hilfsmittel eingesetzt wird, verschwimmen diese Unterschiede. Der gleiche Datenbestand kann für Spezial-Bibliographien, den Druck von Referate-Zeitschriften, die unmittelbare Auskunft aufgrund einer Anfrage (wie bei Karteien) und auch für neuartige Anwendungen eingesetzt werden wie die individuelle Benachrichtigung von Benutzern über neu aufgenommene Dokumente zu ihrem jeweiligen Arbeitsgebiet (aktiver Informationsdienst AID oder auf englisch selective dissemination of information SDI).

# 1. Überblick

## Beschreibungselemente

Die Analyse der Dokumente erfolgt in zweifacher Hinsicht, nämlich
nach formalen und nach inhaltlichen Kriterien.

Die formale Erfassung ergibt die bibliographischen Angaben:
Autor; Titel; Erscheinungsjahr; bei Büchern Verlag und Ort; bei
Zeitschriftenaufsätzen Zeitschrift, Band und Seitenzahl; je nach
Dokumentart auch weitere Angaben.

Der Titel ist zugleich eine Kennzeichnung des Inhalts. In
der inhaltlichen Erschließung können ferner freie Schlagworte,
Deskriptoren aus einem Thesaurus, Notationen einer Sachgebietsklassifikation oder Kurzfassungen dem Dokument zugeteilt werden.
Im Extremfall wird außerdem der gesamte Text gespeichert und für
die Suche bereitgestellt. Die Zuordnung inhaltsbeschreibender
Angaben zu einem Dokument heißt Indexierung.

## 1.2 Problematik der Suche

Ein Benutzer sucht Literatur zu einer fachlichen Fragestellung;
er läßt sich alle Dokumente nennen, die bei der inhaltlichen
Auswertung diejenigen Schlagworte zugeteilt bekommen haben, die
dieser Fragestellung entsprechen. Er erhält zahlreiche Nachweise,
die ganz andere Themen behandeln, und er stellt fest, daß einige
ihm schon bekannte, wichtige Arbeiten fehlen. Das Suchergebnis
ist also weder vollständig noch liefert es ausschließlich einschlägige Dokumente. Dies ist kein Versehen (indem er etwa mit
den falschen Schlagworten gesucht hätte), sondern eine durch-
gehende Erfahrung bei allen Recherchen. Woran liegt das?

Dazu müssen wir das gesamte Dokumentationssytem etwas genauer
betrachten.

## Petri-Netze

In Abbildung 1-1 ist ein grobes Modell eines Dokumentationssystems in Form eines Petri-Netzes wiedergegeben. Dieses besteht
aus zwei Arten von Elementen, Kanälen (Kreisen) und Instanzen
(Rechtecken), sowie aus gerichteten Verbindungen zwischen ihnen.
Dabei sind Kanäle immer nur mit Instanzen verbunden, Instanzen
nur mit Kanälen. Kanäle sind Speicher, die die in ihnen enthaltenen Informationen unverändert lassen (in dem jeweils modellier-
ten Detaillierungsgrad). Instanzen entnehmen Informationen aus
Kanälen (mit oder ohne Löschung), verarbeiten sie und speichern
das Ergebnis in andere Kanäle.

Petri-Netze eignen sich gut zur Modellierung von Kommunikations-
vorgängen. Es gibt für sie eine ausgedehnte, mathematische

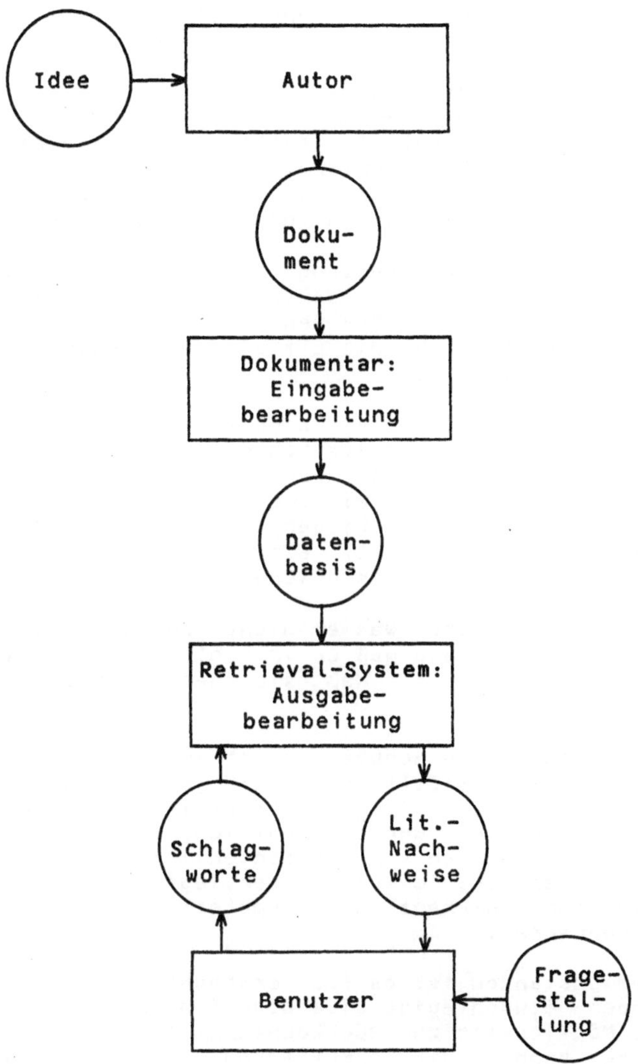



**Abbildung 1-1.** Grobes Modell für ein Dokumentations-System.

# 1. Überblick

Theorie, die wir hier aber nicht benötigen.

## Modell des Dokumentationssystems

Der Autor hat eine Idee. Er setzt diese um in ein Dokument.
Dieses wird von einem Dokumentar bearbeitet; er ordnet ihm nach
seinem Verständnis des Dokuments wie auch des Fachgebiets,
aus dem es entstammt, Schlagworte zur Inhaltsbeschreibung zu.

Der Benutzer hat eine Fragestellung. Er transformiert sie in eine
Reihe von Schlagworten, von denen er glaubt, daß sie zur
Beschreibung einschlägiger Dokumente benutzt sein könnten. Das
Retrieval-System liefert ihm die mit diesen Schlagworten versehe-
nen Literatur-Nachweise.

Die Schritte dieses Prozesses sind alles andere als eindeutig
festgelegt. Der Autor hat bereits zahlreiche Möglichkeiten, seine
Idee sprachlich darzustellen. Der Dokumentar muß das Papier
richtig interpretieren, sich ein Urteil über die Wichtigkeit der
angesprochenen Einzelthemen bilden, diese in das Wissensgebiet
(so wie es ihm bekannt ist) einordnen und durch ihm passend
erscheinende Schlagworte repräsentieren.

Der Benutzer sucht etwas, was er nicht kennt, wovon er nur eine
vage Vorstellung hat. Diese muß er in Schlagworte übersetzen, von
denen er sich verspricht, daß sie der Dokumentar verwendet
haben könnte.

Da Autor, Dokumentar und Benutzer nicht in unmittelbaren Kontakt
zueinander treten, entfällt die bei jedem Gespräch gegebene
Möglichkeit, sich gegenseitig zu korrigieren. Mißverständnisse
können nicht beseitigt werden, abweichende Terminologie kann
nicht angeglichen werden. Zu beachten ist auch, daß die Fachterminologie einer Entwicklung unterliegt, die der Benutzer
mitmacht, während Dokument und zugeteilte Schlagworte auf dem
alten Stand verharren.

Unter diesen Umständen ist es fast erstaunlich, daß der Benutzer
überhaupt noch einschlägige Literatur findet. Er hat allerdings
eine gewisse Möglichkeit zur Rückkopplung: Aufgrund der angezeigten Dokumente kann er die Formulierung seiner Suchfrage verbessern. Manche Retrieval-Systeme versuchen, diesen Rückkopplungs-
vorgang maschinell zu unterstützen.

Es ist ersichtlich, daß beim Aufbau einer Datenbasis (sei
es eine Kartei, sei es eine Datei) die terminologische Kontrolle
eine sehr gewichtige Rolle spielt. Großer Aufwand wird in die
Entwicklung von Fachthesauri gesteckt. Ein Thesaurus ist im
wesentlichen ein System von festgelegten Schlagworten, die dann
Deskriptoren genannt werden, mit wohldefinierten Beziehungen
zueinander wie Unter- und Oberbegriff, verwandter Begriffe,
verwende X für Y und andere mehr. Dennoch bleiben die Unwägbarkeiten und Variationsmöglichkeiten in den Einzelschritten des

Dokumentations- und Suchprozesses erhalten.

Der Autor eines Aufsatzes kann den Dokumentationsprozeß unterstützen, indem er einen aussagekräftigen, nicht nur dem Spezialisten verständlichen Titel verwendet, nicht ohne Not von der anerkannten Terminologie abweicht und in einer Zusammenfassung die wesentlichen Probleme, Lösungswege und Ergebnisse in klaren, kurzen Sätzen darstellt.

Die mannigfaltigen Transformationen von Ideen und ihren Darstellungen sind der charakteristische Unterschied zwischen Dokumentations- und Fakten-Retrieval-Systemen, bei denen sich zu jedem Objekt im Prinzip eindeutig feststellen läßt, ob es zur gesuchten Menge gehört (ein beliebtes Musterbeispiel ist "alle Angestellten einer Firma, deren Gehalt größer ist als das ihres Chefs").


### Relevanz

Das Ausmaß, in dem ein Dokument den Informationswunsch des Benutzers befriedigt, nennt man dessen Relevanz (bezüglich der Suchfrage). Die Beurteilung der Relevanz ist eine Ermessensfrage. Je nach Vorkenntnissen, Verständnis der Suchfrage und des Dokuments, Gewichtung der Problemkomponenten und anderen Gegebenheiten ordnen mehrere Personen dem gleichen Dokument unterschiedliche Relevanz zu, die manchmal von "höchst relevant" bis "völlig irrelevant" variieren kann. Auf Relevanzaussagen beruhende Beurteilungen von Suchstrategien lassen sich daher angemessen nur unter Verwendung der Wahrscheinlichkeitsrechnung beschreiben.

In vielen Fällen wird in Experimenten nur zwischen "relevant" und "nicht relevant" unterschieden. Dies ist eine Vergröberung der Situation, die der Vereinfachung der Darstellung der Ergebnisse dient. Aus den Anzahlen der gefundenen und nicht gefundenen, der relevanten und nicht relevanten Dokumente werden die Selektionsgütemaße Nachweisquote, Relevanzquote, Ausfallquote und andere gebildet (Abschnitt 4.2.4).


## 1.3 DV-gestützte Dokumentationssysteme

DV-Anlagen ermöglichen im Bereich der Dokumentation zunächst die Handhabung großer Datenmengen, die mit konventionellen Mitteln nicht mehr zu bewältigen sind. Sie eröffnen zugleich - wie in zahlreichen anderen Bereichen - viele neue Möglichkeiten.

In Karteien oder Bibliographien wird jeder Aufsatz unter wenigen Schlagworten nachgewiesen. Bei DV-gestützten Systemen besteht praktisch keine Begrenzung der Anzahl der Schlagworte; wo der volle Text gespeichert wird, kann er sogar unter jedem im Text vorkommenden Wort gefunden werden, wobei man meistens die beson-

# 1. Überblick

ders häufigen Wörter wie Artikel, Präpositionen und andere,
die man dann als Stoppwörter bezeichnet, ausnimmt.

Karteien in mehreren Ausfertigungen zu führen ist beim Änderungsdienst ziemlich aufwendig; Dateien zu kopieren ist kein Problem.

Eine kombinierte Suche unter mehreren Ordnungsbegriffen ist in
Karteien äußerst mühsam; DV-Anlagen bewältigen auch komplizierte
Verknüpfungen in Sekundenschnelle.

Ein weiteres Verfahren, das erst durch DV-Unterstützung in großem
Stil betrieben werden kann, ist der aktive Informationsdienst:
Die individuelle Suchfrage eines Benutzers wird gespeichert, und
nach jeder Ergänzung der Datenbasis erhält der Benutzer automatisch die neuen, sich auf diese Suchfrage qualifizierenden
Dokumente mitgeteilt. Konventionell konnte diesem Bedarf nur
durch hohen Personaleinsatz oder aber durch spezialisierte Auszüge aus Referate-Zeitschriften entsprochen werden, die jedoch
auf große Benutzergruppen zugeschnitten sein mußten, damit sich
der Druck lohnte. Natürlich ergeben sich auch zahlreiche Möglichkeiten der mehrfachen Verwendung der gespeicherten Angaben für
Retrieval-Systeme, Zeitschriften-Druck, Erstellung von Spezial-
Bibliographien und andere Aufgaben.

## Aufbau von Retrieval-Systemen

Wegen der großen Datenmengen kann auf eine Anfrage hin nicht die
gesamte Datenbasis sequentiell durchsucht werden. Der Kern eines
Retrieval-Systems besteht daher aus der Dokument-Datei, einer
Schlagwort-Datei und einer Datei der jedem Schlagwort zugeordneten Dokumentnummern (Zielpunktlisten). Die Zielpunktlisten werden manchmal als eigene Datei geführt und manchmal dem Schlagwort
in der Schlagwort-Datei angehängt.

Bei den Schlagworten oder in den Zielpunktlisten muß man außerdem
die Herkunft aus den Beschreibungskategorien kenntlich machen, um
das Schlagwort "Essen" von gleichnamigen Autoren, Verlagsort oder
Titel zu unterscheiden. Statt Kennzeichnungen in einer einheitlichen Datei zu verwenden kann man auch für jede Kategorie eine
eigene Schlagwortdatei mit den zugehörigen Zielpunktlisten
anlegen.

Manche Suchstrategien verwenden die Position der Suchwörter im
Dokument, etwa um feststehende Phrasen (mehrwortige Ausdrücke)
von einem bloß zufälligen Vorkommen der beteiligten Wörter im
gleichen Dokument zu unterscheiden. Auch hier gibt es mehrere
Möglichkeiten zur Realisierung. Die Wortposition kann in der
Zielpunktliste festgehalten sein, oder das Retrieval-System
durchsucht diejenigen Dokumente, die die fraglichen Wörter überhaupt enthalten.

Für den Aufbau der erforderlichen Dateien gibt es also zahlreiche
Möglichkeiten mit Vor- und Nachteilen beim Speicherbedarf, bei

20

der Rechenzeit für die Erstellung und für die Suche, in der Flexibilität der Anpassung an die Eigenarten einzelner Datenbestände, im Änderungsdienst und, nicht zu vergessen, im Aufwand der Progammierung.

Die Software für Dokumentationssysteme besteht im wesentlichen aus zwei Komplexen. Die Programme zum Dateiaufbau müssen vor allem die Schlagworte extrahieren und Schlagwortdatei und Zielpunktlisten ergänzen. Dies erfordert sehr umfangreiche Sortierungen; denn große Datenbasen enthalten mehrere hunderttausend Dokumente mit vielen Millionen zu sortierenden Wortvorkommnissen. Der Änderungsdienst an bestehenden Dateien spielt, abgesehen von der Ergänzung um neue Dokumente, eine geringere Rolle, ist aber keineswegs so bedeutungslos, wie er von manchen Herstellern von Retrieval-Systemen behandelt wird.

Der dem Benutzer vertrautere Teil der Software ist das Abfrageprogramm. Die Abfragesprache ist bei den existierenden Produkten sehr verschieden aufgebaut; durch Unterstützung der Kommission der Europäischen Gemeinschaften hat sich aber in den letzten Jahren durch die Definition der "Common Command Language" ein Trend zu einer gewissen Vereinheitlichung ergeben.

Die wesentlichsten Suchmöglichkeiten umfassen die Suche nach vom Benutzer vorgegebenen Wörtern, die Beschränkung auf einzelne Teile der Dokumentbeschreibung (Autor, Titel, Schlagworte, Kurzfassung und andere), die Verknüpfung solcher elementarer Suchen durch logische (boolesche) Operatoren, insbesondere UND, ODER und (mit besonderer Vorsicht anzuwenden) UND NICHT, die Ausschöpfung des Textzusammenhangs durch Suchforderungen wie "benachbart" oder "im gleichen Satz" und die Möglichkeit, mit Wortfragmenten (vor allem mit Wortanfängen) zu suchen. Eine bedeutende Hilfe, die aber nur in wenigen Systemen angeboten wird, ist die Sortierung der nachgewiesenen Dokumente nach Kriterien, die aus den Häufigkeiten der Suchwörter im Dokument und in der gesamten Datenbasis gebildet werden (Rangfolgesortierung).

Manche Dokumentationssysteme enthalten außerdem Komponenten zur linguistischen Analyse von Texten wie Reduktion der Wortformen auf die Grundform, die teils beim Datenbankaufbau, teils bei der Suche eingesetzt werden.


Technische Anforderungen
_______________________

Die technischen Anforderungen an Retrieval-Systeme ergeben sich zu einem bedeutenden Teil aus der ungeheuren Größe der Datenbasen. Die Sortierungen beim Aufbau der Dateien hatten wir schon genannt. Bei der Suche müssen aus Zielpunktlisten aus tausenden von Elementen Vereinigungen oder Durchschnitte gebildet werden, im Extremfall kann eine einzige Zielpunktliste sogar über hunderttausend Einträge enthalten.

Eine andere Art von Anforderungen ergibt sich aus der Zusammen-

# 1. Überblick

setzung des Benutzerkreises. Diese kommen aus den verschiedensten Fachgebieten, sind selten DV-Spezialisten, nur zu einem Teil Dokumentare, viele benutzen des System nur gelegentlich, andere mehrere Systeme nebeneinander. Daher ist auf Benutzerfreundlichkeit der Abfragesprache wie auch aller anderen Kommunikationen mit dem Benutzer (Fehlermeldungen, Handbücher, Gestaltung der Ergebnisse) großer Wert zu legen. Zahlreichen Systemen sieht man an, daß sie anfangs einheitlich und übersichtlich waren, aber durch nachträgliche Erweiterungen diese Eigenschaften verloren haben.

Zu beachten ist ferner, daß sehr viele Benutzer gleichzeitig das System in Anspruch nehmen wollen. Eins der öffentlich zugänglichen Unternehmen (Lockheed, USA) betreibt mehr als 100 Datenbasen und hat über 7000 Kunden mit direktem Zugriff über Telekommunikationsleitungen, von denen in Spitzenzeiten sicherlich mehrere hundert gleichzeitig aktiv sind.

## Ablauf einer Suche

Wie geht die Benutzung eines DV-gestützten Dokumentationssystems vor sich? Natürlich gibt es viele Möglichkeiten; das folgende Beispiel zeigt einige typische Ablaufmuster.

Ein Mitarbeiter einer Firma stößt auf eine Fragestellung, zu der er in der wissenschaftlichen Literatur hilfreiche Aussagen vermutet. Er wendet sich an einen Mitarbeiter der Dokumentationsstelle des Betriebes; dieser läßt sich die Fragestellung erklären. Da er die fachliche Ausrichtung der zahlreichen, ihm zugänglichen Datenbasen kennt, weiß er, welche davon in diesem Fall am besten geeignet ist.

Zu dieser Datenbasis existiert ein Thesaurus, das ist eine Liste von Schlagworten, die zur Inhaltsbeschreibung zugelassen sind. Jedes Dokument ist mit einigen Thesaurus-Termen (Deskriptoren) versehen, daneben mit einer Anzahl von "freien" Schlagworten. Die Deskriptoren stellen eine terminologische Festlegung dar; der Benutzer braucht nicht zu fürchten, daß der Dokumentar, der die Dokumentbeschreibung angefertigt hat, irgendwelche andere, inhaltsgleiche Ausdrücke (Synonyme) benutzt hat. Auf der anderen Seite stellt der Thesaurus eine Einengung dar; dort nicht vorgesehene Sachverhalte können nicht ausgedrückt werden. Dies wird durch die zusätzlichen freien Schlagworte erreicht.

Der Mitarbeiter der Dokumentationsstelle sucht im gedruckten Thesaurus die Deskriptoren, die er verwenden möchte, und geht dann zur Datensichtstation. Über ein Modem (Modulator-Demodulator) ist diese mit dem Fernsprechnetz verbunden. Er wählt die Rufnummer eines Fachinformationssystems, das die gesuchte Datenbasis anbietet, stellt sich dessen Rechenanlage mit dem nötigen Eingangsdialog, der unter anderem ein Paßwort enthält, vor und gibt den Datenbasisnamen an. Die Suche kann beginnen.

Von den ausgesuchten Deskriptoren und von mehreren freien Schlagworten läßt sich der Benutzer die Anzahl der damit beschriebenen
Dokumente anzeigen; diese Anzahlen geben Hinweise darauf, wie man
die Suchfrage zusammenstellen sollte. Einzelne Schlagworte werden
maskiert: Nur der Anfang, gefolgt von einem bestimmten Sonderzeichen, wird eingegeben, und das System bietet alle mit dieser
Zeichenfolge beginnenden Schlagworte zur Auswahl an. Die passenden Deskriptoren und Schlagworte werden durch UND und ODER
verknüpft; dies liefert den Durchschnitt beziehungsweise die
Vereinigung der Dokumentmengen, denen diese Ausdrücke zugeordnet
sind (auch logische oder boolesche Verknüpfung genannt). Einige
wenige aufgefundene Dokumente läßt man sich am Sichtgerät anzeigen; dabei stößt man auf ein weiteres Schlagwort, das man in die
Suchfrage aufnimmt.

Wenn man den Eindruck hat, nicht zu viele, aber eine ausreichende
Anzahl wichtiger Dokumente identifiziert zu haben, veranlaßt man
durch einen besonderen Befehl, daß diese ausgedruckt werden,
damit man sie in Ruhe am Schreibtisch prüfen kann. Sollte der
Benutzer dabei feststellen, daß die Frageformulierung doch nicht
genau genug war, so wird er wiederkommen. Zunächst aber verab-
schiedet sich das System unter Angabe der Anschlußzeit (rund 20
Minuten), der Zahl der gefundenen Dokumente und der Kosten der
Suche (vielleicht 45 DM ohne die Telefonkosten).


## 1.4 Existierende Systeme


### Datenbasen

Manche Datenbasen werden von einer Firma nur für den eigenen
Gebrauch hergestellt. Wegen der großen Kosten ist der Normalfall
jedoch der, daß die bestehenden Datenbasen öffentlich zur Benutzung angeboten werden.

Hersteller der Datenbasen sind staatliche wie private Stellen. Zu
den ersten und größten Sammlungen gehört MEDLARS (Medical Literature Analysis and Retrieval System) der National Library of
Medicine (NLM) in den USA mit etwa 3,4 Millionen Literaturangaben
(Anfang 1981). Die nach der Zahl der Dokumente umfangreichste
Datenbasis ist INPADOC, die rund 8,5 Millionen Patentschriften
enthält und vom Internationalen Patentdokumentationszentrum in
Wien erstellt wird. Kommerziell am erfolgreichsten scheint LEXIS
zu sein; dort sind Gesetze und Gerichtsentscheidungen aus den USA
und neuerdings auch aus Großbritannien im vollen Text gespeichert. Andere Datenbasen werden von wissenschaftlichen Vereinigungen herausgegeben, beispielsweise der Chemical Abstracts
Service von der American Chemical Society und die für die
Informatik wichtigen INSPEC-Datenbasen von INSPEC, The Institution of Electrical Engineers.

# 1. Überblick

Neben den großen gibt es auch kleine Datenbasen. Der Inhalt
überdeckt fast alle Wissensgebiete. Literatur-Datenbasen enthalten neben den bibliographischen Angaben meist Schlagworte, oft
Deskriptoren aus einem Thesaurus, vielfach auch Kurzfassungen,
die vollen Texte dagegen in der Regel nur bei Gesetzen und
Gerichtsentscheidungen, die keinem Urheberrechtsschutz unterliegen. Von den über 600 öffentlich zugänglichen Datenbasen
gehört aber nur rund ein Drittel in diese Kategorie; die übrigen
bieten "Fakten" an, beispielsweise physikalische oder chemische
Daten, Wirtschaftsinformationen oder statistische Angaben.


## Datenbankbetreiber

Datenbasen kann man kaufen oder im Abonnement beziehen. Man
benötigt dann einen großen Rechner und hinreichend viel Speicherplatz, wenn man sie nutzen will.

Einfacher ist es, wenn man die anderswo aufgebauten Datenbanken
mit benutzt. Es gibt zahlreiche Firmen und auch staatliche
Stellen, die diesen Dienst anbieten. So hat der Benutzer bei der
nordamerikanischen Firma Lockheed die Auswahl zwischen mehr als
100 Datenbasen.

Ein wichtiges Ziel des Programms der Bundesregierung zur Förderung der Information und Dokumentation (IuD-Programm) war es,
eine Reihe von Fachinformationszentren aufzubauen, die in ihrem
Fachgebiet Datenbanken anbieten und bei Bedarf auch selbst
erstellen sollten. Einige davon existieren inzwischen; in anderen
Bereichen gibt es eine mehr oder weniger enge Zusammenarbeit
mehrerer Dokumentationsstellen.

Die Kommission der Europäischen Gemeinschaften ist auch auf dem
Gebiet der Informationsvermittlung um die Konkurrenzfähigkeit
Europas mit den Vereinigten Staaten und um Chancengleichheit
innerhalb der EG bemüht. Ein Ergebnis dieser Anstrengungen ist
Euronet/DIANE: Euronet ist ein Paketvermittlungsnetz (in dem
Daten paketweise nebst Absender- und Empfängerangaben weiter-
geleitet werden statt daß eine Leitung vom Absender zum Empfänger
wie bei Telefon durchgeschaltet wird), an das über zwanzig
Informationsvermittler angeschlossen sind (in der Bundesrepublik
Deutschland DIMDI, INKA und die GID); DIANE ist eine Arbeitsgemeinschaft der Datenbankbetreiber, der Fernmeldeanstalten und
der EG, die ungeachtet der Konkurrenz untereinander eine Vereinheitlichung der Verfahren erreichen möchte, beispielweise gemeinsame Abfragesprache, gleicher Aufbau der Benutzerhandbücher,
einheitliche Abrechnung und vielleicht sogar gemeinsame Paßwörter
für den Zugang zum Netz und zu allen Anbietern, so daß der Kunde
mühelos von einem Wirtsrechner zum anderen überwechseln kann. Die
Datenübertragungskosten innerhalb Euronet sind entfernungsunabhängig, so daß jeder Benutzer die gleichen Gebühren zahlt, wo
er auch wohnt. Über Euronet können derzeit ungefähr 200 verschiedene Datenbasen erreicht werden.

## Retrieval-Systeme

Es gibt bereits eine ganze Reihe von Retrieval-Systemen für
Kleinrechner; schon auf Geräten im Kaufpreis von 6.000 DM kann
man sich seine private Literatur-Datenbasis einrichten. In erster
Linie interessieren wir uns hier aber für Systme auf Großrechnern. Diese sind teilweise recht unterschiedlich aufgebaut.
Aus der Vielzahl existierender Systeme greifen wir zur Illustration einige heraus.

Vom Deutschen Institut für Medizinische Dokumentation und Information (DIMDI) stammt das General Relation Based Information
Retrieval System GRIPS mit der Retrieval-Komponente DIRS 3
(DIMDI's Information Retrieval System). DIRS 3 hat die schon
erwähnte gemeinsame Abfragesprache voll übernommen. Das System
zeichnet sich durch eine große Flexibilität in der Art der
Datenaufbereitung aus (welche Kategorien in welcher Weise getrennt oder gemeinsam zur Suche zur Verfügung gestellt werden).
Das wird damit erkauft, daß in die Einrichtung jeder Datenbank
ein beträchtlicher Aufwand gesteckt werden muß; die Art der
Aufbereitung muß dem System ja (in sogenannten "Telegrammen")
beschrieben werden.

Das IBM-System STAIRS (Storage and Information Retrieval System)
stammt aus dem Jahre 1972 und baut auf den Erfahrungen mit
älteren Text-Retrieval-Systemen auf. Die Dokumente werden in
Segmentabschnitte, Segmente (Absätze) und Sätze gegliedert; zusätzlich können "formatierte Felder" definiert werden, deren
Behandlung beim Aufbau der Datenbasis wie bei der Suche von der
des Textteils abweicht.

STAIRS ist zur Speicherung von Texten konzipiert und umfaßt daher
keinen Thesaurus (nur Synonym-Verknüpfungen sind möglich).
Selbstverständlich können Schlagworte und Deskriptoren aber wie
Text verarbeitet werden. Neuere Zusatzprogramme gestatten die
Generierung von Flexionsformen der Suchwörter, um dem Benutzer
die Eingabe aller in der Datei vorkommenden Formen zu ersparen,
sowie die Ankoppelung eines Thesaurus, der unabhängig von STAIRS
aufgebaut und gewartet wird.

Ein anderes Text-Retrieval-System ist STATUS II (Hersteller:
Atomic Engery Research Establishment), das eine Reihe von bemer-
kenswerten Eigenschaften besitzt. Es ist in FORTRAN geschrieben
und läuft auf sehr unterschiedlichen Rechenanlagen. Bestandteil
von STATUS sind Programme für Dateneingabe, Datenbankaufbau und
Änderungsdienst. Die "formatierten Daten" können beliebig in den
Text eingestreut sein; sie müssen natürlich entsprechend markiert
werden. Unter Verwendung der existierenden Kommandos kann der
Benutzer neue definieren ("Makros"), auch solche mit Parametern,
die erst beim Aufruf eingesetzt werden.

Im Gegensatz zu STAIRS und STATUS ist GOLEM (Großspeicher-
orientierte listenorganisierte Ermittlungs-Methode der Firma

# 1. Überblick

Siemens) vom Ansatz her ein Schlagwort-System, das folgerichtig Thesaurusfunktionen anbietet. Die Textspeicherung wirkt wie ein Fremdkörper. Die Texte dienen hauptsächlich zur Anzeige; eine Suche in den Texten ist nur beschränkt möglich und recht umständlich.

Eine bedeutsame Rolle in der Literatur spielt SMART, von G. Salton und Mitarbeitern entwickelt. Es ist ganz auf vergleichende Tests von Suchstrategien ausgerichtet. Wichtiger als die Anzeige der gefundenen Dokumente ist daher die statistische Auswertung, zu deren Durchführung die Relevanz der Dokumente bezüglich der Test-Suchfragen dem System bekannt sein muß, für die Suche selbst aber nicht verwendet wird. SMART erlaubt eine Unzahl von Variationsmöglichkeiten bei der Dokumentbearbeitung und im Retrieval-Prozeß (Verfahren der automatischen Indexierung, Verwendung von Ähnlichkeiten zwischen den Dokumenten, Cluster-Bildung, iterative Verfahren).

## 1.5 Grundbegriffe

In diesem Buch werden zahlreiche Benennungen aus der Informatik, dem Dokumentations- und dem Bibliothekswesen verwendet, deren exakte Bedeutung in diesem Zusammenhang nicht wesentlich ist. Beispielsweise haben die Bibliothekare genaue Regeln dafür, was als Titel anzusehen ist, wenn ein Buch mehrere verschiedene Überschriften trägt, die mehr oder weniger von einander abweichen, vielleicht auch in mehr als einer Sprache.

Hier sollen nur einige Begriffe geklärt werden, die weniger gebräuchlich sind oder durch die sonst Verwirrung entstehen könnte. Andere Begriffe werden dort definiert, wo sie eingeführt und benutzt werden.

### Begriff, Bezeichnung, Benennung

Umgangssprachlich werden "Begriff", "Bezeichnung" und "Benennung" fälschlicherweise oft gleichgesetzt.

Ein Begriff ist eine gedankliche Einheit. Darunter ist ein gedanklich abgrenzbares Gebilde beliebiger Art zu verstehen, beispielsweise eine Abstraktion eines typischen Vertreters einer Klasse von Gegenständen, Ereignissen oder Zusammenhängen.

Damit man sich über einen Begriff unterhalten kann, wird er mit einem Zeichen belegt, das stellvertretend für ihn steht. Ein solches Zeichen heißt "Bezeichnung"; eine mit Mitteln einer natürlichen Sprache (oder Fachsprache) gebildete Bezeichnung heißt eine Benennung. Beispiele für Bezeichnungen, die keine Benennungen sind, sind Bildsymbole, mathematische Zeichen und

**Abkürzungen.**

Eine Benennung kann aus einem oder mehreren Wörtern bestehen. Beispiele sind "Dokumentationssystem", "DV-gestütztes Dokumentationssystem" (hier wird "DV" als Kunstwort und nicht mehr als Abkürzung empfunden), "Algorithmus zur Analyse englisch-sprachiger Sätze", "speichern" und "wiederspruchsfrei".

Ein sprachlicher Ausdruck aus einem oder mehreren Wörtern heißt eine Phrase. Damit kann man auch formulieren: Eine Benennung ist eine Phrase, die einen Begriff repräsentiert.

**Daten-Bauart, Datenstruktur**

Unter Daten verstehen wir stets digitale (also keine analoge) Daten. Daten sind immer irgendwie "formatiert", auch wenn die Formatvorschriften nicht in allen Fällen so streng formuliert sind wie in Programmiersprachen. Insbesondere haben auch Texte ihre Bildungsgesetze.

Um die Struktur der in einem Dokumentationssystem zu speichernden Daten von der Struktur abzuheben, die das Programm-System zur Verfügung stellt, bedienen wir uns der Terminologie, die zur Erweiterung der Norm DIN 44 300 (Informationsverarbeitung; Begriffe) vorgeschlagen wurde (Rouette 1979).

Danach ist die Daten-Bauart ein Schema oder ein Bildungsgesetz, nach dem digitale Daten aufgebaut werden. Daten, deren Aufbau einer bestimmten Daten-Bauart genügt, werden Ausprägung dieser Bauart genannt. Zu einer Daten-Bauart kann es dabei mehrere gleiche Ausprägungen geben (zur Daten-Bauart "Buch" mehrere Exemplare des gleichen Buchs, bei entsprechender Festlegung der Daten-Bauart auch in unterschiedlicher Aufmachung wie gebunden, broschiert oder sogar als Microform).

Ein Datentyp (eine Datenstruktur) ist eine Daten-Bauart zusammen mit Operationen, die Ausprägungen dieser Bauart wieder in Ausprägungen derselben Bauart überführen. So ist der in der Informatik viel benutzte Kellerspeicher eben nicht nur eine Liste, sondern eine Liste mit den Operationen, nur am gleichen Ende Elemente hinzuzufügen oder wegzunehmen, so daß das zuletzt gespeicherte Element als erstes wieder entnommen wird. Der genannte Vorschlag für DIN 44 300 verwendet die Benennung "Datenstruktur"; weithin gebräuchlich ist "Datentyp".

Ein Datenelement ist eine Menge von digitalen Daten, die in einem gegebenen oder unterstellten Zusammenhang als nicht mehr zerlegbar angesehen wird. Diese Definition enthält also bewußt ein pragmatisches Element. Das gilt ebenso für im dokumentarischen Bereich übliche Begriffe wie "Kategorie"; Definitionen, die von "kleinsten Einheiten" so sprechen, als seien diese naturgegeben oder eindeutig feststellbar, sind unbrauchbar.

# 1. Überblick

## Speicherorganisation

Den datenseitigen stehen speicherseitige Begriffe gegenüber.

Eine Speicher-Bauart ist ein Schema oder Bildungsgesetz, nach dem Speicherbereiche aus Speicherzellen zusammengesetzt sind.

Eine Zusammenfassung von Speicherbereichen zu einer Einheit, die ein Datenobjekt (eine Zusammenfassung von digitalen Daten) aufnehmen soll, heißt ein Behälter.

Eine Speicherorganisation ist eine Speicher-Bauart zusammen mit Operationen zur Ablage von Speicherinhalten in Speicherbereichen dieser Bauart und zur Wiedergewinnung dieser Inhalte.

Zwischen Datentyp und Speicherorganisation muß ein Zusammenhang bestehen, wenn Daten sinnvoll in einem Speicher abgelegt werden sollen. Meistens entsprechen sich beide nicht unmittelbar, sondern es muß eine passende Abbildung gefunden werden. Oft sind die Speicher-Strukturen von Dokumentationssystemen viel primitiver als die Datenstrukturen der Dokumente, die man im Speicher ablegen möchte.

## Datenbasis – Datenbank

Eine Datenbasis besteht aus Daten, die einer Datenstruktur genügen, in einen Speicher mit einer Speicherorganisation eingebracht sind und dort zur Verarbeitung bereitgestellt werden; hierbei wird die Datenstruktur in die Speicherorganisation abgebildet. Beim Speicher kann es sich um einen Plattenspeicher, aber ebenso um ein Magnetband oder einen Stapel Karteikarten handeln.

Eine Datenbank besteht aus einer Datenbasis und den technischen Vorrichtungen zum Speichern und zur Benutzung der Daten; bei den hier interessierenden DV-gestützten Datenbanken sind das die entsprechenden Programme, die in der Regel aus Programmen zur Verwaltung der Datenbasis (Datenbank-Verwaltungssystem) und aus anwendungsorientierten Programmen bestehen.

Mangels eines eingebürgerten deutschen Wortes bezeichnen wir die zu einer Datenbank gehörigen Programme als Retrieval-System.

## Klassen von Datenbasen

Datenbasen und Datenbanken kann man nach verschiedenen Gesichtspunkten klassifizieren, beispielsweise nach dem Fachgebiet, aus dem die Daten stammen, oder nach der Kapazität der Programme, einzelne Daten miteinander zu verknüpfen zu statistischen Auswertungen, logischen Schlußfolgerungen, physikalischen Berechnungen und anderen Ergebnissen.

Im Umfeld der Dokumentationssysteme ist beides von untergeordneter Bedeutung. Fachspezifische Probleme existieren, beispielsweise die Darstellung von Formeln der organischen Chemie, sie bewirken aber keine wesentlichen Unterschiede in der Bearbeitung; die Kapazität der Retrieval-Systeme beschränkt sich im wesentlichen auf das Auffinden einzelner Dokumente. Daß das keineswegs eine triviale Aufgabe ist, hatten wir schon im Abschnitt über die Problematik der Suche angedeutet.

Wir unterscheiden zunächst zwischen Referenz- und Quellmaterial-Datenbasen.

Referenz-Datenbasen enthalten im wesentlichen Referenzen auf Objekte; sie verweisen den Benutzer bezüglich der von ihm gewünschten Informtion auf diese Quellen.

Die wichtigste Untergruppe der Referenz-Datenbasen sind bibliographische Datenbasen, die normalerweise neben den bibliographischen Angaben gedruckter Dokumente auch Inhaltskennzeichnungen (zum Beispiel Schlagwörter) und oft Kurzfassungen enthalten.

Die übrigen Referenz-Datenbasen werden Verweis-Datenbasen genannt; die "Dokumente" können hier Organisationen, Projekte, Kunstgegenstände und vieles andere sein.

Quellmaterial-Datenbasen enthalten unmittelbar die Daten oder Texte der nachgewiesenen Quellen. Nach der Art der Daten werden sie in Langtext-, numerische und numerisch-textliche Datenbasen eingeteilt.

Von der Art der Verarbeitung her unterscheiden sich Referenz- und Langtext-Datenbasen nur wenig; diese bilden den wesentlichen Gegenstand dieses Buches, innerhalb der Referenz-Datenbasen vor allem die bibliographischen Datenbasen.


Berufsbilder
___________

Anders als im angelsächsischen Bereich besteht in Deutschland traditionell ein Unterschied in Ausbildung und Berufsbild von Dokumentaren und Bibliothekaren.

Das Arbeitsgebiet der Bibliothekare umfaßt die Beschaffung, Katalogisierung, Verwaltung und Entleihe von Büchern (einschließlich Zeitschriften, Reports und Mikroformen) und in zunehmendem Umfang auch von Schallplatten, Tonbändern und anderen Datenträgern; dazu gehören auch solche Tätigkeiten wie Standortnachweis, Fernleihe (Leihverkehr zwischen den Bibliotheken), Auskunftsdienst und Zeitschriftenumlauf.

Der bibliothekarische Bereich ist geprägt durch den öffentlichen Dienst. Die Ausbildungsgänge sind staatlich geregelt, die Auszubildenden stehen vielfach im Beamtenverhältnis. Den drei Ebenen des mittleren, gehobenen und höheren Dienstes entsprechen der

# 1. Überblick

Bibliotheksassistent, der Diplom-Bibliothekar (für wissenschaftliche oder für öffentliche Bibliotheken mit abweichender Ausbildung) und der wissenschaftliche Bibliothekar (Bibliotheksasses-
sor). Letzterer hat zusätzlich zu einem wissenschaftlichen Studium in einem beliebigen Fach mit Staatsexamen oder Diplom eine
bibliothekarische Ausbildung an der Bayerischen Bibliotheksschule
in München oder am Bibliothekar-Lehrinstitut (BLI) in Köln.

## Dokumentare

Das Arbeitsfeld der Dokumentare liegt im Nachweis von Schriften
(Büchern und Aufsätzen) vorwiegend aufgrund inhaltlicher Kriterien; dazu gehören die formale Erfassung der Dokumente (nach
bibliographischen Kriterien), die inhaltliche Erschließung durch
Schlagworte, Klassifikationen oder Abstracts, das Führen von
Dokumentationssystemen (Karteien, Datenbasen) und das Auffinden
der gesuchten Schriften, teilweise auch deren Beschaffung. Im
Unterschied zum bibliothekarischen Bereich stehen in der Praxis
die "unselbständigen" Schriften im Vordergrund, das sind Beiträge
in Zeitschriften und Sammelwerken, und die wesentlichen Kriterien
zur Einordnung und Suche sind inhaltiche, nicht Formalia wie
Autor oder Verlag.

Bei den Dokumentaren gibt es bisher keine staatlich anerkannten
Berufsausbildungen. Wichtigste Ausbildungsstätte ist das Lehr-
institut für Dokumentation (LID) der Deutschen Gesellschaft für
Dokumentation in Frankfurt, das aus öffentlichen Mitteln finan-
ziert wird.

Dokumentationsassistenten werden in einer Dokumentationsstelle
etwa zwei Jahre lang in die praktische Tätigkeit eingewiesen
und nehmen zwischendurch an zwei mehrwöchigen Kursen am LID teil.

Der Weg zum diplomierten Dokumentar führt über ein zweijähriges
Praktikum in einer Dokumentationsstelle und eine einjährige
theoretische Ausbildung am LID.

Wissenschaftliche Dokumentare erhalten zusätzlich zu einem Fach-
studium nach einjähriger Tätigkeit in einer Dokumentationsstelle
theoretischen Unterricht am LID, bisher zwölf einwöchige Kurse,
die über ein Jahr verteilt sind.

Im informationswissenschaftlichen Bereich sind die Möglichkeiten
des Haupt- und Nebenfachstudiums an der Universität Düsseldorf
und an der Freien Universität Berlin und neuerdings an der
Universität Konstanz zu nennen.

Es sind starke Bestrebungen im Gange, die Ausbildungsgänge
bei den Diplom-Bibliothekaren und diplomierten Dokumentaren aneinander anzugleichen und an Fachhochschulen zu verlagern; an
einzelnen Fachhochschulen ist ein entsprechender Fachbereich
bereits eingerichtet worden.

# 2. Dokumentaufbereitung

Die in einem Dokumentationssystem beschriebenen Gegenstände, dokumentarische Bezugseinheiten genannt, können Personen, Projekte, Kunstwerke und vieles andere sein; meist handelt es sich aber um Dokumente: Bücher, Aufsätze, Forschungsberichte und Ähnliches. Der Stellvertreter einer dokumentarischen Bezugseinheit im Dokumentationssystem, genannt Dokumentationseinheit, kann eine Karteikarte, ein Absatz in einem Buch (z.B. in einer Referatezeitschrift), eine Sichtlochkarte oder ein anderer Datenträger sein; von besonderem Interesse sind jedoch in Rechnern gespeicherte Dokumentationseinheiten, die man sich dort zunächst als "Satz" (record) vorstellen kann, obwohl die tatsächliche Speicherorganisation komplizierter sein kann.

Wir interessieren uns zunächst für den Aufbau der Dokumentationseinheiten, also um weitgehend dokumentarische Fragen über deren sinnvolle Gliederung, über Art und Form der Angaben, die man erfassen sollte oder könnte, über formale Angaben wie Titel, Autor und Fundstelle und um inhaltsbeschreibende Angaben wie Schlagworte, Deskriptoren aus einem Thesaurus oder Klassifikationsangaben.

Weiterhin werden Fragen der Datenerfassung behandelt.

Auch technische Normen gibt es für diesen Bereich, nationale DIN-Normen und internationale ISO-Normen. Zuständig sind in erster Linie der Normenausschuß Bibliotheks- und Dokumentationswesen des DIN, NABD, und das Technische Komitee ISO/TC 46 Documentation der International Organization for Standardization ISO. Aber auch andere Gremien sind beteiligt, etwa der Normenausschuß Informationsverarbeitung NI und der Normenausschuß Terminologie NAT im DIN sowie internationale Fachverbände, für die an dieser Stelle die International Federation of Library Associations and Institutions IFLA genannt sei.

Entsprechend den dokumentarischen Themen dieses Kapitels ist von Rechnern verhältnismäßig wenig die Rede; die Fragen der Speicherung werden erst im Kapitel 3 untersucht.

# 2. Dokumentaufbereitung

## 2.1 Formale Angaben

### 2.1.1 Dokumentationseinheiten und dokumentarische Bezugseinheiten

Dokumentationssysteme sollen dem Nachweis von Dokumenten dienen. Was ist ein "Dokument"? Ein mehrbändiges Werk, ein Buch, ein Aufsatz, ein Kapitel?

Eine allgemeingültige Antwort ist nicht möglich; die Objekte der Dokumentation können auch Personen, Projekte, Kunstgegenstände, Briefe, Akten und anderes sein. Um eine einheitliche Sprechweise zu erhalten, wird das einzelne, zu dokumentierende Objekt als "dokumentarische Bezugseinheit (DBE)" bezeichnet. Im Unterschied dazu ist die "Dokumentationseinheit (DE)" der Repräsentant für eine DBE innerhalb des Dokumentationssystems, also die Menge aller Angaben, die über die DBE gespeichert sind unabhängig vom Speichermedium (Papier, Mikroformen, Magnetbänder oder andere). Wo Mißverständnisse nicht zu befürchten sind, wird aber auch der einfachere Ausdruck "Dokument" für DBE oder DE benutzt.

Die Entscheidung darüber, was als dokumentarische Bezugseinheit gelten soll, liegt beim Betreiber des Dokumentationssystems. Im weitaus wichtigsten Fall, nämlich dem der Literaturdokumentation, ist eine DBE in der Regel ein einzelner Aufsatz einer Zeitschrift, eines Sammelwerks oder (bei Pressedokumentationen) einer Zeitung; einer Monographie (Buch, Report, Dissertation usw.) wird meist nur dann eine eigene DE zugeordnet, wenn sie kein Sammelwerk (Sammlung mehrerer Aufsätze) ist.

### 2.1.2 Kategorienkataloge

**Kategorien**

Zur Identifikation der dokumentarischen Bezugseinheit (DBE) muß die Dokumentationseinheit (DE) ein Mindestmaß an formalen Angaben enthalten, z.B. Autor, Titel, Zeitschrift, Band, Seite. Meistens werden mehr Angaben gespeichert, als zur Identifikation unbedingt erforderlich sind, z.B. zusätzlich Übersetzer, Jahr, Heftnummer (innerhalb eines Zeitschriftenbandes), Umfang (d.h. neben der ersten auch die letzte Seite), Zahl der Abbildungen, Tabellen und Referenzen.

Da man diese Angaben nicht nur dem Benutzer mitteilen, sondern auch zur Suche verwenden möchte, werden sie nicht einfach nacheinander aufgeführt, sondern nach einem festen Schema angeordnet. Bei Karteikarten-Dokumentationssystemen ist man wegen der schlechten Sortierbarkeit starken Einschränkungen unterworfen;

typischerweise werden Autor und Titel aus den übrigen Angaben
herausgehoben und dienen als Einordnungskriterium (neben inhalts-
bezogenen Angaben, z.B. Schlagwörtern oder Sachgebietskennungen).
Bei manchen Systemen kommen auch andere Angaben in Betracht, z.B.
Gericht, Aktenzeichen und betroffene Rechtsnormen bei einer
Dokumentation von Gerichtsentscheidungen.

Bei rechnergestützten Dokumentationssystemen, die uns hier in
erster Linie interessieren, ist man diesen Beschränkungen nicht
unterworfen, und man kann sehr viele verschiedene Angaben erfassen und unterscheiden.

Für die Erfassung der zu einer DBE gehörigen Angaben werden diese
nach ihrer inhaltlichen Bedeutung in Klassen eingeteilt; eine
solche Klasse heißt eine "Datenkategorie" oder, besonders in
Zusammensetzungen, einfach eine "Kategorie". Beispiele sind
Autor, Titel, Erscheinungsjahr.

## Allgemeine Kategorienkataloge

Die Abgrenzung der Datenkategorien voneinander und damit die
Definition der einzelnen Datenkategorien erfolgt grundsätzlich
so, daß inhaltlich verwandte Elemente der gleichen Datenkategorie
zugeordnet werden. Jedoch können diese dadurch nicht eindeutig
festgelegt werden; es verbleibt ein willkürlicher, pragmatischer
Anteil. Beispielsweise kann man Autor, Übersetzer, Illustrator
und sonstige Bearbeiter getrennt führen oder ganz oder teilweise
zusammenfassen; den Bearbeiter einer Neuauflage eines Werkes
könnte man als Autor, Bearbeiter oder Herausgeber führen.

Um diese Vielfalt etwas zu ordnen, sind Kategorienkataloge
aufgestellt worden, die in der Regel hierarchisch geordnet
sind. Die Hierarchiestufen werden unterschiedlich bezeichnet,
z.B. Hauptkategorien, Unterkategorien, Subkategorien 1., 2. und
3. Art im ADEK 2 (Allgemeiner Datenerhebungskatalog) oder Katego-
riensatz, Kategoriengruppe, Datenkategorie im Entwurf DIN 31 631
Kategorienkatalog für Dokumente. Diese Kataloge sind sehr breit
angelegt; sie berücksichtigen alle gebräuchlichen Formen der
Literatur bis hin zu Manuskripten, Rechtsnormen, Patentliteratur,
ferner die mannigfachen Formen von Schriftgut und viele Arten von
nicht-papiernen Dokumenten (Filme, Tonbänder usw.).

Der oben genannte Allgemeine Datenerhebungskatalog für die
Bundesverwaltung ist nach mehrjähriger Arbeit 1972 veröffentlicht
worden; die zweite Fassung (ADEK 2) erschien 1975. Er ist in
mehreren Dienststellen des Bundes erprobt worden und nun durch
den Entfurf der Norm DIN 31 631 praktisch überholt. Als weiterer
Katalog mit Anspruch auf vielseitige Verwendbarkeit ist der
"Leitfaden" (Hitzeroth und andere 1976) zu nennen. DIN 31 631 wie
auch der "Leitfaden" enthalten neben der Kategorie auch Festlegungen über die Form und zum Teil über die Codierung der Daten.

Vergleichbare Kataloge im bibliothekarischen Bereich legen das

## 2. Dokumentaufbereitung

Schwergewicht auf die "Ansetzungsregeln", die selbst für die
ausgefallensten Dokumente eindeutige Vorschriften liefern sollen,
damit die Karteikarten auch bei Bibliotheken mit einem Bestand
von vielen Millionen Büchern korrekt im Katalog eingestellt und
wieder aufgefunden werden können; die Gliederung in Kategorien (8
"Gruppen", einige davon mit weiterer Unterteilung) ist dagegen
nur grob. Die in Deutschland am weitesten verbreiteten Ansetzungsregeln sind die "Preußischen Instruktionen" von 1899 und die
noch jungen "Regeln für die alphabetische Katalogisierung (RAK)"
(RAK 1977; RAK-WB 1980; Haller 1978).

Die RAK lehnen sich eng an die international (teilweise mit
nationalen Varianten) gebräuchlichen Regeln an. Zu nennen sind
hier vor allem die International Standard Book Description (ISBD)
mit den Teilen Allgemeines, Monographien, fortlaufende Sammelwerke, Karten und "Non-Book-Materials" (unter "ISBD" im Literaturverzeichnis aufgeführt) der International Federation of Library Associations and Institutions (IFLA) und die Anglo-American
Cataloguing Rules (2. Ausgabe) AACR II (AACR II 1978), die von
mehreren nationalen Bibliotheksverbänden und der Library of
Congress erarbeitet wurden. Die ISBD stellen die Grundlage für
die AACR wie auch für die RAK dar, die jedoch wesentlich
ausführlicher sind und wegen nationaler Besonderheiten wie auch
wegen der gleichzeitigen Entwicklung (die RAK basieren beispielsweise auf einer früheren Fassung der ISBD(M) ) gewisse Abweichungen aufweisen.


### Auswahl von Kategorien

Beim Entwurf eines Dokumentationssystems muß man zunächst alle
Kategorien, die bei den zu verarbeitenden Dokumenten nicht
vorkommen oder nicht berücksichtigt werden sollen, herausstrei-
chen und erhält so aus dem allgemeinen einen speziellen Datenerhebungskatalog, manchmal als SpeDEK bezeichnet. Die verbleibenden Kategorien werden dann, den Bedürfnissen des Dokumentationssystems entsprechend, weiter zusammengefaßt; im Sinne der Kategorienkataloge sollte das aber nur gemäß der hierarchischen Struktur erfolgen; es sollten also beispielsweise nicht Kategorien aus
unterschiedlichen Kategoriengruppen zusammengeworfen werden.

Für Zeitschriftenaufsätze sind die wichtigen, praktisch stets
auftretenden Datenkategorien
- Autor,
- Titel (mit Untertitel, wenn vorhanden),
- Zeitschrift,
- Zählung (Band-Nummer und, wenn nötig, Heft-Nummer),
- Jahr,
- Seitenzählung.
Weitere Datenkategorien können auftreten, z.B.
- Übersetzer,
- Paralleltitel (Titel in der Originalsprache),
- Projektnummer, wenn die Arbeit einem Projekt entstammt,
- Konferenzangaben, wenn es sich um einen Vortrag handelt.

Andere Literaturarten benötigen wieder andere Datenkategorien; man denke nur an Monographien, Dissertationen, Projektberichte, Beiträge in Konferenzberichten, Gerichtsentscheidungen, Rechtsnormen (Gesetze, Verordnungen usw.), Patentschriften, Produktbeschreibungen, Briefe. Daher verwundert es nicht, daß ein Kategorienkatalog mehrere hundert Datenkategorien aufführen kann.

Von einer solchen Vielfalt ist der Benutzer eines Dokumentationssystems überfordert. Daher werden meistens nur sehr wenige Datenkategorien verwendet, typischerweise zehn bis zwanzig, manchmal noch weniger. Als Beispiel seien in Tabelle 2-1 die im Fachinformationssystem Energie, Physik, Mathematik verwendeten Datenkategorien für die INSPEC-Datenbasen aufgeführt. Diese werden von der Institution of Electrical Engineers, London, erstellt und enthalten technische Literatur, die Datenbasis INSPEC C (Rechner und Regelung) insbesondere auch Literatur zum Fachgebiet Informatik. Ein System mit sehr vielen (ca. 100) Kategorien ist JURIS, das Juristische Informationssystem der Bundesrepublik Deutschland (Fachinformationssystem 11).


Verweisungen zwischen Dokumentationseinheiten
---

Zu den formalen Angaben, die für manche Dokumentationseinheiten erhoben werden, gehören Verweisungen auf andere Dokumentationseinheiten. Diese werfen besondere Probleme auf.

Das Ziel ist es, verwandte Dokumente nachzuweisen, und zwar nicht nur die, auf die in dem vorgelegten (bereits bekannten oder gefundenen) Dokument verwiesen wird, sondern vor allem auch jüngere, die sich auf das bekannte beziehen und es vermutlich inhaltlich fortführen, ergänzen oder auslegen. Eine Einrichtung, die diesen Nachweis systematisch und in großem Stil führt, ist das Institute for Scientific Information, Philadelphia, das unter anderem den Science Citation Index (SCI) und den Social Sciences Citation Index (SSCI) herausgibt.

Das Hauptproblem liegt darin, die bezogene Dokumentationseinheit eindeutig anzugeben. Denkbar wäre die Verwendung ihrer Identifikationsnummer; doch müßte man diese bei der Datenerfassung jedesmal manuell feststellen, wobei es häufig vorkommen dürfte, daß die bezogene DE noch gar nicht in der Datenbasis enthalten ist, später aber noch nachgetragen wird. Daher ist das übliche Verfahren, die bibliographischen Angaben in einer möglichst weitgehend standardisierten Form zu erfassen, etwa nur den ersten Autor mit Nachnamen und Initialien, Zeitschriftenname gemäß einer Liste mit festgelegten Kurzformen, Band-Nummer, Jahr und erste Seite; Schwierigkeiten entstehen unvermeidlich bei vielen anderen Literaturarten (Konferenzberichte, Reports, Hochschulschriften), weil diese bereits in der auszuwertenden DBE in sehr uneinheitlicher Weise aufgeführt werden.

# 2. Dokumentaufbereitung

| Abk. | Kategorie | Erläuterung |
|---|---|---|
| AB | Abstract | |
| AU | Autor | |
| CC | Sachgebietsklassifikation (classification code) | |
| CO | Coden | 6-stelliger Zeitschriftenschlüssel |
| CONFD | Konferenz-Datum | |
| CONFP | Konferenz-Ort | |
| CONFT | Konferenz-Titel | |
| CT | Deskriptoren aus einem Thesaurus (controlled terms) | |
| CS | Körperschaft (corporate source) | |
| DT | Dokument-Typ | Buch / Zeitschrift / Patent / Report |
| ED | Einspeicherungsdatum | |
| FT | Freie Schlagworte (free text term) | |
| JT | Zeitschriften-Titel | |
| LA | Sprache (language of publication) | |
| LI | Literatur-Indikator | Konferenzbericht / Hochschulschrift |
| ND | Dokument-Nummer | Abstract-Nummer der INSPEC-Zeitschriften |
| NR | Report-Nummer | |
| PD | Publikations-Datum | |
| SO | Fundstellenangabe (source) | |
| TC | Art der Behandlung des Themas (treatment code) | 8 Arten, z.B. Übersicht, experimentell, theoretisch |
| TI | Titel | |
| UC | Sachgebiet (unified classification code) | Sachgebietsklassifikation der Jahre 1973 bis 1976 |

Tabelle 2-1. Kategorien der INSPEC-Datenbasen im Fachinformationszentrum Energie, Physik, Mathematik.


Eine besondere Bedeutung haben Verweisungen in der Rechtswissenschaft, nämlich Verweisungen zwischen Rechtsnormen (Gesetzen, Verordnungen, Satzungen usw.). Häufig stehen nämlich Ausnahmen zu einer Vorschrift in einem ganz anderen Gesetz, etwa in der Art "In den Fällen ... ist (Paragraph, Gesetz) nicht anzuwenden"; in ähnlicher Weise gibt es Verweisungen, die eine andere Rechtsnorm oder Teile davon in oder außer Kraft setzen, ändern, ergänzen, analog für andere Personen oder Sachverhalte anwenden und vieles andere mehr. Man sollte meinen, hier sei wegen der exakten Nennung der bezogenen Vorschrift die Dokumentation dieser "expliziten juristischen Verweisungen" einfach zu handhaben; es gibt aber Probleme wegen der verschiedenen Fassungen, die eine Rechts-

norm durch mehrfache Änderung haben kann; insbesondere werden
Gesetze nach Einschub und Streichung von Paragraphen häufig neu
durchnumeriert. Gelegentlich ist es sogar eine juristische
Streitfrage, ob eine Verweisung nach einer Änderung des bezogenen
Gesetzes noch gilt.

Man unterscheidet mehrere Dutzend Verweisungsarten (Berger 1971);
die Zuweisung der korrekten Verweisungsart ist nicht immer
unproblematisch.

Weitere spezielle Verweisungstypen im juristischen Bereich sind
die Normenketten, das sind die in einer Gerichtsentscheidung
herangezogenen Rechtsnormen, und die Verweise auf vorangehende
Entscheidungen durch Angabe von Spruchkörper und Aktenzeichen.

Zum Problem der korrekten Erfassung der Verweisungen kommen
technische Probleme bei der Speicherung (Gebhardt und andere
1975b): Da eine Verweisung normalerweise aus mehreren Wörtern
besteht, die Retrieval-Systeme meistens aber jedes Wort einzeln
behandeln (einzeln in der Umkehrdatei abspeichern), sind besondere technische Vorkehrungen oder besondere Maßnahmen seitens des
Benutzers erforderlich, den Zusammenhang wieder herzustellen; die
oft nicht eindeutige Form führt zu Mehrdeutigkeiten oder erschwert das Auffinden; wenn man, um gewisse Erleichterungen für
den Benutzer zu schaffen, in der bezogenen DE auch die darauf
verweisenden Dokumente nennen will, ergeben sich häufig Nachträge
innerhalb der Dokumentationseinheiten, auf die die gebräuchlichen
Programmsysteme (anders als bei Faktendatenbanken) nicht ausgelegt sind, da Literaturdatenbanken sonst in der Regel nur den
Zugang und eventuell die Löschung ganzer Dokumente benötigen.


Verwaltungsangaben
________________________

Die im letzten Abschnitt behandelten formalen Angaben entstammen
der dokumentarischen Bezugseinheit. Darüber hinaus enthält die
Dokumentationseinheit einige formale Daten, die sich aus der
Verarbeitung ergeben. Beispiele sind
    Dokumentnummer,
    Datum der Speicherung,
    Bearbeiter,
    Korrekturzustand.
Diese Angaben dienen der system-internen Identifikation, betref-
fen die Beschaffung und Bearbeitung oder dienen statistischen
Zwecken.

Manche dieser Angaben werden dem Benutzer des Dokumentationssystems nicht zugänglich gemacht. Kategorienkataloge können auch
solche Kategorien aufführen; jedoch besteht hier oft nur ein
geringer Drang zur Einheitlichkeit, und die Kataloge bezeichnen
diese Kategorien ausdrücklich als unverbindliche Beispiele.

## 2. Dokumentaufbereitung

### 2.1.3 Einträge

Die einer dokumentarischen Bezugseinheit (DBE) entnommenen oder
zugeordneten Angaben für eine Kategorie heißen Einträge. Da eine
DBE in einer Kategorie mehrere Einträge haben kann (die Kategorie
"Autor" mehrere Autoren), muß man genauer formulieren: Ein
Eintrag ist eine der DBE entnommene oder ihr zugeordnete Angabe
für eine Kategorie derart, daß sie einerseits eine vollständige
Angabe zu einer DBE sein könnte, andererseits nicht in mehrere
Teile zerlegt werden kann, die jeder für sich eine vollständige
Angabe darstellen könnten. (Die Angabe mehrerer Autoren kann in
dieser Weise zerlegt werden; bei der Zerlegung eines Autoren-
namens in Vor- und Zuname könnte letzterer zwar einen Eintrag
darstellen, ersterer aber nicht.)

Wie man am Beispiel "Autor" sieht, ist ein Eintrag nicht der
kleinste logische Bestandteil einer Dokumentationseinheit (solche
und ähnliche Formulierungen findet man häufig), da Vornamen und
Nachnamen, ja selbst die Buchstaben kleinere Bestandteile sind,
die eine eigenständige Bedeutung haben (das soll ja wohl das Wort
"logisch" ausdrücken).

Ein Eintrag kann aus mehreren (unselbständigen) Teilen bestehen,
zum Beispiel die Verlagsangabe aus Verlag und Verlagsort, der
Bearbeiter aus Nachname, Vorname und Funktion (Übersetzer, Illustrator, Sprecher und viele andere). Statt dessen kann man eine
feinere Kategorieneinteilung wählen; dann sind aber Verknüpfungen
zwischen den Einträgen verschiedener Kategorien notwendig. Welcher Verlagsort gehört zu welchem Verlag? Eine Ausgabe eines
Buches kann in mehreren Verlagen mit jeweils mehreren Verlagsorten erscheinen.

Bei der Datenerfassung kann man dieses Problem durch Wiederholungsgruppen (gelegentlich auch Schleifen genannt) lösen: Die
Kategoriengruppe, zum Beispiel Verlag - Verlagsort, tritt mehrfach auf. Im Dokumentationssysteme kommt aber jede Kategorie nur
einmal vor. Die Zuordnung zusammengehöriger Einträge in verschiedenen Kategorien kann durch angefügte Verknüpfungsindikatoren
erfolgen; gebräuchlicher ist die implizite Verknüpfung durch die
gleiche Reihenfolge (mit Sonderregeln bei Mehrfacheinträgen wie
mehreren Verlagsorten für einen Verlag), wenn man nicht ohnehin
die betroffenen Kategorien zu einer einzigen zusammenfaßt.


### Erfassungsregeln

Man muß von Anfang an sehr sorgfältig darauf achten, daß die
Einträge zu einer Kategorie nach eindeutigen Regeln erfaßt
werden. Das gilt zumindest für alle Kategorien, die auch der
Suche dienen. Wie kompliziert das werden kann, sieht man an den
umfangreichen Regeln der Bibliothekare zur korrekten Erfassung
der vergleichsweise wenigen Kategorien, die für die Einordnung im
konventionellen Karteikarten-Katalog zu berücksichtigen sind.

Im Gegensatz dazu ist bei rechnergestützten Dokumentationssystemen die Suche in den meisten, wenn nicht in allen Kategorien
möglich und gelegentlich auch sinnvoll; kaum eine Angabe dient
ausschließlich der Anzeige, wofür eine Standardisierung der Form
weniger wichtig wäre.

Zur Illustration seien einige Probleme aufgeführt, für die eine
Standardisierung erforderlich oder wenigstens wünschenswert ist.
Personennamen: Stellung der Adelsprädikate.
Titel: Formeln, mathematische Symbole.
Ortsnamen: deutsche oder im jeweiligen Land übliche Schreibweise.
Zeitschriften: einheitliche Abkürzungen.
Land, Sprache u.ä.: ausgeschrieben oder abgekürzt, in welcher
Sprache.

Beispielsweise ist einem Benutzer, der Aufsätze in französischer
Sprache sucht, nicht zuzumuten, mit "französisch", "franz", "fr",
"f", "french", "francais" und "franc" zu suchen, zumal er die
vielleicht auch vorkommenden Schreibfehler "frnaz" und "frensh"
sicherlich übersieht.

Die Bibliothekare haben für die dort interessierenden Kategorien,
nämlich für die, die für die alphabetische Einordnung der
Karteikarten von Bedeutung sind oder wenigstens hin und wieder
von Bedeutung sein könnten, sehr detaillierte Aufnahmeregeln
entwickelt. Als Beispiel seien hier die Vorschriften für die
Behandlung der Adelsprädikate gemäß RAK (Regeln für die alphabetische Katalogisierung) verkürzt wiedergegeben.


Ansetzung von Personennamen
____________________________

Bibliothekare sprechen von der "Ansetzung" des Namens und meinen
damit neben der korrekten Schreibweise, welcher Teil zur Ordnungsgruppe des Familiennamens (dem Hauptsortierkriterium) und
welcher zur Ordnungsgruppe des Vornamens (sekundäres Sortierkriterium) zu rechnen ist; die zweite Ordnungsgruppe wird, durch
ein Komma getrennt, nachgestellt.

Zunächst werden jeweils die Regeln angewandt, die in dem Staat
üblich sind, dessen Bürger die Person ist. In englisch-spre-
chenden Ländern werden alle Partikel zum Familiennamen gerechnet;
in Staaten mit französischer Sprache gehören Artikel (l', la, le,
les) und Verschmelzungen von Präposition und Artikel (des, du)
zum Familiennamen, Präpositionen (d', de) zur Ordnungsgruppe der
Vornamen.

Bei Personen aus Staaten mit deutscher Sprache werden deutsche
Präpositionen, Artikel und unverschmolzene Präposition und Artikel (von, zu, auf der, von den usw.) zur Ordnungsgruppe der
Vornamen gerechnet, Verschmelzungen (vom, zur, auf'm usw.) aber
zur Ordnungsgruppe des Familiennamens, es sei denn, sie sind
durch "und" verbunden (von und zu, vom und zum). Artikel am
Anfang eines Namens romanischen Ursprungs werden jedoch wieder

## 2. Dokumentaufbereitung

beim Familiennamen angesetzt, also "Le Fort, Gertrud von".

Wegen der Ansetzungsform nach dem Staatsbürgerprinzip ist Wernher von Braun unter "B" oder unter "v" einzusortieren, je nachdem er zur Zeit der Abfassung einer Schrift als deutscher oder amerikanischer Staatsbürger anzusehen ist. Für Bibliothekare sind die feinen Regeln notwendig, um die Katalogkarten eindeutig einstellen zu können; zwischen "B" und "v" können viele Meter Karteikarten stehen. Bei rechnergestützten Dokumentationssystemen ist die exakte Ansetzung weniger wichtig; es bereitet wenig Mühe, in Zweifelsfällen mit zwei Namensformen zu suchen, abgesehen davon, daß der Verfassername meist ein Ausgabefeld, seltener ein Suchfeld ist. Die Ansetzung der Namen in Dokumentationssystemen ist nicht einheitlich; meist werden jedoch - schon weil viele große Datenbasen aus angelsächsischen Ländern kommen - alle Partikel zum Vornamen gerechnet.

### Standardisierung der Einträge

Auf der anderen Seite gibt es Angaben, die für Bibliothekare keinen Beitrag zur alphabetischen Einordnung liefern und daher nicht standardisiert zu sein brauchen, bei Dokumentationssystemen aber als Suchargument gebraucht werden, beispielsweise die Sprache der DBE, das Erscheinungsland, der Konferenzort, der Zeitschriftentitel. Hier ist es sehr nützlich (aber keinesfalls stets realisiert), wenn wenigstens innerhalb eines Dokumentationssystems einheitliche Bezeichnungen verwendet werden.

Besondere Schwierigkeiten ergeben sich in der Katalogisierung bei der Ansetzung der Körperschaften, die als Herausgeber auftreten können oder in Titeln wie "Jahresbericht" zu ergänzen sind, da ihre Namen in den Veröffentlichungen nicht einheitlich geschrieben sind. Eine Hilfe ist hier die "Gemeinsame Körperschaftendatei (GKD)" der Staatsbibliothek Preußischer Kulturbesitz Berlin, der Deutschen Bibliothek in Frankfurt und der Bayerischen Staatsbibliothek in München mit mehr als 80.000 Körperschaften (GKD 1980).

Es würde zu weit führen, hier Vorschläge für die Standardisierung der Einträge zu machen. Für manche Datenelemente gibt es jedoch Normen oder Normentwürfe; die für Dokumentationssysteme wichtigsten sind in Tabelle 2-2 aufgeführt. Wenn es neben einer älteren Norm eine jüngere Ausgabe als Vornorm oder Normentwurf gibt, so ist letztere im Literaturverzeichnis genannt. Vor Anwendung einer Norm sollte man in jedem Falle prüfen, ob inzwischen eine neue Fassung herausgegeben worden ist. Zahlreiche der genannten Normen befinden sich zur Zeit in Überarbeitung.

| Datenelement | DIN-Norm | ISO-Norm |
|---|---|---|
| **Titelaufnahmen** | | |
| Titelangaben von Schrifttum | E 1505 | 690-1975 |
|   Abkürzungen | E 1505 Bbl. 1 | 832-1975 |
|   gekürzte Titelangaben | E 1505 Teil 2 | |
| Fortlaufende Sammelwerke, biblio-graphische Angaben | 1427 | |
| **Einzelne Datenelemente** | | |
| Zeitschriften-Name | | |
|   Regeln zur Kürzung | 1502 | 4-1972 |
|   Abkürzungen von Wörtern aus Sprachen mit lateinischen und kyrillischen Schriftzeichen | 1502 Bbl. 1 | |
| Länderzeichen | V 3166 | 3166-1974 |
| Sprachenzeichen | 2335 | R 639-1967 |
| Datumsschreibweise | | 2014-1976 |
| Internationale Standardbuchnummer (ISBN) | 1462 | 2108-1978 |
| Internationale Standardnummer für fortlaufende Sammelwerke (ISSN) | 1430 | 3297-1975 |
| Abkürzungsregeln, juristische Fachsprache | E 31 620 | |
| **Umschrift fremder Alphabete** | | |
| Kyrillisch, slawische Sprachen | E 1460 | R 9-1968 |
| Griechisch | E 31 634 | R 843-1968 |
| Arabisch | E 31 635 | R 233-1961 |
| Hebräisch | E 31 636 | R 259-1962 |
| **Zeichensatz** | | |
| Erweiterter Schriftzeichenvorrat für bibliographische Daten | 31 624 | 5426-1980 |
| Erweiterter Steuerzeichenvorrat für bibliographische Daten | 31 626 | |
| Darstellung von Einheitennamen in Systemen mit beschänktem Schriftzeichenvorrat | E 66 030 | DIS 2955-1980 |

Tabelle 2-2.  Für Dokumentationssysteme wichtige Normen zur Standardisierung der Einträge.  Titel siehe Literaturverzeichnis unter "DIN" bzw. "ISO".

    E     Entwurf
    V     Vornorm
    Bbl.  Beiblatt
    R     Recommendation (gleichwertig mit einer Norm)
    DIS  Draft International Standard (Entwurf)

## 2. Dokumentaufbereitung

## 2.2 Inhaltsbeschreibende Angaben

Im Abschnitt 2.1 waren die formalen Angaben behandelt worden, die
eine dokumentarische Bezugseinheit (DBE) identifizieren und in
mancher Hinsicht beschreiben. Der Kern eines Dokumentationssystems sind aber die inhaltsbeschreibenden Angaben; denn der
Hauptzweck des Systems ist es, zu einem Problem Dokumente zu
finden, die zur Lösung beitragen. Die formalen Angaben können zur
Eingrenzung der Suche diene, etwa wenn man sich nur für deutsch-
sprachige Literatur oder für Veröffentlichungen der letzten drei
Jahren interessiert. Das eigentliche Suchproblem aber ist inhaltlicher Natur und erfordert daher eine inhaltliche Beschreibung
der DBE, um durch Vergleich beider zu Antworten auf die Suchfrage
zu gelangen.

Dieser Abschnitt behandelt verschiedene Methoden der inhaltlichen
Beschreibung von Dokumenten.

### 2.2.1 Titel

Das einfachste Verfahren der Inhaltsbeschreibung liefert eine
der formalen Angaben, nämlich der Titel, gegebenenfalls zusammen
mit dem Untertitel. Im literarischen Bereich ist der Titel häufig
wenig aussagekräftig ("Vom Winde verweht", "Im Interesse der
Sache", "Nora"); im wissenschaftlichen Bereich sind Titel wie
"Einführung" oder "The first twenty-five years" (Revens 1972)
oder "Promises and pitfalls" (Campbell 1972), die nur aus dem
Zusammenhang mit anderen Aufsätzen des gleichen Bandes Sinn
erhalten, ziemlich selten. Ein noch extremeres Beispiel ist "Up,
up and away" (Naylor 1973), das nur aus Wörtern besteht, die bei
der Erstellung eines Index normalerweise unterdrückt werden.

Die Verwendung des Titels zur Inhaltskennzeichnung hat zwei
Vorteile: Er ist bereits vorhanden und eindeutig feststellbar.
Lediglich wenn man ihn übersetzen muß, weil man alle Angaben
einer Datenbasis in der gleichen Sprache anbieten möchte, ist ein
mäßiger Aufwand und eine geringe Unsicherheit (oft sind mehrere,
etwas abweichende Übersetzungen möglich) damit verbunden. Alle
anderen Methoden erfordern einen größeren Aufwand und (bis auf
die Langtexterfassung) den Verzicht auf Eindeutigkeit.

Offensichtlich ist die Aussagekraft der Titel begrenzt; Nebenaspekte einer Arbeit kommen darin in der Regel überhaupt nicht
zum Ausdruck. Deshalb wird nur selten der Titel als einzige
inhaltsbeschreibende Angabe benutzt.

Die Suche geht so vonstatten, daß man sich alle Dokumentationseinheiten anzeigen läßt, in deren Titel bestimmte Wörter oder
Wortkombinationen vorkommen (und eventuell gewisse andere Wörter
nicht vorkommen). Der Benutzer muß also ahnen, welche Formulierungen die Autoren verwendet haben könnten.

Verschiedene Experimente haben gezeigt, daß man unter alleiniger
Verwendung des Titels immerhin zwischen einem Drittel und der
Hälfte aller einschlägigen Dokumentationseinheiten einer Daten-
basis auffinden kann.

Da der Titel auf jeden Fall gespeichert wird und für die Suche
zur Verfügung steht, ist allen Autoren dringend zu empfehlen, ihn
so aussagekräftig wie möglich zu gestalten und dabei die im
Fachgebiet gebräuchliche Terminologie zu verwenden, da diese am
sichersten bei der Suche verwandt wird.


## 2.2.2 Klassifizierung und gleichordnende Indexierung

Bei dem Versuch, Dokumente inhaltlich so zu beschreiben, daß man
sie aufgrund inhaltlicher (nicht formaler) Kriterien aus einer
großen Sammlung wiederfindet, die man nicht sequentiell durchsuchen will, stehen sich zwei Prinzipien gegenüber, nämlich
Klassifizierung und gleichordnende Indexierung.

Ein Buch kann man nur an einem einzigen Platz aufstellen. Das
Bestreben, amerikanische Volksbibliotheken einheitlich zu organi-
sieren, führte den Bibliothekar Melvil Dewey vor einem Jahrhundert (1876) zur Einführung einer systematischen Klassifikation
mit 10 Hauptabteilungen, deren jede dezimal weiter unterteilt
werden konnte. Diese "Dewey-Klassifikation" ist ein Vorläufer der
inzwischen in internationaler Zusammenarbeit entwickelten und
weitergeführten Dezimalklassifikation. Diese ist – wie andere
Klassifikationen auch – keineswegs nur auf Bücher anwendbar,
sondern ebenso für die Klassifizierung anderer Dokumentarten
geeignet. Jedes Dokument (in Katalogen: jede Dokumentationseinheit) erhält einen festen Platz.

Katalogkarten kann man vervielfältigen und an mehreren Positionen
einstellen; noch leichter ist es im Rechner möglich, eine
Dokumentationseinheit mittels vieler Kriterien nachzuweisen. Die
Idee ist also, der DBE bei der Auswertung zahlreiche Begriffe
zuzuordnen, unter denen sie aufgefunden werden kann; diese sind,
unabhängig von etwa bestehenden hierarchischen oder sonstigen
Verknüpfungen zwischen ihnen, alle vom Verfahren her gleichwertig. Daher nennt sich diese allgemeine Methode der Inhaltsbeschreibung "gleichordnende Indexierung" (coordinate indexing).
Die verschiedenen Varianten unterscheiden sich hauptsächlich
darin, wie diese Begriffe gefunden und dargestellt werden.
Insbesondere ist dabei wichtig, ob die Benennungen, die zur
Indexierung benutzt werden dürfen, fest vorgegeben (Schlagwort-

liste; Thesaurus) oder frei wählbar sind.

Im Idealfall ordnet ein Klassifikationsschema jedem Dokument einen einzigen Platz eindeutig zu; an diesem Platz findet man wenige, inhaltlich nahe verwandte Dokumente. Bei der gleichordnenden Indexierung ist ein Dokument durch mehrere, formal gleichwertige Schlagworte beschrieben, unter denen es aufgefunden werden kann. Die vergleichsweise vielen Dokumente, denen ein bestimmtes Schlagwort zugeordnet ist, können inhaltlich recht verschieden sein; eine Teilmenge verwandter Dokumente erhält man in der Regel erst durch die Kombination mehrerer Schlagworte.

## 2.2.3 Stichworte

Stichworte sind Wörter oder Phrasen (Wortgruppen), die dem Text eines Dokuments (einschließlich der Überschrift) zur Inhaltsbeschreibung entnommen werden. Als Quelle für Stichworte eignen sich besonders der Titel, Zwischenüberschriften und die Über- oder Unterschriften von Tabellen und Abbildungen.

Der Arbeitsgang bei der Datenerhebung ist einfach: Der Dokumentar streicht die ihm wesentlich erscheinenden Stichworte im Dokument an; bei der nachfolgenden Datenerfassung werden diese zusammen mit den formalen Angaben aufgenommen.

Verschiedentlich wurde versucht, die intellektuelle Bearbeitung der DBE zu automatisieren, nämlich den Rechner zur Extraktion der Stichworte zu verwenden. Dies setzt natürlich voraus, daß der Dokumenttext maschinenlesbar vorliegt. Kriterien für die Extraktion von Wörtern (oder, bei größerem Aufwand, von Phrasen aus mehreren Wörtern) ist deren Häufigkeit im Text verglichen mit der Häufigkeit in anderen Texten, beispielsweise in der gesamten Datenbasis. Dabei ist es von Vorteil, die im Titel oder in Zwischenüberschriften vorkommenden oder anderweitig aus dem Text herausgehobenen Wörter stärker zu gewichten. Das Verfahren eignet sich bei wenig flektierenden Sprachen wie Englisch besser als im Deutschen wegen der hier verstärkt auftretenden linguistischen Probleme. Eine Anwendung dieses Verfahrens in größerem Stil, nicht nur zu Testzwecken, scheint bisher nicht vorzuliegen.

Wie nicht anders zu erwarten, zeigen Tests, daß die Suchergebnisse bei Verwendung von Stichworten deutlich besser sind als bei alleiniger Verwendung des Titels.

## 2.2.4 Schlagworte

Schlagworte sind Wörter oder Phrasen, die einem Dokument zur Inhaltsbeschreibung zugeordnet werden. Sie können dem Dokument

entstammen,  brauchen das aber nicht. In der Regel beschränkt man
sich  bei den arbeitenden Dokumentationssystemen nicht auf Stichworte, sondern verwendet Schlagworte.

Durch  die  Verwendung  von  Schlagworten,  die nicht im Text vorkommen,  kann  der  Auswerter  eine vom allgemeinen Sprachgebrauch
des  Fachgebiets abweichende Terminologie des Autors ausgleichen,
im  Dokument  umschriebene,  nicht  direkt  genannte Gegebenheiten
festhalten  und  eine  gewisse  Einheitlichkeit  der Terminologie
erreichen.


Homographen

Eine besondere Beachtung verdient die Vermeidung von Homographen,
das  sind  Wörter,  die  bei  gleicher Schreibweise mehrere Bedeutungen haben (Bank als Geldinstitut und als Sitzmöbel, Kiefer als
Baum  und  als  Kauwerkzeug,  Rentier mit den Bedeutungen Ren und
Rentner).  Homographen  werden  häufig  fälschlich  als  Homonyme
bezeichnet;  letztere  erfordern  jedoch gleiche Schreibweise und
Aussprache. "Rentier" ist also kein Homonym.

Die  genannten  Beispiele  werden  in fachspezifischen Dokumentationssystemen  kaum  Verwirrung  stiften,  da  die Bedeutungen zu
unterschiedlich sind.  Selbst in einer die ganze Biologie umfassenden Datenbasis wird "Kiefer" selten falsche Dokumente liefern,
da  eine Suchfrage in der Regel mehrere Begriffsfelder verknüpft,
etwa  "Kiefer UND Säugetier". Es gibt jedoch durchaus Homographen
innerhalb  eines  engen  Fachgebiets, etwa "Körper" in der Algebra
und  in der Geometrie oder "Satz" als Datensatz und grammatischer
Satz,  was  bei  der Textverarbeitung zu Mißverständnissen führen
kann.

Genau  genommen  ist  "Satz" kein Homograph, sondern ein Polysem,
das  ist  ein  Wort  mit  mehreren  verwandten Bedeutungen, deren
gemeinsamer  Ursprung  noch  ersichtlich ist. Für Dokumentationszwecke spielt der Unterschied aber kaum eine Rolle.


Vereinheitlichung der Schlagworte

Die  Verwendung  von  Schlagworten  ermöglicht eine sehr flexible
Inhaltsbeschreibung;  alle  Details  wie  auch neue Entwicklungen
können  problemlos  beschrieben  werden.  Dem Benutzer wird damit
jedoch  eine  Last  aufgelegt: Er muß an sämtliche Möglichkeiten
denken,  die  der  Dokumentar  bei  der Auswertung benutzt haben
könnte.  Wenn  der  Benutzer  Dokumente über Datenverschlüsselung
benötigt,  muß  er mit "Datenverschlüsselung", "Verschlüsselung",
"Codierung"  und  "Code"  suchen; der  Dokumentar kann aber auch
"Vercodung", "Datentransformierung", "Geheimcode", "Chiffrierung"
oder  noch andere Schlagworte benutzt haben, dazu den Plural oder
andere Ableitungen der genannten Wörter.

Zur  Einschränkung  dieser  Vielfalt  stellt  man zunächst einige

## 2.  Dokumentaufbereitung

allgemeine Regeln auf: Man verwende nach Möglichkeit Substantive
oder von einem Substantiv regierte Phrasen, den Singular (außer
wenn er in der Bedeutung vom Plural abweicht oder ungebräuchlich
ist, Beispiel "Daten") sowie die allgemein gebräuchliche Fachterminologie.

Noch weiter geht die Vorschrift, nur Schlagworte aus einer Liste
zu verwenden, die für das Dokumentationssystem verbindlich festgelegt ist. Solche Schlagworte heißen "gebundene Schlagworte";
werden sie nicht einer verbindlichen Liste entnommen, so heißen
sie "freie Schlagworte".

Eine verbindliche Schlagwortliste ist noch kein Thesaurus (siehe
2.2.5), obwohl sie fälschlich manchmal so genannt wird. Wie beim
Thesaurus besteht aber das Problem, die Liste laufend den sich
ändernden Anforderungen anzupassen: Das abzudeckende Fachgebiet
kann sich erweitern, einzelne Teile erhalten eine größere Bedeutung und benötigen daher differenziertere Schlagworte zur Beschreibung, neue Entwicklungen bewirken eine Änderung oder Ergänzung der Fachterminologie. Die Liste muß also laufend ergänzt und
die Änderungen müssen allen Beteiligten bekannt gemacht werden.


### 2.2.5 Thesauri

Ein Thesaurus ist eine verbindliche Schlagwortliste mit zwei
wesentlichen zusätzlichen Eigenschaften: Er zeigt hierarchische
und andere Beziehungen zwischen den Begriffen auf und er deckt
ein Fachgebiet (in seltenen Fällen den gesamten Wissensbereich
oder einen erheblichen Teil davon) möglichst systematisch und
umfassend ab. Er übt dadurch eine terminologische Kontrolle aus.

Diese Begriffsbestimmung ist mittlerweile weitgehend anerkannt,
wenngleich gelegentlich auch einfache Schlagwortlisten als Thesaurus bezeichnet werden. Sie bedarf einiger Erläuterungen.

Von der Form her wird aus einer Schlagwortliste ein Thesaurus,
wenn die bedeutungsmäßigen Beziehungen zwischen den Schlagworten
angegeben werden. Die gebräuchlichsten Typen von Beziehungen, in
der Dokumentation gewöhnlich Relationen genannt, die auch in der
Thesaurusnorm DIN 1463 aufgeführt werden, sind in Tabelle 2-3
wiedergegeben.

Schlagworte, die im Thesaurus enthalten und zur Indexierung
zugelassen sind, heißen "Deskriptoren". Schlagworte, die im
Thesaurus enthalten, aber nicht zur Indexierung zugelassen sind,
heißen "Nicht-Deskriptoren"; von ihnen wird durch einen Siehe-
Verweis (USE) auf den zu benutzenden Deskriptor verwiesen.

Von einem Thesaurus wird weiter verlangt, daß er einen Fachbereich umfassend abdeckt; die Detailliertheit sollte dabei für
alle Teilgebiete etwa gleich sein, die Randgebiete werden aller-

dings  gröber  gegliedert  als  die  zentralen  Bereiche.  Die  Begriffe
müssen  klar  voneinander  abgegrenzt  sein;  soweit  dazu  die  Benennung  allein  nicht  ausreicht,  enthält  der  Thesaurus  Erläuterungen
("scope notes").

| Kurzzeichen | | Bedeutung | Bemerkung |
| engl. | deutsch | | |
|---|---|---|---|
| BT | OB | übergeordneter Begriff | wenn nicht in Abstraktions- und |
| NT | UB | untergeordneter Begriff | Bestandsrelation unterschieden wird |
| BTG | OA | Oberbegriff (Abstraktionsrelation) | Der Unterbegriff ist eine Einengung des |
| NTG | UA | Unterbegriff (Abstraktionsrelation) | Oberbegriffs durch ein zusätzliches Merkmal (Benzinmotor – Motor) |
| BTP | SP | Verbandsbegriff (Bestandsrelation) | Gegenstände, die unter den Teilbegriff fallen, sind |
| NTP | TP | Teilbegriff | Bestandteile eines Gegenstandes, der unter den Verbandsbegriff fällt (Vergaser – Benzinmotor) |
| RT | VB | Verwandter Begriff (Assoziationsrelation) | |
| USE | BF | Benutze Synonym oder Quasisynonym | |
| UF | BF | Benutzt für Synonym oder Quasisynonym | |
| USE | BK | Benutze Kombination von Einfachdeskrip- toren | |
| UFC | KB | Benutzt für Kombination von Einfachdeskriptoren | |

Tabelle 2-3.  Relationen zwischen Deskriptoren (DIN 1463).

Die  Deskriptoren  des  Thesaurus  sind  verbindlich  festgelegt.  Es
gibt  aber  eine  Instanz,  die  den Thesaurus  den  sich  ändernden
Anforderungen  anpaßt.

Der  Thesaurus  dient  dazu,  durch  möglichst  eindeutige  Abgrenzung
von  Begriffen  und  Zuordnung  von  Benennungen (Deskriptoren) zu

## 2. Dokumentaufbereitung

Begriffen eine einheitliche Terminologie aufzustellen, festzulegen und anzuwenden; er ist also nicht einfach eine Sammlung von
in der Fachliteratur vorgefundenen Bezeichnungen, die um die
Relationen zwischen den Bezeichnungen ergänzt wird. Die terminologische Kontrolle erstreckt sich zunächst auf die Dokumentationssysteme, die sich dieses Thesaurus bedienen; wüschenswert
ist natürlich, daß die Terminologie anerkannter Thesauri auch von
den Autoren der Fachliteratur übernommen wird.

Die erwünschten Eigenschaften einsprachiger Thesauri sind in
DIN 1463 und in der entsprechenden internationalen Norm ISO 2788
festgehalten, die sich beide in Überarbeitung befinden.


Aufbau eines Thesaurus
---

Ein Thesaurus enthält außer Deskriptoren, Nicht-Deskriptoren und
den Relationen zwischen ihnen in der Regel weitere Angaben,
insbesondere Erläuterungen und Definitionen. Die Erläuterungen
(scope notes) dienen dazu, unter mehreren Bedeutungen eines
Schlagwortes die hier gemeinte zu charakterisieren; Beispiele:
"Bank; Erl.: Sitzgelegenheit"; "Plattenspeicher; Erl.: einschließlich Trommelspeicher, ohne flexible Magnetplatten". Wenn
es zur eindeutigen Festlegung eines Begriffs erforderlich ist,
wird die vollständige Definition angegeben. Durch die Angabe der
verwandten Begriffe ist jedoch bereits eine Abgrenzung des
Schlagwortes gegeben, so daß im ersten Beispiel (Bank) die
Erläuterung entfallen kann, wenn als Oberbegriff "Sitzmöbel" oder
"Möbel" genannt wird.

Auf die Unterscheidung von Homographen (und Polysemen) muß
besondere Aufmerksamkeit gerichtet werden. Für die praktische
Behandlung gibt es zwei Möglichkeiten: Von allen Bedeutungen bis
auf höchstens eine wird auf einen anderen Deskriptor verwiesen,
der zu verwenden ist, oder an den Deskriptor wird ein Unter-
scheidungsmerkmal angehängt, beispielsweise eine laufende Nummer,
ein Buchstabe oder ein erläuterndes Wort, z. B. "Bank (Sitzgelegenheit)". In diesem Falle ist "(Sitzgelegenheit)" ein Bestandteil des Deskriptors, der im Gegensatz zur Erläuterung nicht
nur im Thesaurus genannt wird, sondern überall mit anzugeben ist,
wo der Deskriptor benutzt wird, also bei allen mit ihm indizier-
ten Dokumentationseinheiten.

Manchmal werden als Deskriptoren keine natürlich-sprachigen Aus-
drücke, sondern Codezeichen verwendet, z.B. Buchstaben-Ziffern-
Kombinationen. Dieses Verfahren wird vor allem bei mehrsprachigen
Thesauri benutzt. Durch die zusätzlich erforderlichen Über-
setzungstabellen zwischen Codezeichen und Definitionen wird der
Thesaurus leicht unhandlich.

Nicht-Deskriptoren brauchen keine Synonyme der stattdessen zu
verwendenen Deskriptoren zu sein. Synonyme sind unterschiedliche
Benennungen für den gleichen Begriff. Manche Puristen sind der
Ansicht, daß es Synonyme überhaupt nicht gibt, daß selbst

48

zwischen unterschiedlichen Schreibweisen eines Wortes ("Fotografie" und "Photographie") oder zwischen einem Wort und seiner Abkürzung ("Automobil" und "Auto"; "Kraftfahrzeug" und "Kfz") ein diffiziler Unterschied besteht. Für praktische Zwecke werden zwei Benennungen dann als Synonyme bezeichnet, wenn der möglicherweise bestehende Bedeutungsunterschied belanglos ist. Will man eine größere Bedeutungsabweichung in einem bestimmten Zusammenhang ignorieren, so bezeichnet man die Benennungen auch als "Quasi-Synonyme".

Neben Synonymie und Quasi-Synonymie kann der Grund für einen Siehe-Verweis sein, daß der Thesaurus nicht bis auf die Feinheit des Nicht-Deskriptors gegliedert ist, z.B. "Plattenspeicher siehe Speicher", wenn keine Unterbegriffe zu "Speicher" vorgesehen sind. Manche Begriffe können durch gleichzeitige Zuordnung von zwei oder mehr Deskriptoren ausgedrückt werden.

In gedruckter Form besteht ein Thesaurus aus einem Hauptteil und Registern. Der Hauptteil enthält alle Deskriptoren und Nicht-Deskriptoren mit ihren Erläuterungen, Definitionen und Relationen. Er kann alphabetisch oder systematisch geordnet sein, manchmal auch nach einem gemischten System. Ist er systematisch geordnet, so ist ein alphabetisches Register der Deskriptoren und Nicht-Deskriptoren mit Verweisen auf den Hauptteil erforderlich und umgekehrt. Wird der Thesaurus auf einer Rechenanlage geführt, so ist natürlich durch mehrfache Verkettung der Thesauruselemente wahlweise eine systematische oder alphabetische Darstellung möglich.

Da ein Begriff mehrere Oberbegriffe haben kann, kann er in der systematischen Darstellung an mehreren Plätzen auftauchen.

Sehr umfassende Begriffe sind für die Indexierung nicht geeignet und daher im Thesaurus nicht enthalten. Das hat zur Folge, daß für zahlreiche Deskriptoren (einige hundert bei großen Thesauri) kein Oberbegriff mehr festgelegt ist. Der Thesaurus hat also keineswegs eine Baumstruktur, sondern besteht, grob gesprochen, aus vielen kleinen und großen Bäumen, die jedoch dadurch, daß ein Deskriptor mehrere Oberbegriffe haben kann, teilweise miteinander verwoben sind.


**Thesauruserstellung**

Ein Thesaurus kann mehrere zehntausend Begriffe umfassen. Ein solches Werk ist natürlich nicht in einem Anlauf zu erstellen.

Zunächst werden aus möglichst vielen Quellen − existierende Thesauri, Sachregister von Lehrbüchern, Fachlexika, frei zugeordnete Schlagworte aus einem Dokumentationssystem ohne Thesaurus − infrage kommende Benennungen gesammelt und systematisch geordnet. Große Mühe bereitet der terminologische Abgleich: Vermeidung von Synonymen und Homographen, einheitliche Struktur und einheitliche Bildung von Benennungen, Vermeidung überlappender Begriffe, voll-

## 2. Dokumentaufbereitung

ständige Überdeckung des Fachbereichs, Übereinstimmung mit anderen Thesauri, soweit sich die Bereiche überschneiden. Danach sollte der Thesaurus an einer großen Zahl von Dokumenten erprobt werden, bevor er freigegeben wird.

Da sich die Wissenschaft fortentwickelt, andere Schwerpunkte setzt, neue Teilgebiete erschließt, ist eine fortwährende Weiterentwicklung eines Thesaurus erforderlich, natürlich auch zur Ausmerzung von Unstimmigkeiten. Es muß eine Instanz geben, möglichst ein nicht zu großes Gremium von Fachleuten, das Änderungen verbindlich festlegt. Die Vorschläge dazu kommen meistens von den Indexierern, die einem auszuwertenden Dokument einen neu vorgeschlagenen Deskriptor zuordnen. Das genannte Gremium kann dann dem Vorschlag zustimmen und den Deskriptor neu in den Thesaurus aufnehmen, eine andere, neue Benennung wählen oder dafür andere, bereits im Thesaurus vorhandene Deskriptoren einsetzen. Natürlich müssen die Änderungen regelmäßig allen Interessenten - Indexierern und Benutzern der Datenbank - mitgeteilt werden.


### Thesauri für Informatik

Im Fachgebiet Informatik ist der umfangreichste Thesaurus der "NCC Thesaurus of Computing Terms" (NCC 1976), der mehr als 8500 Deskriptoren umfaßt. Er enthält neben dem alphabetischen Hauptteil einen systematischen Teil (zu ca. 270 Deskriptoren der obersten Stufe alle Hierarchiestufen von Unterbegriffen) und einen alphabetischen Index aller Deskriptoren, die einen Oberbegriff haben, mit einem Verweis auf den zugehörigen Deskriptor der obersten Stufe, unter dem er im systematischen Teil zu finden ist. Ein einzelner "ausgekämmter Baum" des systematischen Teils, bei dem Deskriptoren, die über mehrere Unterbegriffketten erreicht werden, entsprechend häufig aufgeführt werden, kann bis ca. 1800 Knoten und Blätter verzeichnen (zum Oberbegriff "Engineering"), oft enthält er aber auch nur einen einzigen Unterbegriff.

Weiter zu nennen sind der "INSPEC Thesaurus 1979" (INSPEC 1979) mit ca. 5200 Deskriptoren und 3800 Nicht-Deskriptoren aus dem Bereich Elektrotechnik und der deutsche "Thesaurus Elektrotechnik" (ZDE 1981) mit ca. 7660 Deskriptoren und 4230 Nicht-Deskriptoren, der nur einen alphabetischen Teil hat. Der französische Thesaurus Informatique (Thesaurus 1976) enthält etwa 1200 Benennungen, davon etwa 1000 Deskriptoren. Ein Verzeichnis der existierenden Thesauri wird etwa jährlich von der Gesellschaft für Information und Dokumentation (GID) herausgegeben (Häfner 1980).

## 2.2.6 Klassifikationen

Eine allgemeine Definition des Begriffs "Klassifikationssystem" (oder "Klassifikation"), die genügend scharf ist und gerade die üblicherweise so bezeichneten Ordnungssysteme umfaßt, scheint nicht möglich zu sein. Ein Klassifikationssystem ist im Prinzip ein Ordnungssystem, das die zu ordnenden Gegenstände in Klassen einteilt und zwischen diesen Klassen eine Ordnung herstellt, die wesentlich auf Beziehungen (z.B. vom Typ Allgemeines / Spezielles) zwischen den Klassen beruht. Bei genauerem Hinsehen sieht man jedoch, daß diese Ordnung weitgehend künstlich ist und eine Linearisierung erheblich komplizierterer Zusammenhänge darstellt, im einfachsten Falle einer Baumstruktur (rein hierarchische Gliederung). Statt hier aber eine allgemeine Theorie von Klassifikationssystemen zu entwerfen, wollen wir uns auf eine kurze Darstellung der wichtigsten beschränken. Gründlichere Einführungen in die hier genannten wie auch in andere Klassifikationssysteme findet man in Lehrbüchern zur Indexierung und Klassifikation wie (Foskett 1977).

## Dezimalklassifikation

Das Grundgerüst der Dezimalklassifikation (DK; englisch Universal Decimal Classification UDC; französisch Classification Decimale Universelle CDU) bildet eine hierarchische Gliederung des gesamten menschlichen Wissens, die durch ein numerisches Notationssystem dargestellt wird, bei der die Notationen der Untergruppen durch Anhängen einer Ziffer an die Notation der unmittelbar übergeordneten Gruppe entstehen. Jede Gruppe kann also maximal 10 Untergruppen besitzen.

Die Hauptabteilungen sind
0    Allgemeines
1    Philosophie
2    Religion. Theologie
3    Sozialwissenschaften. Statistik. Politik. Volkswirtschaft. Recht. Verwaltung. Kriegskunst. Fürsorge. Versicherung. Erziehung. Handel. Volkskunde
4    nicht belegt
5    Mathematik. Naturwissenschaften
6    Angewandte Wissenschaften. Medizin. Technik
7    Kunst. Kunstgewerbe. Photographie. Musik. Spiel. Sport
8    Sprachwissenschaft. Philologie. Schöne Literatur (Wortkunstwerke). Literaturwissenschaft
9    Heimatkunde. Geographie. Biographien. Geschichte

Als Beispiel sei die Untergliederung von 6 aufgeführt:
61    Medizin
62    Ingenieurwesen. Technik
63    Landwirtschaft. Forstwirtschaft. Tierzucht. Jagd. Fischerei
64    Hauswirtschaft
65    Betriebsführung und Organisation von Industrie, Handel und

## 2. Dokumentaufbereitung

    Verkehr
66  Chemische Technik. Chemische Industrie. Verwandte Industrie-
    zweige
67/68 Verschiedene Industrien und Gewerbe.  Mechanische Technolo-
    gie
69  Baustoffe. Bauhandwerk. Bauarbeiten

Die folgende Kette von DK-Zahlen führt zu DV-Anlagen:
6      Angewandte Wissenschaften. Medizin. Technik
67/68  Verschiedene Industrien und Gewerbe. Mechanische Technolo-
       gie
681    Feinmechanik
681.3    Datenverarbeitungsmaschinen und -geräte
681.31     Rechenmaschinen und Rechenanlagen im allgemeinen
681.32     Digitale  und  überwiegend  digitale Systeme, Maschinen
           und Geräte
681.33     Analoge  und überwiegend analoge Systeme, Maschinen und
           Geräte
681.34     Kombinierte oder gemischte Digital/Analog-Rechenmaschi-
           nen

Der Punkt hinter jeder dritten Stelle dient nur der Übersicht und
wird  nicht mitgesprochen (die Ziffern werden einzeln gesprochen,
an  der  Stelle  des Punktes steht eine kleine Pause: sechs-acht-
eins--drei-eins).

Um  die  Zehnerteilung  möglichst auszunutzen, sind häufig Gruppen
nach inhomogenen Gesichtspunkten unterteilt, oder wenn eigentlich
mehr  als  zehn  Untergurppen  zu  bilden waren, sind die weniger
wichtigen zusammengefaßt worden, z.B.
523.47 Uranus,
523.48 Neptun, Pluto und sonstige transneptunische Planeten,
während  die  Erde, vom astronomischen Gesichtspunkt aus betrachtet, die DK-Zahl 525 zugewiesen bekommen hat.

Mehrere DK-Zahlen können verbunden werden, um komplexere Gegebenheiten  auszudrücken,  z.B.  658.72:681.3 Einkauf von Datenverarbeitungsmaschinen.

Die  dezimale  Gliederung  reicht  jedoch nicht aus; verschiedene
Aspekte  werden  durch  "Anhängezahlen"  wiedergegeben, die durch
Einschließen  in runde Klammern oder Apostrophs oder durch vorangestellte  Sonderzeichen  (Bindestrich,  Gleichheitszeichen, Apostroph  und  sogar  Punkt)  gekennzeichnet sind, teils überall
gelten,  wo  sie  sinnvoll sind (allgemeine Anhängezahlen), teils
nur  in  einzelnen  Bereichen (besondere Anhängezahlen, die in
anderen  Bereichen eine völlig andere Bedeutung haben können) und
die  manchmal  ihrerseits  dezimal  mehrfach  unterteilt sind und
durch Anhängezahlen modifiziert werden können.

So  bedeutet  im Bereich 681.3 die Anhängezahl .06 "Programme und
Programmierfragen", also z.B.
681.32.06  Programmierung digitaler Rechenanlagen,
681.327.06 Programmierung digitaler Zusatzgeräte.

52

Einige  besondere  Anhängezahlen  gelten  nur  für  681.3,  andere  für
681,  manche  für  fast  ganz  67  und  68.  Um  Verwechselungen  mit  den
mit  ".0"  beginnenden  Anhängezahlen  zu  vermeiden,  dürfen  in  diesen
Bereichen  keine  normalen  DK-Zahlen  mit  dem  Bestandteil  ".0"
(z.B.  681.03)  existieren.

Neben  der  Deutschen  Gesamtausgabe  der  Dezimalklassifikation  (DK-
Gesamtausgabe  1958),  die  nach  und  nach  neu  erscheint  und  durch
Ergänzungsblätter  auf  dem  Laufenden  gehalten  wird,  gibt  es  die
Internationale  Mittlere  Ausgabe  (DK-Handausgabe  1978/81)  und  die
Deutsche  Kurzausgabe  (DK-Kurzausgabe  1973),  die  ca.  25%  bzw.  10%
der  DK-Zahlen  der  Gesamtausgabe  enthalten.

Für  die  Entwicklung  und  Revision  der  DK  ist  die  Fédération
Internationale  de  Documentation  (FID)  verantwortlich.

Die  Dezimalklassifikation  ist  schon  mehrfach  für  tot  erklärt
worden,  unter  anderem  wegen  der  Schwierigkeiten  bei  der  Einarbeitung  neuer  Wissensgebiete,  aber  noch  lebt  sie;  wie  lange  noch?  Es
gibt  ebenso  verbissene  Befürwörter  wie  Gegner  dieses  Konzepts;
man  hat  manchmal  den  Eindruck,  als  handele  es  sich  um  eine
Glaubensfrage.  Die  FID  plant  eine  völlige  Neugestaltung  der  DK,
die  viel  stärker  als  jetzt  schon  Merkmale  einer  Facettenklassifi-
kation  (siehe  unten)  tragen  wird,  wobei  das  alphabetische  Register  möglichst  Thesaurus-ähnlich  gestaltet  sein  soll.

### Klassifikation  der  Library  of  Congress

Die  Library  of  Congress  (Washington,  D.C.)  ist  eine  der  größten
Büchereien  der  Welt  (15  Millionen  Bände);  die  von  ihr  erstellen
Katalogkarten  und  Magnetbänder  mit  Titelaufnahmen  werden  von
vielen  Bibliotheken  benutzt.  Dies  bewirkt  zugleich  eine  weite
Verbreitung  der  "LC-Classification".  Diese  besteht  aus  einer
groben  Gliederung  nach  Wissensgebieten,  die  durch  ein  bis  zwei
Buchstaben  wiedergegeben  wird,  und  aus  numerischen  Unterteilungen,  die  keine  strenge  Systematik  darstellen.  Die  Nummern
werden  blockweise  fortlaufend  vergeben;  zwischen  den  Blöcken
bleiben  Lücken,  die  für  neue  Fachgebiete  verwendet  werden  können.
In  einzelnen  Fällen  besitzt  eine  Klasse  eine  weitere  Unterteilung,  die  durch  einen  Punkt  eingeleitet  wird.  Insgesamt  gibt  es
über  60.000  Notationen  (Klassen).  Die  LC-Klassifikation  darf
nicht  mit  der  im  Buch  eingedruckten  "Library  of  Congress  Catalog
Card  Number"  verwechselt  werden,  die  im  allgemeinen  aus  Jahr  und
laufender  Nummer  besteht.  Manche  Verlage  geben  jedoch  auch  die
LC-Klassifikation  in  den  Büchern  an.

Die  LC-Klassifikation  erscheint  kapitelweise  einzeln  und  unabhängig  voneinander;  deshalb  können  wir  hier  keinen  Literaturhinweis
auf  eine  Gesamtausgabe  geben.

## 2.  Dokumentaufbereitung

### Dewey-Dezimalklassifikation

Während die (Universelle) Dezimalklassifikation vornehmlich zur
Inhaltsbeschreibung von Dokumenten benutzt wird, dient die äl-
tere, aber ebenfalls mehrfach überarbeitete Dewey-Dezimalklassi-
fikation (DDC) vor allem der Aufstellung von Büchern (DDC 1979).
Sie ist in US-amerikanischen Bibliotheken weit verbreitet; die
Dewey-Notation wird teilweise auch auf den Magnetbändern und
Katalogkarten der Library of Congress vermerkt, soweit die
Personalkapazität die Festlegung dieser Nummern zuläßt.

Die DDC ist einfacher als die DK aufgebaut. Sie verwendet
keine durch Sonderzeichen eingeleitete Anhängezahlen. Sie kennt
jedoch einige Unterteilungen (zum Beispiel Sprachen und gewisse
Publikationsformen), die in gleicher Weise an viele DDC-Zahlen
angehängt werden können; um Eindeutigkeit zu gewährleisten, muß
eine unterschiedliche Anzahl von Nullen (bis zu 4) dazwischen
geschoben werden. Dadurch kommen diese Bücher unmittelbar hinter
der Ausgangsgruppe zu stehen, vor den normalen Teilgruppen.
Beispiel:
354.71       Regierung von Kanada;
354.710003   Wörterbücher, Enzyklopädien über die Regierung von
             Kanada (Standard-Unterteilung -03);
354.71061    Außenministerium von Kanada.


### Broad System of Ordering

Es gibt eine ganze Reihe weiterer Klassifikationen, teilweise
auch mit einer beträchtlichen Verbreitung. Eine neuere Entwicklung, das Broad System of Ordering (BSO), ist dagegen noch auf
der Suche nach Anwendung. Es wurde wie die DK von der Fédération
Internationale de Documentation FID (mit Unterstützunmg der
UNESCO) entwickelt (BSO 1978). Der ursprüngliche Zweck war nicht,
ein weiteres System zur Aufstellung der Bücher in Bibliotheken zu
entwickeln, sondern eine grobe Klassifikation zu entwerfen, auf
deren Begriffe die Schlagworte von Dokumentationssystemen abgebildet werden können. Hierdurch sollte mittelbar eine Verknüpfung
der Begriffe unterschiedlicher Thesauri und Klassifikationen
erreicht werden.

Ob dieses Konzept tragfähig ist, muß die Zukunft erst erweisen.


### Facettenklassifikation

Die DK ist von der Idee her eine streng hierarchische Klassifikation, die jedoch durch die Allgemeinen Anhängezahlen der Sprache,
der Form, des Ortes, der Rassen und Völker, der Zeit sowie des
Gesichtspunktes bereits eine Mehrdimensionalität erhält.

Klassifikationen, die systematisch einen Sachverhalt unter mehreren Gesichtspunkten klassifizieren, heißen Facettenklassifikati-
onen (Vickery 1969). Am bekanntesten ist die "Colon Classifika-

tion (CC)", die auf den indischen Mathematiker und Bibliothekar Shiyali Ramamrita Ranganathan zurückgeht (Ranganathan 1963). Der Name stammt vom Doppelpunkt (englisch "colon"), der in den ersten Auflagen das einzige Trennzeichen war; inzwischen werden auch Semikolon, Komma, Punkt und Apostroph benutzt.

Die Bedeutung der CC beruht nicht so sehr auf ihrer doch recht geringen Verbreitung als vielmehr auf den theoretischen Anstößen, die von ihr ausgingen.

Die Änderungen von einer Ausgabe zur nächsten sind oft gewaltig. Beispielsweise kannte die 6. Auflage 42 Hauptklassen, wogegen die 7., die für 1971 angekündigt war, aber immer noch nicht erschienen ist, mehr als 100 Hauptklassen enthalten soll.

Die Hauptklassen stellen eine erste Einteilung der Welt der "einfachen Subjekte" dar; sie sind zum großen Teil weiter unterteilt. Den Hauptklassen oder manchmal den Unterklassen sind die Facetten zugeordnet, die auftreten dürfen, beispielsweise in Teilbereichen der Medizin die Facetten Organ (Unterteilung der Hauptklasse Medizin), Krankheit, Behandlungsmethode, Behandlungsmittel, ferner in allen Fällen Ort und Zeit. Die in einer Facette vorgesehenen Begriffe werden Isolate oder Foci (Singular: Isolat; Focus) genannt. Die Festlegung der Reihenfolge der Facetten heißt Facettenformel.

Ranganathan ordnete die Facetten (ab der 4. Auflage der CC) in fünf Fundamentalkategorien ein:
P Personalität;
M Materie, Stofflichkeit;
E Energie, Dynamik, Problem, Verfahren;
S Raum (space);
T Zeit (time).

Es können mehrere Facetten der Fundamentalkategorien P, M und E auftreten. Ein Gegenstand kann in mehreren Hauptkategorien vorkommen, zum Beispiel Eisen als Personalität in der Metallurgie und als Materie bei der Stahlherstellung. Für die 7. Auflage ist angekündigt, daß in zahlreichen Fällen Facetten aus E nach M geschoben und M in MM (matter – material) und MP (matter – property) unterteilt werden soll. Vorabdrucke einzelner Teile erscheinen in der Zeitschrift "Library Science with a Slant to Documentation".

Die Notation ist sehr eigenwillig und verwendet neben Ziffern, Groß- und Kleinbuchstaben auch das Dreieck (Delta) für die zentrale Hauptklasse "Mystik und spirituelle Erfahrungen". Die Notationen der Facetten werden teils unmittelbar aneinander gehängt, teils durch die genannten Sonderzeichen getrennt; wird die Notation der ersten P-Facette (Hauptklasse mit Unterteilungen) in einer anderen Facette benutzt, so wird sie dort in runde Klammern gesetzt.

## 2. Dokumentaufbereitung

Beispiel:
Audio-visuelle Methoden im Unterricht über politische Geographie
in der Grundschule während der siebziger Jahre.
Notation T15:3(U5),1.N7
T     Erziehung (Hauptklasse),
T15   Grundschule,
3     Unterricht (Energie-Facette),
U5    politische Geographie (aus der Hauptklasse U),
1     audio-visuelle Methode (P-Facette),
N7    1970 bis 1979 (T-Facette).


## 2.2.7 Verknüpfungen zwischen Termen

Jeder Term (Schlagwort, Deskriptor, Notation) stellt einen einzelnen, isolierten Sachverhalt dar. Mehrere Sachverhalte werden
aneinandergereiht, bei Schlagworten meist durch Semikolon getrennt, in der Dezimalklassifikation durch einen Doppelpunkt.
Durch das Auftreten mehrerer Sachverhalte in der gleichen Dokumentationseinheit wird eine Verknüpfung zwischen ihnen wahrscheinlich gemacht. Diese kann jedoch sehr lose sein, etwa bei
der Aufzählung der Einzelthemen in einem zusammenfassenden
Tagungsreferat; über die Art des Zusammenhangs wird nichts
ausgesagt außer in speziellen Fällen, die bei der Konstruktion
eines Thesaurus oder eines Klassifikationssystems bereits vorgegeben werden. So kann ein Thesaurus den Deskriptor "Datenverarbeitung in Deutschland 1946 bis 1960" enthalten; die DK beschreibt diesen zusammengesetzten Sachverhalt durch besondere
Anhängezahlen: 681.3 (430) "1946/1960".

Bei der Vergabe freier Schlagworte kann man natürlich beliebig
komplexe Ausdrücke bilden, doch führt das zu Problemen bei der
Suche: Die Vielzahl so entstehender Phrasen ist für den Benutzer
nicht mehr überschaubar, so daß er sie zur Suche gar nicht
einsetzen kann.

Man hat wiederholt versucht, Verknüpfungen zwischen Termen durch
zusätzliche Angaben anzuzeigen (syntaktische Indexierung, Abschnitt 4.2.3). Ein Mittel dazu sind Verknüpfungsindizes: Zusammengehörige Deskriptoren erhalten den gleichen Index, dargestellt etwa als Zahl in runden Klammern. Die Art der Beziehung
wird dadurch nicht angezeigt, und manchmal sind mehrere Beziehungen möglich, für "Programm (1); Test (1)" Programmtests wie
auch Testprogramme.

Die Verwendung von Rollenindikatoren als Zusätze zu Deskriptoren
kann in manchen Fällen nützlich sein, etwa in einer Dokumentation
chemischer Verfahren mit Rollen wie "Ausgangsmaterial", "Kataly-
sator", "Nebenprodukt"; im allgemeinen ergeben sich Schwierigkeiten bei der Festlegung der zulässigen Rollen wie auch bei der
Zuordnung der korrekten Rolle in der Beschreibung eines Doku-

ments. Verknüpfungsindizes und Rollenindikatoren sind daher wenig verbreitet.


## 2.3 Kurz- und Langtexte


Bei den inhaltsbeschreibenden Angaben, die in Abschnitt 2.2 betrachtet wurden, handelt es sich stets um eine Aufzählung der einzelnen Themen; die Möglichkeiten, Beziehungen zwischen ihnen auszudrücken, sind sehr begrenzt, wenn überhaupt vorhanden. Der Titel (Abschnitt 2.2.1), den man je nach Standpunkt zu den formalen oder zu den inhaltsbeschreibenden Angaben oder zu den Texten rechnen könnte, läßt zwar größere Freiheiten zu, ist aber üblicherweise in der Länge sehr begrenzt. Bei Verwendung eines Thesaurus, einer verbindlichen Schlagwortliste oder einer Klassifikation ist man außerdem im Grad der Detaillierung an diese Vorgaben gebunden.

Diese Einschränkungen entfallen, wenn der Inhalt eines Dokuments durch eine Kurzfassung wiedergegeben wird oder wenn gar der volle Wortlaut gespeichert wird. Bei der Verwendung der Texte (auch des Titels) ergeben sich linguistische Probleme, die ebenso bei der Abfrage (insbesondere bei der Verwendung einer natürlichen Sprache als Suchsprache) auftreten und in Abschnitt 7.1 näher untersucht werden.

Der vorliegende Abschnitt gibt einen allgemeinen Überblick über die Möglichkeiten und Probleme, die sich aus der Speicherung von Texten in Dokumentationssystemen ergeben.


## 2.3.1 Kurzreferate

Kurzreferate sollen dem Leser möglichst den wesentlichen Inhalt eines Dokuments vermitteln oder ihm die Entscheidung erleichtern, ob er ein Dokument lesen oder sich beschaffen soll.

Nach dem inhaltlichen Bezug unterscheidet man (DIN 1426; ISO 214) indikative Referate, die den Leser auf die im Dokument behandelten Sachverhalte und die Art der Behandlung hinweisen, informative Referate, die die wichtigen inhaltlichen Bestandteile (Zielsetzung, Hypothesen, Methoden, Ergebnisse) verkürzt so wiedergeben, daß der an den Einzelheiten nicht interessierte Benutzer alle wesentlichen Informationen dem Referat entnehmen kann, und indikativ-informative Referate, die die zentralen Themen informativ wiedergeben, die mehr peripheren Themen aber nur indikativ erwähnen.

Für Referatedienste und Dokumentationssysteme sind informative

## 2.  Dokumentaufbereitung

Referate wünschenswert. Für verschiedene Leserkreise sollten
getrennte Referate verwendet werden; so werden in einem Aufsatz
über ein numerisches Verfahren zur Lösung eines physikalischen
Problems den Mathematiker, den Informatiker und den Physiker
jeweils andere Aspekte interessieren.

In der Praxis werden von den Dokumentationssystemen häufig
die Autorenreferate verwendet, die in mehr und mehr Zeitschriften
zusammen mit der Originalarbeit veröffentlicht werden. Daher ist
es wichtig, daß der Autor seine Kurzfassung bereits im Hinblick
auf diesen Benutzerkreis abfaßt, wenn er an einer Verbreitung
seiner Ideen und Erkenntnisse interessiert ist.

Dokumentationssysteme nutzen das Kurzreferat im allgemeinen in
zweifacher Hinsicht: Es dient zum Auffinden interessierender
Dokumente während des Suchprozesses und zur anschließenden Information des Benutzers. Wegen des zweiten Zweckes soll es möglichst
klar geschrieben und auch für Benutzer, die keine Spezialisten
auf dem abgehandelten Gebiet sind, verständlich sein; der erste
Satz sollte das zentrale Thema prägnant umreißen, soweit das
nicht bereits durch den Titel geschieht; die Art der Abhandlung
(z.B. theoretische Untersuchung, Fallstudie, Übersichtsartikel,
Literaturüberblick) sollte aus dem Referat hervorgehen.

Wegen des ersten Zwecks ist es sehr wichtig, die allgemein
gebräuchliche Terminologie zu verwenden, auch wenn man im Aufsatz
selbst aus guten Gründen davon abweicht, Schlagworte zu verwenden, unter denen man den Aufsatz suchen könnte, sowie Produktnamen und Abkürzungen, die nicht allgemein verbreitet sind, zu
vermeiden. Außerdem sollte man auf Formeln und Sonderzeichen
verzichten, die im Rechner schlecht oder gar nicht wiedergegeben
werden können.

Die Norm für Inhaltsangaben in Information und Dokumentation
(DIN 1426) kennt neben dem Kurzreferat noch verschiedene andere
Formen wie Auszug, Zusammenfassung, Sammelreferat und Rezension;
sie unterscheidet nach der Herkunft Autoren- und Fremdreferate
sowie maschinell erstellte Kurzreferate, nach der Form Schlag-
wort-, Text- und Strukturreferate. Die ISO-Norm (ISO 214) enthält
einige gute Beispiele für Kurzreferate.

Auf die linguistischen Probleme, die sich aus der Verwendung
freien Textes für die Suche ergeben, wird im nächsten Abschnitt
(2.3.2) näher eingegangen, da sie dort verstärkt auftreten.

Die im juristischen Bereich weit verbreiteten Leitsätze zu
Gerichtsentscheidungen sind keine Kurzreferate. Jeder Leitsatz –
zu einer Entscheidung können mehrere erstellt worden sein – hebt
einen einzelnen Aspekt heraus, der nach Auffassung des Verfassers
der Leitsätze für andere Streitfälle richtungweisend sein könnte,
im Rahmen der vorliegenden Entscheidung möglicherweise aber nur
eine untergeordnete Rolle spielt. Autor der Leitsätze kann der
erkennende Spruchkörper sein. Häufig ist es aber die Dokumentationsstelle des Gerichts oder der Herausgeber der Zeitschrift,

die  die  Leitsätze  - mit oder ohne Anmerkung oder Besprechung -
erstellt; in  diesen  Fällen  sollte man von "Orientierungssatz"
statt von "Leitsatz" sprechen.


## 2.3.2 Langfassungen


Unter  Langfassung  (Langtext)  wollen wir hier sowohl den vollen
als auch den gekürzten Text eines Dokuments verstehen, da seitens
der  maschinellen  Verarbeitung  kein  Unterschied  besteht.  Die
häufig gebrauchte Bezeichnung "Volltext" ist irreführend, da sich
die DE durchaus auf ausgewählte Teile der DBE beschränken kann.

Langtexte  werden  selten  in Dokumentationssystemen gespeichert;
eine Ausnahme bilden juristische Datenbanken. Dort werden Rechtsnormen,  die  ja  in  einem  sehr  konzentrierten,  knappen  Stil
abgefaßt  sind,  in  der  Regel  im  vollen Wortlaut gespeichert,
Gerichtsentscheidungen häufig in umfangreichen Auszügen oder auch
im  vollen  Text (evtl. ohne die Kostenentscheidung). Juristische
Literatur wird dagegen wie in anderen Fachgebieten behandelt.

Offensichtlich ergeben sich Mengenprobleme: Die bibliographischen
Angaben  zu einem Aufsatz haben typischerweise eine Länge von 100
bis  250  Zeichen,  eine  Kurzfassung  umfaßt  etwa 1000 bis 2000
Zeichen,  ein  Aufsatz  10 000 bis 25 000 und mehr. Damit steigen
nicht  nur  die  Speicherkosten,  sondern  auch  der Aufwand bei der
Datenerfassung  und,  wenn  der  Text  nicht  nur der Anzeige und
Ausgabe  dienen  soll,  der  maschinelle  und der vom Benutzer zu
leistende Aufwand bei der Suche.

Der  Text  kann  entweder  nur  zur  Anzeige  dienen (Auswahl der
Dokumente über inhaltsbeschreibende Angaben) oder zur Feinrecher-
che,  nämlich  zur Suche in einer kleinen, durch inhaltsbeschreibende Angaben ausgewählten Teilmenge des Bestandes, oder aber zur
Grobrecherche,  nämlich  zur  unmittelbaren  Suche  aufgrund des
Vorkommens  von  Suchwörtern  im  Text. Im letzteren Fall muß der
Text  invertiert  werden;  die  Umkehrdatei  enthält sehr viel mehr
verschiedene  Wörter als bei einer Deskribierung der DBEs mittels
Thesaurus, und die Zielpunktlisten vieler Wörter - die Zeiger auf
die  DEs,  in  denen sie vorkommen, - werden selbst bei Weglassen
von  Allgemeinwörtern  (Artikel,  Präpositionen und andere) sehr
lang.  Genauere  quantitative  Angaben hierzu findet der Leser in
Abschnitt 7.2;  hier  sei  nur  qualitativ  auf diese Tatsache und
ihre  Auswirkungen hingewiesen. Die langen Zielpunktlisten erfordern außer dem Speicherplatz - die Umkehrdatei mit den Zielpunktlisten  benötigt  etwa  70 %  bis  über  100 % des Platzes der
Primärdatei  - auch entsprechenden Rechenaufwand bei ihrer Verarbeitung.

Aus  diesen  Gründen  ist  bei  manchen  Systemen der Langtext,
eventuell  auch  der  Kurztext,  nur zur Feinrecherche verwendbar:
Nach  einer  Grobrecherche  über  formale Angaben oder Deskriptoren

## 2. Dokumentaufbereitung

qualifiziert sich eine eingeschränkte Zahl von Dokumenten, vielleicht einige dutzend, vielleicht auch noch einige hundert; innerhalb dieser wird eine Suche im Text vorgenommen, bei der diese Dokumentationseinheiten sequentiell durchsucht werden, also ohne Zuhilfenahme einer Umkehrdatei. Da dies bei langen Texten rechenintensiv ist, darf die durch die Grobrecherche vorausgewählte Menge von DEs nicht zu groß sein.

### Flexionsformen und Komposita

Gravierender als die Mengenprobleme sind bei der Suche in Texten aber die linguistischen Probleme. Entweder müssen die Textwörter auf die Grundformen oder gar auf die Stämme zurückgeführt werden, oder der Benutzer muß alle denkbaren Flexionsformen zur Suche benutzen, wobei ihm bei Vorhandensein einer Umkehrdatei ein Blick in diese hilft; nur vergesse er nicht die mit Umlaut gebildeten Pluralformen. Einige maschinelle Verfahren zur Reduktion auf Grundformen sind in Abschnitt 7.1 genauer erläutert. Diese Algorithmen können bei der Speicherung der Dokumente oder bei der Suche ablaufen; im letzteren Falle muß bei jedem Wort, dessen Anfang hinreichend weit mit dem Suchwort übereinstimmt, geprüft werden, ob es sich auf das Suchwort zurückführen läßt (unter Berücksichtigung möglicher Umlaute bei Substantiven und Adjektiven sowie möglicher Ablaute und der Vorsilbe "ge-" bei Verben sowie unter Zuhilfenahme einer Ausnahmeliste für ganz unregelmäßige Bildungen).

Eine Besonderheit der germanischen Sprachen (aber auch anderer, z.B. der finnischen) ist die Leichtigkeit, Komposita neu zu bilden. Diese stellen ebenfalls ein Hindernis bei der Suche im Volltext dar; der Benutzer, der "Thesaurus" sucht, kann nicht wissen, ob in der Datenbasis womöglich eins der Wörter Fach-, Spezial-, Informatik-, Kurz-, Umwelt-, Begriffsthesaurus oder irgend eine andere Zusammensetzung vorkommt. Eine Maskierung des Wortanfangs (Suche nach Wörtern, die nach einem beliebigen Anfang mit "thesaurus" aufhören) ist rechenintensiv, da die gesamte Umkehrdatei durchsucht werden muß; dies ist allenfalls noch bei kleinen Datenbasen, bei Schlagwort- oder Deskriptorlisten oder aber bei der Feinrecherche ohne Zuhilfenahme der Umkehrdatei sinnvoll.

Es gibt Algorithmen zur Zerlegung von Komposita, etwa das Programm PASSAT zur Textaufbereitung für GOLEM. Diese erfordern jedoch eine ständige Überwachung der tatsächlich durchgeführten Trennungen, um Fehlbildungen wie Eisen/Bahn, Mai/Land oder Wach/Stube, wenn Wachs/Tube gemeint ist, zu verhindern (vgl. Abschnitte 6.1.4 und 7.1.3).

In manchen anderen Sprachen, insbesondere im Englischen, sind die linguistischen Probleme wegen der geringen Zahl von Flexionsformen erheblich kleiner.

Auf der anderen Seite gibt es Sprachen mit einem erheblich

größeren Formenreichtum, z.B. das Hebräische. Wendungen wie "und seit ich dich sah" stellen ein einziges Wort dar; der Wortstamm kann am Anfang wie am Ende (und auch in der Mitte) abgewandelt werden. Dabei entstehen zahlreiche Homographen. Jede vorkommende Form hat im Responsa-Projekt durchschnittlich vier Bedeutungen, in Extremfällen mehrere dutzend.

Das Responsa-Projekt im Rehovot, Israel, das über 100 Bände der Responsa (Antworten jüdischer Gelehrter aus 17 Jahrhunderten auf Streitfragen) mit über 20 Millionen Wörtern im Volltext gespeichert hat, kombiniert daher Wortanalyse- mit Synthesealgorithmen: Bei der Suche werden alle theoretisch denkbaren grammatischen Varianten eines Worts, das können für manche Verb-Klassen leicht 20.000 sein, gebildet; tatsächlich sind aber in der Datenbasis nur sehr wenige enthalten, mit denen dann weiter gearbeitet wird (Fraenkel 1976; Attar und andere 1978).

In der Praxis erweisen sich die Schreibfehler als störend und kaum behandelbar, die auch nach sorgfältigstem Korrekturlesen noch in der Datenbasis versteckt sind. Die betreffenden Dokumentationseinheiten können nur mehr zufällig gefunden werden, etwa indem der Benutzer die falsche Schreibweise in der Umkehrdatei entdeckt oder weil das Suchwort mehrfach im Text vorkommt.

## Thesaurusartige Verknüpfungen zwischen Textwörtern

Eine Schwierigkeit bei der Suche in freien Texten besteht darin, alle sinnverwandten Wörter zu einem Begriff zu finden, die die Autoren möglicherweise benutzt haben. Eine thesaurusartige Verknüpfung der Wörter (oder Wortstämme) der Umkehrdatei (Stichwortliste) wäre hier eine große Hilfe. Eine manuelle Erstellung scheitert, aber an der großen Zahl der zu verarbeitenden Wörter, an den mehrfachen Bedeutungen und an den ständigen Ergänzungen der Datenbasis. Versuche zur maschinellen Ermittlung von Verwandtschaftsbeziehungen haben bisher keine praktisch brauchbaren Ergebnisse erbracht. Man muß davon ausgehen, daß verwandte Benennungen nicht notwendigerweise gemeinsam in einem Dokument vorkommen: Verschiedene Autoren können für den gleichen Begriff verschiedene Bezeichnungen verwenden; eine Abhandlung über einen bestimmten Gegenstand erwähnt häufig die verwandten Gegenstände nur am Rande oder gar nicht. Ein Algorithmus zum Auffinden verwandter Terme müßte vielmehr feststellen, ob diese in ähnlicher Umgebung vorkommen. So könnte eine Verbindung zwischen "Lochkarte" und "Lochstreifen" dadurch erkannt werden, daß beide gemeinsam mit "Lochung", "Eingabe", "Datenträger", "Datenerfassung" und ähnlichen Benennungen vorkommen.

## 2. Dokumentaufbereitung

## 2.4 Deskribierung oder Textspeicherung?


In den vorangehenden Abschnitten haben wir verschiedene Methoden
zur Inhaltskennzeichnung von Dokumenten kennengelernt: Titel,
Schlagworte (mit dem Sonderfall der einem Thesaurus entnommenen
Deskriptoren), Kurzfassungen, Langtexte. Es erhebt sich die
Frage, welche Methode vorzuziehen ist, gegebenenfalls unter
welchen Umständen.

Es ist nicht zu erwarten, daß es eine "beste" Methode gibt.
Voraussetzung zur Existenz einer besten Methode wäre ein ein-
deutiges Kriterium zur Messung ihrer Güte. Die Forderung nach den
besten Suchergebnissen ist dazu aber viel zu unscharf, und andere
Forderungen oder Randbedingungen kommen hinzu.


### Selektionsgüte

Es ist klar, daß umfangreiche Inhaltsbeschreibungen mehr Information über das Thema eines Dokuments liefern als kurze Angaben.
Wenn man also die einschlägigen Dokumentationseinheiten mit
großer Sicherheit auffinden will, sollte die Güte eines Systems
zunehmen mit der Speicherung von Titel  - Schlagworten - Kurzfassungen  - Langtexten.  In der Tat zeigen verschiedene Experimente, daß die Suche nur in Titelangaben eindeutig schlechtere
Ergebnisse liefert als die mit anderen Inhaltskennzeichnungen;
Schlagworte scheinen etwas schlechter abzuschneiden als Kurz- und
Langtexte, aber die Testergebnisse lassen keine sicheren Schlüsse
zu. Ein möglicherweise vorhandener Unterschied zwischen Kurz- und
Langfassungen bleibt bei den durchgeführten Experimenten, die
hier nicht einzeln aufgezählt werden können, unter der Nachweis-
grenze.

Mit dem Umfang der Inhaltsangaben steigt aber auch die Anzahl der
gefundenen, nicht gewünschten DEs, in denen die Suchwörter nur am
Rande, in anderer Bedeutung oder in anderem Zusammenhang vorkommen. Bei Texten sind ferner die möglichen Flexionsformen in
Betracht zu ziehen; außerdem fehlt dort die Kontrolle über das
benutzte Vokabular, die man bei vorgegebenen Schlagwortlisten,
insbesondere bei Thesauri, hat und die auch bei freier Schlagwortvergabe noch in gewissem Umfang möglich ist.

Darüber hinaus benötigt der Benutzer meist keinesfalls sämtliche
einschlägigen Dokumente; er hätte gar nicht die Zeit, alle zu
lesen. Die Frage nach der besten Art der Inhaltskennzeichnung
hängt also auch von den Benutzerbedürfnissen ab. Es gibt einige
Gebiete, in denen die Speicherung des gesamten Textes wünschenswert oder sogar notwendig ist: Rechtsnormen haben eine ausgesprochen knappe, präzise und eindeutige Sprache, so daß die
Gefahr von Fehlassoziationen gering ist und das Auffinden einer
abweichenden Verwendungsweise eines Wortes sogar erwünscht sein
kann, während Deskribierungen oder Kurzfassungen einen nennens-

werten Informationsverlust bedeuten; bei der Patentrecherche darf kein einziges einschlägiges Dokument übersehen werden, wobei man meist in der Hoffnung sucht, k e i n Dokument zu finden.

Bisher nicht untersucht ist die Frage, ob Langtexte in Verbindung mit Rangfolgesortierungen (siehe Abschnitt 4.4) bessere Ergebnisse liefern als Schlagworte oder Kurztexte. Dies ist zu erwarten aufgrund theoretischer Überlegungen zum Nutzen der Rangfolgesortierungen allgemein (siehe Abschnitt 4.3.3) sowie aufgrund der Tatsache, daß zahlreiche Verfahren die Häufigkeit der Suchwörter innerhalb einer DE heranziehen; diese kann aber bei Schlagwortvergabe in der Regel höchstens gleich eins sein und ist auch bei Kurzfassungen nur selten größer (wegen des stilistischen Grundsatzes, Wiederholungen eines Wortes in kurzem Abstand zu vermeiden).


## Aufwand

Die Verfahren zur Inhaltskennzeichnung unterscheiden sich aber nicht nur in der Güte der Suchergebnisse, sondern auch im erforderlichen Aufwand für die Datenerfassung, den Aufbau der Datenbasis, den Speicherplatz und die Suchroutinen. Der typische Speicherplatzbedarf für die bibliographischen Angaben beträgt 200 Zeichen, für Schlagworte kommen weitere 100 Zeichen hinzu, eine Kurzfassung benötigt 1000 bis 2000 Zeichen und der volle Text eines Zeitschriftenaufsatzes 20000 bis 50000. Entsprechend steigt der Aufwand für alle Verarbeitungsschritte, wobei Schlagworte und Kurzfassungen zusätzlich die Arbeit der Erstellung erfordern, soweit sie nicht dem Dokument entnommen werden können.

Diese Überlegungen gelten jedoch nicht uneingeschränkt. Der Erfassungsaufwand für Langtexte entfällt weitgehend, wenn diese ohnehin in maschinenlesbarer Form vorliegen, was mit wachsendem Einsatz von Lichtsatzverfahren mehr und mehr der Fall ist. Sofern die Schlagworte oder Kurztexte automatisch erstellt werden sollen, muß ebenfalls der Langtext zuvor erfaßt werden; zudem erfordern diese Verfahren einen maschinellen Aufwand, der den des Aufbaus von Langtext-Datenbasen übersteigt.


## Anzeige und Ausgabe der gefundenen Dokumentationseinheiten

Die gespeicherten DEs dienen nicht nur der Suche, sondern auch der Anzeige beziehungsweise Ausgabe. Hier stellt der Benutzer aber andere Anforderungen als an die Suche. Während diese im wesentlichen auf dem Vorkommen von Suchworten in einer DE beruht ohne Berücksichtigung der Bedeutung der Texte, entnimmt der Benutzer einer Kurzfassung viel sicherer als einer Liste von Schlagworten, ob die DE wirklich für ihn von Interesse ist. Der Langtext hingegen ist in den meisten Fällen zu lang, um an der Sichtstation gelesen zu werden.

Am Ende einer Suche läßt sich der Benutzer in der Regel die

## 2. Dokumentaufbereitung

gefundenen DEs auf einem Drucker ausgeben. Er benötigt die
bibliographischen Angaben, um die Dokumente beschaffen zu können,
und die Schlagworte oder besser die Kurztexte, um aus allen
gefundenen Dokumenten die für ihn wichtigsten auswählen zu
können. Von diesen benötigt er dann die Langfassungen; das
sollten aber besser Kopien der Originale als Schnelldruckerlisten
sein. Wünschenswert ist aus dieser Sicht eher eine mit dem
Dokumentationssystem verbundene Bibliothek, die möglichst alle
gespeicherten Dokumente führt, als eine Langtextspeicherung aller
Dokumente.


### Copyright

Der Speicherung von Texten stehen in der Regel Copyright-Rechte
entgegen. Wenige Texte sind nichtgeschützt: grundsätzlich alle
Rechtsnormen und Gerichtsentscheidungen, darüber hinaus manche
Veröffentlichungen, bei denen der Verfasser oder Verlag ausdrücklich die Vervielfältigung gestattet.

Die manchen Dokumenten beigegebenen Kurzfassungen oder Schlagworte fallen ebenfalls unter das Copyright. Hier hat der Verlag
jedoch ein Interesse an der Aufnahme in Dokumentationssysteme, so
daß eine entsprechende Übereinkunft leichter zu erzielen ist.
Gegen die Aufnahme von Langfassungen bestehen dagegen seitens der
Verleger erhebliche Bedenken aus Furcht, der Absatz der Original-
veröffentlichungen könnte stark zurückgehen (z.B. Verlegervereinigung Rechtsinformatik e.V. 1975; dieser Verein wurde eigens
zur Abwehr der vom Juristischen Informationssystem JURIS ver-
meintlich drohenden Gefahren gegründet).


### Objektivität

In der Diskussion um JURIS spielte das Argument der Objektivität
eine Rolle: Die Kürzung von Gerichtsentscheidungen könnte ebenso
wie die Auswahl der zu speichernden Dokumente bewußt oder
unbewußt zu einer Verfälschung oder zu einer einseitigen Darstellung führen. Deshalb sollten die ausgewählten Dokumente
möglichst nicht gekürzt werden (JURIS 1972, S. 65). In der Praxis
erscheint diese Gefahr jedoch äußerst gering.


### Gegenwärtige Situation

Die meisten bestehenden Dokumentationssysteme speichern Schlag-
worte und/oder Kurzfassungen; letztere dienen manchmal nicht der
Suche, sondern nur der Anzeige. Lediglich die juristischen
Systeme speichern häufig Langtexte, so das US-amerikanische
LEXIS-System der Firma MEAD DATA CENTRAL mit den wohl umfang-
reichsten Datenbasen überhaupt (geschätzt auf fast 20 Milliarden
Zeichen) und in Deutschland DATEV und teilweise JURIS.

## 2.5 Arbeitsablauf der Datenerfassung

Zur Datenerfassung für Dokumenten-Nachweis-Systeme ist wegen der qualitativ sehr unterschiedlichen Bestandteile einer Dokumentationseinheit und wegen der Vielzahl beteiligter Personen eine gute Organisation des Arbeitsablaufs erforderlich. Es gibt hier wie in anderen Bereichen keine "beste" oder allgemein gültige Organisationsform; die Ausführungen dieses Abschnitts sollen lediglich die wesentlichen Einzelschritte und ihre gegenseitige Abhängigkeit klarstellen.

### Auswahl der Dokumente

Wie bei Referatezeitschriften muß auch bei Dokumentationssystemen eine Auswahl aus der Unmenge der gedruckten Primärliteratur getroffen werden. Auswahlkriterien können formaler Art sein - Erscheinungsform und -land, Sprache, Veröffentlichungsorgan - oder sich auf Inhalt (Fachgebiet, theoretisch/experimentell/ anwendungsbezogen) und Qualität der Darstellung beziehen. Meist wird eine Kombination angewandt: Wichtige Fachzeitschriften werden ganz ausgewertet, Zeitschriften aus benachbarten Gebieten in Auswahl nach Inhalts- und Qualitätskriterien, "graue Literatur" (nicht im Buchhandel geführte Forschungsberichte) nach Verfügbarkeit.

Im Interesse des Benutzers ist auf die Transparenz des Datenbankinhalts größter Wert zu legen: Der Benutzer muß wissen, was er im Dokumentationssystem erwarten kann und was nicht, damit er abschätzen kann, ob das Ergebnis der Suche einigermaßen vollständig ist oder ob er mit wichtiger weiterer Literatur rechnen muß. Die Entscheidung über die Aufnahme eines Dokuments darf also möglichst wenig vom Ermessen eines Bearbeiters abhängen.

In der Diskussion um das Juristische Informationssystem JURIS ist häufig umstritten gewesen, ob der Staat als Betreiber die aufzunehmenden Gerichtsentscheidungen auswählen darf, da dadurch unbewußt und ohne böse Absicht die für die Verwaltung positiven (etwa im Steuerrecht) bevorzugt werden könnten. JURIS läßt weitgehend den erkennenden Spruchkörper über die Aufnahme entscheiden; gespeichert werden die von den Gerichten gemeldeten sowie die in Fachzeitschriften veröffentlichten Entscheidungen.

### Formale Angaben

Bei der Auswahl der Dokumente wird zugleich über eine eventuelle Aufspaltung in mehrere Dokumentationseinheiten entschieden und jeder eine Identifikationsnummer zugeteilt.

Die formalen Angaben werden auf Formularen erfaßt, am besten

## 2. Dokumentaufbereitung

unter Verwendung besonderer Formulare für jede der häufig vorkommenden Dokumentarten (z.B. Aufsatz aus Zeitschrift, Aufsatz aus
Sammelband, Monographie, Report, Hochschulschrift). Soweit die
Daten sofort maschinenlesbar aufgenommen werden, sollte das
Erfassungsgerät die für die jeweilige Dokumentart erforderlichen
oder möglichen Kategorien anbieten und dann, wenn eine obligato-
rische Kategorie nicht ausgefüllt wird, sofort einen Fehler
melden.

Die Erfassung kann durch Dokumentationsassistenten erfolgen unter
Aufsicht von Diplom-Dokumentaren, die die schwierigen Fälle
übernehmen.


### Inhaltsbezogene Angaben

Die inhaltsbezogenen Angaben werden teils von Diplom-Dokumentaren, teils von Wissenschaftlern zugeteilt. Wenn für die formalen Angaben ein Erfassungsbogen ausgefüllt wird, kann dieser
bei der danach stattfindenden inhaltlichen Auswertung (Zuteilung
von Deskriptoren aus dem Thesaurus und von freien Schlagworten,
Kurzfassung) zugleich überprüft werden. Wenn die formalen Daten
sofort maschinenlesbar erfaßt werden, bietet die umgekehrte
Reihenfolge Vorteile: Die inhaltsbezogenen Angaben werden dem
Dokument beigefügt und gemeinsam mit den formalen Angaben aufgenommen.

Die Angaben über die erforderliche Arbeitszeit gehen ziemlich
weit auseinander. In der Literatur werden 30 bis 40 Dokumente
pro Tag für die medizinische Datenbasis MEDLARS genannt, in
anderen Fällen mehr als eine Stunde für jedes Dokument.

Eine erhebliche Hilfe können die der Originalarbeit vom Autor
beigefügten Kurzfassungen und Schlagworte bieten. Häufig werden
sie direkt übernommen; aber selbst wenn das nicht der Fall ist,
erleichtern sie die Arbeit erheblich.


### Langtext

Soweit Langtexte gespeichert werden sollen, ist deren Erfassung
kostspielig und mühsam, insbesondere wegen des ermüdenden Korrek-
turlesens und der fehleranfälligen Durchführung der Korrekturen.
Eine Hilfe bieten Seitenleser, die sauber gedruckte Texte auf
Magnetband übertragen mit einer von der Schriftart abhängigen
Fehlerrate; das Korrekturlesen wird dadurch nicht überflüssig. Am
einfachsten ist es natürlich, wenn die Texte sofort bei ihrer
Entstehung maschinenlesbar erfaßt werden. Mit der zunehmenden
Verbreitung von Schreibautomaten (etwa im Gerichtsbetrieb zur
Erstellung der Entscheidungen) und von Lichtsatzanlagen in den
Verlagen steigt diese Möglichkeit, die jedoch eine Kooperation
der Beteiligten voraussetzt, während die juristischen Fachverlage
eher eine Konkurrenz befürchten (Verlegervereinigung 1975).

## 2.6 Automatische Indexierung

Die Zuteilung von Schlagworten oder Deskriptoren zu Dokumenten erfordert einen erheblichen "manuellen", besser intellektuellen Aufwand. Daher verwundert es nicht, daß man versucht hat diesen Prozeß zu automatisieren oder wenigstens durch automatische Verfahren zu unterstützen. Man spricht dann von "automatischer Indexierung".

Manchmal wird diese Benennung schon dann verwendet, wenn ein Dokumentationssystem Texte speichern kann und diese nicht nur für die Anzeige, sondern auch für die Suche ausnützt; dabei kann es sich um volle oder gekürzte Texte oder um Kurzfassungen handeln, und das System kann, braucht aber nicht, Verfahren zur Reduktion von Wortformen auf die Grundform bei der Einspeicherung oder zur Generierung der möglichen Wortformen bei der Suche zur Verfügung stellen. Dies ist hier aber nicht gemeint; wir wollen "automatische Indexierung" nur in dem Sinne benutzten, daß aus vorgelegten Texten (das können auch Kurzfassungen der zu deskribierenden Arbeiten sein) automatisch Schlagworte erstellt werden.

### Extraktion sinntragender Wörter

Es liegt nahe, zu versuchen, aus dem vorgelegten Text automatisch die sinntragenden Wörter zu extrahieren und auf ihre Grundform zu reduzieren. Auf die linguistischen Probleme der Deflexion wird in Kapitel 7.1 eingegangen, da sie nicht nur im Zusammenhang der automatischen Indexierung auftreten. Die Extraktion kann aber offensichtlich nicht darin bestehen, alle Wörter mit der Ausnahme gewisser wenig aussagekräftiger "Stoppwörter" wie Artikel, Konjunktionen, Präpositionen, Pronomen und mancher Substantive mit sehr allgemeiner Bedeutung zu Indextermen zu machen; es muß vielmehr eine Auswahl sinntragender Wörter erfolgen. Das Problem ist, dafür geeignete Kriterien zu finden.

Die Auswahl kann aufgrund intellektuell erstellter Wortlisten oder aufgrund von Worthäufigkeiten im einzelnen Dokument und in der gesamten Datenbasis erfolgen. In beiden Fällen sollte man die im Text vorkommenden Wörter zuerst auf ihre Grundformen zurückführen; darüber hinaus wird manchmal mit einer Reduktion auf Wortstämme experimentiert, durch die unterschiedliche Wortarten zusammengeführt werden.

### Extraktion mittels Wortlisten

Die Wortlisten enthalten entweder nur die zu extrahierenden oder auch die nicht zu berücksichtigenden Wörter. Nur im letzten Falle kann der Rechner zur Fortschreibung der Listen beitragen, indem er unbekannte Wörter anzeigt, damit diese durch einen

## 2.  Dokumentaufbereitung

Bearbeiter einer der beiden Listen hinzugefügt werden. In die
Liste der zu extrahierenden Wörter können bei geringem Mehr-
aufwand für die Programmierung auch mehrwortige Ausdrücke aufgenommen werden; weiterhin kann man durch geeignete Verweise
erreichen, daß nicht der im Text vorkommende Term, sondern
eine davon abweichende Benennung als Schlagwort zugeteilt wird,
um eine gewisse Vereinheitlichung der Terminologie zu erreichen.
Die für solche Verfahren benötigten Wortlisten erreichen einen
erheblichen Umfang (mehrere hunderttausend Wörter), so daß eine
sequentielle Bearbeitung des Textes nicht ratsam ist. Einige
hundert häufige Wörter sollten in einer Liste im Hauptspeicher
gehalten werden; sie reduzieren bereits die Anzahl der im
Sekundärspeicher aufzusuchenden Wörter etwa auf die Hälfte. Die
verbliebenen Wörter eines Dokuments oder auch einer Folge von
Dokumenten werden in gleicher Weise wie die Listen sortiert.
Dadurch verhindert man, daß der gleiche Datenblock mehrmals in
den Hauptspeicher eingelesen werden muß. Das Prinzip der gleich-
artigen Sortierung ist übrigens auch bei hash-codierten Tabellen
anwendbar; die Textwörter werden hier also nicht in alphabetischer Reihenfolge, sondern in der Reihenfolge des durch den
Hash-Algorithmus errechneten Schlüssels abgearbeitet.

Das beschriebene Verfahren kann offensichtlich nicht zwischen
Homographen unterscheiden und auch nicht feststellen, ob ein Wort
mehr oder weniger zufällig in einem Text vorkommt oder zum
wesentlichen Inhalt gehört. So führt der Satz "Es gibt keine
Dokumentation des benutzten Programms" zu den Schlagworten
"Dokumentation" und "Programm", was in beiden Fällen wenig
hilfreich ist. Jedoch dürfte die Gefahr, dem Dokument über-
flüssige Schlagworte zuzuordnen, bei der Verwendung von Kurzfassungen gering und tolerierbar sein, da diese in der Regel den
wesentlichen Inhalt in konzentrierter Form und ohne schmückendes
Beiwerk wiedergeben; störend sind vor allem kritische Aussagen
über Dinge, die im Dokument vermißt werden.

Es ist offen, ob die Zuordnung von Schlagworten, auf die
man bei intellektueller Indexierung verzichten würde, die
Qualität der Suchergebnisse in meßbarem Umfang negativ beeinflußt. Terme, die als Fachausdrücke nicht gebräuchlich sind,
belasten zwar den Speicher, werden aber als Suchwörter nicht
benutzt; Homographen werden während der Suche weitgehend unterdrückt, sobald sie mit anderen Schlagwörtern kombiniert werden.
Umgekehrt wird immer wieder berichtet, daß bei intellektueller
Indexierung Begriffe übersehen und daher unterdrückt werden, die
bei automatischen Verfahren Berücksichtigung finden.

Statt als vollautomatisches Verfahren kann die Extraktion von
Stichwörtern und gegebenenfalls die Zuordnung von Vorzugs-
benennungen oder von Klassifikationssymbolen auch als Unter-
stützung der intellektuellen Indexierung benutzt werden. Ein
Beispiel für eine praktische Anwendung ist Smithsonian Science
Information Exchange (SSIE), wo jährlich über 100.000 Projekt-
beschreibungen indexiert werden. Das Programm verwendet eine im
Laufe der Zeit anwachsende Liste von Schlagworten, denen Klassi-

fikationssymbole zugeordnet sind. Im Rechnerausdruck sind die
Wörter, die zu einer Indexierung beigetragen haben, markiert. Der
Bearbeiter kann zugeordnete Klassifikationen wieder streichen
und andere hinzuführen. Für die Schlagwortlisten wird ein Umfang
von knapp 100.000 Einträgen erwartet. Die ersten Versuche ergaben
eine Zeitersparnis von etwa 20%. Darüber hinaus sind die unkorri-
gierten Klassifikationen sofort verfügbar; die intellektuelle
Überarbeitung kann mit weniger Zeitdruck erfolgen (Hunt und
andere 1975).

## Worthäufigkeiten

Je länger die zur Verfügung stehenden Texte sind, desto besser
arbeiten Indexierungsverfahren, die die Worthäufigkeiten dazu
ausnutzen, inhaltsbeschreibende Wörter aus dem Text zu extrahieren. Dies kann offenbar nicht dadurch geschehen, daß die
häufigsten Wörter auch die wichtigsten seien: Die größten
Anzahlen weisen "die", "der" und "und" auf. Vielmehr müssen die
Häufigkeiten innerhalb eines Dokuments in geeigneter Weise mit
denen innerhalb einer Dokumentensammlung als Ersatz für die nicht
feststellbaren Häufigkeiten der Fachliteratur in Verbindung gesetzt werden.

Wenn ein Wort in einer Datenbasis von tausend Dokumenten insgesamt einige Dutzend Male vorkommt, in einem einzelnen Dokument
aber meist nur einmal, gelegentlich auch zweimal, so dürfte es
sich um ein wenig spezifisches Wort handeln. Konzentriert sich
dagegen die gleiche Gesamtanzahl auf wenige Dokumente, so weist
das auf eine sehr spezifische Verwendung hin. Gelegentlich kommt
das bei ausgefallenen Allgemeinwörtern vor ("nichtsdestoweniger",
"wohingegen"), die nur eine stilistische Besonderheit darstellen;
meist handelt es sich aber um fachspezifische, zum Indexieren
geeignete Terme.

Dieses Konzept muß konkretisiert werden, um brauchbare Abgren-
zungen zwischen Schlagwörtern und Allgemeinwörtern zu liefern.
Ein Ansatz hierzu ist das 2-Poisson-Modell (Harter 1975). Dieses
geht von der Annahme aus, daß ein Wort auch in Dokumenten, in
denen dieser Begriff nicht unmittelbar behandelt wird, mit einer
gewissen, geringen Wahrscheinlichkeit vorkommt, in den wesentlichen Dokumenten jedoch mit einer größeren Wahrscheinlichkeit.
Die Dokumente werden also bezüglich eines Wortes modellmäßig in
zwei Klassen eingeteilt mit unterschiedlichen Wahrscheinlichkeitsverteilungen für dieses Wort. Wenn die Dokumente (oder die
verwendeten Kurzfassungen) ungefähr die gleiche Länge haben,
sollte die Verteilung innerhalb einer Klasse annähernd eine
Poisson-Verteilung sein, das heißt die Wahrscheinlichkeit, daß
das Wort in einem Dokument genau k-mal vorkommt, ist

$$P(k; s) = e^{-s} \, s^k \, / \, k! \, ,$$

wobei s ein noch festzulegender Parameter ist. Die Poisson-
Verteilung hat den Erwartungswert s; gleichzeitig ist s die

## 2. Dokumentaufbereitung

Varianz.

Die Wahrscheinlichkeit, daß ein Dokument zur ersten Klasse
(Parameter s der Poisson-Verteilung) gehört, sei p; mit der
Wahrscheinlichkeit 1-p gehört es dann zur zweiten Klasse
(Parameter t). Insgesamt ist dann die Wahrscheinlichkeit für ein
k-faches Vorkommen in einem Dokument

$$P(k) = p\,P(k;\,s) + (1-p)\,P(k;\,t).$$

Die drei Parameter p, s und t dieser Verteilung können aus den
tatsächlichen Häufigkeiten eines Wortes nach statistischen
Methoden geschätzt werden, beispielsweise so, daß die ersten drei
Stichprobenmomente (Erwartungswert, Varianz und Schiefe) den
entsprechenden Momenten der theoretischen Verteilung gleichgesetzt werden. Ebenso kann man mit statistischen Mitteln überprüfen, ob theoretische und tatsächliche Verteilung gut genug
übereinstimmen (im Rahmen der zu erwartenden statistischen
Genauigkeit) und ob sich die beiden Parameter s und t hinreichend
unterscheiden (signifikant voneinander abweichen). Ist letzteres
nicht der Fall, so kann man annehmen, daß in Wirklichkeit
(annähernd) eine einfache Poisson-Verteilung vorliegt und daß es
sich nicht um ein fachspezifisches Wort handelt. Die Untersuchungen von Harter zeigen, daß die 2-Poisson-Verteilung mit
praktisch ausreichender Genauigkeit die tatsächliche Verteilung
der Worthäufigkeiten wiedergibt und daß die Fachwörter durch
signifikante Unterschiede zwischen s und t gekennzeichnet sind.
Man benötigt nun noch ein Kriterium, wann ein Dokument mit einem
darin vorkommenden Wort deskribiert werden soll. Ohne die
erforderlichen Formeln hier herleiten zu wollen, sei gesagt, daß
man im Prinzip hinreichend sicher sein muß, daß das Dokument zu
der Klasse mit dem größeren Parameter (s oder t) gehört und daß
sich beide Parameter genügend unterscheiden.

Das dargestellte Verfahren liefert für jedes Wort aus den
Häufigkeiten im vorliegenden Dokument wie auch in den anderen
Dokumenten der Datenbasis einen theoretisch begründeten Funk-
tionswert, der auch als Gewicht interpretiert werden kann.
Natürlich kann man auch andere Gewichtsfunktionen in heuristi-
schen Verfahren für diesen Zweck verwenden; im Zusammenhang mit
der Rangfolgesortierung werden mehrere Beispiele dafür diskutiert
(Abschnitt 4.4.2). Neben den dort verwendeten Häufigkeiten wird
bei der maschinellen Indexierung manchmal auch der Ort des
Wortvorkommens berücksichtigt: Wörter aus dem Titel, aus den
Zwischenüberschriften und teilweise auch aus Tabellen- und Abbil-
dungserläuterungen erhalten ein höheres Gewicht als Textwörter.


Bewertung der Ergebnisse

Die Ergebnisse maschineller Indexierung sind manchmal mit den
Schlagworten verglichen worden, die ein menschlicher Indexierer
einem Dokument zuordnet. Dabei haben sich in der Regel ganz
erhebliche Abweichungen ergeben. Es wäre jedoch falsch, daraus zu

folgern, die maschinellen Methoden seien unzureichend. Es ist
bekannt, daß auch die von mehreren geübten Personen zugeteilten
Schlagworte nur teilweise übereinstimmen. Wenn man ein Urteil
über die Güte maschineller Indexierung abgeben möchte, muß man
untersuchen, welche Methode die besseren Recherche-Ergebnisse
liefert. Dies ist natürlich mühsam.

Es gibt mehrere Studien, in denen die Qualität der Suchergebnisse
bei manueller und maschineller Indexierung miteinander verglichen
wird, üblicherweise in den Relevanzmaßen Relevanz- und Nachweisquote. Die Ergebnisse sind nicht einheitlich, es scheint aber,
daß gute machinelle Verfahren der Indexierung durch Fachleute
etwa gleichwertig sind. Bisher ist jedoch keine Institution in
der Literatur bekannt geworden, die sich auf maschinelle Indexierung verläßt (Bearman 1978, S. 189).


## Maschinelle Erstellung von Kurzfassungen

Ähnliche Methoden wie bei der maschinellen Indexierung sind auch
für die automatische Erstellung von Kurzfassungen vorgeschlagen
und testweise eingesetzt worden. Im Prinzip werden die wichtigsten Sätze eines Dokuments herausgezogen. Dazu muß wiederum für
jedes Wort ein Gewicht bestimmt werden, das sich aus den
Häufigkeiten im Dokument und in hervorgehobenen Dokumententeilen
sowie als Korrektur aus den Häufigkeiten in der gesamten Datenbasis zusammensetzt; das Gewicht eines Satzes ergibt sich aus dem
der darin enthaltenen Wörter mit einer passenden Normierung
bezüglich der Satzlänge. Mit wechselndem Erfolg wurden auch
bestimmte Textabschnitte wie erster und letzter Absatz oder
erster Satz eines Absatzes bevorzugt ausgewählt. Bei Einsatz
linguistischer Verfahren können aus den ausgewählten Sätzen
weniger wichtige Nebensätze eliminiert werden. Zu praktischer
Bedeutung sind diese Verfahren jedoch bisher nicht gelangt.

# 3. Speicherung

Texte werden häufig als "nicht formatiert", als strukturlos
abgetan. Tatsächlich kann ihre Struktur aber so kompliziert und
uneinheitlich sein, daß es schwierig ist, einen Datentyp zu
finden und zu beschreiben, dem man die Texte mit vertretbaren
Vergröberungen unterordnen kann.

Wir wollen zunächst feststellen, welche Strukturelemente in
Texten auftreten; danach wird eine Speicherorganisation, die dem
Datentyp von Dokumentationseinheiten angemessen ist, vorgeschlagen und mit der Speicherorganisation einiger existierender Dokumentationssysteme verglichen. Die letzten Abschnitte befassen
sich mit dem Änderungsdienst, der keinesfalls nur aus dem
Nachtragen neuer Dokumentationseinheiten besteht, und mit einigen
speziellen Problemen, die bei der Speicherung von Texten auftreten.


## 3.1 Datenstrukturen der Dokumente


### Strukturen von Texten

Texte werden häufig als "unformatierte Daten" bezeichnet; im
Gegensatz zu "harten Daten", die komplizierte Strukturen aufweisen können – man denke nur an die Möglichkeiten, die die
CODASYL-Vorschläge (CODASYL 1971 und 1978) bieten – betrachtet
man sie einfach nur als eine Zeichenkette.

Bei genauerer Betrachtung findet man in Texten jedoch äußerst
komplizierte Strukturen. Eine Datenbasis nach dem CODASYL-, dem
relationalen oder einem anderen Modell mag eine Vielzahl von
Satztypen, hierarchischen Verknüpfungen und anderen Struktur-
elementen aufweisen; die Komplexität ist jedoch durch das jeweilige Datenbasis-Schema begrenzt. Texte können dagegen so unregel-
mäßig aufgebaut und so vielfältig miteinander verwoben sein, daß
sich ein umfassendes Schema gar nicht finden läßt.

Einige Beispiele mögen das belegen. Die Gliederung von Büchern
ist meistens hierarchisch; oft werden jedoch in einzelnen Teilen
Hierarchie-Ebenen ausgelassen oder zusätzliche eingeführt. Neben
oder unter einer hierarchischen Gliederung kann es eine fortlaufende Zählung von Paragraphen, Abschnitten oder Absätzen

geben.  Inhalts- und Sachverzeichnis verwenden eine abweichende
Strukturierung, nämlich die Seitenzählung. Aufzählungen im Text
haben ihre eigene hierarchische oder eine ähnliche Struktur;
diese kann sich durch Teile mehrerer Gliederungsabschnitte hin-
durchziehen (also keine Struktur unterhalb der untersten Gliede-
rungsebene).

Auch die Feinstruktur ist keineswegs einfach eine fortlaufende
Zeichenfolge: Absätze, Einrückungen, Zeilenwechsel innerhalb
eines Absatzes, zentrierte und rechtsbündige Textteile, Hervorhebungen durch Fett-, Kursiv- oder gesperrten Druck beleben das
Bild, ganz zu schweigen vom Einschub kompletter Sätze mitten in
einem Satz (meist in Klammern) und vom syntaktischen Aufbau der
Sätze.

Der Text kann beliebig komplizierte Tabellen enthalten. Texte
beziehen sich auf andere Texte oder auf bestimmte Teile davon
durch Verweise oder wörtliche Zitate oder durch Benutzung bestimmter Phrasen: durch die Bezeichnung "verlorener Sohn" wird
eine Beziehung zu Lukas 15, 11-32 hergestellt; die Verwendung des
Wortes "Kauf" in einem juristischen Text impliziert das 2. Buch,
7. Abschnitt, ersten Titel, I. bis III. (§§ 433 - 514) des BGB.

Natürlich ist es nicht erforderlich, einem Dokumentationssystem
eine Datenbauart zugrunde zu legen, die alle diese Strukturelemente in der Datenbasis wiedergibt, wie auch Fakten-Datenbasen
nur ein idealisiertes Bild der Wirklichkeit zeichnen. Eine
Darstellung aller denkbaren Feinheiten dürfte technisch sehr
aufwendig sein, vor allem aber den Benutzer verwirren, ohne ihm
zu nützen. Die verbreitete Vorstellung der "unformatierten Daten"
ist jedoch zu grob und entspricht nicht den Anforderungen, die
bei der Suche vom Benutzer gestellt werden.

Welche Strukturen sollten nun bei der Speicherung von Texten
berücksichtigt werden? Damit der Benutzer sie bei der Suche
verwenden kann, müssen sie einigermaßen einheitlich sein; Unter-
scheidungen zwischen Kapiteln, Abschnitten, Teilen, Titeln und
anderen Bezeichnungen nützen ihm nichts, da er im vorhinein nicht
weiß, welche Gliederung die gesuchten Dokumente aufweisen mögen.
Vielfach beschränkt man sich auf die Gliederungseinheiten Absatz
und Satz. An einem Beispiel aus dem juristischen Bereich, der
Dokumentation von Rechtsnormen im Volltext, wollen wir kompliziertere, aber durchaus noch überschaubare, technisch realisier-
bare und für den Benutzer brauchbare Strukturen kennenlernen. Es
gibt allerdings Gesetze, die sich nicht in dieses Schema einfügen
lassen. Harmlos ist noch, daß manche, z.B. das Grundgesetz, in
Artikel statt in Paragraphen gegliedert sind; einige bestehen
aber aus Artikeln, die ihrerseits in Paragraphen aufgeteilt sind,
wobei die Paragraphenzählung anders als bei den anderen Ab-
schnittsbezeichnungen (Buch, Titel und andere) in jedem Artikel
wieder von vorn beginnt. Solche und andere Abweichungen vom
Üblichen sollte man bei der Wiedergabe in Dokumentationssystemen
mit sanfter Gewalt in das allgemeine Schema pressen.

Es sei noch betont, daß keinesfalls nur bei Rechtsnormen Strukturen auftreten, bei denen die einfache Gliederung in Absätze und
Sätze nicht zufriedenstellt: Gerichtsentscheidungen bestehen
regelmäßig aus dem Rubrum, das die Prozeßparteien nennt und in
Deutschland meist nicht mit erfaßt wird, dem Tenor, der die
Entscheidung wiedergibt, und aus Tatbestand und Gründen (teils
als gemeinsamer Teil, teils als getrennte Abschnitte); beim
Bundesverfassungsgericht können die abweichenden Meinungen einzelner Richter hinzukommen; den Entscheidungen können Leit- oder
Orientierungssätze beigefügt sein. Diese Abschnitte müssen einzeln zugreifbar sein. Bei der Dokumentation von Vorgängen (im
Verwaltungsablauf, in der Gesetzgebung usw.) und bei der Projektdokumentation hat man es mit einer Fülle von Einzeldokumenten zu
tun, zwischen denen vielfältige Verknüpfungen bestehen und bei
denen oft Gruppen von Dokumenten eine neue, übergeordnete dokumentarische Bezugseinheit darstellen.


Struktur von Rechtsnormen

Wir kommen nun zum angekündigten Beispiel, wobei wir von vornherein viele Details, die für das Retrieval uninteressant sind
(wohl aber bedeutsam sein können, wenn man die Daten zugleich zum
Setzen verwenden will) weglassen (Abbildung 3-1).

Eine Rechtsnorm ist meist in mehrere Ebenen oberhalb der Para-
graphenebene gegliedert (z.B. in Bücher, Teile, Abschnitte). In
Abbildung 3-1 ist nur eine Ebene (Kapitel) eingezeichnet. Jedes
Kapitel besteht aus Paragraphen, jeder Paragraph aus Absätzen,
jeder Absatz aus Sätzen, jeder Satz aus Wortstellen, deren jede
mit einem Wort und teilweise zusätzlich mit Satzzeichen gefüllt
ist. Soweit ist das eine hierarchische Gliederung.

Normen werden geändert; dabei können auch Kapitel, Paragraphen,
Absätze, Sätze oder Wörter gestrichen oder hinzugefügt werden.
Das hat zur Folge, daß es zu einem Datenobjekt (Paragraph,
Absatz, usw.) mehrere Folgeeinheiten im Textzusammenhang geben
kann (normalerweise in zeitlicher Folge der Gültigkeit, gelegentlich aber auch gleichzeitig, wenn eine Gesetzesänderung nicht in
allen Bundesländern gilt - es gibt solche Fälle). Da die alten
Fassungen einer Vorschrift in der Regel auf Streitfälle aus der
Vergangenheit anzuwenden sind, ist ihre Kenntnis nicht überflüssig; die Relation "(zeitlicher) Nachfolger" ("N" in Abbildung
3-1) ist also wesentlich.

Verweise auf andere Vorschriften spielen im juristischen Bereich
eine große Rolle. In der Abbildung ist nur der Normalfall
eingezeichnet, daß sie innerhalb eines Satzes auftreten; sie
können tatsächlich auch in Überschriften enthalten sein oder sich
über mehrere Sätze hinziehen, indem etwa ein Satz das bezogene
Gesetz nennt, die nächsten die Einzelvorschriften. Eine Verweisung nennt meist einen oder mehrere Paragraphen, Absätze, Sätze
oder Wörter. Die Verweisungsart, z.B. "setzt in Kraft", "wendet
an", "wendet nicht an", "ändert", geht aus dem Zusammenhang

## 3. Speicherung

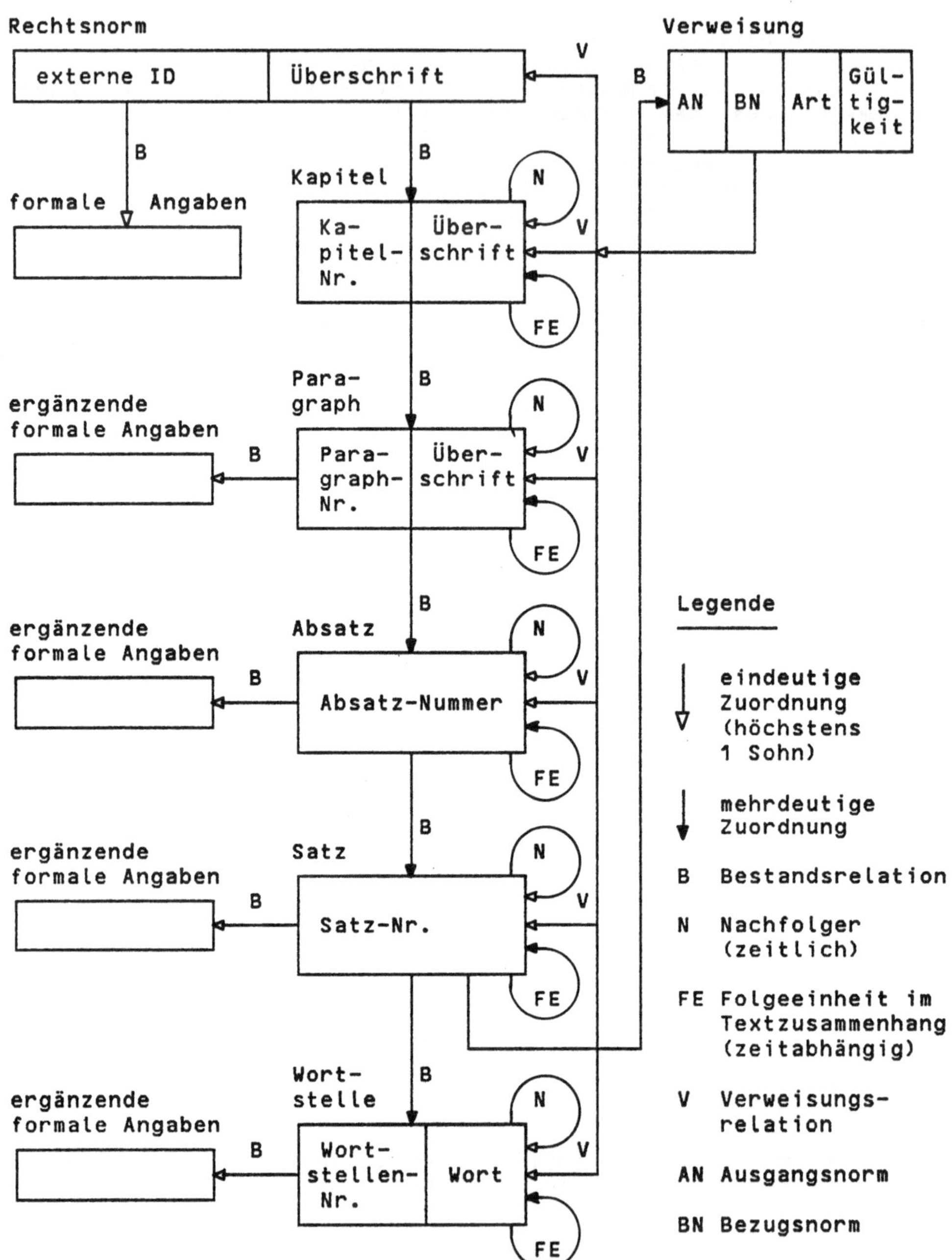



Abbildung 3-1. Daten-Bauart von Rechtsnormen.

hervor.

Zur ganzen Norm gehören verschiedene formale Angaben wie Normgeber, Gültigkeitsbeginn und -ende, Datum der Verabschiedung,
Verkündungsstelle (Gesetzblatt mit Jahrgang und Seite). Diese
gelten auch für die Datenobjekte der niedrigeren Ebenen, soweit
dort nicht im Einzelfall andere Angaben zutreffen. Man muß also
anders als bei den üblichen Dokumentarten - auf jeder Ebene mit
zusätzlichen formalen Angaben rechnen. Im Abschnitt 2.1.3 wurde
bereits darauf hingewiesen, daß die formalen Angaben nicht
einfach eine Sammlung von Datenelementen darstellen. Die Kategorien bilden inhaltlich zusammengehörige Kategoriengruppen; Einträge aus unterschiedlichen Kategorien stehen in Beziehung zueinander (z.B. Berichtsnummer und herausgebende Körperschaft); es
kommen Mehrfacheinträge und Wiederholungsgruppen vor.

Die in der Abbildung angedeutete Daten-Bauart ist bereits in
mancher Hinsicht eine Vergröberung. Zur Datenstruktur wird sie
durch die Festlegung der strukturerhaltenden Operationen; dazu
gehören in diesem Falle die Gesetzesänderungen, die neue Fassungen von einzelnen Datenobjekten erzeugen.


## 3.2 Speicherorganisation der Dokumentationssysteme


### 3.2.1 Organisation der Primärdaten

Die in ein Dokumentationssystem aufzunehmenden Daten sind in
erster Linie die DEs mit Texten und formalen Angaben, außerdem
Thesauri und manchmal weitere ergänzende Informationen. Dies sind
die Primärdaten. Davon abgeleitete Daten, zum Beispiel eine Liste
der in den DEs enthaltenen Autoren oder Schlagworte, heißen
Sekundärdaten.

Texte lassen sich, wie wir gesehen haben, nicht einer einheitlichen Datenbauart unterordnen; welche strukturerhaltenden Operationen (außer dem Hinzufügen und Löschen von Dokumentationseinheiten) dabei berücksichtigt werden sollten, wurde überhaupt
noch nicht untersucht. Die Daten-Bauarten von Texten können so
kompliziert sein, daß der Benutzer völlig überfordert wäre,
wollte man sie ihm anbieten; er könnte sie gar nicht ausnutzen.
Die Speicherorganisation kann daher die existierenden Datentypen
nur teilweise und unvollständig widerspiegeln. Bei ihrer Festlegung muß man Kompromisse eingehen, einerseits zwischen den
tatsächlich vorkommenden Daten-Bauarten verschiedener Textsorten
- nur Strukturelemente von allgemeiner Bedeutung können berücksichtigt werden -, andererseits zwischen den Daten-Bauarten und
den Benutzerwünschen: Welche Strukturelemente können vom Anwender
sinnvoll ausgenutzt werden?

## 3. Speicherung

Eine "beste" Speicherorganisation kann es nicht geben. Der Vorschlag, den wir hier entwickeln wollen, geht über die gewöhnlich von Dokumentationssystemen angebotenen Möglichkeiten hinaus und gestattet es, viele wichtige Komponenten der Daten-Bauarten wiederzugeben, ist aber andererseits noch so übersichtlich, daß sich der Benutzer darin zurechtfinden kann.

### Vorschlag für eine Speicherorganisation

Ein Dokumentationssystem sollte die wahlweise Suche in Dokumenten und Teildokumenten (oder in Dokumentgruppen und Einzeldokumenten) zulassen. Wir wollen hier die Bezeichnúngen "Sammel-DE" und "DE" (Dokumentationseinheit) verwenden. Bei der Projektdokumentation kann es sich um das Gesamt- und Teilprojektè handeln, bei der Normendokumentation um Rechtsnormen und einzelne Paragraphen, wobei die dazwischen geschobenen Abschnittsüberschriften technisch wie ein Paragraph behandelt werden müssen. Die Speicherorganisation existierender Systeme kann Sammel-DEs praktisch nicht in angemessener Weise darstellen.

Der Sammel-DE wie der DE muß man formale Angaben zuordnen können; beide sollten Textabschnitte haben. Von der Speicherorganisation her läßt sich das am einfachsten dadurch realisieren, daß die erste DE einer Sammel-DE die unmittelbar zur Sammel-DE gehörigen Angaben enthält; die Retrieval-Programme müssen allerdings diese spezielle DE dann auch gesondert behandeln.

Jede DE muß verschiedene, getrennt recherchierbare Textabschnitte enthalten, z.B. Kurzfassungen in verschiedenen Sprachen, Tenor, Leitsätze und Gründe bei Gerichtsentscheidungen, Projektauftrag, Verlauf und Ergebnisse bei der Projektdokumentation.

Jeder Textabschnitt muß in Absätze und Sätze untergliedert sein. Die Satzeinteilung ergibt sich nicht aus den im Text vorkommenden Punkten, da diese auch verschiedene andere Bedeutungen haben können. Die Satzgrenze muß also, wenn man den Satz nicht als selbständigen Behälter realisieren will, durch Steuerzeichen im Text, die nicht mit ausgedruckt werden, intern markiert werden. Steuerzeichen sind mit Rücksicht auf die unterschiedlichen Zeilenlängen der Ausgabegeräte ohnehin erforderlich, um Zeilenwechsel innerhalb eines Absatzes (z.B. bei Aufzählungen) und möglichst auch einige andere Textfeinheiten wie Einrückungen wiederzugeben.

Die Gliederung in Absätze und Sätze ist bei den formalen Angaben nicht erforderlich, kann dort aber manchmal auch nützlich sein. So kann man durch eine Aufteilung von Schlagworten oder Deskriptoren in "Sätze" oder "Absätze" Zusammengehörigkeiten nachbilden oder Angaben, die man im Normalfall nicht trennen möchte, bei Bedarf doch einzeln zugänglich machen.

Mehrfacheinträge bei formalen Angaben (etwa mehrere Autoren)

bilden  kein  besonderes  Problem; sie werden durch ein passendes
Zeichen  (häufig  durch  Semikolon)  getrennt. Bei Wiederholungsgruppen  (z.B.  Urheber  -  Funktion  - Institution in getrennten
Kategorien) legt man sich am besten auf gleiche Reihenfolge fest:
Dem  3. Urheber entspricht (soweit angegeben) die 3. Funktion und
die  3.  Organisation;  gehört  er mehreren Organisationen an, so
dürfen  diese  statt  durch  Semikolon  nur  durch Komma getrennt
werden.

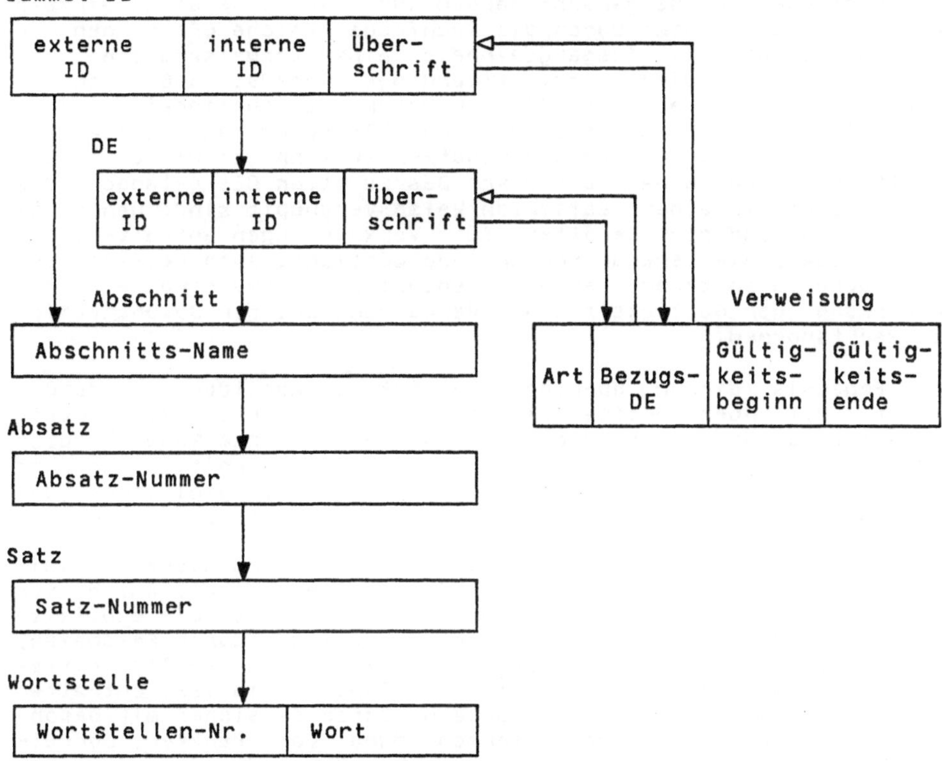


Abbildung 3-2. Speicherorganisation für ein Dokumentationssystem.

Dokumentationssysteme  enthalten in der Regel nur wenige Angaben,
die  fest  formatiert werden müssen, meist für Sortierzwecke oder
zur  Eingrenzung  der  Suche  auf bestimmte Intervalle. Beispiele
sind  Datumsangaben  (Veröffentlichung, Speicherung, Gültigkeitsbeginn und -ende) und Zeiger (Realisation von Relationen zwischen
DEs),  unter  Umständen  auch  Klassifikationsangaben. Da dem Benutzer  eine  Unterscheidung zwischen "formatierten" und "unforma-

# 3. Speicherung

tierten" Abschnitten nicht zugeschoben werden sollte, ist es besser, auf diese Unterscheidung von vornherein zu verzichten und wo nötig bei der Speicherung auf die richtige Formatierung zu achten, notfalls durch führende Nullen und ähnliche Hilfen.

Schließlich müssen Verknüpfungen zwischen DEs möglich sein. Technisch einfach, aber für den Benutzer beschwerlich erreicht man dies, indem man die interne Identifikationsnummer einer anderen DE als formale Angabe erfaßt; man kann dann alle DEs suchen, die auf eine bekannte DE verweisen. Umgekehrt erhält man eine für die weitere Suche verwendbare Liste aller DEs, die in der vorliegenden DE genannt werden (und zwar ohne diese einzeln aufführen zu müssen) durch die Suchfrage "Welche DEs nennen die vorliegende DE als Ausgangseinheit einer Verweisung eines bestimmten Typs"; dies setzt allerdings voraus, daß auch die Umkehrrelation erfaßt ist (in der Dokumentationseinheit A: "zitiert B"; in der Dokumentationseinheit B: "wird von A zitiert"). Dieser Weg ist jedoch für den Benutzer zu kompliziert. Er sollte unmittelbar von einer Liste von DEs zu allen DEs gelangen, die mit ersteren in einer bestimmten Weise verknüpft sind. Daher muß jede DE gesonderte Behälter für Verknüpfungen enthalten, die einen Zeiger, die Verknüpfungsart und möglichst auch weitere, bei der Suche ausnutzbare Angaben enthalten, etwa eine zeitliche Begrenzung der Gültigkeit einer Verweisung bei der Dokumentation von Rechtsnormen.

Das Ergebnis dieser Überlegungen ist in Abbildung 3-2 dargestellt. Die Überschriften sind dort unmittelbar als Bestandteil der Sammel-DE bzw. DE behandelt, da sie als externe Namen benutzt werden; sie können aber auch als eigener Abschnitt mitgeführt werden. Die Felder "Gültigkeitsbeginn" und "Gültigkeitsende" des Verweisungsbehälters sind nur als Beispiel zu betrachten.

Die Speicherorganisation der Abbildung 3-2 wird nicht explizit realisiert, indem etwa das Feld "Satz" eine variable Anzahl von Unterfeldern "Wortstelle" hätte. Vielmehr hört die explizite Strukturierung durch Zeiger auf den Feldanfang, durch Feldnamen, Feldtrenner oder ähnliche Organisationsmittel auf der Abschnitts- oder Absatzebene auf; darunter ist sie implizit im Text enthalten durch Leerstellen zwischen Wörtern, Satzendezeichen mit besonderen Vereinbarungen zur Unterscheidung von Punkten, Doppelpunkten, Frage- und Ausrufezeichen ohne Satzende und ggf. durch Absatzmarkierungen, die auch für die Ausgabe zum Zeilenwechsel benötigt werden.

Besonders groß wäre der Speicherplatzbedarf, wollte man die volle Textstruktur in einer relationalen Datenbasis verwirklichen. Auf der untersten Ebene würde man die Relationen Satz - Wortstelle und Wortstelle - Wort benötigen, und zwar beide doppelt, nämlich sowohl nach dem ersten wie auch dem zweiten Glied sortiert, damit man ohne sequentielle Durchsuche der ganzen Datei sowohl vom Dokument auf die darin enthaltenen Wörter als auch von Suchwörtern auf die Dokumente, in denen sie vorkommen, zugreifen kann.

## 3.2  Speicherorganisation der Dokumentationssysteme

### Beispiel: Normendokumentation

Wir vergleichen nun die vorgeschlagene Speicherorganisation mit
dem in Abschnitt 3.1 vorgestellten Beispiel einer Daten-Bauart,
nämlich mit Rechtsnormen.

Die gesamte Norm (Gesetz, Verordnung, kommunale Satzung, Tarif-
vertrag usw.) wird als Sammel-DE behandelt, jeder Paragraph und
auch jede Abschnittsüberschrift als DE. Eingangsformel, Präambel
und Ausfertigungsvermerk können wahlweise als eigene DE oder als
besonderer Abschnitt der Sammel-DE gespeichert werden.

Werden Teile eines Paragraphen geändert, womöglich nur ein Wort
oder nur ein Satzzeichen, so wird für den gesamten Paragraphen
eine neue DE angelegt.

Die nacheinander geltenden Fassungen eines Paragraphen sowie die
in einem Zeitraum existierenden Folge- und Vorgängereinheiten im
Textzusammenhang werden miteinander verknüpft. Wegen der Zeit-
abhängigkeit der Vorgänger- und Folgeeinheit sollte der Behälter
für Verknüpfungen die Teilbehälter "gültig ab" und "gültig bis"
zulassen, die vom Retrieval-Programm erkannt und verarbeitet
werden müssen; andernfalls muß man die Urfassungen der Paragraphen - bei nachträglich eingeschobenen Paragraphen deren erste
Fassung - miteinander verknüpfen, und das Retrieval-Programm muß
aufgrund der Verknüpfungsart "ersetzt durch" und der zeitlichen
Gültigkeit der so gefundenen Fassungen die richtige heraussuchen.
Da dies eine Besonderheit der Normendokumentation ist, muß das
Retrieval-Programm dazu so aufgebaut sein, daß eine einzelne
Installation die erforderlichen Ergänzungen vornehmen kann, bei-
spielsweise über "Makros" (siehe Abschnitt 5.1.2).

### Thesaurus

Zum Thesaurus gehören außer den Deskriptoren auch deren Verknüpfungen; die Schlagwortlisten müssen also Verweisungen zwischen den Schlagwörtern zulassen. Dies sollte nicht auf eine
einzige Schlagwortliste je Datenbasis beschränkt sein: Es kann
vorkommen, daß man mehrere Thesauri nebeneinander benutzen
möchte, und außerdem lassen sich mit den gleichen Mitteln auch
andere Verknüpfungen herstellen. Beispiele sind Verweise zwischen
verschiedenen Namensformen bei Autoren, zwischen Langformen,
Abkürzungen und Übersetzungen bei Namen von Körperschaften,
Staaten und Orten, zwischen den Flexionsformen eines Wortes bei
Speicherung von Texten und auch zwischen einem Wort und den in
der Datenbasis vorkommenden Schreibfehler-Varianten. Weiterhin
können durch Verweisungen zwischen internen Identifikationsnummern in einer eigenen Schlagwortliste die Verweisungen zwischen Dokumentationseinheiten nachgebildet werden, wenn die
Datenbankprogramme deren Verknüpfung überhaupt nicht oder nur in
einem nicht ausreichenden Maße vorsehen. Dies ist allerdings kein
ausreichender Ersatz für die weiter oben geforderten Verweisungen

# 3. Speicherung

zwischen den DEs, da der Benutzer die Identifikationsnummern der
Ausgabedokumente als Suchfrage einzeln eingeben müßte; denn er
kann eine intern vorhandene Liste von Identifikationsnummern, die
das Ergebnis einer vorangegangenen Suchfrage ist, nicht in die
externe Formulierung seiner nächsten Suchfrage einbauen.

Der Phantasie sind keine Grenzen für weitere Anwendungen von
Verknüpfungen zwischen Schlagworten gesetzt. Deshalb darf die
Anzahl der nebeneinander zulässigen Verweisungsarten nicht zu
klein sein (16 reicht nicht aus, 256 dürfte genügen); ihre Art,
etwa in Anlehnung an die Relationen der Thesaurusnorm DIN 1463
(siehe Abschnitt 2.2.5) darf nicht fest vorgegeben sein.

Da die Anzahl der Verknüpfungen, die zu einem einzelnen Schlagwort gehören, recht groß sein kann - manchmal hat ein Deskriptor
mehrere Dutzend unmittelbare Unterbegriffe -, werden die Ver-
weisungslisten ähnlich wie die Zielpunktlisten zweckmäßigerweise
getrennt von der Schlagwortliste gespeichert.


## 3.2.2 Umkehrdateien

Da die Dateien eines Dokumentationssystems im allgemeinen sehr
umfangreich sind, ist eine sequentielle Durchsuche praktisch
nicht möglich; es müssen, solange keine Assoziativspeicher von
der Größe des gesamten Datenbestandes verfügbar sind, Umkehrdateien (Inversdateien) angelegt werden. Eine Umkehrdatei besteht
aus einer Liste und je Listenelement aus einer Zielpunktliste,
die alle DEs angibt, in denen das Listenelement vorkommt.

Die Listenelemente können formale Angaben, Schlagworte, Deskriptoren, Textwörter oder andere in den DEs gespeicherte Angaben
sein; zuweilen entstehen sie aus den Angaben in der DE erst durch
eine Transformation, z.B. von Thesauruswörtern in Vorzugsbenennungen oder von Flexions- in Grundformen. Wir wollen die Liste
dennoch Schlagwortliste nennen.

Unterschiedliche Auffassungen bestehen bei den Herstellern von
Dokument-Retrievalsystemen offenbar darüber, ob man besser eine
oder mehrere Umkehrdateien bereitstellen sollte und ob Positionsangaben innerhalb einer DE in der Zielpunktliste angegeben oder
bei Bedarf durch sequentielle Suche in den betroffenen DEs
beschafft werden sollten.


## Zielpunktlisten

Die Zielpunktlisten mit äußerst unterschiedlicher Länge können
unmittelbar beim Listenelement abgespeichert werden; vorteil-
hafter ist eine getrennte Ablage, da sonst die Verarbeitung der
Liste, vor allem das Aufsuchen, aber auch das nachträgliche
Einfügen von Listenelementen, erheblich erschwert wird.

## 3.2   Speicherorganisation der Dokumentationssysteme

Da erfahrungsgemäß eine große Zahl von Listenelementen nur einmal
in der Primärdatei vorkommt (bei Speicherung natürlicher Texte
rund 40%), ist es sinnvoll, einelementige Zielpunktlisten anstelle des sonst benötigten Zeigers direkt beim Listenelement zu
speichern; man benötigt ein zusätzliches Bit je Listenelement zur
Unterscheidung dieser beiden Fälle. Auch die Speicherung von zwei
oder drei Adressen beim Listenelement könnte noch sinnvoll sein,
da in diesen Fällen ein zusätzlicher Zugriff zur Zielpunktliste
eingespart wird; allerdings wird das mit einer Vergößerung des
Platzbedarfes der Schlagwortliste (bei natürlichen Texten größenordnungsmäßig um ca. 8% bzw. 15% für zwei- bzw. dreielementige
Zielpunktlisten) erkauft, so daß bei sequentieller Verarbeitung
der Schlagwortliste die Zahl der Zugriffe entsprechend ansteigt.

Da die Suche in einzelnen benannten Abschnitten, z.B. in den
Schlagworten, im Titel oder in der Kurzfassung, eher die Regel
als die Ausnahme ist, sollte der Abschnitt aus der Zielpunktliste
hervorgehen, entweder implizit dadurch, daß jeder Abschnitt eine
eigene Umkehrdatei besitzt, oder bei gemeinsamer Umkehrdatei für
mehrere oder alle Abschnitte durch explizite Angabe, wodurch sich
der Speicherplatzbedarf je nach Adressenlänge und Zahl der
zulässigen Abschnitte (16 dürfte zu wenig sein, 64 wohl immer
ausreichen) um etwa 20 bis 30% erhöht. Dem stehen bei der Suche
erhebliche Einsparungen an Zugriffen und an Rechenzeit gegenüber,
da alle Vorkommnisse eines Wortes in nicht gewünschten Abschnitten sofort, ohne die DEs aufzusuchen, eliminiert werden können.
Getrennte Umkehrdateien für alle Abschnitte ermöglichen unmittelbar die Anzeige der in einem Abschnitt vorkommenden Schlagworte
(z.B. die Autoren) und sparen den Speicherplatz für die explizite
Abschnittsangabe; auf der anderen Seite müssen Terme, die in
mehreren Abschnitten vorkommen (etwa im Titel, in der Kurzfassung
und im Langtext), mehrfach gespeichert werden.

Wenn die Wortposition in der Zielpunktliste mit angegeben wird,
wird diese erheblich umfangreicher, da einerseits die Adressen
etwa doppelt so lang werden, andererseits Wörter, die in einer DE
mehrfach vorkommen, auch entsprechend viele Einträge in der
Zielpunktliste benötigen. Der Vorteil ist, daß eine Suche mit
Abstandsoperatoren wie "A und B kommen im gleichen Satz vor" oder
"A steht unmittelbar vor B" bereits aufgrund der Daten der
Zielpunktliste abgearbeitet werden kann ohne Rückgriff auf eine
Feinrecherche in den Dokumenten, die A und B enthalten. Da die
Abstandsoperatoren nicht gerade häufig benutzt werden und die
gespeicherten Texte meist nicht übermäßig lang sind (überwiegend,
außer im juristischen Bereich, Kurzfassungen), dürfte der Weg
über die Feinrecherche vorzuziehen sein.

Um in der Schlagwortdatei auch Wortfragmente (maskierte Wörter)
zu finden, wurde mit einer Invertierung der Buchstabenpaare
experimentiert, siehe Abschnitt 4.1.4.

## 3.  Speicherung

### Realisierung von booleschen und von Kontext-Operatoren

Die Zielpunktlisten müssen alle in gleicher Weise sortiert sein,
in der Regel nach einer internen Dokumentnummer; denn die
Ausführung boolescher Operatoren (Abschnitt 4.1.1), die für die
Suche in Dokumentenbeständen von größter Wichtigkeit sind, bedeutet den Abgleich von Zielpunktlisten: Für den Operator UND muß
der Durchschnitt, für ODER die Vereinigung, für UND NICHT die
logische Differenz der Zielpunktlisten gebildet werden. Wenn die
Listen nicht in gleicher Weise sortiert sind, würde das einen
unangebracht hohen Aufwand bedeuten.

Diese Verarbeitungsweise ist zugleich der Grund dafür, daß
Dokumentlisten, die für die Ausgabe nach Autor, Erscheinungsjahr
oder anderen Kriterien oder auch nach Rangfolge (siehe Abschnitt
4.4) sortiert sind, nicht mehr weiter verarbeitet werden können.

Der Algorithmus zur Abarbeitung der booleschen Operatoren wird
etwas komplizierter, wenn in der Zielpunktliste die Positionen
der Schlagwörter in den Dokumenten mitgeführt werden. Dann
bedeutet der Operator ODER zwar weiterhin die Vereinigung der
beiden (normalerweise disjunkten) Listen; für UND ist aber der
Durchschnitt der Dokumentnummern und dann die Vereinigung der zu
diesen Dokumentnummern gehörigen Zielpunkte zu bilden. In gleicher Weise ist für IM GLEICHEN ABSATZ und IM GLEICHEN SATZ (siehe
Abschnitt 4.1.2) zuerst der Durchschnitt der Listen bis auf
Absatz- bzw. Satzebene zu bilden. Manche Systeme, z.B. STAIRS,
führen als Ergebnis eines dieser drei Operatoren nur noch die
Dokument- bzw. Absatz- bzw. Satznummern auf; als "Zahl der
Vorkommnisse" wird daher nicht die Zahl der Schlagwort-Vorkomm-
nisse, durch die sich die übrig bleibenden Dokumente qualifiziert
haben, angezeigt, sondern die Zahl der sich qualifizierenden
Dokumente, Absätze oder Sätze, und Fragen wie (A UND B) ODER C
ergeben unsinnige Anzahlen. Zugleich führen Fragen nach dem
Muster (A UND B) IM GLEICHEN SATZ C zu keinem Ergebnis, während
sie bei Mitführen der Positionen von A und B als ((A im GLEICHEN
SATZ C) UND B) ODER ((B IM GLEICHEN SATZ C) UND A) interpretiert
werden.

### 3.2.3 Dateiorganisation

### Baumstruktur

Die Organisation der einzelnen Dateien (Dokumentdatei wie auch
Umkehrdatei, Thesaurus und andere) ist meistens durch die Möglichkeiten des Betriebssystems weitgehend vorgegeben, das beispielsweise für direkten Zugriff nur ISAM (index-sequential
access method) anbietet. Dies ist eine Baumstruktur ohne automatische Reorganisation, so daß die Höhe des Baumes (Länge des
Weges von der Wurzel zu einem Blatt) für die einzelnen Sätze

einer Datei äußerst unterschiedlich sein kann und häufig auch
ist, wenn umfangreiche Änderungen in der Datei stattgefunden
haben. Bei den selten benutzten B-Bäumen wie auch bei den
gebräuchlicheren B*-Bäumen wird durch gelegentliche Umorgani-
sation im Gefolge des Änderungsdienstes erreicht, daß stets alle
Blätter die gleiche Höhe haben. Bei den oft sehr umfangreichen
bibliographischen Datenbasen bedeutet das eine nennenswerte Ersparnis an Speicherzugriffen beim Lesen. Auf Einzelheiten kann
hier jedoch nicht eingegangen werden (siehe zum Beispiel Lockemann und Mayr 1978).


## Hash-Algorithmen

Denkbar ist auch die Verwendung eines Hash-Algorithmus, der
bei nicht zu starker Speicherbelegung und günstiger Behandlung
des Überlaufs eines Speicherblocks (wenn zu viele Sätze auf die
gleiche Blockadresse führen) mit wenig mehr als einem Zugriff
je gesuchtem Satz auskommt (Severance und Duhne 1976), während
man bei der Baumstruktur einen Zugriff je Knoten benötigt. Man
muß jedoch die folgenden beiden Nachteile bedenken.

Bibliographische Datenbasen pflegen ständig zu wachsen, mit ihnen
auch die Schlagwortlisten, wenn auch nicht so schnell (siehe
Abschnitt 7.2). Bei jeder Vergrößerung des benutzbaren Speicher-
raums muß die Datei völlig neu aufgebaut werden, zum Beispiel bei
Verwendung des bekannten Restklassenverfahrens mit einem größeren
Divisor; hier wird der Satzschlüssel als Binärzahl interpretiert
und durch die Anzahl der verfügbaren Speicherblöcke (möglichst
eine Primzahl oder das Produkt nicht zu kleiner Primzahlen)
dividiert, der Divisionsrest ist die Blockadresse.

Außer dem gezielten Zugriff auf einen Satz spielt auch die
sequentielle Suche eine große Rolle, etwa bei der Anzeige eines
Ausschnitts aus dem alphabetisch sortierten Wörterbuch. Daher muß
jeder Satz mit dem in der Folge der Schlüssel (z.B. Schlagwörter)
folgenden Satz verkettet werden; ferner müssen in diese Folge
auch die Anfänge von Schlüsseln, soweit sie nicht schon ein
Schlüssel sind, einbezogen werden, damit man einen Aufsetzpunkt
hat für die Suche nach allen Schlüsseln, die mit einer gegebenen
Zeichenfolge beginnen.


## Assoziativspeicher

Die gesamte Speicherorganisation ließe sich erheblich vereinfachen, wenn Assoziativspeicher zur Verfügung stünden. Dann wären
die Umkehrdateien entbehrlich, und auch Verknüpfungen aller Art
(im Thesaurus oder zwischen Dokumentationseinheiten) wären einfacher zu realisieren; insbesondere wäre auch der Änderungsdienst
kein Problem mehr, da nur die Stammdaten und keine Sekundär-
dateien nachgeführt werden müßten.

Echte Assoziativspeicher benötigen für jeden Speicherplatz einige

## 3. Speicherung

logische Schaltelemente und sind damit auf lange Zeit für
Massenspeicher zu teuer. Denkbar ist allerdings eine Zwischen-
lösung, rotierender Assoziationsspeicher genannt. Hier gehört zu
jedem Lesekopf eine Schaltlogik mit der Funktion eines Asso-
ziativspeichers; alle Leseköpfe arbeiten parallel. Dieses Konzept
scheint besonders geeignet zu sein für Magnetblasenspeicher, die
von der Funktion her auch rotierende Speicher sind, und bei denen
die Schaltlogik in der gleichen Technik wie der Speicher selbst
ausgeführt werden könnte.

Zu beachten ist, daß nicht nur die Vorkommnisse von Zeichenketten
(eventuell auch "maskiert", das heißt Bruchstücke mit nicht oder
höchstens in der Länge spezifizierten Zwischenstücken) aufgefunden werden müssen, sondern daß man zumindest auch feststellen
muß, ob die Vorkommnisse von verschiedenen Wörtern noch innerhalb
der gleichen Dokumentationseinheit liegen. Soweit noch genauere
Positionen gefordert werden (etwa in einem bestimmten Dokument-
teil oder im gleichen Absatz), müßten die zunächst gefundenen
Kandidaten daraufhin besonders geprüft werden.


### 3.2.4 Speicherorganisation bestehender Systeme

Der Sinn dieses Abschnittes ist es nicht, existierende Organisa-
tionsformen exakt in allen Einzelheiten zu beschreiben; vielmehr
soll ein Einblick in unterschiedliche Ansätze gegeben und auf
interessante - gute und weniger gute - Einzelheiten hingewiesen
werden. Die Auswahl der behandelten Systeme bedeutet weder hier
noch in anderen Abschnitten ein Urteil über deren Bedeutung oder
Güte; vielmehr spielen die Unterschiedlichkeit der Lösungen, die
Zugänglichkeit der Beschreibungen und sicherlich auch die Präferenzen des Verfassers eine Rolle.


### STAIRS

Das IBM-System STAIRS/VS (Storage and Information Retrieval
System / Virtual Storage) war von Anfang an (Vorläufer TEXT-PAC)
auf die Speicherung von Texten ausgerichtet. Jede Dokumentationseinheit ist in Segmente eingeteilt; diese werden in Sätze
gegliedert, deren Ende an Satzzeichen gefolgt von zwei oder mehr
Leerstellen erkannt wird. Das führt übrigens zu Unannehmlich-
keiten und Fehlern bei Abkürzungspunkten am Zeilenende. Segmente
können wahlweise invertiert und/oder als Teil der DE gespeichert
werden. Invertierung ohne Speicherung hat zur Folge, daß der
Benutzer auf Dokumente geführt wird, in denen er den Suchbegriff
nicht vorfindet. Die vollständige Position eines Textwortes
(Dokument-, Segment-, Satz- und Wortnummer) wird in den Zielpunktlisten gespeichert. Aufeinanderfolgende Segmente können zu
benannten Segmentabschnitten zusammengefaßt werden; dies ist aber
keine gleichwertige zusätzliche Ebene der Dokumentgliederung, da
Segmentabschnitte und Segmente unterschiedlich behandelt werden.

## 3.2  Speicherorganisation der Dokumentationssysteme

Beispielsweise gibt es den Suchoperator "im gleichen Segment", aber nicht "im gleichen Segmentabschnitt", umgekehrt können Segmentabschnitte, nicht aber einzelne Segmente ausgegeben werden.

Die Umkehrdatei ist in zahlreiche Einzeldateien nach den ersten beiden Buchstaben der Stichwörter aufgeteilt. Diese Gliederung ist äußerst ungleichmäßig: Während die meisten Listen leer oder höchstens mit Schreibfehlern besetzt sind, enthalten die Listen VE, BE und GE bei deutschen Texten je 5 bis 6% der verschiedenen Wörter (Gebhardt 1975a, 1976b). Bei einer großen Datenbasis mit 200.000 verschiedenen Wörtern muß STAIRS also jedes sechste Suchwort aus einer sequentiell geordneten Liste von etwa 40.000 Einträgen heraussuchen!

Die "formatierten" Felder sind erst nachträglich eingeführt worden. Sie dienen zur Einschränkung einer Suche nach Werten oder Intervallen einer formatierten Größe und zum Sortieren; sie werden nicht invertiert und können daher ohne weiteres on-line geändert werden (wenn der Benutzer die erforderliche Zugriffsberechtigung besitzt).

STAIRS besitzt keinen Thesaurus; lediglich die Verknüpfung einer Gruppe von Wörtern als Synonyme ist möglich. Unter den Namen Thesaurus and Linguistic Integrated System (TLS) wird eine Erweiterung angeboten, die einen Thesaurus und Flexionsformengenerierung umfaßt. Der Benutzer verkehrt mit TLS; dieses gibt seine Anfragen unverändert oder nach Erweiterung um Thesaurusverknüpfungen oder Flexionsformen der Suchwörter an STAIRS weiter und bereitet, soweit nötig, in entsprechender Weise die STAIRS-Ausgabe auf.

Bis zu 16 STAIRS-Datenbasen können gekoppelt und durch einen gemeinsamen Namen aufgerufen werden. Diese Koppelung muß vom Datenbankverwalter eingerichtet werden, d.h. der einzelne Benutzer kann nicht von sich aus mehrere Datenbanken gleichen Aufbaus den eigenen Wünschen entsprechend zusammenschließen.

Eine Besonderheit von STAIRS sind die Rangfolgealgorithmen, vergleiche Abschnitt 4.4.


### STATUS II

Das Volltextsystem STATUS II stammt vom Atomic Energy Research Establishment (A.E.R.E.) in Harwell und läuft auf verschiedenartigen Rechenanlagen; es ist in FORTRAN geschrieben. Es ähnelt in mancher Hinsicht STAIRS. Die Dokumentationseinheit ist in Absätze gegliedert; mehrere Absätze können zu benannten Abschnitten zusammengefaßt werden. Die Datenbasis kann in einzeln recherchierbare Kapitel eingeteilt werden. Ein Thesaurus fehlt (bis auf Synonymverknüpfungen, die vorhanden sind); ebenso fehlen Gewichtung und Sortierung. Formatierte Daten können im Text verstreut sein; sie sind daran kenntlich, daß der vorangestellte Variablenname mit dem Sonderzeichen # eingeleitet wird. Ein besonderes

# 3. Speicherung

Interesse verdient STATUS durch seine starke Maschinenunabhängigkeit, durch den integrierten Änderungsdienst (Abschnitt 3.3.2) und durch die Möglichkeiten, in der Abfragesprache "Makros" definieren zu können (Abschnitt 5.1.2).


## GRIPS / DIRS 3

GRIPS ist ein besonders auf Dokumentationssysteme zugeschnittenes Datenbank-Management-System, das an mehreren Fachinformationszentren eingesetzt wird; DIRS 3 ist die darin enthaltene Retrieval-Komponente. GRIPS zeichnet sich durch eine sehr große Flexibilität aus, die damit erkauft wird, daß der Anwender mit den Sprachmitteln der GRIPS-Komponenten DDBG und DINUPS (siehe Abschnitt 6.1.1) die Datenstruktur und die Zusammenhänge zwischen Dokument- und Deskriptor-Datei für jede Datenbank beschreiben muß; das kann einige Mannmonate an Aufwand bedeuten.

Alle Dateien haben grundsätzlich die gleiche generelle Struktur. Ein Satz besteht aus einer Folge von festen und von selbstdefinierenden Feldern. Letztere beginnen mit je ein oder zwei Bytes für die Feldlänge und für die Identifikation (Feldname). Die Identifikationen werden innerhalb des Satzes in aufsteigender Reihenfolge abgelegt. Der Feldinhalt kann aus Daten oder wiederum aus einer Folge von Feldern bestehen; die zweite Möglichkeit erzeugt eine hierarchische Struktur. Bei der Dateidefinition ist die Anzahl der Hierarchieebenen praktisch unbegrenzt; DIRS 3 unterstützt maximal drei Ebenen. Der Dateiaufbau wird in einer Dateibeschreibung festgelegt.

Die Dokument-Datei enthält einen Satz je Dokumentationseinheit. Eine starke Strukturierung des Textes ist dabei vorstellbar; DIRS 3 kennt jedoch nur Abschnitte (Felder der obersten Ebene) und (grammatische) Sätze, wobei ein Satz nicht einem Unterfeld entsprechen muß.

Die Deskriptor-Datei enthält die Schlagwörter, die Anzahl der zugehörigen Dokumente und den Schlüssel eines Satzes der IF-Datei (inverted file), in der die Dokumentadressen stehen. Zusätzlich kann die Deskriptor-Datei einen Zeiger auf die Deskriptorcode-Datei mitführen, in der Zusatzangaben zum Schlagwort gespeichert sind, insbesondere Übersetzungen in andere Sprachen, Thesaurusverknüpfungen und Erläuterungen (scope notes). Von der Funktion her gibt es je invertiertem Feld eine eigene Deskriptor-Datei, da dem Schlagwort eine Identifikation vorangestellt wird. Dies kann die Identifikation des entsprechenden Feldes der Dokument-Datei sein; der Datenbank-Administrator kann aber auch andere Zuordnungen definieren und damit beispielsweise erreichen, daß mehrere Felder eine gemeinsame Schlagwortliste erhalten oder daß ein Feld in verschiedener Weise für mehrere Schlagwortlisten verarbeitet wird.

Da die Invertierung nicht nach einem vorgefertigten Schema erfolgt, kann man dabei nahezu beliebige Umformungen vornehmen

wie jedes Wort einzeln oder das Feld als Ganzes invertieren,
die Vornamen im Autorenfeld abkürzen, Umlaute auflösen, Klein- in
Großbuchstaben konvertieren, die in den Texten benutzten Kennzeichnungen für das Satzende berücksichtigen.

Die Zielpunktliste besteht aus einer variablen Anzahl von Feldern
fester Länge; sie können (Datenbank-abhängig) neben dem Satzschlüssel des Dokuments noch mehrere Bytes fester Informationen
enthalten. Dies können in Abhängigkeit von der Identifikation des
zugehörigen Schlagwortes das Eingabe-Datum, metrische Angaben
(Satz- und Wortnummer), Sprachschlüssel und anderes sein; so
könnte bei Rechtsnormen hier auch vermerkt werden, ob der
zugehörige Paragraph noch gültig ist. Die hier gespeicherten
Angaben verlängern die Zielpunktlisten und verursachen dadurch
bei langen Listen zusätzliche Speicherzugriffe; auf der anderen
Seite können diese Informationen ohne Zugriff zum Dokument und
ohne zusätzlich abzugleichende Zielpunktlisten (etwa für die
Sprache) ausgewertet werden.


**GOLEM**
____

GOLEM ist ein Software-Produkt von Siemens; die Angaben in diesem
Buch beziehen sich auf die Version GOLEM (BS 2000), das heißt für
das Teilnehmer-Betriebssystem BS 2000. GOLEM ist vom Konzept her
ein reines Deskriptorsystem und für Texte wenig geeignet. Die
Dokumentationseinheit ist in bis zu 32 Text- und 96 Deskriptorenabschnitte gegliedert, die jedoch in der Suche nicht einzeln
angesprochen werden können und nur für die Ausgabe von Bedeutung
sind.

Nur die "Deskriptoren" (Schlagworte) werden invertiert. Sie
können durch "Aspekte" qualifiziert werden, die die Funktion
eines Kategoriennamens haben. Für jeden Aspekt und für die nicht
an einen Aspekt gebundenen "freien Deskriptoren" wird eine
Umkehrdatei angelegt. Die Schlagworte können, auch quer durch die
Aspekte hindurch, durch vom Benutzer zu vergebende Relationen
miteinander verknüpft werden (Thesaurus-Struktur). Jedem Schlagwort in einer DE können Rollenindikatoren und Verknüpfungsindizes
(siehe Abschnitt 4.1.5) sowie verbale Zusatzinformationen beigefügt werden, die im Dokumentbereich gespeichert und nicht invertiert werden.

Die Zielpunktlisten sind im Prinzip Bitleisten: Das n-te Bit ist
1 oder 0, je nachdem das Schlagwort in der n-ten DE vorkommt oder
nicht; jedoch werden Folgen von vielen Nullen oder Einsen
komprimiert dargestellt.

Die Textabschnitte dienen der Anzeige und der Feinrecherche
(sequentielle Suche in einem Teilbestand). Sollen Textwörter auch
für die Suche unmittelbar zugänglich sein, so müssen sie zusätzlich in einem Deskriptorabschnitt gespeichert werden. Wenn man
die Absatznummer des Textes dem Schlagwort als Index zuteilt,
kann man sozusagen durch Mißbrauch der Index-Einrichtung den

# 3. Speicherung

Operator "im gleichen Absatz" realisieren, ebenso die Suche in einem benannten Abschnitt, wenn jedes Dokument den Abschnitts- namen mit dem richtigen Index als Schlagwort zugeteilt bekommt. Der Benutzer muß dann mit "A UND B mit gleichem Index" statt mit "A in Abschnitt B" suchen!

Die Speicherplatzverwaltung wird durch GOLEM selbst wahrgenommen; die Betriebssystemfunktionen werden auf sehr niedriger Ebene (PAM, Primary Access Method) eingesetzt. Der Speicher ist in gleich große Blöcke eingeteilt, die verkettet werden, wenn eine Dateneinheit (z.B. eine DE) größer als ein Block ist.

Für die Aufarbeitung von Texten (Reduktion der vorkommenden Wörter auf die Grundform, Zerlegung von Komposita) bietet Siemens ein eigenes System PASSAT an (siehe Abschnitt 6.1.4); die PASSAT-Ausgabe ist im GOLEM-Eingabeformat.

## TELDOK

Das Retrieval-System TELDOK (TELDOK 1978) für den Telefunken- Rechner TR/440 baut auf dem Datenbanksystem DBS 440 auf und nutzt dessen Eigenarten aus. Es arbeitet sehr viel mit Zeigern; so sind bei den DEs nicht die Schlagworte gespeichert, sondern Zeiger zum Schlagwort im "Thesaurusbereich", der Schlagwortdatei. Bei der Anzeige einer DE muß jeder einzelne Zeiger verfolgt werden; deshalb wird normalerweise nur der Textteil ausgegeben. Die Datenbank kann außer den von TELDOK verlangten Datenfeldern auch weitere, von TELDOK nicht ausgewertete Daten enthalten. Die Sätze sind fest formatiert (z.B. 10 Zeiger je Verweisungsadressensatz), so daß der Speicherplatz unter Umständen schlecht ausgenutzt wird, wenn z.B. mehr als die Hälfte aller Schlagworte, wie es bei Textspeicherung die Regel ist, nur auf ein oder zwei Dokumente verweisen.

TELDOK kennt die fest vorgegebenen Relationen Synonym, Homonym, Antonym (Gegenteil), Oberbegriff, Unterbegriff und "semantisches Feld" (Siehe-auch-Relation). Weitere Relationen können nicht hinzugefügt werden. Schlagworte können durch Kategorien ergänzt werden; diese ähneln den Aspekten von GOLEM bis auf die Stellung: Der Aspekt wird voran-, der Kategorienname nachgestellt.

Die formatierten Felder einer DE dienen nur zur Ausgabe, ebenso der Textteil. Textwörter, die als Suchwörter verwendet werden sollen, müssen der DE zusätzlich als Schlagwort zugeteilt werden.

Eine Besonderheit ist die Aufteilung eines Dokuments in Teil- dokumente durch hierarchische Aufspaltung der Dokumentkennung. Die Teildokument-Namen müssen jedoch bei der Datenbankeinrichtung festgelegt werden, und Teildokumente können nur einzeln ausge- geben, nicht selektiv gesucht werden. Dieses Strukturelement entspricht also überhaupt nicht den von uns geforderten DEs und Sammel-DEs, etwa Paragraphen und Gesetzen.

# 3.3 Änderungsdienst

## 3.3.1 Anforderungen

Dokumentationssysteme verzeichnen in der Regel in annähernd gleichbleibenden Intervallen (wöchentlich, monatlich, vierteljährlich) größere Mengen an Neuzugängen. Zweckmäßigerweise werden diese von den Programmen des Änderungsdienstes erst fertig aufbereitet – die DEs in das endgültige Format gebracht und die Schlagwortlisten und Zielpunktlisten erzeugt und sortiert –, bevor die Datenbasis des Dokumentationssystems um den Neuzugang erweitert wird; dieser Vorgang entspricht bei den DEs selbst einer Fortsetzung der alten Datei, bei den Schlagwortlisten einem Mischen und bei den einzelnen Zielpunktlisten wiederum einer Fortsetzung. Aus Gründen der Speicherökonomie können dabei schon vorhandene Datenobjekte auf neue Speicherbereiche gelegt werden. Abgesehen vom großen Umfang, den manche Datenbasen im Laufe der Zeit erhalten, entstehen durch den Neuzugang jedoch keine besonderen Probleme.

Dokumentationseinheiten können gelöscht werden, weil sie veraltet oder durch neuere überholt sind. Auch das geschieht in der Regel in größerer Anzahl gleichzeitig. Das Löschen der DEs ist kein Problem; zur Bearbeitung der Zielpunktlisten muß es möglich sein, aus den DEs alle Schlagwörter, die in die Umkehrdatei aufgenommen wurden, wieder zu erzeugen, oder alle Zielpunktlisten müssen auf Zeiger auf die zu löschenden DEs hin untersucht werden. Die Rekonstruktion der Schlagwörter kann schwierig sein, wenn diese nicht unverändert und ausnahmslos aus den DEs übernommen werden, sondern wenn vorher Stoppwörter eliminiert und Flexionsformen auf die Grundform reduziert werden und wenn sich diese Algorithmen in der Zwischenzeit leicht geändert haben (z.B. um weitere Unregelmäßigkeiten der deutschen Grammatik zu berücksichtigen). Bei STAIRS ist es möglich, Teile eines Dokuments in die Umkehrdatei, aber nicht in die DE selbst aufzunehmen; um diese Daten gezielt löschen zu können, müßte man die Originaldaten noch haben.

Sofern alle Elemente einer Zielpunktliste gelöscht werden, kann auch das zugehörige Schlagwort eliminiert werden, es sei denn, es besitzt Verknüpfungen, die erhalten bleiben sollen. Das muß im Einzelfall entschieden werden. Sicherlich soll die Relation "Oberbegriff" erhalten bleiben, die Relation "Schreibfehler für" gelöscht werden, während die Situation bei "andere Schreibweise für" unklar ist.

Fakten-Datenbanken unterliegen oft sehr starken Änderungen der gespeicherten Daten. Bei Dokumentationssytemen haben die Software-Hersteller oft überhaupt nicht damit gerechnet. Zweifellos

# 3. Speicherung

sind Änderungen - außer Zugängen und eventuell Löschungen - nicht so häufig wie anderswo, aber man muß damit rechnen. Einige Beispiele: Korrektur von Schreibfehlern; Nachtragen von anfangs nicht bekannten Daten (Veröffentlichungsvermerk, wenn die DE bereits aufgrund eines Vorabdrucks angelegt wurde oder wenn die DBE in mehr als einer Zeitschrift erscheint); Änderungen am Thesaurus, die eine Änderung früher vergebener Deskriptoren zur Folge haben; Hinzufügen von Verweisungen auf neu aufgenommene DEs; Änderung der Form standardisierter Einträge (z.B. Übergang beim Erscheinungsland vom Autokennzeichen auf den zweistelligen ISO-Schlüssel).

Der Datenbank-Betreiber wünscht sicherlich einen on-line-Änderungsdienst. Das ist jedoch nicht ganz einfach, da kleine Ursachen große Wirkungen haben können: Wird ein Abkürzungspunkt in einen Satzendepunkt umgewandelt, so ändern sich bei allen Wörtern des zweiten Satzteils die Wortstellennummern und beim Rest des Absatzes die Satznummern; wird am Anfang eines Textes ein Absatz eingeschoben, so erhöhen sich sämtliche Absatznummern, womöglich für etliche tausend Wörter. Die Schwierigkeiten beim Aufsuchen der betroffenen Wörter in den Schlagwortlisten wurden schon oben beim Löschen erwähnt. Dies gilt, wenn die Positionsangaben in der Zielpunktliste gespeichert werden. Ist das nicht der Fall, dann gibt es andere Probleme: Wird ein einzelnes Wort gelöscht (oder geändert), so muß man feststellen, ob in dem Dokument dieses Wort oder ein anderes, das auf das gleiche Schlagwort führt, an anderer Stelle nochmals vorkommt; in diesem Fall darf der Zeiger in der Zielpunktliste ja nicht gelöscht werden.

Diese Komplikationen sind nicht nur bei Texten zu beachten; auch ein Autor oder Deskriptor kann - vielleicht irrtümlich - doppelt genannt sein und ist nun einmal zu streichen.

Eine Datenbasis zu ändern, während andere Benutzer gerade Recherchen durchführen, erfordert besondere technische Vorkehrungen und kann für die Benutzer irritierend wirken: eben waren auf eine Suchfrage noch 17 Dokumente vorhanden, jetzt sind es 19 oder 16. Weiterhin tendieren die einzelnen Dateien, insbesondere die Umkehrdateien, dazu, bei vielen kleinen Änderungen sehr zerrissen zu sein mit vielen Überlaufbereichen auf der einen Seite und unausgenutztem Platz auf der anderen. Dies kann die Antwortzeiten merklich beeinträchtigen.

Daher erscheint es vernünftig, den Änderungsdienst in zwei Schritten vorzunehmen. Nicht invertierte Abschnitte können sofort korrigiert werden; im übrigen wird bei der Korrektur zunächst nur ein Duplikat angelegt, das beliebig geändert werden kann, vorerst aber nicht invertiert wird. Die alte Dokumentationseinheit erhält einen Hinweis, daß eine neue in Bearbeitung ist; dieser Hinweis wird dem Benutzer mit angezeigt. Von Zeit zu Zeit werden dann alle aufgelaufenen Änderungen gleichzeitig in die Umkehrdateien eingearbeitet; die neuen Dokumentationseinheiten werden in die Primärdatei eingefügt, geänderte und zu löschende entfernt.

## 3.3.2 Änderungsdienst bestehender Systeme

Obwohl die Handbücher der meisten Hersteller von Dokumentationssystemen ein flexibles Eingabeformat und einen ausgereiften
Änderungsdienst verheißen, sind beide meist ausgesprochen starr
und unhandlich und obendrein rechenaufwendig.
Die nachfolgenden Ausführungen sollen wiederum nur einige Charak-
teristika herausstellen und keine vollständige Beschreibung darstellen.


### STATUS II

Der Änderungsdienst von STATUS II ist zweistufig aufgebaut wie im
vorigen Abschnitt vorgeschlagen: Zunächst wird eine einsehbare,
aber nicht invertierte und daher nicht recherchierbare Kopie
der zu ändernden DE angelegt, die beliebig geändert werden kann,
auch mehrmals. Allerdings ist der dazu vorgesehene Text-Editor
unterentwickelt; ihm fehlen wichtige Such- und Positionierungs-
funktionen. Der Datenbankverwalter kann zu beliebiger Zeit
on-line den zweiten Schritt in Gang setzen: Invertierung der
neuen DEs, Einarbeitung in die Umkehrdatei, aus der außerdem die
Zeiger zu den zu löschenden DEs entfernt werden, Löschen und
Einfügen von DEs in die Primärdatei.


### STAIRS

Die "formatierten Felder" von STAIRS, die nicht invertiert
werden, können sofort geändert werden, wenn der Benutzer die
erforderliche Priorität besitzt. Mit der gleichen Priorität kann
bei einer DE ein Lösch-Bit gesetzt werden. Diese DE kann dann von
Benutzern mit niedrigerer Priorität nicht mehr eingesehen werden,
obwohl sie bei den Anzahlen gefundener Dokumente mitgerechnet
wird. Eine unmittelbare Löschung ist nicht möglich, da Segmente
invertiert sein können, ohne selbst gespeichert zu sein; zum
Löschen müßten daher alle Zielpunktlisten durchsucht werden.


Neu hinzukommende Dokumente können als eigene Datenbasis aufgebaut werden; bis zu 16 Datenbasen kann man logisch koppeln, so
daß sie dem Benutzer gegenüber wie eine einzige Datenbasis
wirken. Mehrere gleich aufgebaute Datenbasen können gemischt
werden, wobei die Dokumente mit Lösch-Bit in Primär- und Umkehrdatei eliminiert werden. Wenn man die Möglichkeit der Datei-
kopplung für Neuzugänge ausnutzt, um den häufigen, sehr aufwendigen Neuaufbau der Dateien zu vermeiden, hat man allerdings
diese Einrichtung nicht mehr dazu zur Verfügung, inhaltlich
verwandte Datenbasen dem Benutzer wahlweise einzeln oder gekoppelt anzubieten.

# 3. Speicherung

Selbst wenn man STAIRS auf der Basis von IMS betreibt, kann man
die Primärdatei nicht dazu verwenden, eine Kopie einer DE zu
erstellen, diese zu ändern und als Eingabe für eine neue
Datenbank zu verwenden, da die Eingabeprogramme andere Formatvorschriften haben. Eine unmittelbare Änderung auch der Textteile
ist nur in der Fassung STAIRS-DL/1 (Data Language/1) möglich, bei
der die Daten in DL/1-Struktur gespeichert sind, so daß auch
andere DL/1-Programme darauf zugreifen können.


## GRIPS / DIRS 3

GRIPS stellt mit den beiden Komponenten DDBG und DINUPS (siehe
Abschnitt 6.1.1) Werkzeuge zur Erstellung und zur Änderung der
Datenbasen zur Verfügung. Der Anwender muß mit den Sprachmitteln
dieser beiden Systeme die durchzuführenden Operationen in Form
sogenannter "Telegramme" definieren. Er ist selbst dafür verantwortlich, daß GRIPS beispielsweise bei einer Änderung in der
Dokument-Datei gleichzeitig oder später (gesammelt als Stapel-
Lauf) die entsprechenden Streichungen und Ergänzungen in den
anderen Dateien vornimmt. In den Telegrammen beschreibt er
weiterhin, ob und wie die einzelnen Felder invertiert werden. Er
muß auch auf geeignete Weise dafür sorgen, daß nicht mehrere
Benutzer gleichzeitig versuchen, denselben Satz zu bearbeiten.

Der Anwender hat damit jede Freiheit, die er sich damit erkauft,
daß er die Telegramme selbst schreiben muß. Wenn der Änderungsdienst eine zu starke Belastung der Rechenanlage darstellt, kann
er die Änderungen im Dokument sofort vornehmen und die in den
übrigen Dateien sammeln und später durchführen; das Dokument kann
so lange als "unvollständig bearbeitet" gekennzeichnet werden.

Der Änderungsdienst kann dazu führen, daß der Index einer
ISAM-Datei mehr Stufen als für die Größe erforderlich erhält. In
diesem Falle muß mit Mitteln des Betriebssystems der Index
reorganisiert werden.


## GOLEM

GOLEM stellt Programme zum Nachtragen und Löschen ganzer DEs und
zum Nachtragen, Ändern und Löschen einzelner Schlagworte sowie
zur Ergänzung oder zum Löschen von Textabschnitten zur Verfügung;
die Anweisungen sind in einem sehr starren, benutzerunfreund-
lichen Format abzufassen. Die Zielpunktlisten werden automatisch
korrigiert.

Ein Schlagwort in der Schlagwortliste wird gelöscht, wenn die
Zielpunktliste leer wird und keine Relationen zu anderen Schlag-
worten vorliegen. Ein Hilfsprogramm (GOABZUG) konvertiert GOLEM-
DEs zurück in das Eingabeformat, so daß sie nach vorzunehmenden
Korrekturen erneut in das System eingeschleust werden können.

**TELDOK**

TELDOK überläßt den Aufbau der Datenbasis dem Benutzer, der insbesondere für die Invertierung selbst zu sorgen hat; er muß für jeden Dokumentsatz die Adressen der zugehörigen Schlagworte und für jeden Schlagwortsatz die Adressen der zugehörigen DEs bereitstellen. Lediglich für die Einspeicherung dieser Daten in die Datenbasis gibt es Hilfsprogramme. Dasselbe gilt für den Änderungsdienst.

## 3.4 Ergänzende technische Fragen

### 3.4.1 Erfassungsgeräte

Der wichtigste Datenträger früherer Jahrzehnte, die Lochkarte, spielt heutzutage kaum noch eine Rolle; auch die Bedeutung der nur mühsam korrigierbaren Lochstreifen hat abgenommen. Die bedeutsamen Arten der Dateneingabe sind jetzt die an den Großrechnern angeschlossenen Datensichtstationen, "intelligente" Terminals, spezielle Magnetbanderfassungsgeräte, Schreibmaschinen mit magnetischem Datenträger und normale Schreibmaschinen, bevorzugt mit der Schrift OCR-B (Optical Character Recognition, DIN 66 009) zur Eingabe über Seitenleser.

Schreibmaschinen haben die Vorteile der weiten Verbreitung, der leichten Handhabung und des geringen Preises; sie können gut dezentral eingesetzt werden, auch in Heimarbeit. Ihre magnetischen Datenträger sind jedoch wegen der ganz anderen Anforderungen an Geschwindigkeit, Kapazität, Größe, mechanische Festigkeit und andere Eigenschaften im allgemeinen nicht direkt von Großrechnern lesbar. Seitenleser weisen auch bei Normschrift und sauberem Typenanschlag eine Fehlerrate auf, die weit über der von magnetischen Datenträgern liegt.

Großrechner, intelligente Terminals und Magnetbanderfassungsgeräte haben den weiteren Vorteil, daß man die auszufüllenden Kategorien gezielt anbieten, Fehler leicht korrigieren, Plausibilitätsprüfungen durchführen und gleiche Einträge ähnlicher Dokumente übernehmen kann.

### 3.4.2 Codierung

Große Sorgfalt muß auf die Festlegung der erforderlichen Codierungsvorschriften gelegt werden, die in mehrfacher Hinsicht benötigt werden.

## 3. Speicherung


### Zu codierende Angaben

Nicht vorhandene Schriftzeichen müssen codiert werden; die verschiedenen beteiligten Anlagen (Erfassungsgeräte, Schnelldrucker, Datensichtstationen) haben meist jeweils einen anderen Zeichenvorrat, was unterschiedliche Codierungen zur Folge hat.

Die einzelnen Kategorien müssen voneinander abgegrenzt werden. Soweit die Texterfassungsgeräte nicht bereits getrennte Felder zum Ausfüllen anbieten, geschieht das durch vorangestellte Feldkennungen, die vom normalem Text unterscheidbar sein müssen. Eine Unterscheidung nur durch die Position (Zeilenanfang) ist bei umfangreicheren, mehrzeiligen Einträgen nicht zu empfehlen.

Innerhalb einer Kategorie müssen Mehrfacheinträge und die Bestandteile eines einzelnen Eintrages unterscheidbar sein, in der Kategorie "Autor" zum Beispiel die verschiedenen Verfasser und deren Vor- und Nachnamen.

Manche Angaben lassen sich einfacher und sicherer durch Steuerzeichen als durch die Einführung getrennter Kategorien erfassen. Das könnte z.B. die Funktion einer Person als Verfasser, Herausgeber oder Übersetzer oder die Unterscheidung von ISBN, ISSN und Report-Nummer betreffen.

Andere Angaben sollten zur Arbeitserleichterung (auch für den Benutzer) und zur Gewährleistung einer einheitlichen Erfassung in codierter Form aufgenommen werden, beispielsweise Erscheinungsland und Sprache, möglichst auch der Name der Zeitschrift.


### Codierungen in Texten

Nahezu beliebig kompliziert wird die korrekte Erfassung freier Texte. Während man bei der Erstellung von Kurzreferaten durch den Betreiber des Dokumentationssystems noch Regeln vorgeben kann (z.B. Zeichensatz, keine Tabellen), kann man den Autoren der Langtexte keine Vorschriften machen. Um die Suchoperatoren "im gleichen Satz", "im gleichen Absatz" anwenden zu können, müssen Satz- und Absatzende gekennzeichnet werden. Ein Satz kann mit einem Punkt, Doppelpunkt, Ausrufe- oder Fragezeichen oder aber ohne Satzzeichen enden (nach Überschriften, manchmal nach Aufzählungen); ein Punkt kann aber vier verschiedene Bedeutungen haben: Satzende, Ordnungszahl, Abkürzung, Trennzeichen bei vielstelligen Zahlen zwischen je drei Ziffern (oder Dezimalpunkt in manchen anderen Sprachen); drei (oder auch mehr) Punkte können außerdem "usw." bedeuten. Ähnlich ist es bei den anderen Satzzeichen. Am Rande sei erwähnt, daß die Gliederung eines fortlaufenden Textes in aufeinanderfolgende Sätze manchmal gar nicht möglich ist, so bei in Klammern gesetzten Einschüben aus mehreren Sätzen oder bei manchen Aufzählungen, in denen jedes Glied zunächst den vor dem ersten Glied begonnenen Satz fortsetzt, danach aber weitere vollständige Sätze enthalten kann.

Manche Texte werden mehrdeutig, wenn die typographischen Einrückungen oder die Hierarchiestufen der Überschriften oder die
Hervorhebungen durch andere Schriftart oder gesperrten Druck
verloren gehen.

Nicht vergessen darf man Codierungen zur Fehlerkorrektur, soweit
nicht durch Eingabe an einer Datensichtstation eine unmittelbare
Berichtigung möglich ist. Betroffen ist also die Erfassung über
nicht korrigierbare Datenträger wie Lochstreifen oder Papier.
Erforderlich sind Steuerzeichen, die die spätere Löschung des
vorangehenden Wortes, der vorangehenden Zeile oder auch eine
Korrektur in einer früheren Zeile bewirken sollen, mit besonderen
Regeln für Korrekturen von Korrekturen.

Ausgearbeitete Beispiele für die Erfassung bibliographischer
Daten über Lochstreifen findet man in (ZMD 1972), für die
Texterfassung über Seitenleser in (Gebhardt 1973).


### Prinzipien zum Code-Aufbau

Die codierten Daten müssen eindeutig interpretierbar sein; daher
darf man keine Codezeichen für Textdaten, auch freie Schlagwörter
und Titel, festlegen nach dem Motto "Diese seltsame Zeichen-
kombination kommt in normalen Texten nicht vor". Das bedeutet,
daß man ein oder mehrere Sonderzeichen als Codesignalzeichen
reservieren muß; jedes Codezeichen wird durch eines dieser
Codesignalzeichen eingeleitet. Ein Sonderzeichen zum Signali-
sieren des Codezeichen-Endes ist meist nicht erforderlich; es
gibt also nur ein "Umschaltzeichen", aber kein "Rückschalt-
zeichen", obwohl die Länge der Codezeichen nicht einheitlich zu
sein braucht. Es muß nur vermieden werden, daß aus einem
Codezeichen durch Weglassen der letzten Stelle(n) wieder ein
gültiges Codezeichen entsteht. Kommt eines der Codesignalzeichen
im Text vor, so muß es wie ein anderes, nicht vorhandenes
Sonderzeichen codiert werden.

Lediglich in Kategorien ohne freien Text können manche Sonderzeichen gefahrlos als Codezeichen verwendet werden. So kommen im
Personennamen nur die Sonderzeichen Bindestrich, Apostroph und
Punkt vor; das Semikolon kann als Trennzeichen zwischen zwei
Personen, das Komma als Trennzeichen zwischen Nach- und Vornamen,
der Stern als Steuerzeichen zur Angabe der Funktion (z.B. "*h"
für "Herausgeber") verwendet werden.

Weitere Prinzipien zum Aufbau von Codierungsvorschriften sind
(Gebhardt 1973):

Vollständigkeit: Alle denkbaren Fälle, auch ausgefallene Kombinationen von zu codierenden Angaben, sind zu berücksichtigen und
dürfen nicht zu Fehlern führen.

Fehlerunanfälligkeit, z.B. mnemotechnisch guter Aufbau und Vermeidung leicht zu verwechselnder Zeichen.

# 3. Speicherung

Übersichtlichkeit für den Bearbeiter; die Codezeichen sollen
beim Lesen nicht störend wirken.

Kürze; insbesondere sollten die häufig vorkommenden Codezeichen
möglichst nur eine Stelle (in Texten zwei Stellen) lang sein.

Einheitlichkeit: einheitliche Systematik des Aufbaus; Verwendung
gleicher Zeichen für gleiche Sachverhalte in verschiedenen Kategorien.


## Zeichenvorrat

Da der Zeichenvorrat der verschiedenen Ausgabegeräte, auf denen
der Benutzer die gespeicherten Informationen angezeigt bekommt,
nicht einheitlich ist, versucht man in der Regel mit Großbuchstaben, Ziffern und einem Minimalsatz von Sonderzeichen auszukommen. Wenn Kleinbuchstaben erfaßt werden, können sie notfalls
vor der Übertragung an Ausgabegeräte ohne Kleinbuchstaben in
Großbuchstaben umgesetzt werden; daher besteht keine grundsätzliche Schwierigkeit bei der Datenerfassung in Normalschrift, die
sich immer mehr durchsetzt, zumal immer mehr Sichtgeräte den
vollen Zeichensatz anbieten.

Dagegen wird auf eine korrekte Wiedergabe von diakritischen
Zeichen (z.B Akzenten) und anderen Varianten der Buchstaben sowie
von griechischen Buchstaben, hoch- und tiefgestellten Zeichen,
ungebräuchlichen Sonderzeichen usw. meistens verzichtet. Das
führt zu dem für Deutsche verwunderlichen Ergebnis, daß in
ausländischen Datenbasen die Umlaute durch den Grundvokal wiedergegeben werden; die Ersetzung von ä durch ae ist dort unüblich
und unbekannt. Ebenso verwundert werden Dänen, Polen und andere
Völker sein, wenn in deutschen Texten deren Sonderbuchstaben
verstümmelt werden.

Sonderzeichen, griechische Buchstaben und sonstige, nicht wieder-
gebbare Zeichen werden entweder durch ähnliche Zeichen ersetzt,
beispielsweise das Beta durch ß, eckige Klammern durch runde, §
durch $, oder ihr Lautwert wird ausgeschrieben: "Summe" statt $\Sigma$.
Hoch- und tiefgestellte Zeichen werden in Normallage versetzt.
Diese rigorose Methode führt natürlich zu Mehrdeutigkeiten und
kann Formeln in Texten völlig unverständlich machen. Daher
versucht man teilweise, einige dieser Besonderheiten durch spezielle Codierungen darzustellen. So wird vor hoch- oder tiefgestellten Zeichen "sup" bzw. "sub" eingeschoben und der ganze
Ausdruck durch Sonderzeichen "eingeklammert", etwa durch Schrägstriche. Die Formel für die Exponentialfunktion wird dann zu
e/sup x/; diese Zeichenfolge ist auch bei der Suche zu verwenden.

Der Vollständigkeit halber sei darauf hingewiesen, daß es nationale und internationale Normen zur Darstellung diakritischer
Zeichen in bibliographischen Datenbasen und zur Transliteration
vieler nicht-lateinischer Alphabete gibt.

### 3.4.3 Austauschformate

Die Programme zum Aufbau und zur Erweiterung der Datenbasis
für ein spezielles Retrieval-System schreiben das Format für die
Eingabedaten in gewissem Rahmen, meist recht detailliert, vor. Es
empfiehlt sich jedoch aus mehreren Gründen, die Daten in einem
flexibleren Format zu erfassen und zu archivieren.

Alle existierenden Retrieval-Systeme zeigen Unzulänglichkeiten;
man sollte auf die Entwicklung verbesserter Systeme hoffen. Deren
erweiterte Möglichkeiten können nicht ausgeschöpft werden, wenn
man die Datenerfassung zu speziell auf den gegenwärtigen Zustand
abstimmt. Schon die nächste Version des gleichen Herstellers kann
Erweiterungen bringen! Wer früher nur in Großschreibung erfaßte,
kann nicht mehr auf Groß/Kleinschreibung umstellen.

Eine zunehmende Rolle spielt der Verkauf oder die Vermietung von
Datenbasen an andere Nutzer, die vielleicht auch andere Programme
einsetzen. Hier ist der Nutzen eines flexiblen Formats offensichtlich.

Es gibt bereits verschiedene "Austauschformate", die mehr oder
weniger genormt sind.

Durch DIN 1506, weitgehend gleich mit ISO 2709, wird die
allgemeine Struktur von Austauschformaten geregelt. Jeder Satz
besteht aus drei Abschnitten: Satzkennung mit diversen Längen-
angaben, Inhaltsverzeichnis mit Feldkennung, Feldlängen und Feld-
anfangsadressen und die Datenfelder. Die zu verwendenden Steuerzeichen, zum Beispiel Feldtrenner und Unterfeldtrenner, und die
Feldkennungen sind nicht festgelegt. Für eine "bibliographische
Austauscheinheit", das ist eine Dokumentationseinheit, können ein
oder mehrere Sätze verwendet werden, die dann im Abschnitt
Satzkennung im wesentlichen übereinstimmen.

Die in ihrer ersten Fassung etwas ältere Norm für das Magnetband-
Austauschformat für terminologische/lexikographische Daten
(MATER) (DIN V 2341) stimmt mit DIN 1506 weitgehend überein,
regelt zusätzlich aber die Feldkennungen (verschiedene Kategorien) und in manchen Fällen auch die Darstellung des Feldinhalts
(standardisierte Einträge). Das Magnetband-Austauschformat für
Dokumentationszwecke MADOK (MADOK 1977) wurde von der damaligen
Zentralstelle für maschinelle Dokumentation (ZMD), die jetzt in
die Gesellschaft für Information und Dokumentation (GID) eingegliedert ist, in Zusammenarbeit mit Fachleuten aus verschiedenen Institutionen des Dokumentations- und Bibliotheksbereichs
entwickelt; es entspricht ebenfalls weitgehend DIN 1506 und legt
in Anlehnung an den "Leitfaden" (Hitzeroth und andere 1976)
Feldkennungen und -inhalte fest.

Im bibliothekarischen Bereich sind zwei weitere Austauschformate
verbreitet. MARC II (Machine-Readable Cataloguing) wurde von der

# 3. Speicherung

Library of Congress entwickelt und von verschiedenen Bibliotheken
mit allerlei Varianten fortgeführt, so daß inzwischen erhebliche
Anstrengungen zur Vereinheitlichung unternommen werden mußten; es
legt außer dem Satzaufbau und den Feldkennungen auch die Erfas-
sungsregeln für den Feldinhalt weitgehend fest. Im deutsch-
sprachigen Bereich wurde MAB1, Maschinelles Austauschformat für
Bibliotheken, (MAB1 1980; Kohl 1975) etwa gleichzeitig mit DIN
1506 entwickelt·, und zwar als Ersatz für MARC, das wegen
verschiedener Abweichungen der in Deutschland üblichen Katalogi-
sierungsregeln von den anglo-amerikanischen hier nicht anwendbar
ist. Es stimmt ebenfalls weitgehend mit DIN 1506 überein und
regelt zusätzlich die Feldkennungen und die Feldinhalte, soweit
diese nicht bereits durch die RAK (RAK 1977; siehe auch Abschnitt
2.1.2) festgelegt sind.


## 3.4.4 Darstellung chemischer Formeln

Bildschirmgeräte und Zeilendrucker können in der Regel Exponenten
und Indizes nicht wiedergeben. Soweit diese in Überschriften oder
Texten vorkommen, muß man sie umschreiben, beispielsweise indem
man "sup" bzw. "sub" davor setzt und den ganzen Ausdruck zwischen
Schrägstriche einschließt. Die chemische Formel von Wasser lautet
dann H/sub 2/0. Für viele Bedürfnisse reicht das aus, nicht aber
für chemische Datenbasen, da komplizierte Formeln dann völlig
unlesbar würden. Dazu kommt ein weiteres Problem, das mit der
Speicherung in Rechenanlagen nur insofern etwas zu tun hat, als
die Unmengen von Daten anders gar nicht mehr bewältigt werden
können: Eine chemische Strukturformel kann im allgemeinen in sehr
verschiedener Weise "linearisiert", also als eindimensionale
Zeichenkette dargestellt werden. Für einfache Verbindungen gibt
es Regeln; so sagt man NaCl und nicht ClNa für Kochsalz. Aber je
komplizierter organische Verbindungen werden, umso komplizierter werden auch die Regeln selbst bei kettenförmigen Molekülen.
Eine einheitliche Schreibweise ist aber unerläßlich, wenn man in
einer Datenbasis bestimmte Stoffe wieder auffinden will.

Zur Lösung dieses Problems gibt es sehr unterschiedliche Wege.
Einer, der uns hier nicht weiter beschäftigen soll, besteht in
einer Standardisierung der chemischen "Trivialnamen", die keine
oder wenige Hinweise auf die Struktur geben, und in der Entwicklung von Regeln für eine chemische Nomenklatur. Dies geschieht
z.B. durch den Chemical Abstracts Service (CAS) auf der Basis der
Regeln des American Chemical Society Committee on Nomenclature
und der International Union of Pure and Applied Chemistry
(IUPAC). Eine andere Methode ist die der Strukturtafel, bei der
für jedes Atom (eventuell ohne Wasserstoff) in einer Tabelle die
daran gebundenen Atome, die Art der Bindung und andere Angaben
gespeichert werden. Die linearen Notationen, deren wichtigste die
Wiswesser Line Notation (WLN) ist, verwenden von der üblichen
chemischen Schreibweise abweichende Symbole, die neben der Art
der Atome auch andere Informationen enthalten. Schließlich kann

man durch Angabe bestimmter, in einer Verbindung enthaltener
Fragmente die gesuchte Verbindung ziemlich gut beschreiben.
Weitere Einzelheiten findet man in Lehrbüchern (zum Beispiel
Lynch und andere 1971; Hyde und Ash 1975); eine neuere Literatur-
übersicht ist (Rush 1978).


## Strukturtafeln

Die Idee der Strukturtafeln besteht darin, die topologische
Struktur einer chemischen Verbindung in einer Tabelle wiederzugeben, die so viele Zeilen und Spalten wie Atome enthält. Das
Element in der i-ten Zeile und j-ten Spalte gibt die Art der
Verbindung zwischen dem i-ten und j-ten Atom an. Die Matrix ist
symmetrisch; daher braucht nur eine Dreiecksmatrix gespeichert
werden. Auch diese besteht überwiegend aus Leerstellen, da selten
ein Atom mit mehr als vier anderen verbunden ist. Man kann also
verschiedene Verfahren der platzsparenden Speicherung anwenden.
Ein Beispiel: Man numeriert die Atome so, daß jedes außer dem
ersten an (mindestens) einem vorher schon aufgeführten Atom
gebunden ist, und gibt dessen Nummer an. Wenn die Verbindung
Zyklen enthält, kann ein Atom an mehr als einem schon vorher
aufgeführten gebunden sein; diese zusätzliche Bindungen werden
gesondert gespeichert. Auf die Aufzählung der Wasserstoffatome
kann man verzichten, wenn man vereinbart, daß an jeder übrig
bleibenden Valenz ein H-Atom zu denken ist; elektrisch geladene
Atome (freie Valenzen) müssen dann aber gekennzeichnet werden.

Andere Verfahren reduzieren die Matrizen auf Bit-Listen. Die
Bindungsmatrix gibt dann nur an, ob eine Bindung vorliegt;
deren Art muß gesondert gespeichert werden. Außer der Bindungsmatrix sind hier wie auch bei anderen Methoden zusätzliche
Tabellen erforderlich.

Die Strukturtafeln beschreiben eine Verbindung vollständig und
eindeutig. Da die Atome aber in unterschiedlicher Reihenfolge
numeriert werden können, sind die Strukturtafeln einer Verbindung
nicht eindeutig bestimmt. Man muß also entweder durch zusätzliche
Regeln die Reihenfolge der Atome festlegen oder bei der Suche
alle Permutationen berücksichtigen oder eine Kobination dieser
Verfahren, die sich automatisieren lassen, anwenden.

Strukturtafeln werden unter anderem vom Chemical Abstracts Service (CAS) verwendet. Der Registry Structure File enthielt Mitte
1978 bereits über vier Millionen Strukturtafeln von allen Verbindungen, die seit 1965 in der in den Chemical Abstracts besprochenen Literatur beschrieben worden sind und zu jeder Verbindung
eine Registriernummer, die in den Abstracts verwendet wird;
jährlich kommen 360 000 hinzu.


## Wiswesser Line Notation

Die Wiswesser Line Notation (WLN) soll hier als ein Beispiel

## 3. Speicherung

für lineare Notationen vorgestellt werden. Sie ist so aufgebaut,
daß man zu ihrer Darstellung mit den Großbuchstaben, Ziffern und
den Sonderzeichen & / - und Leerstelle auskommt. Im folgenden
sollen die Grundregeln vorgestellt werden, damit der Leser
einen Einblick in die Struktur der WLN erhält.

Die für die organische Chemie wichtigsten Elemente werden je nach
der Art ihrer Bindungen durch unterschiedliche Zeichen dargestellt, Wasserstoff meistens überhaupt nicht. Alkylketten (ge-
sättigte, unverzweigte Kohlenstoffketten) werden durch die Zahl
der C-Atome wiedergegeben. So bedeutet 1 entweder $-CH_2-$ oder
$-CH_3$. Besteht eine Verbindung nur aus einer solchen Kette, so
wird ein H dahinter gesetzt: 2H bedeutet $CH_3-CH_3$ (Äthan).
Andere Symbole sind:
Y   verzweigtes Kohlenstoffatom (drei Bindungsatome außer H);
X   verzweigtes Kohlenstoffatom (vier Bindungsatome außer H);
V   Carbonylgruppe $-CO-$ oder $=CO$; VH Aldehyd $-CHO$;
Z   Aminogruppe $-NH_2$;
M   NH-Gruppe $-NH-$;
Q   Hydroxylgruppe $-OH$;
W   Dioxogruppe (zwei Sauerstoffatome an ein Atom gebunden, z.B.
    SW für $-SO_2-$);
U   Doppelbindung (z.B. 2U1 für $CH_3-CH=CH_2$); UU Dreifachbindung.

Da hierfür und für einige andere Sonderfunktionen normale chemische Symbole mitverwendet werden, erhalten Kalium, Uran, Vana-
dium, Wolfram und Yttrium die Symbole KA, UR, VA, WO und YT.
Außerdem werden einige Halogene umbenannt: E Chlor, F Fluor, G
Brom und I Jod; sie stehen dadurch im Alphabet dicht beieinander.
Moleküle ohne Ringe werden dargestellt, indem man an einem Ende
beginnt und, sobald man an ein anderes Ende gekommen ist, zur
letzten Verzweigung (meist X oder Y) zurückkehrt und eine andere
Kette fortsetzt. Dies ähnelt der polnischen Notation, wobei die
Verzweigungsatome die Rolle mehrstelliger Operatoren spielen.

Sofern das Ende einer Kette nicht zweifelsfrei erkenntlich ist,
wird es durch & markiert. Nach diese Regeln wären für die Verbindung

```
CH₃- S - CH₂- CH₂- CH - CO - NH - CH - COOH
                       |                |
                      NH₂              CH₂- CH₂- S - CH₃
```

verschiedene Darstellungen möglich, die man sich nach Umsetzung
der Strukturformel in eine ähnliche Formel mit den WLN-Symbolen
leicht zusammensetzen kann:

```
1S2YVMYVQ
   |   |
   Z   2S1
```

ergibt, je nachdem, in welcher Richtung man die Ketten durch-
läuft, beispielsweise ZY2S1&VMY2S1&VQ oder QVY2S1&MVYZ2S1. In der

letzten Formel ist hinter Z kein & erforderlich, da Z stets ein
Kettenende darstellt. Tatsächlich ist keine der beiden die
richtige Darstellung. Die Ketten sind so zu durchlaufen, daß in
der Hauptkette die größtmögliche Anzahl von Verzweigungsatomen
vorkommt; ist deren Anzahl für verschiedene Wege gleich, muß die
Zahl der Symbole in der Notation der Hauptkette möglichst groß
sein. Die Seitenketten werden nach jedem Verzweigungsatom zuerst
aufgeführt, also in die Hauptkette eingeschoben. Schließlich ist
unter mehreren, sonst gleichwertigen Möglichkeiten diejenige zu
wählen, die bei der Sortierfolge

     leer &-/0123...9ABC...YZ

als letzte kommt. In unserem Fall ergibt das 1S2YZVMYVQ2S1.
Es gibt noch weitere Vorzugsregeln.

Enthält eine Verbindung Benzolringe, so werden diese ähnlich wie
ein Verweisungsatom behandelt und durch das Symbol R bezeichnet,
z.B. RQ für $C_6H_5OH$ und ZR für $C_6H_5-NH_2$. Sind an den Ring weitere
Ketten gebunden, so wird die Position durch die Großbuchstaben A,
B, C usw. mit davor stehender Leerstelle bezeichnet. A ist das
Ausgangsatom, B das benachbarte, D das gegenüberliegende. Die
Verbindung $NH_2-C_6H_4-Cl$ heißt also je nach der Position der beiden
Gruppen ZR BG, ZR CG oder ZR DG. Durch die Leerstelle wird im
vorliegenden Falle das C von einem Kohlenstoffatom unterschieden.
Für kompliziertere Ringstrukturen werden die Symbole L (ali-
zyklische Ringe, die also nur C-Atom enthalten) und T (hetero-
zyklische Ringe mit Fremdatomen) verwendet. Dahinter folgt die
Beschreibung der Ringe: Zahl der Atome, Art der Bindung, Fremd-
atome mit Position; diese Beschreibung wird durch J abge-
schlossen.

Beispiele:

L66J C2Z      L B656 HVJ      T6NJ      T56 BOJ

Die WLN ist sehr weit verbreitet; sie wird u.a. von den
Excerpta Medica, den Current Abstracts of Chemistry (CAC) des
Institute for Scientific Information (ISI), dem CROSSBOW-System
(Computerised Retrieval of Organic Structures Based on Wiswesser,
Imperical Chemical Industries Ltd.) und von der DOW Chemical
Company verwendet.

# 3. Speicherung

## Fragment-Codes

Während man komplette Verbindungen in der WLN oder in anderen
Notationen eindeutig darstellen kann, gilt das nicht für Teilstrukturen, da diese bei der Bildung der WLN in unterschiedlicher
Richtung durchlaufen werden können und im Falle von Ringstrukturen sogar auseinander gerissen sein können. Außerdem zeigt
sich, daß man durch Angabe der "Fragmente" die gesuchten Verbindungen mit erstaunlich geringem Ballast erhalten kann. Unter
Fragmenten sind hier nicht nur Teilstrukturen, sondern auch
verschiedene summarische Angaben wie Anzahl der Atome wichtiger
Elemente, der Verzweigungsatome, Ringe, Doppelbindungen zu verstehen. Man legt eine Anzahl von solchen Fragmenten (rund 2000
beim Baseler Informationszentrum für Chemie) fest und gibt bei
jeder Verbindung die darin vorkommenden an. Wird diese Datei
invertiert, so erhält man einen unmittelbaren Zugriff auf die
infrage kommenden Verbindungen und von diesen ggf. auf die
Dokumente, in denen sie vorkommen.

## Graphische Ein- und Ausgabe

Am Rande sei vermerkt, daß verschiedene Verfahren entwickelt
wurden, chemische Strukturformeln in graphischer Form ein- oder
auszugeben. Verwendet werden hierfür "chemische" Schreibmaschinen
(das sind Schreibmaschinen mit einem besonderen Zeichensatz, der
unter anderem einfache und doppelte Striche in mehreren Rich-
tungen enthält), das Rand-Tablett oder Datensichtgeräte mit
graphischen Einrichtungen. Teilweise werden die Strukturformeln
per Programm aus Strukturtafeln oder linearen Notationen erzeugt.

## 3.4.5 Zeichenketten-Vergleich

Da bei der Bearbeitung von Texten und besonders bei der Suche das
Auffinden einer Zeichenkette innerhalb eines Textes eine große
Rolle spielt, sei hier auf einige Verfahren hingewiesen.

Der naive Algorithmus vergleicht jedes Zeichen des Textes mit dem
ersten der Zeichenkette, bei Übereinstimmung das nachfolgende
Textzeichen mit dem zweiten der Zeichenkette usw., bis eine
Abweichung auftritt oder Übereinstimmung festgestellt wird. Die
Anzahl der Zeichen-Vergleiche wächst im schlimmsten Fall quadra-
tisch, nämlich mit dem Produkt aus Textlänge und Länge der
Zeichenkette.

## Der Knuth-Morris-Pratt-Algorithmus

Der Algorithmus von Knuth, Morris und Pratt, von dem es mehrere
Varianten gibt, verwendet die in der teilweisen Übereinstimmung
von Text und gesuchter Zeichenkette enthaltene Information, um

104

nicht zu einer früheren Stelle im Text zurückkehren zu müssen.
Die Idee läßt sich leicht an einem Beispiel zeigen: Stimmt der
Text ab Stelle p mit der Kette ABCABCD in sechs Zeichen überein,
aber nicht mehr im siebenten (D), so ist die nächste Möglichkeit
die, daß die Kette an Stelle p+3 beginnt; für die ersten 6-3
Zeichen ist zugleich die Übereinstimmung schon festgestellt. Man
muß also das nicht passende Textzeichen jetzt mit A (dem zweiten
A der Kette) vergleichen. Das Inkrement (hier 3) hängt nur von
der Zeichenkette ab und wird für jede Stelle einmalig vor Beginn
des Vergleichs berechnet. Damit ergibt sich der folgende Knuth-
Morris-Pratt-Algorithmus in der Fassung von (Galil und Seiferas
1977).

Sei x(p) das p-te Zeichen des Textes, z(q) das q-te Zeichen der
Zeichenkette. Zunächst berechnen wir das Inkrement I(q):
I(q) = min (k>0: z(i)=z(i+k) für i=1, ..., q-k)
Für k=q ist die Bedingung leer, also trivialerweise erfüllt. Die
Funktion I(q) ist monoton nicht fallend. Für die Zeichenkette
ABCABCD nimmt sie die Werte 1, 2, 3, 3, 3, 3, 7 an.

Der ursprüngliche Algorithmus verwendet dieses Inkrement I(q).
Galil und Seiferas ersetzen I(q) im Effekt durch
I'(q) :=q        falls  I(q+1) = I(q),
        I(q)  sonst.
Dies berücksichtigt in unserem Beispiel, daß auch das erste
C nicht auf den Text passen kann, wenn sich beim zweiten keine
Übereinstimmung ergibt. Der Algorithmus lautet dann:
(p, q) := (0, 0);
schleife: while z(q+1) = x(p+q+1) do q := q+1;
          if q=0 then (p, q) := (p+1, 0)
            else (p, q) := (p+I'(q), q-I'(q));
          goto schleife;
Er endet, wenn q den Wert M (Länge der Zeichenkette) erreicht -
die Zeichenkette wurde gefunden - oder wenn p+M größer wird als
die Textlänge. Die maximale Anzahl der Vergleiche ist kleiner als
die doppelte Textlänge; ein ungünstiges Beispiel ist der Text
AAA...A und die Zeichenkette AB. Bei normalen Texten liegt die
Zahl der Vergleiche dicht bei der Textlänge.


### Der Boyer-Moore-Algorithmus

Der Algorithmus von Boyer und Moore unterscheidet sich davon
in mehrfacher Hinsicht: Er beginnt mit dem Vergleich am Ende der
Zeichenkette, benötigt in der Regel erheblich weniger Vergleiche,
dafür aber eine Tabelle von der Länge des Alphabets, und obwohl
er meistens schneller als der von Knuth, Morris und Pratt ist,
kann man das für den schlimmsten Fall nicht beweisen; die beste
Abschätzung gibt hierfür das Vierfache der Textlänge, falls die
Zeichenfolge nicht im Text vorkommt (Guibas und Odlyzko 1977,
siehe auch Galil 1978). Der Algorithmus verwendet einerseits die
Idee, daß die Zeichenkette bei Nichtübereinstimmung mindestens um
das Inkrement I" nach rechts verschoben werden muß, wobei I" dem
obigen I' entspricht; andererseits muß über das Zeichen des

# 3. Speicherung

Textes, das die Nichtübereinstimmung bewirkte, eine Position der Zeichenkette zu stehen kommen, die genau dieses Zeichen enthält. Sei für alle Zeichen c des Alphabets B(c) die rechteste Position, an der das Zeichen c in der Zeichenkette vorkommt (c=0, falls es nicht enthalten ist). I" ist definiert durch
I"(q):= min (k>0: (z(q-k)=z(q) oder q-k<1)
                    und (z(i-k)=z(i) oder i-k<1 für q<i≤M) ).
Der Boyer-Moore-Algorithmus lautet dann:
(p, q) := (0, M);
schleife: while x(p+q) = z(q) do q=q-1;
          (p, q) := p+max(I"(q), q-B(x(p+q)) );
          goto schleife;
Er endet bei q=-1 (Zeichenkette gefunden) oder bei p+M > Textlänge.

Der Algorithmus kann sehr effizient programmiert werden, so daß er bei natürlichsprachigen Texten und nicht zu kurzen Zeichenfolgen (etwa ab M=5) weniger als eine Maschineninstruktion pro Textzeichen benötigt (Boyer und Moore 1977)!

## Der Aho-Corasick-Algorithmus

Der Algorithmus von Aho und Corasick (Aho und Corasick 1975) gestattet es, mehrere Zeichenketten gleichzeitig zu suchen. Zunächst wird aus den zu suchenden Zeichenfolgen ein endlicher Automat konstruiert. Das Prinzip soll hier an einem Beispiel erläutert werden.

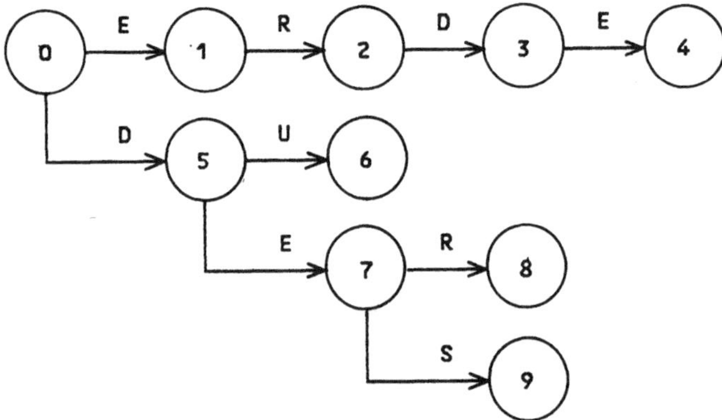


Abbildung 3-3. Zwischenschritt zur Konstruktion eines endlichen Automaten zur Erkennung der Zeichenfolgen DER, DES, DE, ER und ERDE.

Gesucht seien die Zeichenfolgen DER, DES, DU, ER und ERDE. Diese werden gemäß Abbildung 3-3 zu einem Baum zusammengesetzt. Die Kreise sollen die Zustände des Automaten werden, die Buchstaben stellen die Eingabe dar. Zuerst muß aber noch berücksichtigt werden, daß ein Teil einer Zeichenkette zugleich der Anfang einer anderen sein kann.

Dazu wird von den Blättern des Baumes ausgehend jeweils die längste Zeichenkette gesucht, die zugleich der Anfang einer anderen ist (DER enthält ER, den Anfang von ERST; ERDE enthält DE, DU und DES nur die leere Zeichenkette); die entsprechenden Zustände (hier 8 und 2, 4 und 7, 6 und 0, 9 und 0) werden miteinander identifiziert. Taucht der Anfang einer Zeichenkette im Innern einer anderen auf, so müssen an den Stellen, an denen die Eingaben sich unterscheiden, neue Übergänge eingeführt werden. Das Ergebnis ist Abbildung 3-4.

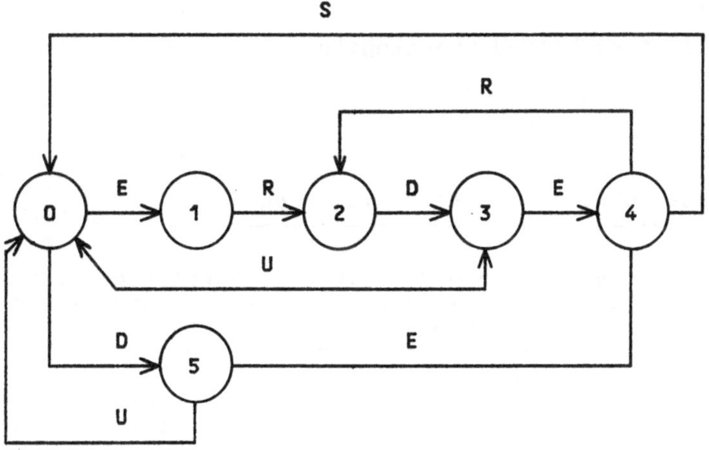

Abbildung 3-4.  Automat zur Erkennung der Zeichenfolge von Abbildung 3-3.

Bei jeder nicht aufgeführten Eingabe geht der Automat in den Zustand über, den er bei der gleichen Eingabe aus Zustand 0 erreichen würde. Alle Übergänge für die Eingaben D und E einzuzeichnen würde das Bild verwirren. Die Zeit zur Konstruktion des Automaten ist linear in der Summe der Längen aller Zeichenfolgen; bei der Suche wird pro Textzeichen genau ein Übergang durchgeführt. Tabelle 3-1 gibt die Zustandsänderungen des Automaten an. Weitere Verfeinerungen des Algorithmus enthält (Commentz-Walter 1979).

# 3. Speicherung

| Zustand | Eingabe | Ausgabe | neuer Zustand |
|---|---|---|---|
| 0 | E | | 1 |
| | D | | 5 |
| 1 | R | ER | 2 |
| | E | | 1 |
| | D | | 5 |
| 2 | D | | 3 |
| | E | | 1 |
| 3 | E | ERDE | 4 |
| | D | | 5 |
| | U | DU | 0 |
| 4 | R | DER, ER | 2 |
| | S | DES | 0 |
| | D | | 5 |
| | E | | 1 |
| 5 | E | | 4 |
| | D | | 5 |
| | U | DU | 0 |

**Tabelle 3-1.** Ausgabe und Übergangsfunktion des Automaten.

## 3.4.6 Grundstrukturen von Retrieval-Programmen

Es ist nicht die Aufgabe dieses Buches, Anweisungen zur Programmierung von Retrieval-Systemen zu geben; ebenso ist es selbstverständlich, daß bei deren Entwurf und Erstellung die dem Stand der Technik entsprechenden Verfahren wie modularer Aufbau, strukturierte Programmierung, exzellente Dokumentation auf verschiedenen Ebenen (Benutzer, Datenbankverwalter, Programmierer) angewendet werden. In der Praxis ist das häufig nicht der Fall.

In diesem Abschnitt soll lediglich auf einige strukturelle Merkmale hingewiesen werden, die speziell bei Dokumentationssystemen beachtet werden sollten.

Manche Dokumentationssysteme sind "aus einem Guß": Sie haben ihre eigene Speicherplatzverwaltung, benutzen so wenig Betriebssystem-Funktionen wie möglich, nutzen alle Möglichkeiten eines speziellen Datensichtgerätes voll aus und setzen die Benutzer-Befehle möglichst unmittelbar in die gesuchte Antwort in einem fest einprogrammierten Format um. Sie haben nur einen Nachteil: Man muß sie (um im Bild zu bleiben) zertrümmern und neu zusammenschweißen, wenn man Änderungen vornehmen will. Das gilt nicht nur, wenn eine das System benutzende Installation eigene Ergänzungen anbringen möchte, sondern auch, wenn der Hersteller selbst eine verbesserte Version auf den Markt bringen will. So ist manchen Systemen leicht anzusehen, daß nachträglich geschaffene Funktionen nicht in das ursprüngliche Konzept passen und sowohl

in der Abfragesprache als Fremdkörper wirken als auch in der Art
ihrer Abwicklung nicht recht einsehbare Beschränkungen aufweisen
(abweichende Syntax, Restriktionen im Anwendungsbereich, Über-
schneidungen mit anderen Funktionen, exzessive Rechenzeiten). Die
Übertragung eines Retrieval-Systems auf ein fremdes Betriebssystem ist fast nie möglich (eine Ausnahme ist STATUS II).

Beim Entwurf eines Dokumentationssystems sollten einige Grund-
sätze beachtet werden, die nun kurz begründet werden. Aus ihnen
ergibt sich die in Abbildung 3-5 dargestellte Struktur des
Programmsystems.

Das System sollte nicht seine eigene Speicherplatzverwaltung
vornehmen, sondern die vom Betriebssystem und von einem selbständigen Datenbank-Vewaltungssystem angebotenen Leistungen in
Anspruch nehmen. Dazu benötigt es einen Modul, der die Anforderungen an die Datenbasis in die vom Datenbanksystem (oder vom
Betriebssystem) verlangte Form umsetzt. Beim Wechsel der Umgebung
(zum Beispiel beim Übergang auf eine neue Version des Betriebssystems oder auf eine andere Rechenanlage) muß nur dieser Modul
neu geschrieben werden. STAIRS besitzt einen solchen Modul und
kann deshalb wahlweise die Speicherplatzverwaltung des Betriebssystems oder des IMS (Information Management System) einsetzen.
Die Verwendung eines solchen Schnittstellen-Moduls erspart Dop-
pelarbeit, erleichtert den Übergang auf eine andere Grundlage und
gestattet den Zugriff auf die Daten auch unmittelbar (ohne
Einschaltung des Retrieval-Systems), wobei natürlich unbefugter
Zugriff mit Mitteln des Betriebssystems unterbunden werden kann.

Das Dokumentationssystem sollte eine innere Schnittstelle für
Anforderungen durch den Benutzer besitzen; erst oberhalb dieser
Schnittstelle befindet sich ein Modul, der die Retrieval-Sprache
akzeptiert, auf syntaktische Fehler prüft und in die von der
Schnittstelle geforderte Form umsetzt. Dies hat mehrere Vorteile.
Das eigentliche Retrieval-System unterhalb dieser Schnittstelle
braucht auf "Benutzerfreundlichkeit" keine Rücksicht zu nehmen,
sondern stellt die Elementarfunktionen in technisch sinnvoller
Weise zur Verfügung. Die Benutzersprache kann leicht abgewandelt
und geänderten Benutzerbedürfnissen angepaßt werden; beispielsweise ist der Übergang auf eine neue Sprache, etwa die für
EURONET empfohlene Common Command Language, unproblematisch (soweit alle benötigten Elemtarfunktionen zur Verfügung stehen), und
für einen bestimmten Benutzerkreis wichtige Sonderfunktionen, die
sich aus den Elementarfunktionen zusammensetzen lassen, können
nachträglich auch für eine einzelne Installation relativ problemlos implementiert werden. Die Erfahrung zeigt, daß eine geänderte
oder völlig neue Abfragesprache immer wieder einmal benötigt
wird. Ein Beispiel ist EURONET, ein anderes die DATEV (Datenverarbeitungsorganisation des steuerberatenden Berufes in der
Bundesrepublik Deutschland eV), die STAIRS mit einer eigenen
Benutzersprache betreibt, in der die wichtigen Kombinationen von
STAIRS-Befehlen durch eine Kurzform (zwei Ziffern) angesprochen
werden.

## 3. Speicherung

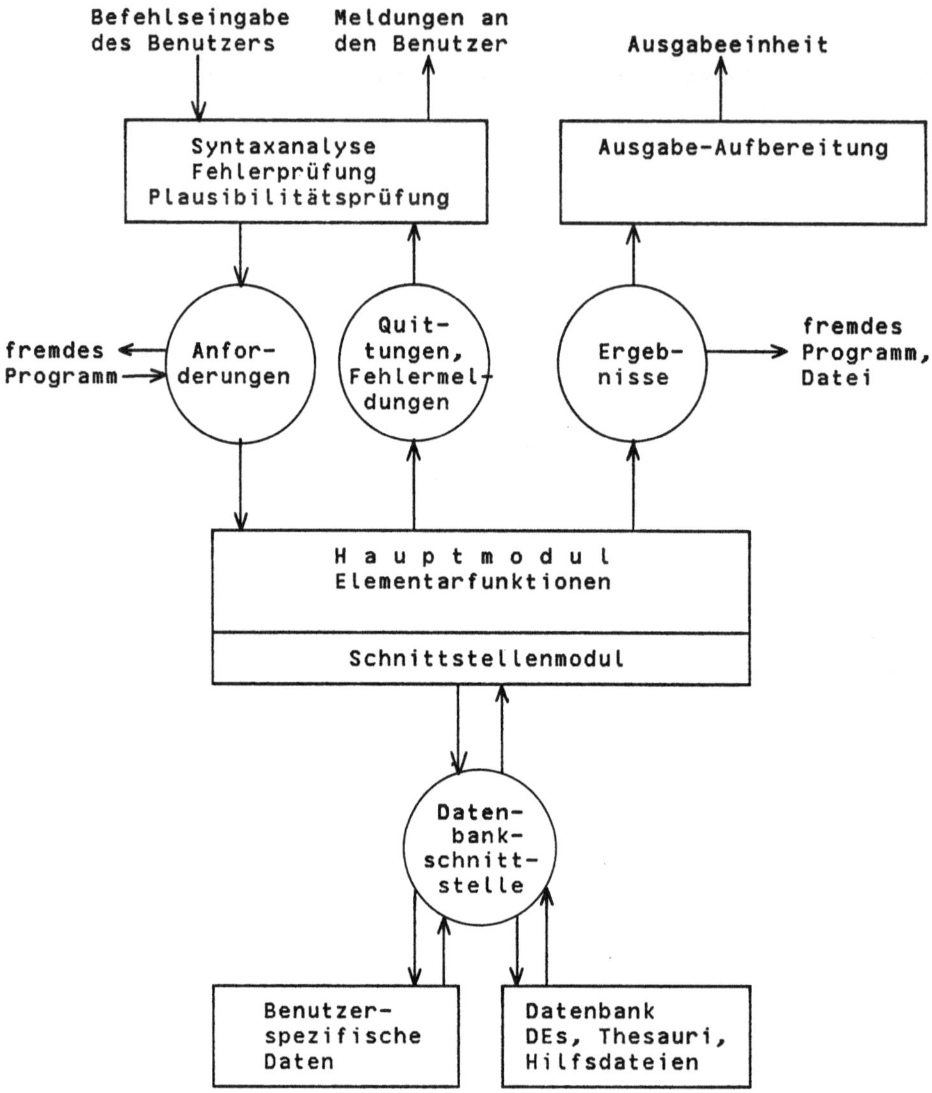


Abbildung 3-5. Grundstruktur eines Retrieval-Systems.

Das Programmsystem sollte ferner von anderen Programmen aufgerufen werden können. Auch hierfür ist die oben genannte innere
Schnittstelle brauchbar. Beispiele für Aufgaben, in denen ein
Programm statt eines menschlichen Benutzers Zugang zum Dokumentationssystem benötigt, sind statistische Auswertungen, Erstellung von gedruckten Datenbank-Auszügen wie Referatezeitschriften,
Übernahme selektierter Angaben in eine andere Datei (möglicherweise mittels Datenfernübertragung in die Datei eines externen
Kunden).

Schließlich sollte die Aufbereitung der Ergebnisse zur Ausgabe
über Sichtstation oder Drucker von der Bereitstellung der Daten
im eigentlichen Retrieval-Teil getrennt werden. Dies gestattet
die leichtere Anpassung an neue Ausgabegräte, die Änderung des
Ausgabeformats und auch die Weitergabe der nicht editierten Daten
an fremde Programme (oder an Dateien, die von fremden Programmen
weiterbearbeitet werden sollen). Für die letzte Anwendung ist es
dabei wichtig, daß mit den Daten auch deren Identifikation,
insbesondere Feldindikatoren, mitgeliefert wird. Aus der Zeichenkette, die normalerweise an die Sichtstation oder an den Drucker
weitergereicht wird, läßt sich nämlich nur sehr unvollständig
(durch Interpretation von Satzzeichen und Zeilenvorschub) maschinell feststellen, um welche Kategorien es sich bei den einzelnen
Bestandteilen einer Dokumentationseinheit handeln könnte.

Verschiedentlich wird bei Datenbanksystemen mit "back-end-Prozessoren" experimentiert, die die Datenverwaltung übernehmen. Wegen
der umfangreichen Datenmanipulationen bei Dokumentationssystemen,
die die Recheneinheit ganz erheblich belasten können (beispielsweise der Abgleich sehr langer Zielpunktlisten), ist dieses
Konzept hier besonders interessant, und man kann auf die ersten
Realisationen größerer Systeme gespannt sein. Beim OCLC (früher
Ohio College Library Center, jetzt unter diesdem Akronym verselbständigt) wird bereits eine große bibliographische Datenbasis in
dieser Rechnerarchitektur verwaltet; Erfahrungsberichte sind leider bisher nicht bekannt.

# 4. Methoden der Informationswiedergewinnung

Dokumentationssysteme stellen verschiedenartige Leistungen zur
Verfügung. Bei deren Beschreibung muß man unterscheiden zwischen
den bereitgestellten Funktionen und der Form, in der das geschieht. Der letzteren, der Abfragesprache, ist das nächste
Kapitel gewidmet.

Hier sollen zunächst die elementaren Suchfunktionen beschrieben
werden. Der Hauptteil des Kapitels ist theoretischen Ansätzen
gewidmet, die die Wirkungsweise von Dokumentationssystemen beschreiben und die Güte verschiedener Suchstrategien bewerten,
vergleichen und erklären sollen. Es existiert bisher keine
einheitliche Theorie der Dokumentationssysteme; es gibt aber weit
mehr Ansätze und Theorien von Teilbereichen, als in diesem
Kapitel behandelt werden. Überblicke über solche Ansätze mit dem
Versuch einer Systematisierung findet der Leser unter anderem in
(Robertson 1977), (Salton 1979) und (Yu und andere 1979).

Ein wichtiger Teilaspekt ist die Relevanzbewertung der Suchergebnisse. In Fakten-Retrieval-Systemen werden im Prinzip exakte
Fakten gespeichert; die Suchfragen beschreiben ebenso exakt,
welche Daten ausgegeben werden sollen (z.B. "Alle Personen aus
der Zweigniederlassung A, deren Gehalt größer als das ihres
Vorgesetzten ist" oder "Spezifisches Gewicht aller Edelmetalle").
Für jedes Datenobjekt kann man eindeutig feststellen, ob es eine
Antwort auf die Suchfrage enthält, und das Retrieval-System kann
genau die gewünschten Daten liefern.

Bei Dokumentationssystemen ist das nicht so. Die Suche bezieht
sich überwiegend auf inhaltsbeschreibende Angaben, und diese sind
auslegungsfähig. Selbst der volle Text eines Dokuments ist
verschieden interpretierbar, wie man an den zahllosen Arbeiten
sieht, die andere Schriften (Dichtungen, Gesetze, philosophische
und religiöse Werke) ausdeuten. Man kann also grundsätzlich nicht
mit Sicherheit feststellen, ob ein vorgelegtes Dokument eine
Antwort auf die Suchfrage enthält. Alle Experimente zur Bewertung
von Suchstrategien sind daher mit Unsicherheiten behaftet; um
statistisch signifikante Ergebnisse zu erhalten muß man in der
Regel sehr umfangreiche Versuche unternehmen. Aus Kostengründen
geschieht das meistens an kleinen Datenbasen (einige hundert oder
höchstens einige tausend DEs); ob die Ergebnisse auf die in der
Praxis eingesetzten Systeme mit Hunderttausenden oder Millionen
von DEs übertragbar sind, ist völlig offen.

Aber nehmen wir einmal an, ein umfangreiches Experiment habe

## 4. Methoden der Informationswiedergewinnung

statistisch signifikant gezeigt, daß eine bestimmte Suchstrategie besser sei als eine andere. Offenbar kann der Unterschied nicht groß sein, wenn er nur durch Experimente mit mehreren hundert Suchfragen nachweisbar ist. Ist er dann für den Benutzer, der nur hin und wieder eine Suchfrage stellt, überhaupt noch von Bedeutung?

Alle Aussagen über die Güte einer Suchstrategie sind also in doppelter Hinsicht mit Vorsicht aufzunehmen: Der Gütenachweis ist mit Unsicherheiten behaftet, und der tatsächliche Nutzen für den Anwender in seiner spezifischen Situation kann nicht abgeschätzt werden.

In diesem Kapitel kommt es uns auf die Bedeutung der Suchfunktionen, nicht auf die Syntax der Abfragesprache an. Wir werden deshalb in den Beispielen eine Schreibweise wählen, die unmittelbar verständlich ist, ohne Rücksicht auf Komplikationen, die in der Praxis auftreten können, um beispielsweise Mehrdeutigkeiten zu vermeiden. Ein einzelnes Schlagwort deuten wir durch einen allein stehenden Großbuchstaben an, einen Suchoperator in der Regel durch ein Wort aus Großbuchstaben, gelegentlich auch durch eine Phrase (mehrere Wörter).

Für die Praxis wichtig sind die Verfahren der Abschnitte 4.1 und 4.4. Der an theoretischen Erörterungen weniger interessierte Leser kann die übrigen Teile überspringen. Allerdings sollte man Abschnitt 4.2.1 lesen, um keine unrealistisch hohen Erwartungen an die Qualität der Suchergebnisse zu stellen.


## 4.1 Suchfunktionen


### 4.1.1 Boolesche Operatoren

Die grundlegende Suchfunktion aller Dokument-Retrieval-Systeme ist das Auffinden von Dokumentationseinheiten, die bestimmte inhaltskennzeichnende Begriffe oder Kombinationen davon enthalten oder auch andere Begriffe nicht enthalten. "Kombinationen" bedeutet dabei das gemeinsame oder wahlweise Auftreten von Schlagworten oder auch kompliziertere Bedingungen, die sich mit den booleschen (logischen) Operatoren UND, ODER und UND NICHT beschreiben lassen. Eine Suche nach A UND B bedeutet: Alle DEs sind aufzufinden, die sowohl das Schlagwort A als auch das Schlagwort B enthalten; A ODER B wird erfüllt von allen DEs, die entweder A oder B .oder beide enthalten; A UND NICHT B findet alle DEs, in denen zwar A, nicht aber B vorkommt. Je nach System können für die Operanden A, B usw. einzelne Wörter oder auch Wortfolgen (Phrasen) eingesetzt werden.

114

Alle Dokumentationssysteme gestatten auch die Kombination von mehr als zwei Schlagworten: A UND B UND C UND D oder A ODER B ODER C ODER D ODER E; eine Begrenzung in der Anzahl ist manchmal durch eine Beschränkung der Zeichenzahl einer Anfrage (z.B. maximal 4 Bildschirmzeilen) gegeben. Bei den meisten Systemen ist eine Verbindung beider Operatoren möglich, wobei die Klammerungstiefe begrenzt sein kann; Beispiel: (A ODER B ODER (C UND D)) UND (E ODER F). Eine Ausnahme scheint das schwedische System IMDOC zu sein, bei dem Klammern nicht zulässig sind und ein Rückbezug nur auf die letzte Suchfrage möglich ist. Bei anderen Systemen, die Klammern nicht erlauben, kann man die Frage stückweise aufbauen und zusammensetzen:

Frage 1: E ODER F
Frage 2: C ODER D
Frage 3: A ODER B ODER Frage2
Frage 4: Frage1 UND Frage3

Das stückweise Zusammensetzen ist auch dort meist sinnvoll, wo Klammern erlaubt sind: Bei Schreibfehlern, die zu unsinnigen Ergebnissen führen, braucht man nur einen Teilausdruck neu einzugeben. Die meisten Systeme liefern nach jeder Anfrage automatisch die Anzahl der gefundenen Dokumentationseinheiten, so daß man es frühzeitig bemerkt, wenn man falsche oder zu viele oder zu wenig oder zu enge oder zu weite Schlagworte gewählt hat: Man erhält als Zwischenergebnis viel mehr oder viel weniger DEs, als man erwartet hat.

Eine sinnvolle und übersichtliche Form der Frageformulierung ist es meistens, die einzelnen Komponenten eines Problems durch ODER-Verknüpfung der in Betracht kommenden Schlagworte zu beschreiben und diese Komponenten dann mit UND zu verknüpfen; man erhält dann Fragestrukturen wie im obigen Beispiel.

Eine syntaktische Frage ist es, ob UND oder ODER stärker binden, wenn man keine Klammern schreibt. Die obige Form der Frageformulierung legt es nahe, daß ODER vor UND geht; so arbeitet beispielsweise STATUS. In der Logik bindet UND stärker; dies haben die meisten Systeme übernommen. Einige arbeiten auch die Frage von links nach rechts ab, zum Beispiel TELDOK, das keine Klammern erlaubt.

Neben UND und ODER kennen die meisten Systeme auch UND NICHT, einige weiterhin das exklusive Oder (entweder A oder B, aber nicht beide). Eine sinnvolle Anwendung des exklusiven Oder ist schwer vorstellbar; notfalls kann man es durch A ODER B UND NICHT (A UND B) simulieren.

Vor dem Gebrauch des UND NICHT muß gewarnt werden. Die Idee ist zunächst, daß man von den DEs, die einen verhältnismäßig weiten Begriff A abhandeln, diejenigen ausschließen will, die ihn mit einem anderen Begriff B, vielleicht einem bestimmten Unterbegriff oder einem Anwendungsfall, in Beziehung setzen (Beispiel: "Suchfunktion UND NICHT boolescher Operator"). Damit scheidet man aber

# 4. Methoden der Informationswiedergewinnung

auch alle DEs aus, die B nur der Vollständigkeit halber erwähnen
und im wesentlichen die übrigen Aspekte von A beschreiben.
Besonders gefährlich ist das bei Systemen, die Texte und nicht
nur Schlagworte speichern: Ein Dokument mit der Einleitung "Es
werden alle Eigenschaften von A, ausgenommen B, untersucht" wird
ausgeschieden.

Eine sinnvolle Anwendung von UND NICHT ist der Ausschluß schon
bekannter Dokumente: Man hat zunächst eine vielleicht zu enge
Suchfrage gestellt und sich die gefundenen DEs ausdrucken lassen;
später erweitert man die Frage, möchte aber nur die zusätzlichen
Dokumente angezeigt bekommen.


## 4.1.2 Kontextoperatoren

Wenn in einem Dokumentationssystem Texte (Kurzfassungen oder
Langtexte) gespeichert sind, kann man neben dem Vorhandensein
oder Nichtvorhandensein von Wörtern auch deren Position im Text
zur Suche heranziehen. Der Sinn ist, daß man auf diese Weise ein
bloß zufälliges Vorkommen im gleichen Dokument, kenntlich am
großen Abstand der Wörter, vermeiden möchte.

So kann es vorkommen, daß zwei wenig spezifische Wörter, die in
vielen Dokumenten vorkommen, gemeinsam eine sehr spezielle Bedeutung haben wie "physikalischer Satz", "offenes System", "Struktur
von Daten" oder "Gesellschaft für Informatik". Um diese Ausdrücke
aufzufinden, benötigt man den Operator BENACHBART, der in manchen
Systemen nicht hingeschrieben werden muß: Wenn zwischen zwei
Suchwörtern kein Operator steht, ist BENACHBART gemeint. Die
Frage "Struktur BENACHBART von BENACHBART Daten" führt jedoch ins
Leere, wenn "von" ein Stoppwort ist, d.h. die Vorkommnisse von
"von" sind in der Schlagwortdatei nicht festgehalten. Mit STAIRS
ist dieser Fall nicht zu lösen; STATUS kennt auch zur Retrieval-
Zeit alle Stoppwörter und ersetzt automatisch die Suchfrage durch
die Suche nach "Struktur" und "Daten" mit einem beliebigen Wort
dazwischen. GOLEM realisiert alle seine (echten) Kontextoperatoren durch die Feinrecherche, nämlich durch die sequentielle
Durchsuche einer vorher festzulegenden Teilmenge aller DEs.

Bei der Verwendung von BENACHBART ist jedoch einige Vorsicht
angebracht. Statt "offenes System" kann auch "offenes physikali-
sches System" oder ein ähnlicher Ausdruck im gesuchten Dokument
vorkommen. In anderen Sprachen ist auch die Umkehrung der
Reihenfolge häufig anzutreffen, wo im Deutschen Komposita gebildet werden können, etwa "data structure" und "structure of data".
Bei mehrwortigen Begriffen, die keine völlig starren Wendungen
wie "Treu und Glauben" darstellen, ist es daher oft sinnvoll,
einen gewissen Abstand zwichen den einzelnen Wörtern zuzulassen,
und zwar ohne Festlegung der Reihenfolge. Verschiedene Systeme
kennen solche Abstandsoperatoren, und zwar manchmal mit Festlegung der Reihenfolge, manchmal mit der Möglichkeit, für beide

Fälle verschiedenen Abstand vorzuschreiben ("B soll zwischen 3 Wörtern vor und 5 Wörtern hinter A stehen"), manchmal mit einem symmetrischen Abstand.

Welchen Abstand soll man nun in einer Suchfrage noch zulassen? Zwischen den beiden gesuchten Wörtern kann ein längerer Nebensatz eingeschlossen sein: "offenes, über Randelemente mit einer Umwelt in Wechselwirkung stehendes System". Will man solche Fälle mit erfassen, so hilft der Wortabstandsoperator nicht weiter; man muß IM GLEICHEN SATZ verlangen. Der nächstgrößere Abstand ist schließlich IM GLEICHEN ABSATZ.

Als Richtschnur für die Benutzung dieser Operatoren kann man empfehlen: Bei feststehenden Ausdrücken ist BENACHBART angebracht; in anderen Sprachen ist Wortabstand 2 oft besser, um im obigen Beispiel sowohl "data structure" als auch "structure of data" aufzufinden (im Deutschen muß man mögliche Komposita, hier "Datenstruktur", berücksichtigen). Bei anderen Wendungen sollte man lieber IM GLEICHEN SATZ oder, falls dieser Operator nicht vorhanden ist, IM GLEICHEN ABSATZ verwenden. In einer Untersuchung an juristischen Fachausdrücken (Reiner 1976) wurde gezeigt, daß der Übergang von BENACHBART zu IM GLEICHEN SATZ die Zahl der Treffer, d.h. die Zahl der Dokumente, die dem Sinne nach den gesuchten Ausdruck enthalten, im Einzelfall beträchtlich erhöhen kann. Größenordnungsgemäß wurde mit IM GLEICHEN SATZ die Zahl der nachgewiesenen Dokumente um ein Drittel erhöht; hiervon enthielt etwa ein Drittel den gesuchten Ausdruck dem Sinne nach, während bei zwei Dritteln die Wörter zufällig gemeinsam vorkamen. Die Erweiterung zu IM GLEICHEN ABSATZ erhöhte im wesentlichen die falschen Zuordnungen, erbrachte jedoch immer noch nur reichlich die Hälfte der mit UND gefundenen Dokumente, also eine erhebliche Reduzierung der Anzahl nicht gewünschter DEs. Natürlich ist das Ergebnis bei den einzelnen untersuchten Ausdrücken ganz verschieden. So kam "rechtlich" in 527 Dokumenten vor, "Gehör" in 137 (jeweils mit Flexionsformen), beide gemeinsam in 136, davon benachbart in 135 Dokumenten, die entsprechenden Zahlen für "frei" und "Wahl" sind dagegen 346, 198, 113 und 21 Dokumente bei 32 bzw. 48 Dokumenten mit Vorkommnissen im gleichen Satz bzw. Absatz.

Im Abschnitt 3.2.1 wurde schon darauf hingewiesen, daß auch bei nicht-textlichen Teilen eine Gliederung in Sätze und Absätze sinnvoll sein kann, die dann durch die Kontextoperatoren ausgewertet werden kann.

Die bisher genannten Kontextoperatoren werden auch als metrische oder als Abstandsoperatoren bezeichnet. Die Festlegung
    (nicht im gleichen Absatz)
      >(im gleichen Absatz, aber nicht im gleichen Satz)
     >(im gleichen Satz, Wortabstand m),
      >(im gleichen Satz, Wortabstand n<m)
definiert nämlich eine Metrik, auch wenn von deren Eigenschaften sonst nicht weiter Gebrauch gemacht wird.

## 4.  Methoden der Informationswiedergewinnung

Gelegentlich gibt es auch Kombinationen von Kontextoperatoren
mit UND NICHT, etwa bei LEXIS die Operatoren UND NICHT IM
GLEICHEN ABSATZ und UND NICHT INNERHALB WORTABSTAND n. Gefunden
wird ein Dokument, wenn das erste Wort mindestens einmal darin
ohne das zweite innerhalb des geforderten Abstands (gleicher
Absatz beziehungsweise n Wörter) vorkommt; die Gefahr des Aus-
schlusses eines wichtigen Aufsatzes, in dem das zweite Wort nur
beiläufig vorkommt, wird dadurch ganz erheblich abgemildert.


### Suche in benannten Textteilen

In Abschnitt 3.1 war bereits darauf hingewiesen worden, daß
manche Dokumenttypen regelmäßig in bestimmte Teile gegliedert
sind, in denen man einzeln suchen können sollte. Diese Teile
sollten ihrerseits in Absätze und Sätze unterteilbar sein. STAIRS
und STATUS bieten solche Suchoperatoren an. Bei STATUS kann ein
Absatz zu mehreren benannten Abschnitten gehören. Man kann also
die verschiedenen Teile einer Gerichtsentscheidung zum Abschnitt
"Text" (ohne die formalen Angaben) zusammenfassen und wahlweise
nur in den Leitsätzen, nur in den Gründen oder in den gesamten
Entscheidungen suchen; ebenso kann man Textteil und Schlagworte
zusammenfassen und von den bibliographischen Angaben abgrenzen.


### 4.1.3 Thesaurus

In Abschnitt 2.2.5 wurden Thesauri als Hilfsmittel zur Inhaltsbeschreibung von Dokumenten eingeführt; in Abschnitt 3.2.1 und
3.2.4 wurden Datenstrukturen zu ihrer Realisierung besprochen.
Die Zugriffsmöglichkeit zum Thesaurus dient hier nicht als eine
Hilfestellung während der Deskribierung, sondern während der
Abfrage. Der Benutzer soll die mit einem Deskriptor verknüpften
Begriffe nicht nur in einer gedruckten Fassung des Thesaurus
finden, sondern unmittelbar an der Datensichtstation, und er soll
ohne erneute Eingabe dieser Begriffe in der Lage sein, sie in die
Suchfrage mit aufzunehmen.

Eine Möglichkeit zur Einbeziehung von Thesaurusrelationen wäre,
durch eine bestimmte Markierung eines Suchwortes zu verlangen,
daß die Verknüpfungen eines bestimmten Typs (z.B. die Unterbegriffe) mit dem Suchwort durch ODER zu verbinden sind. Dies
reicht jedoch nicht aus. Einerseits möchte man auch mehrstufig
vorgehen können: Auch die Unterbegriffe der Unterbegriffe sollen
in die Frage einbezogen werden, vielleicht noch weitere Stufen.
Andererseits möchte man nicht immer alle Verknüpfungen eines
bestimmten Typs haben, sondern sich aus den Unterbegriffen oder
verwandten Begriffen gezielt einige aussuchen. Daher ist es
wünschenswert, daß sich der Benutzer die verknüpften Begriffe,
bei Bedarf auch nur bestimmte Verknüpfungsarten und über mehrere
Stufen, an der Sichtstation anzeigen lassen kann und daß er die
gewünschten — oder wahlweise die unerwünschten — ankreuzt.

118

Der  Nutzen  eines  Thesaurus  ist  umstritten.  So  wird  behauptet
(z.B.  Bhattacharyya  1974),  Thesauri  würden  wenig  benutzt  und
nützten  nicht  viel.  Experimente,  bei  denen  das  Suchergebnis  mit
und  ohne  Einbeziehung  von  Thesaurusverknüpfungen  verglichen
wurde,  erbrachten  keine  schlüssigen  Resultate;  soweit  die  Antworten  mit  Benutzung  des  Thesaurus  besser  ausfielen,  war  die
statistische  Signifikanz  nicht  gesichert.

Nichtsdestoweniger  werden  manche  großen  Thesauri  nun  schon  seit
vielen  Jahren  angeboten  und  weiterentwickelt.  Da  dies  mit  einem
beträchtlichen  Aufwand  verbunden  ist,  müssen  die  Hersteller  wohl
von  ihrem  Nutzen  überzeugt  sein.

Zweifellos  ist  der  Benutzer  am  besten  bedient,  wenn  ihm  sowohl
Deskriptoren  aus  einem  Thesaurus  als  auch  freie  Schlagworte
angeboten  werden  und  er  zwischen  ihnen  wählen  oder  beide  verknüpfen  kann.  Mit  den  Deskriptoren  wird  die  Dokumentenmenge
eingegrenzt;  er  kann  verhältnismäßig  sicher  sein,  daß  alle  oder
doch  fast  alle  einschlägigen  Dokumente  damit  erfaßt  werden.
Werden  zu  viele  DEs  gefunden,  so  kann  er  mit  Schlagworten  die
Suche  einengen;  da  diese  aber  bei  der  Deskribierung  nicht  in  der
gleichen  systematischen  Weise  zugeteilt  werden,  muß  er  damit
rechnen,  daß  ihm  einige  bedeutsame  Dokumente  verloren  gehen.  Bei
sehr  speziellen  Fragen,  etwa  nach  einem  bestimmten  Software-
System,  das  im  Thesaurus  nicht  vorgesehen  ist,  wird  er  von
vornherein  nur  den  Produktnamen  als  Schlagwort  verwenden.

Daß  Retrieval-Experimente  keine  schlüssigen  Ergebnisse  über  den
Nutzen  eines  Thesaurus  liefern,  könnte  an  folgendem  liegen.  Um
klare  und  möglichst  nachprüfbare  Verhältnisse  zu  schaffen,  werden
die  Suchfragen  durch  Fachleute  sehr  gut  aufbereitet.  Dann  ist  es
aber  verständlich,  wenn  die  Hinzufügung  von  Thesaurusverknüpfungen  das  Resultat  kaum  noch  verbessert.  Dieses  Vorgehen  entspricht
jedoch  nicht  der  Situation  des  Benutzers.  Er  möchte  zu  seiner
Fragestellung  sehr  schnell  eine  gute  Suchformulierung  haben.  Der
Thesaurus  hilft  ihm,  zu  den  Deskriptoren,  die  ihm  zunächst
einfallen,  sofort  und  mit  großer  Vollständigkeit  die  verwandten,
vielleicht  auch  zutreffenden  Begriffe  zu  finden,  auf  die  er  sonst
nur  mühsam  nach  und  nach  gestoßen  wäre,  vielleicht  erst  beim
Lesen  der  ersten  angezeigten  Dokumente.

Besonders  wichtig  wären  thesaurusartige  Verknüpfungen  zwischen
den  vorkommenden  Wörtern  bei  Datenbasen,  die  Texte  gespeichert
haben;  denn  wer  kennt  schon  alle  verwandten  Begriffe,  die  von
irgendwelchen  Autoren  für  den  gleichen  oder  einen  ähnlichen
Sachverhalt  benutzt  worden  sein  mögen.  Hier  liegt  aber  auch  das
Problem  für  einen  Ersteller  eines  solchen  Thesaurus:  Er  muß  alle
von  den  Autoren  benutzten  Benennungen  in  seinen  Thesaurus  einordnen  und  mit  zahllosen  Homographen  kämpfen;  zur  terminolo-
gischen  Kontrolle  kann  er  den  Thesaurus  nicht  benutzen,  da  er  ja
die  Texte  der  Dokumente  nicht  ändern  kann.  Thesauri  für  Langtext-
Datenbanken  sind  bisher  nicht  bekannt  geworden.

# 4. Methoden der Informationswiedergewinnung

## 4.1.4 Wortformenreduktion und Maskierung

Ein Thesaurus legt auch die Wortform eines Deskriptors fest, meist bei Substantiven den Nominativ Singular. Bei freien Schlagworten und erst recht bei Texten muß man dagegen mit sämtlichen Wortformen rechnen, und für die Suche ist eine Verknüpfung dieser Formen sinnvoll.

Dieses Problem kann durch die Reduktion aller Wortformen auf die Grundform (Deflexion) umgangen werden. Diese kann schon bei der Dateneingabe durchgeführt werden; dann enthält die Zielpunktliste der Grundform auch die Adressen von Dokumenten, in denen irgend eine Flexionsform vorkommt. Im Prinzip verfährt GOLEM mit dem Textaufbereitungssystem PASSAT so, nur werden dort die Grundformen zusätzlich zum Text als Schlagwort gespeichert.

Ein anderer Weg, dem Benutzer die Suche mit sämtlichen Wortformen zu erleichtern, besteht darin, diese bereits beim Datenbankaufbau miteinander wie Synonyme zu verknüpfen; dies läßt zusätzlich bei Bedarf die Suche nach einzelnen Wortformen zu. In dieser Weise arbeitet das israelische Responsa-Projekt (Fraenkel 1976): Zu einem Wortstamm werden alle überhaupt möglichen Ableitungen gebildet, das können mehrere hundert oder gar tausend sein. Nach Begriffen europäischer Sprachen sind das nicht Flexionsformen des Wortes selbst (deren Anzahl ist nicht groß), sondern Zusammensetzungen mit Prä- und Postfixen, die im Deutschen durch Personalpronomen, Konjunktionen und andere Wörter wiedergegeben werden. Von den möglichen Formen kommt in der Regel nur ein kleiner Teil in der Datenbasis tatsächlich vor; diese werden dann untereinander mit ODER verknüpft. Das linguistische Zusatzprogramm zu STAIRS erzeugt ebenfalls die möglichen Flexionsformen eines Suchwortes und gleicht sie mit den in der Schlagwortdatei vorhandenen Wörtern ab.

Eine einfachere, wenn auch nicht ganz korrekte Methode ist die Maskierung. Gesucht wird (bei Rechtsmaskierung) nach allen Wörtern, die mit der eingegebenen Zeichenfolge beginnen. Dazu gehören aber auch die vielleicht unerwünschten Komposita. Besser ist daher eine begrenzte Maskierung: Nur Wörter, die mit der angegebenen Zeichenfolge beginnen und höchstens eine festgelegte Anzahl weiterer Zeichen aufweisen, werden weiterverarbeitet. Bei deutschen Substantiven reicht stets die Anzahl drei, je nach Deklinationsklasse auch zwei oder eins (jedoch muß man mögliche Plural-Umlaute beachten). Auch hier sind Komposita noch möglich, z.B. mit '-amt', '-ort' oder '-ton', außerdem wortbildende Suffixe wie '-in', '-tum' oder '-los'. Die letztgenannten Bildungen mögen manchmal sogar erwünscht sein. Insgesamt gesehen erzeugen sie jedoch nur wenig Ballast. Bei einem Test mit 365 Substantiven und 145 Adjektiven (Antel 1976) erzeugten nur weniger als 10% der Wörter überhaupt Ballast (eine andere Wortart zählte nicht als Ballast). Eine weitere Suche mit denjenigen Wörtern, die überhaupt zu Ballast führten (bei Maskierung der

Länge  drei),  ergab  wiederum  nur  3% Dokumente,  die  ausschließlich
Ballastwörter  enthielten.  Bezogen  auf  sämtliche  Substantive  bzw.
Adjektive  ist  das  weit  unter  ein Prozent.  Das  zeigt,  daß  die
begrenzte  Maskierung  ein  sehr  guter  Ersatz  für  die  Flexionsformenreduktion  ist.

Es  ist  sehr  selten,  daß  durch  begrenzte  Maskierung  ein  völlig
anderes  Wort  entsteht;  Beispiele:  Akt  -  Akten,  Bit  -  Bitte,
Reihe  -  Reiher.

Häufig  sind  auch  einige  der  Komposita  eines Wortes  durchaus
als  Suchwort  brauchbar,  in  der  Regel  aber  nicht  alle.  Die
sinnvollste  Lösung  für  den  Benutzer  ist  daher  die  folgende:
Zunächst  verwendet  er  die  begrenzte  Maskierung.  Die  so  gefundenen
Wörter  werden  angezeigt,  und  im  zweiten  Schritt  kreuzt  er  die
gewünschten  -  oder  die  nicht  gewünschten  -  an,  ähnlich  wie  es  bei
den  Thesaurusverknüpfungen  vorgeschlagen  wurde.  Manche  Systeme
kennen  die  begrenzte  Maskierung  (z.B.  STAIRS),  manche  gestatten
das  Ankreuzen  der  in  der  Schlagwortliste  gefundenen  Wörter  (z.B.
DIRS  3);  die  Kombination  beider  Möglichkeiten  scheint  nicht  zu
existieren.

Die  Maskierung  am  rechten  Ende  läßt  sich  technisch  leicht
realisieren;  die  gesuchten  Wörter  stehen  in  der  Schlagwortliste
alle  beieinander.  Wünschenswert  ist  oft  auch  eine  Maskierung
links,  um  Komposita  zu  finden,  die  ein  gegebenes  Wort  als
zweiten  Bestandteil  enthalten,  manchmal  auch  eine  Maskierung  in
der  Mitte.  Dies  ist  technisch  erheblich  aufwendiger;  zwar  müssen
nicht  alle  Dokumente  sequentiell  durchsucht  werden,  wohl  aber  die
gesamte  Schlagwortliste  (bei  Linksmaskierung;  bei  Mittemaskierung
natürlich  nur  ein  Teil).  Eine  Langtext-Datenbasis  von  100  Millionen  Zeichen  enthält  etwa  150.000  verschiedene  Wörter  der  mittleren  Länge  14  zuzüglich  des  Zeigers  zur  Zielpunktliste;  bei  der
Durchsuche  der  Schlagwortliste  sind  also  rund  3  Millionen  Zeichen
zu  übertragen  und  zu  verarbeiten!

Ein  Zusatz  zu  STAIRS  löst  das  Problem  der  Linksmaskierung
auf  eine  neue  Art.  Die  Buchstabenpaare  aus  den  Wörtern  der
Schlagwortliste  werden  erneut  invertiert;  Wortfragmente  werden
gefunden,  indem  die  Zielpunktlisten  aller  Buchstabenpaare  des
Fragments  mit  UND  verknüpft  werden  (d.h.  es  wird  der  Durchschnitt
gebildet).  So  findet  man  die  Schlagwörter,  die  durch  $MASK$
definiert  werden,  unter  denen,  die  MA,  AS  und  SK  enthalten.  Außer
den  Buchstabenpaaren  werden  nach  einem  ausgefeilten  Algorithmus
auch  häufig  vorkommende,  längere  Buchstabenfolgen  verwendet,
die  die  Suche  verkürzen  und  die  Gefahr  falscher  Zuordnungen
verringern  (Schek  1978).

DIRS  bietet  eine  Linksmaskierung  der  Schlagworte  an.  GOLEM
verlegt  die  Maskierung  in  die  Feinrecherche:  In  einer  Teilmenge
der  Dokumente  wird  in  einem  zusätzlichen  Schritt  der  Text
sequentiell  nach  der  gewünschten  Zeichenfolge  durchsucht.

Auf  die  Linksmaskierung  könnte  man  verzichten,  wenn  Komposita

# 4. Methoden der Informationswiedergewinnung

bereits bei der Einspeicherung in ihre Bestandteile zerlegt
werden. Dieses zunächst einleuchtende Verfahren ist jedoch mit
erheblichen Nachteilen behaftet. Bei vielen Komposita ergibt sich
der Sinn nicht aus dem der Teile; anders ausgedrückt: Bei
Zerlegung der Komposita und Suche mit dem Teilen findet man zu
viele Dokumente, in denen die Teile vorkommen, aber nicht dem
Sinne nach das Kompositum. Beispiele für unsinnige Zerlegungen
sind Bahnhof, Datenschutz, Normalform, Paßwort, Schlüsselwort,
Stichwort und Zielpunktliste und wohl auch feste Verbindung wie
Datenbank, Programmiersprache und Satzlänge. Diese Wörter dürften
nicht zerlegt werden; sie müßten vom Trennalgorithmus wie Simplizia behandelt und in die Liste der Simplizia aufgenommen werden.
Darüber hinaus kommt es häufig vor, daß nur bei einem der
Bestandteile die Zuordnung als Schlagwort sinnvoll ist, und zwar
eher die des linken als des rechten Teils (Müller 1976); den
linken Teil findet man aber leicht durch Rechtsmaskierung. In den
dort untersuchten juristischen Texten kamen z.B. zahlreiche
Komposita auf -recht, -gericht und andere allgemeine Wörter vor,
deren Zuordnung zum Dokument nicht zweckmäßig erscheint.

Die Terminologie bezüglich Rechts- und Linksmaskierung ist nicht
einheitlich. Je nachdem man den auszublendenden oder den festen
Teil eines Wortes als Maske auffaßt, kommt man zu den hier
benutzten oder zu den gegenteiligen Bezeichnungen.


## 4.1.5 Syntaktische Indexierung

Üblicherweise werden den Dokumenten Schlagwörter oder Deskriptoren zugeordnet, ohne daß deren Verhältnis zueinander berücksichtigt wird. So können falsche Zuordnungen bei der Suche
entstehen: Bei einem mit "Thesaurus", "Datenverarbeitung" und
"Linguistik" deskribierten Dokument ist nicht klar, ob es sich um
einen Thesaurus über Datenverarbeitung und Linguistik, über
linguistische und DV-technische Hilfsmittel zur Thesaurusentwick-
lung oder um linguistische Probleme eines DV-Thesaurus handelt.

Um Fehlassoziationen auszuschließen, wurden zwei Hilfsmittel
entwickelt, die oft in einem Atemzug genannt werden: (Verknüp-
fungs-) Indizes (englisch: links) und Rollenindikatoren (englisch: roles) zur Verknüpfung beziehungsweise zur genaueren
Spezifizierung eines Schlagwortes, siehe Abschnitt 2.2.7.

Indizes werden Schlagworten beigefügt. Der Index selbst hat keine
Bedeutung; Schlagworte mit gleichem Index stehen in einer nicht
weiter spezifizierten Beziehung zueinander. So können zu einer
DE, die mehrere Themen behandelt, alle auf das i-te Thema
passenden Schlagworte den Index i erhalten.

In der Praxis haben Indizes kaum eine Bedeutung. Einzelne durch
Indizes vermeidbare Fehlassoziationen nimmt der Benutzer in Kauf;
meist merkt man schon am Titel der Arbeit, ob die Schlagworte

zusammengehören. Viel größer ist die Gefahr, daß zusammengehörige
Schlagworte nicht mit den gleichen Indizes versehen sind (vielleicht, weil sie mit anderen Begriffen in noch engerer Beziehung
stehen); solche Dokumente werden nicht aufgefunden, wenn man sich
auf die Indizes verläßt. Bei Schlagwortsystemen kann man den
Operator IM GLEICHEN ABSATZ durch gleiche Indizes simulieren.

Rollenindikatoren bezeichnen die besondere Rolle eines Schlagwortes im deskribierten Dokument, etwa "Hilfsmittel", "Nebenergebnis", "Ausgangsmaterial" oder "(Untersuchungs-) Objekt". Die
zulässigen Rollen müssen im vorhinein festgelegt werden; es
dürfen nicht zu viele sein, wenn der Benutzer noch in der Lage
sein soll, sie sinnvoll anzuwenden.

Auch die Rollenindikatoren werden nur wenig benutzt. Von Bedeutung scheinen sie in der Chemie zu sein, wo man verhältnismäßig
sicher zwischen "Ausgangsmaterial", "Reaktionsergebnis", "Kataly-
sator", "Lösungsmittel" und ähnlichen Rollen unterscheiden kann
und wo diese Rollen für die Suche wichtig sind. Verwendet
werden sie auch in der sehr umfangreichen medizinischen Datenbasis MEDLARS. Dort sind über 70 Rollen, "subheadings" genannt,
definiert, von denen innerhalb jedes Thesaurusabschnitts eine
festgelegte Teilmenge benutzt werden kann, beispielsweise im
Abschnitt "B2 Wirbeltiere" die Rollen Anatomie und Histologie,
Blut, Genetik, Stoffwechsel, Parasitologie, Chirurgie und andere.

Indizes kann man bei Bedarf durch eine Gruppierung der Schlagworte in Sätze oder Absätze ersetzen; Schlagworte mit mehreren
Indizes müssen dann mehrfach gespeichert werden. Wenn ein System
die Zuordnung eines Absatzes zu mehreren benannten Abschnitten
zuläßt, können diese die Funktion der Rollenindikatoren übernehmen; man sucht dann wahlweise im Abschnitt "Lösungsmittel"
oder im Abschnitt "Schlagworte", der alle speziellen Schlagwort-
Abschnitte umfaßt.

Indizes und Rollenindikatoren werden bevorzugt von (dem Grund-
konzept nach) reinen Schlagwortsystemen zur Verfügung gestellt.
In der technischen Realisierung ist sowohl eine Aufspaltung der
Schlagworte in der Schlagwortliste denkbar (ein Schlagwort mit
unterschiedlichen Indizes oder in unterschiedlichen Rollen erhält entsprechend viele Einträge) als auch eine Kennzeichnung nur
in der DE (die Indizes der Rollen werden dem Schlagwort angehängt; sie müssen von normalem Text unterscheidbar sein; für die
Auswertung sind besondere Routinen erforderlich). In einer Suchfrage können die Rollenindikatoren ohne besondere Probleme den
Suchworten beigefügt werden. Bei Indizes geht das nicht ohne
weiteres, da diese neben den booleschen Operatoren eine konkurrierende, zweite Art der Verknüpfung von Suchworten darstellen:
"A UND NICHT B; A und B mit gleichem Index" ist sinnlos; "A ODER
B, A und B mit gleichem Index" ist ohne zusätzliche Vereinbarungen nicht definiert: Impliziert das "A UND B" oder bedeutet es
"entweder nur A oder nur B oder beide, dann aber mit gleichem
Index"?

# 4. Methoden der Informationswiedergewinnung

## 4.1.6 Vergleichsoperatoren und Sortierung

In der Regel stellen Dokumentationssysteme auch arithmetische Vergleichsoperatoren zur Verfügung : KLEINER, KLEINER GLEICH, GLEICH, GRÖSSER GLEICH, GRÖSSER, UNGLEICH und ZWISCHEN zwei Werten. Verglichen wird durchweg ein der DE entnommener Wert mit einem vom Benutzer vorgegebenen Wert (bei ZWISCHEN mit zwei).

Im praktischen Betrieb ist vor allem der Vergleich mit Zeitangaben wichtig, und zwar einerseits mit dem Datum der Einspeicherung, wenn man eine frühere Suche wiederholt und nur die neu hinzugekommenen Dokumente erhalten möchte, andrerseits mit Dokumentdaten wie Erscheinungsjahr. Manchmal sind arithmetische Vergleiche bei numerischen Klassifikationen sinnvoll. Weitere Anwendungen kommen gelegentlich vor, sie spielen aber für die Literaturdokumentation eine untergeordnete Rolle. Andere Arten von dokumentarischen Bezugseinheiten machen mehr Gebrauch von numerischen Feldern: Etat und Personalkapazität von Projekten, Größe und Gewicht von Kunstgegenständen, Meereshöhe, Einwohner- und Bettenzahl von Kurorten. Im Vergleich zu Fakten-Retrieval-Systemen haben numerische Vergleiche oder gar numerische Rechnungen nur eine geringe Bedeutung.

Auf einen Vergleich läuft auch die Sortierung von Dokumentationseinheiten für die Ausgabe hinaus, nur werden hier in der Regel nicht Zahlwerte, sondern Zeichenfolgen nach ihrem Sortierwert hin miteinander verglichen. Das hat zur Folge, daß die Zeichenfolgen 047, b47 und 47b (b steht hier für eine Leerstelle) an ganz verschiedenen Plätzen einsortiert werden. Der Datenbankverwalter hat daher bei der Einspeicherung der Daten darauf zu achten, daß alle Angaben, die möglicherweise zur Sortierung (oder auch zum Vergleich) dienen, in einheitlicher Weise und stellengerecht eingegeben werden.

Nützlich, aber selten realisiert ist die Sortierung nach mehr als einem Kriterium, etwa nach Verfasser und bei gleichem Verfasser nach Erscheinungsjahr.

## 4.2 Bewertung der Ergebnisse einer Suche

### 4.2.1 Metamorphosen der Information

Dokumentationssysteme werden erstellt, damit die Gedanken und Vorstellungen, die ein Autor in einer Veröffentlichung niederlegen wollte, von potentiellen Nutzern dieser Informationen aufgefunden werden können. Der Kunde möchte in das System hineingreifen  wie in ein wohlsortiertes Ersatzteillager.

Leider ist die Situation nicht so einfach. Die "Artikel", die vom Autor bereitgestellten Informationen, verändern bei der Aufnahme in das Dokumentationssystem nicht nur die äußere Form, sondern ihr ganzes Wesen, insbesondere auch ihren Informationsinhalt sehr erheblich. Dasselbe gilt für die Anforderungen des Benutzers. Daher ist es fast ein Wunder, daß dennoch brauchbare Ergebnisse erzielt werden. Dies soll zunächst näher erläutert werden.

## Kanäle und Instanzen in einem Dokumentationssystem

Anhand der Abbildung 4-1 betrachten wir den Informationsfluß in einem System, das außer dem eigentlichen Dokumentationssystem einen "Schiedsrichter" enthält. Wie in Abschnitt 1.2 erläutert handelt es sich um ein Petri-Netz mit Kanälen (Kreisen) und Instanzen (Rechtecken). Die Kanäle transportieren und speichern Informationen, ohne sie inhaltlich zu verändern; die Instanzen verarbeiten Informationen, die sie Kanälen entnehmen oder von ihnen erhalten und wieder an Kanäle abgeben.

Der Autor hat eine Idee, die er an andere Personen weitergeben möchte. Zu diesem Zweck bringt er sie zu Papier; er erzeugt ein Dokument. Dieses ist bereits eine Metamorphose seiner Idee und gibt diese nur unvollständig wieder. Das hat mehrere Gründe: Die Idee läßt sich mit sprachlichen Mitteln nicht vollständig wiedergeben; die zur Verfügung stehenden Begriffsbildungen sind unscharf; der Drang oder Zwang zur Kürze verursacht Vergröberungen, Unvollständigkeiten und Mißverständnisse; der Autor ist nicht in der Lage, die Idee hinreichend verständlich zu formulieren. Viele Zeitschriften lassen die eingereichten Arbeiten durch einen oder gar durch mehrere "referees" begutachten; dies dient nicht nur dazu, ungeeignete Aufsätze auszusieben, sondern wesentlich auch dazu, unklare und unvollständige Darstellungen zu verbessern. Daß es nicht möglich ist, Ideen sprachlich unmißverständlich auszudrücken, mag man daraus ersehen, daß ein ganzer Berufsstand davon lebt, Texte zuerst so exakt wie möglich zu formulieren und dann doch um Auslegungen zu ringen: Juristen erstellen mit großer Akribie Gesetzestexte und Gerichtsentscheidungen und streiten sich danach um deren Interpretation.

Das Dokument soll nun in einem Dokumentationssystem gespeichert werden. In aller Regel enthält dieses außer den formalen Angaben einschließlich des Titels nur eine stark verkürzte Wiedergabe in einer Dokumentationssprache, beispielsweise Schlagworte und/ oder Kurzfassung. Dies bedeutet erneut eine erhebliche Umgestaltung der ursprünglichen Idee. Der Dokumentar bildet sein Verständnis des Textes auf sein Verständnis der Schlagworte ab und nimmt zugleich eine Bewertung des Inhalts vor: Die von ihm nicht erkannten oder nicht für wichtig erachteten Aspekte der Arbeit bleiben unberücksichtigt. Dies gilt sogar dann, wenn der Autor selbst die Kurzfassung oder die Schlagworte liefert. Er benutzt

## 4.  Methoden der Informationswiedergewinnung

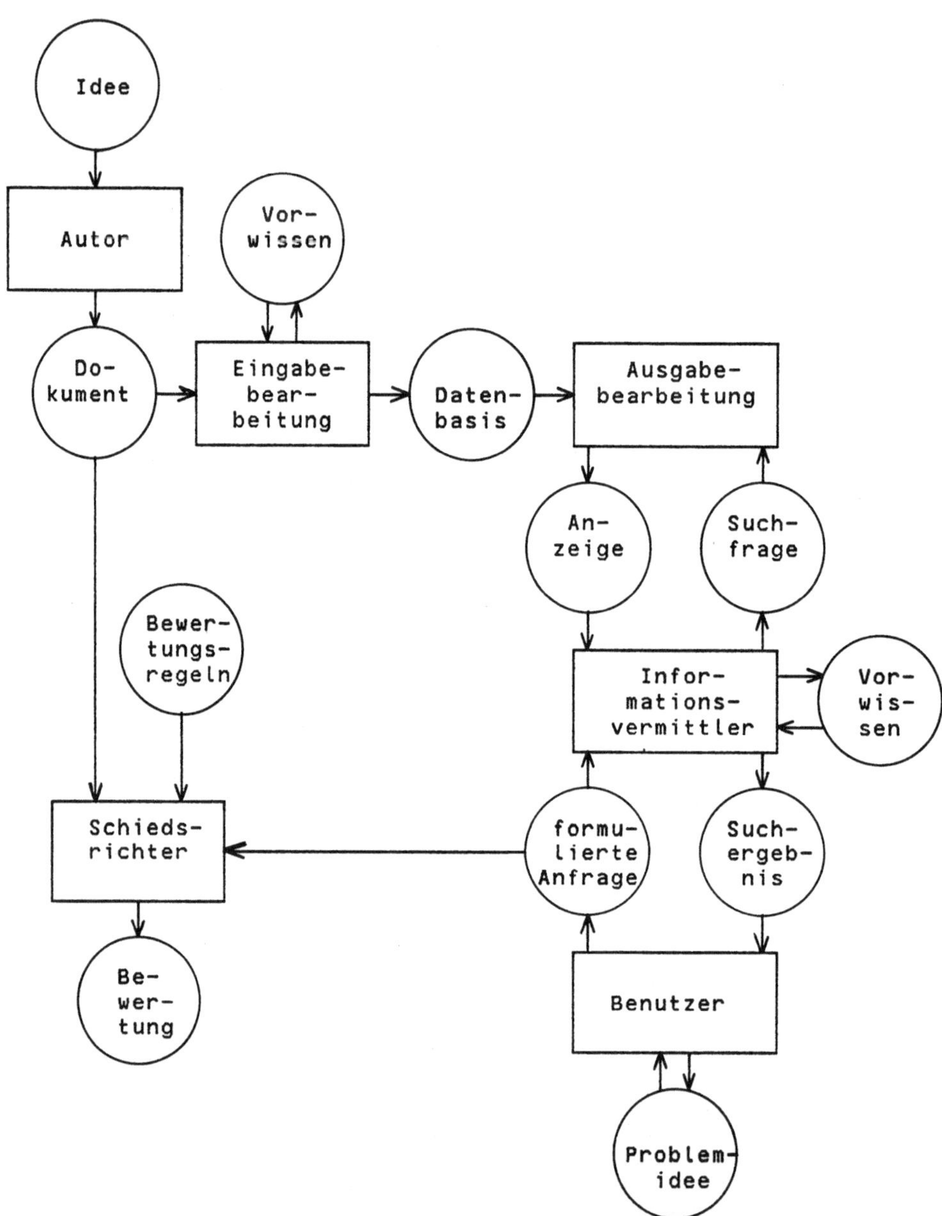


**Abbildung 4-1.** Netzmodell für das Dokumenten-Retrieval.

seine Terminologie und hat seine eigenen Vorstellungen darüber, was für einen späteren Leser neu und interessant sein könnte. Am sichersten geht man, wenn man das Dokument vollständig abspeichert wie bei den meisten juristischen Dokumentationssystemen; aber auch hier gehen manche Feinheiten, die sich im Original aus Schriftgröße, Drucktype und anderen Ausdrucksmitteln ergeben, verloren.

Wenn mehrere Dokumentare das gleiche Dokument bearbeiten, so unterscheiden sich die Ergebnisse selbst bei idealen Arbeitsbedingungen und bei genauen Vorschriften für die Schlagwortvergabe oder die Zuordnung von Deskriptoren; Einheitlichkeit ist nicht erreichbar (siehe beispielsweise die Cranfield-II-Experimente: Cleverdon und andere 1966).

Durch seine Tätigkeit erweitert der Dokumentar seine Kenntnisse. Wenn er zu einer späteren Zeit das gleiche Dokument nochmals bearbeiten sollte, hält er andere Aspekte für wichtig und erkennt er neue Zusammenhänge. Sein gewandeltes Vorwissen verursacht eine abweichende Deskribierung.

Auf der anderen Seite des Systems steht der Benutzer. Auch dieser hat eine Idee. Dies kann ein Problem sein, zu dem er eine Lösung sucht, es kann auch sein, daß er wissen möchte, ob sein Einfall in dieser oder einer anderen Form bereits in der Literatur vorhanden ist. Er bringt sie in eine sprachliche Form und reicht sie schriftlich oder mündlich dem Informationsvermittler weiter. Manchmal sind Benutzer und Informationsvermittler die gleiche Person; dieser Fall ist in Abbildung 4-1 nicht dargestellt.

Der Informationsvermittler kleidet die Idee, so wie er sie verstanden hat, in die Abfragesprache des Dokumentationssystems, das ihm daraufhin verschiedene Dokumentationseinheiten als Lösung anbietet. Aufgrund dieses Ergebnisses verbessert er die Anfrage. Es handelt sich hier also um einen iterativen Prozeß (anders als bei der Einspeicherung der Dokumente).

Da die Idee des Benutzers meist noch sehr vage ist, ist ihre Formulierung entsprechend unscharf. Darüber hinaus verändern die Suchergebnisse auch das Verständnis des Informationsvermittlers von der Suchfrage und ebenso das Verständnis des Benutzers von seiner Idee; sie konkretisiert sich, sie kann sich aber auch in eine vorher nicht geahnte Richtung fortbewegen. Es kann passieren, daß plötzlich ein Dokument eine Bedeutung erlangt, dessen sprachliche Formulierung mit der der ersten Suchfrage nichts mehr gemein hat. Die Literatursuche ist ein "trial and error process" (Swanson 1977).


Qualitätsmessung
_______________

Eine wichtige Aufgabe in der Theorie von Dokumentationssystemen ist es zweifellos, die Qualität von Suchergebnissen zu beurteilen und zu ihrer Verbesserung beizutragen. Dazu muß man die Qualität

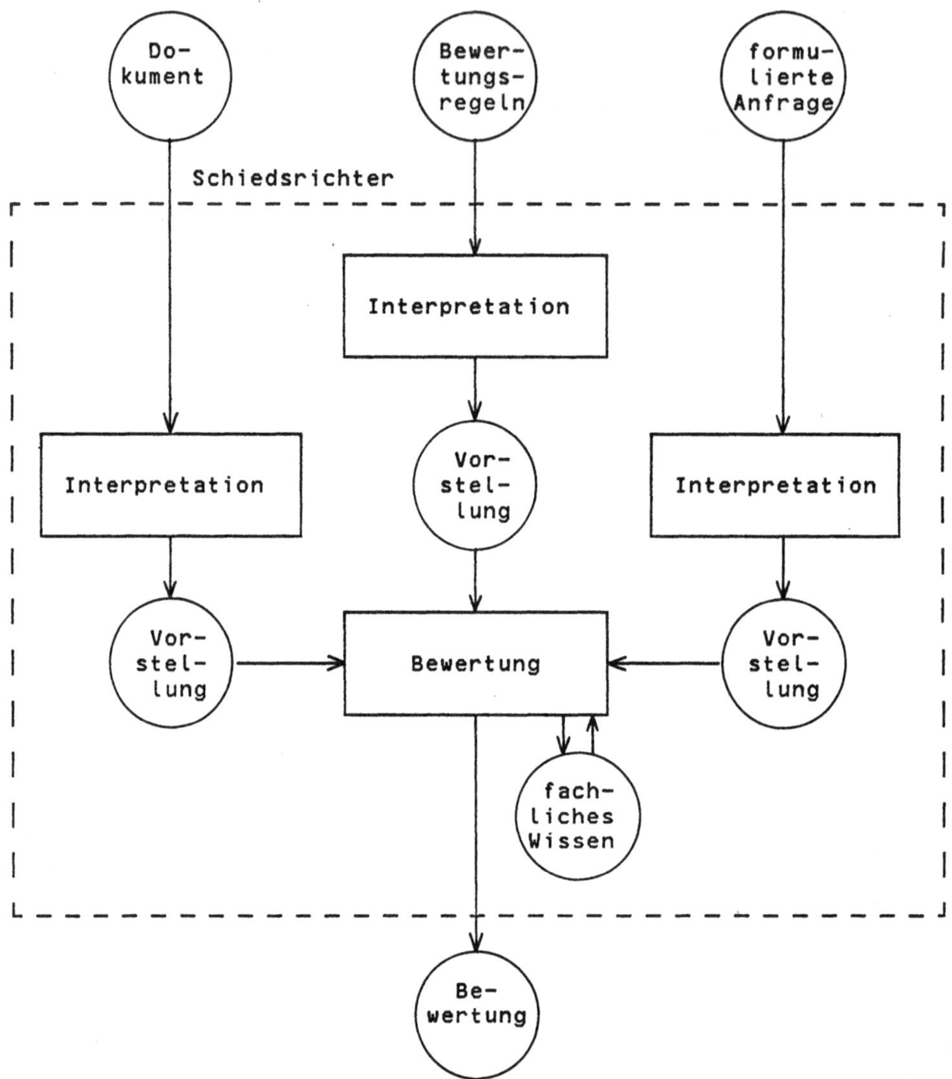


Abbildung 4-2. Verfeinerung der Instanz "Schiedsrichter"

messen können. Das scheint ganz einfach zu sein: Man stellt fest,
wieviele der gefundenen Dokumente zur Problemlösung beitragen und
wieviele andere Dokumente, die ebenfalls dazu beitragen würden,
nicht gefunden wurden. Solche Dokumente werden als "relevant"
(bezüglich einer Suchfrage) bezeichnet.

Die Relevanz kann offensichtlich nicht maschinell festgestellt
werden; andernfalls könnte man ein Retrieval-System bauen, das
nur die relevanten Dokumente anzeigt. Es wird ein "Schiedsrichter" benötigt, eine Person, die alle Dokumente, deren Abbilder in
der Datenbasis enthalten sind, daraufhin überprüft, ob sie mit
der Idee des Benutzers etwas zu tun haben.

Der Schiedsrichter macht sich seine eigene Vorstellung von der
Formulierung der Benutzeridee, aber auch von jedem Dokument. Für
die Bewertung der Relevanz erhält er Regeln, die er ebenfalls
interpretieren muß. Als Ergebnis teilt er jedem Dokument einen
Relevanzwert bezüglich einer Suchfrage zu (siehe Abbildung 4-1).
In manchen Fällen werden dem Schiedsrichter nicht die Dokumente
selbst, sondern ihre Abbilder im Dokumentationssystem (die Dokumentationseinheiten) zur Verfügung gestellt. Dann kann die Qualität der Eingabe (z.B. der Informationsverlust bei der Schlagwortvergabe) natürlich nicht überprüft werden; in Abbildung 4-1 muß
in diesem Falle der Pfeil vom Dokument zum Schiedsrichter durch
einen von der Datenbasis zum Schiedsrichter ersetzt werden.
Um die Bewertungsvorgänge genauer darzustellen, wurde die Instanz
"Schiedsrichter" verfeinert; das Ergebnis zeigt Abbildung 4-2. In
ähnlicher Weise könnte man auch andere Instanzen, insbesondere
den Informationsvermittler, verfeinern, um zu verdeutlichen, daß
es sich um einen vielstufigen Prozeß handelt, der zudem nicht
zeitlich konstant ist.

## Variabilität der Qualitätsmessung

Grundbaustein für die Beurteilung von Suchverfahren ist also die
Qualitätsbeurteilung oder Qualitätsmessung eines einzelnen Dokuments bezüglich einer einzelnen Suchfrage durch den Schiedsrichter.

Solange Schiedsrichter und Benutzer verschiedene Personen sind,
wie es bei den meisten größeren, unter (teilweise) kontrollierten
Bedingungen ablaufenden Experimenten der Fall ist, kennt ersterer
weder die Idee des Autors noch die des Benutzers; er kann also
nur die Übereinstimmung zwischen formuliertem Dokument und formu-
lierter Suchfrage zu beurteilen versuchen. Da die formulierte
Suchfrage faßbarer ist als die Idee des Benutzers, wird dieser
Vergleich als "objektiv" angesehen im Gegensatz zur "subjektiven"
Bewertung durch den Benutzer selbst, deren Ergebnis man die
Pertinenz eines Dokuments bezüglich einer Suchfrage nennt, wobei
man statt der Suchfrage die Benutzeridee meint (Saracevic 1975).

In die Relevanzbewertung gehen mehrere Umwandlungen der zu
vergleichenden Informationen ein, die nicht eindeutig und nur

# 4. Methoden der Informationswiedergewinnung

begrenzt kontrollierbar sind, nämlich das Verständnis des Schiedsrichters vom Dokument, von der Suchfrage und von den Bewertungsregeln. Wie der Indexierer so ist auch der Schiedsrichter äußeren Einflüssen unterworfen, die sein Urteil beeinflussen: Streß, Müdigkeit, Störungen, Stimmung, Arbeitsplatzgestaltung. Auch er lernt aus den ihm vorgelegten Dokumenten, so daß sich sein Vorwissen zeitlich verändert.

Es verwundert also nicht, daß verschiedene Schiedsrichter auch zu verschiedenen Ergebnissen kommen, die ganz erheblich voneinander abweichen können. Ein Beispiel, wo trotz ausführlicher Bewertungsregeln für viele Relevanzgrade von "hoch relevant" bis "irrelevant" vier Schiedsrichter mehrfach alle vier Bewertungen vergaben, ist (Fraenkel 1968). Eine breit angelegte Studie, die unter anderem auch Einflüsse auf das Bewertungsverhalten untersuchte, ist die oben schon genannte Untersuchung (Cleverdon und andere 1966).

Als Ergebnis halten wir fest: Die Übereinstimmung zwischen Dokument und Suchfrage (die Relevanz) ist nur mit Unsicherheiten meßbar. Daher können auch nur solche Effekte beim Betrieb des Dokumentationssystems nachgewiesen werden (beispielsweise der Einfluß verschiedener Dokumentationssprachen), die die Unsicherheiten der Messung übersteigen.

## Gründe für die Variabilität der Interpretation

Eine Interpretation von sprachlichen Formulierungen findet, wie wir gesehen haben, an verschiedenen Stellen statt: bei der Umsetzung eines Dokuments in die Dokumentationssprache, bei der Verwandlung der Suchfrage in die Abfragesprache und bei der Auslegung von Dokument, Suchfrage und Bewertungsregeln durch den Schiedsrichter. In alle diese Prozesse geht ganz wesentlich das Verständnis des Bearbeiters von dem im Text behandelten Problem ein. Deutlich wird das, wenn man sich vorstellt, ein Fachfremder solle ein schwieriges Dokument klassifizieren. Untersuchungen zeigen, daß tendenziell (von eindeutigen Fehlern abgesehen) umso spezifischere Schlagworte zugeteilt werden, je vertrauter der Bearbeiter mit der Materie ist. Nebenaspekte werden berücksichtigt, wenn der Dokumentar einen Nutzen vermuten kann; dies setzt oft aber voraus, daß er nicht ausgespochene Zusammenhänge erkennt oder Analogien feststellt.

Noch größer ist die Variabilität bei der Interpretation einer Suchfrage. Der Informationsvermittler muß seine eigene Vorstellung von den Lösungsmöglichkeiten einfließen lassen; denn die Idee des Benutzers ist nur vage formuliert, und die Einzelschritte, die zur Lösung des Problems führen, sind ja noch unbekannt und sollen erst durch Literaturstudien aufgefunden werden. Darüber hinaus sind die existierenden Dokumente nicht im Hinblick auf die spezielle Benutzeridee deskribiert worden; ein nützliches Teilergebnis mag in ganz anderem Zusammenhang vorkommen; manchmal gehört Phantasie und eine profunde Sachkenntnis dazu, mögliche Zusammenhänge oder Analogien zu erkennen. Dies gilt sowohl bei der Suche als auch bei der Bewertung durch den Schiedsrichter.

Die Vorstellung von der Relevanz eines Dokuments kann sich im Laufe der Suche ändern. Ein zunächst als unbedeutend angesehener Aufsatz kann nach der Lektüre eines anderen in einem ganz neuen Lichte erscheinen und hoch relevant werden.

Wegen der großen Bedeutung, die das Problemverständnis der einzelnen Personen auf die Beurteilung eines Dokuments hat, ist es klar, daß auch Einflüsse der Umgebung und andere Faktoren den Suchprozeß und die Relevanzbewertung verändern.

Selbstverständlich ist die Variabilität in der Bewertung nicht für alle Suchfragen und für alle Dokumente gleich. Am höchsten ist sie sicherlich für solche Dokumente, die unerwartete, unkonventionelle Wege zur Lösung des Problems eröffnen. Diese werden insbesondere von Nicht-Fachleuten sehr leicht übersehen, können für den Benutzer aber besonders fruchtbar sein.


## 4.2.2 Ziele einer Theorie der Dokumentationssysteme

Dokumentationssysteme existieren, und zwar auch ohne Theorie. Der wichtigste theoretische Aspekt war in früheren Zeiten die systematische Eingliederung von Dokumenten; es wurden verschiedene Arten von Klassifikationssystemen entwickelt (vgl. Abschnitt 2.2.6). Daneben spielten in früheren Lehrbüchern die Formen der Speicherung (Steilkarteien, Randlochkarten und viele andere technische Hilfen) eine bedeutende Rolle.

Mit dem Aufkommen der elektronischen Datenverarbeitung verschoben sich die Probleme. Die Speicher-, Sortier- und Verarbeitungsfähigkeiten erlaubten neue Verfahren zur Informationswiedergewinnung, die - bis auf die anfangs sehr hohen Kosten - den alten Möglichkeiten haushoch überlegen waren. Inzwischen gibt es Systeme mit mehreren Millionen Dokumentationseinheiten, die auch auf komplizierte Anfragen in wenigen Sekunden die formal korrekte Antwort liefern. Braucht man nun eine Theorie zum Nachweis, daß das, was so schön funktioniert, gar nicht funktionieren kann?

Eine Theorie der Dokumentationssysteme sollte verschiedene Ziele erfüllen. Sie sollte zunächst die undurchsichtige Wirkungsweise aufhellen: Warum findet man manche hochinteressante Dokumente nicht? Warum wechselt die Qualität des Suchergebnisses so stark? Welche Gegebenheiten beeinflussen diese Qualität? Daraus ergeben sich automatisch auch Fragen nach der Definition und Meßbarkeit der Qualität von Suchergebnissen.

Die Kenntnis der empirischen oder gar der kausalen Zusammenhänge

# 4. Methoden der Informationswiedergewinnung

soll als nächstes dazu führen, Suchstrategien zu bewerten. Welche
Strategie verspricht allgemein den größten Erfolg, gegebenenfalls
unter welchen Bedingungen? Wie kann das ganze System verbessert
werden? Welche bisher nicht getesteten Suchverfahren lohnen eine
Implementierung? Wie ändert sich das Systemverhalten, wenn man
einige Parameter variiert, etwa die Zahl der Dokumente oder der
Benutzer erhöht oder tiefer deskribiert?

Schließlich könnte eine Theorie auch Hilfen bei einer konkreten
Suche bieten. Welches Suchverfahren ist unter den speziellen
Gegebenheiten das beste? Welche Qualität der Antwort kann ich
erwarten? Lohnt es sich, mehrere Suchstrategien zu verfolgen
oder mehrere Datenbasen zu durchsuchen? Wann sollte ich meine
Suche abbrechen?

Wir haben in Abschnitt 4.2.1 bereits auf die Schwierigkeiten
hingewiesen, die sich aus der Veränderlichkeit der Informationen
im gesamten Prozeß der Speicherung und Suche ergeben. Daher ist
nicht zu erwarten, daß es eine Theorie geben könnte, die auf all
die gestellten Fragen und auf zahlreiche weitere, die wir nicht
formuliert haben, erschöpfend Antwort gibt. Es ist schon viel,
wenn eine Theorie wenigstens grobe globale Zusammenhänge wiedergeben kann und wenn spezialisierte Ansätze einzelne Aspekte des
Gesamtsystems erklären können.

Wir interessieren uns für das Verhalten eines Dokumentationssystems gegenüber einem Benutzer; also beispielsweise für die
Auswirkung verschiedener Suchstrategien. Dagegen sollen Fragen
des Entwurfs der Rechnerprogramme hier nicht betrachtet werden.


## Bewertungskriterien

Wenn eine Theorie der Dokumentationssysteme auch dazu dienen
soll, die Ergebnisse zu verbessern, muß man sich darüber einigen,
was "besser" bedeuten soll; man benötigt Kriterien zur Bewertung
der Arbeitsweise und der Ergebnisse. Dabei spielen sehr unterschiedliche Aspekte eine Rolle, so daß man nicht erwarten kann,
ein einziges Kriterium oder eine einzige Maßzahl könne zur
Beurteilung ausreichen.

Auf verschiedene Maße der Retrieval-Güte, insbesondere die Relevanzquote und die Nachweisquote, kommen wir später zurück (Abschnitt 4.2.4). Daneben sind natürlich die finanziellen Gesichts-
punkte wichtig. Hierzu gehören zunächst die unmittelbar ent-
stehenden Kosten: für den Benutzer die Gebühren, die er zu zahlen
hat (etwa nach Anschlußzeit an die Rechenanlage und Druckkosten
für die gefundenen Dokumentationseinheiten), für den Betreiber
die Betriebskosten gegenüber den Einnahmen. Tiefer gehende Analysen haben aber auch andere kostenrelevante Überlegungen einzubeziehen: Welche Ersparnisse treten durch die Benutzung eines
Dokumentationssystems ein? Wie verhalten sich die Kosten DV-ge-
stützter Dokumentationssysteme zu denen konventioneller Literatursuche? Die Theorie sollte Aussagen darüber machen, welche

Entwurfsparameter  für ein Dokumentationssystem Einfluß auf diese Kostenstrukturen haben.

Andere Bewertungskriterien betreffen die Benutzerfreundlichkeit; als Beispiele seien genannt die Leichtigkeit des Zugriffs und der Bedienung, die räumliche und zeitliche Verfügbarkeit, die Antwortzeiten, die Flexibilität, die das System dem Benutzer bei der Suche gewährt, die Zeitersparnis gegenüber anderen Suchmethoden und die Form, in der die Ergebnisse zur Verfügung gestellt werden (Lancaster und Fayen 1971; Moser 1977; Schwuchow 1971).

Die meisten dieser Kriterien sind schwer faßbar und stark von den Umständen der einzelnen Suche abhängig; manche sind subjektiver Natur. Mehrfach wurde versucht, geeignete Nutzenfunktionen miteinander vergleichbar zu machen (z.B. Cooper 1973). Es verwundert nicht, daß bisher kein Konsens über die Bewertung des Verhaltens von Dokumentationssystemen erreicht werden konnte.

In den existierenden Ansätzen zu einer Theorie der Dokumentationssysteme ist das wichtigste Bewertungskriterium die Retrieval-Güte; die anderen Beurteilungsgesichtspunkte haben meistens eine untergeordnete Bedeutung und werden als ergänzender Hinweis betrachtet.


## Fragetypen

Die Bewertung der Suchergebnisse sollte auch davon abhängen, für welchen Zweck man die gesuchte Literatur benötigt. Mindestens die folgenden Fragetypen sind zu unterscheiden, wobei es natürlich Übergänge zwischen ihnen gibt.

1. Auskunft über einen Tatbestand. Als Antwort genügt ein einziges einschlägiges Dokument. Ein Bewertungskriterium wäre die Zeit, bis man die Antwort findet, oder die Anzahl der Dokumente bis zur Antwort.

2. Kurzer Überblick. Gesucht werden einige Dokumente, die die wichtigen Aspekte des Problems beleuchten. Dies dürfte der häufigste Fall sein, obwohl er nicht der als Ideal hingestellten wissenschaftlichen Gründlichkeit entspricht. Aber schon aus Zeitgründen kann man in den meisten Fällen gar nicht alle einschlägige Literatur suchen, lesen, verstehen und verarbeiten. Je weiter eine Fragestellung am Rande des eigentlich zu lösenden Problems liegt, umso weniger kommt es auf Vollständigkeit an. Ein anderes Beispiel dafür, daß wenige Dokumente ausreichen, ist die Einarbeitung in ein neues Gebiet, wenn also die Problemstellung, die man letzlich behandeln will, noch gar nicht fixiert ist und sich aufgrund der gefundenen Dokumente noch stark wandelt. Ein Bewertungskriterium könnte der Anteil einschlägiger Dokumente am Suchergebnis sein (die Relevanzquote) oder eine konvexe Funktion der Zahl der gefundenen relevanten Dokumente, etwa ihr Logarithmus.

4.  Methoden der Informationswiedergewinnung


3. Möglichst vollständiger Überblick über das zentrale Thema,
nicht zu viel Ballast. Dies ist die "typische" Suchfrage; sie
liegt unausgesprochen den meisten Untersuchungen zugrunde. Ein
Bewertungskriterium könnte auf einer Kombination aus Relevanz-
und Nachweisquote (Anteil der relevanten Dokumente, der nachgewiesen wurde) oder ähnlichen Maßen beruhen mit Schwergewicht
auf der Relevanzquote.

4. Möglichst sämtliche Dokumente, die das Problem berühren. Als
Ergebnis werden mehrere hundert Nachweise erwartet. Dieser Typ
tritt bei der Erstellung umfangreicher Bibliographien auf. Ebenso
gründlich sind Recherchen zur Stützung von Patentanmeldungen;
nur hofft man dann, keine wirklich einschlägigen Dokumente zu
finden. Ein Bewertungskriterium könnte wiederum von der Art der
Relevanz- und Nachweisquote sein, diesmal aber mit Schwergewicht
auf der Nachweisquote.


Benutzerklassen
——————————————

Während die Theorie der Dokumentationssysteme die verschiedenen
Fragetypen wenigstens ansatzweise dadurch berücksichtigt, daß
mehrere Bewertungsmaße (insbesondere Relevanz- und Nachweisquote)
nebeneinander betrachtet werden, werden die unterschiedlichen
Bedürfnisse der einzelnen Benutzerklassen praktisch ignoriert.
Die Anforderungen an die Abfragesprache, aber auch an die
Dokumentaufbereitung sind jedoch zweifellos verschieden. Retrieval-Tests mit mehreren Benutzerklassen würden sicherlich für jede
Klasse eine andere Bewertung der zu testenden Formen der Dokumentaufbereitung und der Suchstrategien ergeben; solche Untersuchungen scheinen nicht zu existieren.

Die folgenden Benutzerklassen können unterschieden werden.

1. Gelegentlicher Benutzer. Er verwendet wenige Suchfunktionen
und muß sich immer wieder über die Syntaxregeln informieren.

2. Regelmäßiger Benutzer. Er kennt das Leistungsangebot des
Systems ziemlich vollständig, benutzt die meisten angebotenen
Suchfunktionen und muß nur gelegentlich ein Handbuch oder die
Hilfe-Funktion konsultieren.

3. Professioneller Benutzer. Er kennt praktisch alle Einzelheiten
des Systems und auch zahlreiche Tricks, um schneller oder
einfacher ans Ziel zu kommen.

4. DV-Spezialist. Er interessiert sich mehr für die Funktionsweise der Systeme als für die Suchergebnisse; mit Vergnügen
versucht er, die Belastungsgrenzen aufzudecken oder das System
"aufs Kreuz" zu legen. Zweck der Dokumentationssysteme oder einer
Theorie darüber ist es jedoch nicht, die Sonderinteressen dieser
Benutzerklasse zu befriedigen.

### 4.2.3 Versuchsaufbau

Theorien werden aufgestellt, um empirisch gefundene Zusammenhänge
zwischen meßbaren Größen zu erklären. Theorien werden überprüft,
indem vorausgesagte Effekte gemessen und mit den Vorhersagen
verglichen werden. Man benötigt also meßbare Größen und einen
wohldefinierten Versuchsaufbau, um diese unter kontrollierten
Bedingungen zu ermitteln.

Verschiedene Kriterien zur Beurteilung von Dokumentationssystemen
haben wir bereits in Abschnitt 4.2.2 aufgeführt. Wir wollen nun
überlegen, wie man die besonders interessanten Maße der Retrieval-Güte messen kann, welche Probleme dabei auftreten und welche
Folgerungen aus den beschränkten Möglichkeiten der Messung zu
ziehen sind. Das Grundschema ergibt sich bereits aus dem Kanal-
Instanzen-Netz des Abschnitts 4.2.1.

### Theorien über Teilsysteme

Theorien können das Dokumentationssystem als Ganzes oder einzelne
Teile betreffen. Beispielsweise kann man Theorien über den
Aufbau von Thesauri aufstellen, die dann zu Aussagen über die
Qualität verschiedener Verknüpfungsarten, über die wünschenswerte
Tiefe der hierarchischen Struktur, über den Detaillierungsgrad in
Abhängigkeit von der erwarteten Dokumentzahl und der Breite des
behandelten Fachgebietes und über die Indexierungstiefe (Zahl der
einem Dokument im Mittel zuzuordnenden Deskriptoren) machen
könnten. Solche Theorien würden Einflüsse verschiedener Parameter
auf die Ergebnisse des Teilsystems, hier also auf die Art der
Indexierung, machen. Um das Teilsystem zu optimieren, muß man
wissen, welche Ergebnisse als optimal zu betrachten sind.

Gerade dies weiß man aber nicht. Es kann vorkommen, daß erhebliche Verbesserungen an einem Teilsystem auf das ganze System
kaum einen Einfluß haben, weil beispielsweise eine inkonsistente
Indexierung durch eine Erweiterung der Suchfrage ausgeglichen
werden könnte. Es kann sogar geschehen, daß Verbesserungen an
einem Teilsystem eine Verschlechterung des Gesamtsystems zur
Folge haben, weil das Optimierungskriterium des Teilsystems dem
Gesamtsystem nicht angemessen ist.

Also müßte man immer das Gesamtsystem betrachten. Dieses läßt
sich vielleicht verbessern, indem man die Autoren dazu erzieht,
die Dokumente klarer abzufassen, wichtige Ergebnisse deutlich
herauszuheben, nur die allgemein gebräuchliche Terminologie zu
verwenden oder ähnliche Vorschriften zu beachten. Solche Maßnahmen liegen klar außerhalb des Durchsetzbaren und außerhalb der
Einflußsphäre derjenigen Personen, die ein Dokumentationssystem
aufbauen oder betreiben wollen. Wir wollen uns daher auch hier
auf das eigentliche Dokumentationssystem mit Datenbasis, Eingabebearbeitung und Retrieval-System beschränken.

# 4. Methoden der Informationswiedergewinnung

Der grundsätzliche Versuchsaufbau ergibt sich so aus Abbildung 4-1. Im Bereich Eingabebearbeitung – Datenbasis – Retrieval werden Systemparameter kontrolliert verändert, der Einfluß auf die Zahl und Güte der gefundenen Dokumentationseinheiten wird festgestellt, und der Schiedsrichter (als Instanz; das können mehrere Personen sein) beurteilt die Güte jeder einzelnen DE (möglicherweise im vorhinein), damit die Gütemaße ermittelt werden können.

## Ausschluß des Benutzers

Bei diesem Versuchsaufbau steht der eigentliche Adressat des Dokumentationssystems, dem alle durch die Messungen und die darauf aufbauenden Theorien zustande gekommenen Verbesserungen dienen sollen, außerhalb des beobachteten Systems. Das Bewertungskriterium ist nicht mehr das wahre Benutzerbedürfnis, sondern das, was der Schiedsrichter für den Benutzerbedarf hält.

Der Ausschluß des Benutzers hat zunächst rein praktische Gründe. Es ist in den seltesten Fällen durchführbar, echte Benutzer alle Dokumente einer Datenbasis auf ihre Relevanz bezüglich des Benutzerproblems überprüfen zu lassen. Häufig sind die Testfragen auch gar keine der Praxis entstammende Benutzerprobleme, sondern aus einzelnen Dokumenten abgeleitete, künstliche Probleme. Außerdem besteht die Möglichkeit, daß der Benutzer in nicht nachvollziehbarer Weise die Relevanz bewertet: Ein einschlägiges Dokument ist für ihn irrelevant, weil er es schon kennt; ein Dokument ohne erkennbaren Zusammenhang mit dem formulierten Problem ist für ihn hochinteressant, weil es ihn auf eine neue Idee bringt, wodurch sich das ursprüngliche Problem vielleicht stark verschiebt. Durch den Ausschluß des Benutzers aus dem Versuchsaufbau werden solche Unwägbarkeiten eliminiert; man sagt auch, der Schiedsrichter beurteilt statt der "subjektiven Benutzerbedürfnisse" den "objektiven Benutzerbedarf", nämlich das, was ein Bearbeiter des schriftlich formulierten Problems normalerweise zu dessen Lösung erfahren sollte. Die Bewertung eines Dokuments verkürzt sich zur Feststellung, ob es den gleichen Themenbereich wie die Suchfrage behandelt.

## Kontrollierte Versuchsbedingungen

Wir hatten bereits festgestellt, daß wegen der verschiedenen, beträchtlichen Umwandlungen der Information im Dokumentationsprozeß eine erhebliche Unsicherheit in die Ergebnisse einer Suchfrage hineinkommt; daher können verläßliche Aussagen (beispielsweise über die relative Güte mehrerer Suchstrategien oder Indexierungsmethoden) nur im Mittel über zahlreiche Wiederholungen des Versuchs (mit anderen Suchfragen, Schiedsrichtern, Datenbasen usw.) erzielt werden. Weiterhin reagiert ein Dokumentationssystem nicht auf alle Suchfragen in derselben Weise: Die zu vergleichenden Systemvarianten können verschiedenen Typen von Fragen besonders gut angepaßt sein, ohne daß der Zusammenhang

136

ersichtlich wäre. Dies hat wiederum zur Folge, daß das Experiment mit vielen Suchfragen wiederholt werden muß. Ein weiterer Grund ist der, daß der Informationsvermittler in vielfältiger Weise an ein Problem herangehen kann und viel von seiner Aufmerksamkeit und einem gewissen kriminalistischen Spürsinn anhängt, ob er schnell oder langsam zum Ziel kommt und wie gut die im Verlauf der Suche bereits gefundenen Ergebnisse sind.

Wenn man bei einer solchen Vielfalt von Einflüssen auf das Suchergebnis überhaupt noch etwaige Unterschiede zwischen den zu testenden Varianten statistisch nachweisen will, muß man alle beeinflußbaren Systemparameter möglichst konstant halten, das heißt unter kontrollierten Bedingungen arbeiten. Nur so hat man die Chance, im statistischen Mittel Unterschiede zwischen den zu testenden Varianten zu finden. Man weiß dann allerdings nicht, ob diese Unterschiede auch bei anderer Wahl der festgehaltenen (kontrollierten) Parameter bestehen.

Insbesondere wird deshalb in der Regel die Formulierung der Suchfrage sehr gründlich vorbereitet; man vergleicht, welche der Testvarianten bei jeweils bestmöglicher Frageformulierung die besten Ergebnisse erzielt. Dies entspricht allerdings nicht der realen Situation, in der bei Dialogsystemen die Frageformulierungen in der Regel nur so lange verbessert werden, bis man mit den Ergebnissen zufrieden ist. Die Testsituation entspricht eher den kaum noch anzutreffenden Stapel-Systemen, bei denen man die Suchfrage sehr genau formulieren mußte, weil man bei Mißlingen erst am nächsten Tage oder in der nächsten Woche einen neuen Versuch starten konnte.


### Die Testsituation

Aus den vielen durchgeführten Tests weiß man, daß die Unterschiede zwischen den zu testenden Varianten in der Regel ziemlich klein sind (typischerweise unter 10% Abweichung der Relevanzquoten bei gleicher Nachweisquote). Diese Unterschiede werden, wie wir gesehen haben, überdeckt durch beträchtliche statistische Schwankungen selbst unter kontrollierten Versuchsbedingungen, die aber gar nicht der realen Situation entsprechen. Man versucht, geringe Abweichungen in den Relevanzmaßen zu messen und nachzuweisen und vergißt darüber, daß für den Systembediener vielleicht die Leichtigkeit des Zugriffs und andere Kriterien viel wichtiger sind, weil er durch eine gut angepaßte Abfragesprache und angemessene Suchhilfen die Mängel einer Indexierungsmethode weitgehend ausgleichen kann.

In der Praxis laufen alle Systeme, auch die mit schlecht aufbereiteten Datenbasen und beschränkten Suchmöglichkeiten, besser als man erwarten sollte, weil der findige Benutzer die Mängel zu umgehen lernt und vielleicht nicht die bestmöglichen, aber doch zufriedenstellende Ergebnisse erzielt.

Den weiteren Ausführungen zur Theorie der Dokumentationssysteme

4. Methoden der Informationswiedergewinnung

sei daher eine kleine Warnung vorausgestellt: Es ist nicht ganz
auszuschließen, daß die Theorie an den wirklichen Problemen des
Benutzers vorbei geht.


## 4.2.4 Konventionelle Selektionsgütemaße


### Relevanz

Mit Relevanz bezeichnet man den Grad der Bedeutung eines Dokumentes für eine Suchfrage aus der Sicht des Schiedsrichters. Vor
Beginn der Relevanzbewertung müssen die zulässigen Relevanzstufen
festgelegt werden, beispielsweise durch die Anweisung

4: löst das Problem vollständig oder bis auf geringe Reste;
3: trägt erheblich zur Lösung des Problems bei;
2: löst Teilaspekte des Problems oder trägt etwas zur Lösung des
   Gesamtproblems bei;
1: berührt das Problem, trägt aber nicht nennenswert zur Lösung
   bei;
0: hat keine nennenswerte Beziehung zum Problem.

Je genauer diese Anweisungen formuliert werden, umso einheit-
lichere Bewertungen kann man anschließend erwarten. Wir hatten
jedoch bereits darauf hingewiesen, daß stets ein Ermessensspiel-
raum übrig bleibt, der nicht nur aus der Interpretation der
Anweisungen, sondern auch aus dem Verständnis des Schiedsrichters
vom Problem resultiert.

Es gibt keine einheitlichen oder weitgehend akzeptierten Festlegungen für die Anzahl der Relevanzstufen und deren Definition.
Es scheint, daß die Schiedsrichter bei etwa 5 Stufen die
geringsten Mühen mit der Einstufung haben und am konsistentesten
arbeiten.

In der überwiegenden Mehrzahl der Untersuchungen wird nur mit
zwei Relevanzstufen gearbeitet, "relevant" und "nicht relevant".
Dies ist selbst dann der Fall, wenn anfangs mehr Stufen zur
Bewertung herangezogen wurden; man faßt dann im obigen Beispiel
die Stufen 3 bis 4 oder 2 bis 4 zu "relevant" zusammen, den Rest
zu "nicht relevant", und führt die nachfolgenden Berechnungen
allenfalls parallel für zwei solche Zusammenfassungen durch.

Die genannte Art der Festlegung betrachtet jedes Dokument einzeln; man berücksichtigt nicht, daß zwei für sich genommen
unwichtige Dokumente gemeinsam die Lösung enthalten können, daß
ein für sehr bedeutsam erachtetes Dokument durch ein anderes (das
vielleicht einen Fehler nachweist) unwichtig wird oder daß
mehrere sich inhaltlich so weit überschneiden, daß die Kenntnis
eines einzigen ausreicht. Solche Fälle treten auf und sind
vermutlich nicht selten.

Die Festlegung berücksichtigt auch nicht, daß die Relevanz für
den Benutzer verschiedene Aspekte haben kann: Hintergrundmate-
rial, Beiträge zur Problemlösung, Analogien zu anderen gelösten
oder ungelösten Problemen, Expertenmeinungen, Berichte über er-
folglos beendete Versuche, Tatsachen, Hypothesen, Polemiken. In
der Suchfrage oder in den Anweisungen zur Relevanzbewertung
werden diese und andere Aspekte kaum genannt; es wird allenfalls
festgehalten, ob der Benutzer wenige besonders wichtige oder
möglichst viele Literaturnachweise zu erhalten wünscht.

## Relevanz-, Nachweis- und Ausfallquote

Wir beschränken uns nun auf den Fall von nur zwei Relevanzstufen.
Dann kann man als Ergebnis einer Recherche die Datenbasis auf
zweierlei Weise in je zwei Teile aufspalten und eine Vierfelder-
tafel aufstellen: Ein Dokument ist relevant oder nicht relevant,
und es wurde gefunden oder nicht gefunden.

|                | relevant | nicht relevant |
|----------------|----------|----------------|
| gefunden       | a        | b              |
| nicht gefunden | c        | d              |

Hier bedeuten a, b, c und d die jeweiligen Anzahlen; ihre Summe
ist N, die Gesamtzahl der Dokumente in der Datenbasis. Um c zu
bestimmen, muß die gesamte Datenbasis bewertet werden, während
man für a und b nur die viel kleinere Zahl der gefundenen
Dokumente zu bewerten braucht. In der Regel fällt die über-
wiegende Mehrzahl aller Dokumente in die vierte Gruppe, so daß
man die Auswertungen nicht viel verfälscht, wenn man d durch N
ersetzt. Um die sehr aufwendige Suche nach allen relevanten
Dokumenten zu umgehen, betrachtet man gelegentlich nur diejenigen
Dokumente, die bei mindestens einer Variante (der Indexierung,
Fragestellung, Suchstrategie oder was immer man gerade untersucht) gefunden wird; c ist dann systematisch zu klein, der
Fehler ist aber bei allen Varianten der gleiche.

Aus den vier Angaben werden verschiedene Ausdrücke als Maße für
die Selektionsgüte gebildet; die wichtigsten sind

Relevanzquote (engl.: precision ratio)   $a/(a + b)$
Nachweisquote (engl.: recall ratio)   $a/(a + c)$
Ausfallquote (engl.: fallout ratio)   $b/(b + d)$

Diese drei Maße liegen stets im Intervall von 0 bis 1; ideal sind
die Werte 1 für Relevanz- und Nachweisquote und 0 für die
Ausfallquote. Die Beliebtheit dieser Maße ist sicher mit ein
Grund dafür, daß fast immer nur zwei Relevanzstufen betrachtet
werden.

Da ein Experiment aus einer größeren Anzahl von Suchfragen
besteht, fallen mehrere Werte dieser Maßzahlen an. Es gibt nun
zwei verschiedene Wege, einen Mittelwert zu bilden. Man kann die

# 4. Methoden der Informationswiedergewinnung

Summen der Häufigkeiten in jedem der vier Felder bilden und auf
die Summe die obigen Definitionen anwenden (Mikromittelung)
oder die Einzelwerte mitteln (Makromittelung). Statistisch sinnvoller ist die zweite Art; sie gestattet außerdem die Berechnung
der Standardabweichung. In der Literatur werden beide Mittel
benutzt.

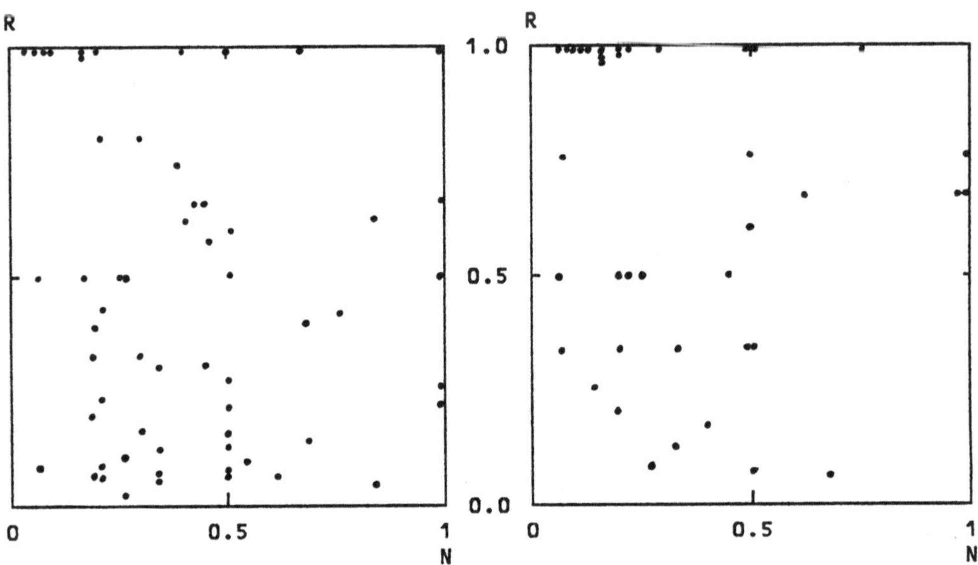

Abbildung 4-3. Relevanzquote (R) und Nachweisquote (N)  für Suchfragen aus (Cleverdon 1966).
Als gefunden gelten hier alle Dokumente, die
mindestens 6 (links) oder 7 (rechts) Suchwörter
enthalten. Unter den 85 bzw. 47 Suchfragen, für
die mindestens 1 Dokument gefunden wurde, waren 26
bzw. 8 ohne relevante Dokumente (R=N=0).

## Diagrammdarstellung

Zur graphischen Darstellung von Versuchsergebnissen sind Dia-
gramme gebräuchlich, auf denen in einer Achse (oft, aber nicht
immer die x-Achse) die Nachweisquote, auf der anderen die
Relevanzquote aufgetragen wird. Jede Suchfrage ergibt so einen
Punkt im Diagramm. Als Mittelwert erhält man häufig für beide
Größen einen Wert zwischen 0,4 und 0,6. Das bedeutet aber nicht,
daß die Einzelwerte sich in diesem Bereich konzentrieren. Im
Gegenteil: Die Meßpunkte liegen über das ganze Einheitsquadrat
verstreut und zeigen oft keine Anzeichen einer Konzentration!
Nicht einmal die empirische Erfahrung, daß bei breiter angelegten
Suchformulierungen (höhere Nachweisquote) die Relevanzquote im

allgemeinen abnimmt, ist solchen Diagrammen zu entnehmen.

Zwei Beispiele zeigt Abbildung 4-3. Die Testergebnisse für einzelne Suchfragen werden selten veröffentlicht. In (Cleverdon und andere 1966) ist jedoch die Zahl der relevanten und nicht relevanten Dokumente angegeben, die 1, 2, 3,... Suchwörter enthalten (insgesamt 221 Suchfragen mit 2 bis 15 Suchtermen). Für die Beispiele wurden alle Dokumente als gefunden betrachtet, die mindestens 6 beziehungsweise 7 Suchterme enthalten, und nur die Fragen ausgewertet, für die mindestens ein Dokument gefunden wurde.

## Selektionsgütemaße bei Rangfolgesortierung

Bei Experimenten mit Rangfolgesortierung werden die Dokumente nach einem Algorithmus, in den die Häufigkeiten der Suchworte im einzelnen Dokument und in der gesamten Datenbasis eingehen, in eine Rangfolge sortiert, die möglichst der Bedeutung der Dokumente für die Suchfrage entsprechen soll. Dies wird in Abschnitt 4.4 weiter ausgeführt. Man hat dann keine definierten Anzahlen von gefundenen Dokumenten. Um die obigen Maße anwenden zu können, berechnet man sie nach jedem Dokument neu. Man erhält so eine Menge von Wertetripeln (oder Wertepaaren, wenn man sich nur für Relevanz- und Nachweisquote interessiert, wie das sehr häufig der Fall ist); das k-te Tripel wird aus den Werten für die ersten k Dokumente in der Rangfolgesortierung berechnet. Verbindet man in einem Diagramm für Relevanz- und Nachweisquote die aufeinanderfolgenden Punkte durch gerade Linien, so erhält man eine sägezahnartige Kurve. Ist das k-te Dokument relevant, so liegt der zugehörige Punkt rechts oberhalb des (k-1)-ten (Relevanz- und Nachweisquote erhöhen sich beide), ist es nicht relevant, so liegt er senkrecht darunter (die Nachweisquote bleibt konstant, die Relevanzquote erniedrigt sich). Abbildung 4-4 zeigt ein typisches Beispiel, bei dem die vier existierenden relevanten Dokumente die Plätze 1, 4, 5 und 9 einnehmen. Manche Autoren berechnen diese Punkte nur nach jedem relevanten Dokument. Sie erhalten dann systematisch höhere, "bessere" Kurven, in Abbildung 4-4 die gestrichelte Linie.

Für Vergleichszwecke möchte man die Relevanzquoten für feste Werte der Nachweisquote berechnen, etwa für 0,1, 0,2 ... 1,0. An diesen Stellen braucht die Relevanzquote gar nicht definiert zu sein, und man muß interpolieren. Verschiedene Arten sind in Gebrauch: lineare Interpolation der ausgezogenen oder gestrichelten Kurven in Abbildung 6-4, die Relevanzquote beim nächstniedrigeren oder nächsthöheren existierenden Wert der Nachweisquote. Beim Vergleich der Ergebnisse verschiedener Autoren muß man berücksichtigen, welche Art der Interpolation sie gewählt haben; denn die Ergebnisse können sich offensichtlich dadurch erheblich unterscheiden.

Beim Mitteln über mehrere Suchfragen wird wegen dieser Interpolationsschwierigkeiten die Makromittelung vorgezogen, das heißt man

# 4. Methoden der Informationswiedergewinnung

geht von der mittleren Anzahl von relevanten Dokumenten unter den
ersten k Dokumenten aus. Hierdurch werden jedoch systematisch
Suchfragen, zu denen es zahlreiche relevante Dokumente gibt,
bevorzugt; sie bestimmen das Gesamtergebnis stärker als Suchfragen mit nur wenigen relevanten Dokumenten.

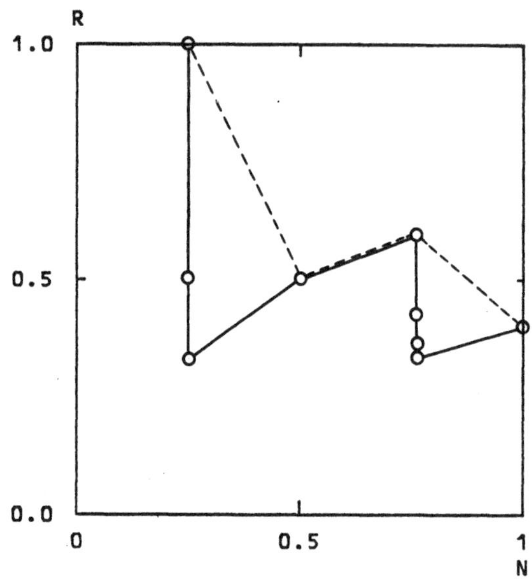


**Abbildung 4-4.** Beispiel für Relevanz- und Nachweisquote bei
Rangfolgesortierung (4 relevante Dokumente,
Plätze 1, 4, 5, 9).


## Große Datenbasen

Typischerweise werden Retrieval-Tests an Datenbasen von 200 bis
1000 Dokumentationseinheiten und mit 20 bis 100 Testfragen
durchgeführt. Hierfür sind bereits einige 10000 Relevanzbewertungen erforderlich. Dies erfordert einen beträchtlichen Arbeits-
aufwand, so daß es nicht verwundert, daß größere Datenbasen nur
in sehr seltenen Fällen benutzt werden und daß die gleichen
Testdaten immer wieder verwendet werden.

Es ist offensichtlich, daß bei diesen Mengen die meisten Relevanzbewertungen nur auf einer oberflächlichen Inspektion des
Dokuments beruhen können. Es gibt starke Anhaltspunkte dafür, daß
dabei sehr viele relevante Dokumente übersehen werden, im Falle
der Cranfield II-Experimente (1200 Dokumente aus der Aerodynamik,
280 Testfragen) möglicherweise 90% (Swanson 1971 und 1977)!

Die am häufigsten benutzten Datenbasen haben jedoch einen Umfang
von mehreren hunderttausend oder gar einigen Millionen Doku-

142

menten. Es ist keinesfalls selbstverständlich und auch sehr zweifelhaft, ob die Testergebnisse auf diese Situation übertragbar sind und ob überhaupt die gleichen Suchstrategien sinnvoll sind und angewendet werden. Eine grobe Überlegung soll verdeutlichen, daß das wohl nicht der Fall ist.

Gehen wir einmal davon aus, daß eine Suchstrategie an einer Testdatenbasis von 1000 Dokumenten zwischen 10 und 100 Dokumente findet und daß Relevanz- und Nachweisquoten von der Größenordnung 0,5 sind. Die Ausfallquote liegt dann zwischen 0,005 und 0,05, anscheinend also beruhigend niedrig. Es erscheint plausibel, daß beim Übergang auf eine Datenbasis von einer Million Dokumenten die gleiche Suchstrategie ebenfalls eine Nachweisquote von etwa 0,5 ergibt; die Zahl der relevanten Dokumente mag etwas größer als in der Testdatenbasis sein, sagen wir fünfmal so groß. Es erscheint weiterhin plausibel, daß die Wahrscheinlichkeit für ein nicht relevantes Dokument, gefunden zu werden, in beiden Fällen ungefähr gleich ist, sagen wir 0,005 bei der großen Datenbasis. Die Antwort auf die Suchfrage besteht dann aus 25 bis 250 relevanten und aus 5000 nicht relevanten Dokumenten! Dies ist in der Praxis natürlich unbrauchbar; man muß die Suchfrage sehr viel enger stellen. Die Ausfallquote darf höchstens von der Größenordnung $10^{-4}$ sein; auf die Testdatenbasis übertragen bedeutet das aber, daß man dort höchstens ab und zu ein einziges nicht relevantes Dokument finden darf!

Zweifellos ist dieses Bild zu grob. So dürfte die große Datenbasis ein wesentlich weiteres Fachgebiet behandeln, und für die weiter abliegenden Bereiche ist die Ausfallquote vielleicht doch etwas niedriger (wir hatten in unserem Beispiel allerdings schon den kleineren Wert gewählt). Qualitativ bleibt der Unterschied zwischen Test- und realer Situation aber bestehen.

Die Überlegung, daß durch die Suchstrategie primär die Nachweis- und die Ausfallquote festgelegt werden und daß die Relevanzquote ein sekundäres Ergebnis ist, das sich aus der Zusammensetzung der Datenbasis ergibt, findet sich in zahlreichen Theorieansätzen wieder und sollte dazu führen, daß bei den Testergebnissen diese beiden Werte angegeben werden (also Nachweis- und Ausfallquote statt Nachweis- und Relevanzquote).

## 4.3 Wahrscheinlichkeitstheoretischer Ansatz

### 4.3.1 Die Relevanz als Zufallsgröße

**Quellen der Zufallsschwankungen**

Die interessierenden Phänomene bei Dokumentationssystemen lassen sich offenbar nicht deterministisch, sondern nur mit wahrscheinlichkeitstheoretischen Ansätzen beschreiben. Vor allem gibt es zwei Quellen für stochastische Ansätze:

1. Die Relevanzbewertung eines Dokuments bezüglich einer Suchfrage unterliegt Zufallsschwankungen. Diese sind prinzipiell nicht auszuschalten, also nicht nur Mängel am Versuchsaufbau (siehe Abschnitt 4.2.1).

2. Der Zusammenhang zwischen Relevanzbewertungen eines Dokuments und meßbaren Eigenschaften des Dokuments (z.B. Zahl der darin enthaltenen Suchworte, Ähnlichkeit zur Suchfrage gemäß irgendwelchen Ähnlichkeitskriterien) unterliegt Zufallsschwankungen, die nicht nur von den Zufallsschwankungen der Relevanzbewertung herrühren.

**Normierung auf das Einheitsintervall**

Wir betrachten also die Relevanz (eines Dokuments bezüglich einer Suchfrage) als Zufallsgröße, und zwar vereinfachend als eindimensionale Variable; denn daß den Benutzer eigentlich verschiedene Aspekte der Selektionsgröße interessieren, hatten wir bereits in Abschnitt 4.2.2 auseinandergesetzt. Da es kein "natürliches" Maß für die Relevanz gibt, können wir sie ohne Beschränkung der Allgemeinheit auf das Intervall [0, 1] normieren (oder in Fällen, in denen wir nur eine endliche Anzahl von Funktionswerten zulassen, auf nichtnegative ganze Zahlen).

Diese Festlegung bedeutet lediglich, daß zwischen den möglichen Funktionswerten eine Ordnungsrelation besteht; es ist damit nicht die Forderung verbunden, daß man Relevanzwerte addieren oder Mittelwerte bilden kann.

Wir wollen stets davon ausgehen, daß das Intervall [0, 1] auch tatsächlich ausgeschöpft wird, daß sich also die Wahrscheinlichkeiten nicht auf ein Teilintervall konzentrieren. Formal ausgedrückt: Zu jedem $d>0$ gibt es eine Suchfrage S und ein Dokument D, so daß die Relevanz R mit einer positiven Wahrscheinlichkeit in das Intervall [0, d] fällt:

$$P_R([0, d] \mid S, D) > 0,$$

**entsprechend für das Intervall [d, 1]  für jedes d<1.**

Dies ist keine Einschränkung; denn andernfalls könnte man den Träger der Wahrscheinlichkeiten durch eine streng monotone Abbildung auf das Intervall [0, 1] abbilden.

Wir wollen weiterhin verabreden, daß der Punkt 0 stets die geringste, der Punkt 1 die höchste Relevanz ausdrückt.

Alle bisher gemachten Annahmen bleiben erhalten, wenn man das Einheitsintervall durch eine streng monotone Abbildung auf sich abbildet. Ist die Abbildung monoton, aber nicht streng monoton, so kann das eine Vergröberung des Wahrscheinlichkeitsfeldes bedeuten, das heißt ein Intervall, dessen Wahrscheinlichkeitsmaß (mindestens für ein S und ein D) nicht auf einen Punkt konzentriert ist, fällt durch die Abbildung auf einen Punkt zusammen. Ein Spezialfall davon ist: Das Intervall [0, d) wird auf 0, das Intervall (d, 1] wird auf 1 und der Punkt d entweder auf 0 oder auf 1 abgebildet. Als Ergebnis bleiben nur noch zwei Relevanzwerte übrig, nämlich 0 und 1; wir haben den gebräuchlichen Fall einer nur zweiwertigen Relevanz ("nicht relevant" und "relevant").

Da streng monotone Abbildungen des Einheitsintervalls auf sich alle Voraussetzungen erhalten, aber formal berechnete Größen wie Erwartungswert oder Varianz sich ändern, können diese keine absolute Bedeutung haben; Aussagen wie "der Erwartungswert ist 1/2" besagen nichts.

Bei monotonen Transformationen des Einheitsintervalls auf sich brauchen nicht einmal die Ordnungsbeziehungen zwischen den Erwartungswerten erhalten zu bleiben: Seien X und X' zwei Zufallsgrößen mit $E(X)<E(X')$ und $Y=f(X)$, $Y'=f(X')$ ihre Abbilder; dann kann $E(Y)>E(Y')$ sein.

## Vergröbernde Abbildungen

Abbildungen des kontinuierlichen Einheitsintervalls auf wenige diskrete Punkte stellen eine Vergröberung dar und sind mit einem Informationsverlust verbunden. Dieser ist, grob gesprochen, umso größer, je kleiner die Zahl der Bildpunkte ist, und am größten bei der Abbildung auf nur noch zwei Punkte 0 (nicht relevant) und 1 (relevant). Von daher ist diese Zweiteilung der schlechtest mögliche Ansatz. Man sieht das auch so: Wünschenswert ist eine kleine Varianz der Meßergebnisse. Unter allen Zufallsvariablen auf dem Einheitsintervall mit gegebenem Erwartungswert p hat aber die, die nur die Werte 0 und 1 mit den Wahrscheinlichkeiten (1-p) bzw. p annimmt, die größte Varianz.

Angesichts der sehr erheblichen Schwankungen in der Relevanzbewertung eines Dokuments bezüglich einer Suchfrage ist es auf der anderen Seite nicht erforderlich, sehr viele mögliche Relevanzwerte oder gar das ganze Kontinuum des Einheitsintervalls

# 4. Methoden der Informationswiedergewinnung

zuzulassen, so wie man physikalische Meßgrößen mit einem Fehler
von mehreren Zentimetern auch nicht auf Millimeter genau oder mit
noch mehr Dezimalstellen angibt. Da aus praktischen und psycholo-
gischen Gründen eine Einteilung in etwa 5 bis 8 Relevanzwerte
sinnvoll ist, sollte man auch den weiteren Auswertungen diese
Genauigkeit zugrunde legen.

Obwohl die nur zwei Werte zulassende Relevanzbewertung unbefriedigend ist, wird sie für die Darstellung von Untersuchungsergeb-
nissen bevorzugt; der wesentliche Grund liegt sicher in der
einfachen Form der Selektionsgütemaße Relevanz- und Nachweisquote. Selbst wenn zunächst mehr als zwei Relevanzwerte zugeteilt
werden, werden diese in der Regel nachträglich zusammengefaßt, um
diese Maße berechnen zu können.

## Selektionsgütemaße

Wenn man Relevanz- und Nachweisquote sinnvoll verallgemeinern
möchte, muß man mit den Relevanzwerten rechnen, z.B. Mittelwerte
bilden können. Zwei Dokumente der Relevanz 0,5 sollten also den
gleichen Nutzen wie eins der Relevanz 1 haben, oder umgekehrt,
zwei der Relevanz 0,5 nicht zu finden sollte den gleichen Schaden
verursachen wie eins der Relevanz 1 zu übersehen. Ein allgemein
anerkannter Maßstab mit diesen Eigenschaften läßt sich wohl kaum
finden; doch ist eine Einteilung nach dem gesunden Urteil des
Experimentators sicher besser als der Verzicht auf die detail-
liertere Information. Für die Relevanzstufen in Abschnitt 4.2.4
bieten sich die Werte 1, 3/4, 1/2, 1/4 und 0 an.

Wir bezeichnen nun mit $R_j$ die Relevanz des j-ten Dokuments
(bezüglich einer festen Suchfrage); $R_j$ ist eine Zufallsvariable
auf dem Einheitsintervall. Eine Ausprägung von $R_j$, d.h. der in
einem Experiment gemessene Wert, wird mit $r_j$ bezeichnet. Als
(verallgemeinerte) Selektionsgütemaße führen wir ein

Relevanzquote $\quad U = \sum{}' R_j / n;$

Nachweisquote $\quad V = \sum{}' R_j / \sum R_j.$

Hierbei bedeutet $\sum'$ eine Summation über die n gefundenen (nachgewiesenen) Dokumente, $\sum$ eine Summation über alle N Dokumente der
Datenbasis. U und V sind ebenfalls Zufallsgrößen. Für U gilt

$$E(U) = \sum{}' E(R_j) / n;$$

eine entsprechende Gleichung für E(V) gilt nicht oder höchstens
näherungsweise, etwa wenn die Varianzen der Relevanzvariablen $R_j$
klein sind.

Zu beachten ist, daß die Relevanzquote U wie auch ihr Erwartungswert im allgemeinen nicht den Wert 1 erreichen können. Da es
meistens zahlreiche Dokumente mit geringer, aber positiver Relevanz gibt, ist auch eine Nachweisquote von 1 nur bei sehr

umfassenden Suchen annähernd zu erwarten; die Dokumente mit geringer Relevanz drücken dann aber die Relevanzquote. Dies entspricht durchaus den experimentellen Erfahrungen.

Zu diesen Definitionen von Relevanz- und Nachweisquote, die den üblichen Festlegungen nachgebildet sind, gibt es keine einsichtige Entsprechung der Ausfallquote. Für theoretische Überlegungen wäre es sicher sinnvoll, den Anteil aufgefundener Dokumente als Funktion des Relevanzwertes anzugeben. Bei nur zwei Relevanzwerten erhält man gerade Nachweis- und Ausfallquote; bei mehr als zwei möglichen Relevanzwerten ergeben sich entsprechend mehr Quoten. Wenn sehr viele diskrete Relevanzwerte oder gar das ganze Intervall [0, 1] zugelassen sind, sollte man zu einer linearen oder nichtlinearen Regression übergehen. Über die praktische Brauchbarkeit solcher Verallgemeinerungen von Nachweis- und Ausfallquote liegen aber keine Erfahrungen vor.

Noch eine weitere Folgerung aus dem Wahrscheinlichkeitsansatz für die Relevanz ist bemerkenswert. Ein Retrieval-System kann grundsätzlich nicht die Dokumente in der Reihenfolge der Relevanz sortieren oder genau alle Dokumente mit einer bestimmten Mindestrelevanz ausgeben. Es kann nämlich im besten, idealen Falle die Dokumente nach bestimmten Parametern der Verteilungsfunktion, etwa nach ihrem Erwartungswert, sortieren; die tatsächlich zugeordnete Relevanz ist jedoch die Ausprägung einer Zufallsgröße, das heißt, sie schwankt in nicht vorhersehbarer Weise gemäß der Verteilungsfunktion um den Erwartungswert; der Meßwert (die Beurteilung durch den Schiedsrichter) ist durch das Retrieval-System nicht berechenbar.


Beta-Verteilung
________________

Zur Illustration wollen wir annehmen, die Relevanz R eines Dokuments habe eine Wahrscheinlichkeitsdichte $f(x)$, und zwar eine Beta-Verteilung, da dies eine einfach zu handhabende Verteilung im Einheitsintervall ist. Die Beta-Verteilung hat zwei Parameter a und b:

$$f(x) = g(x; a, b)$$

$$= C\ x^{ab-1}\ (1-x)^{(1-a)b-1} \qquad (0 < a < 1,\ b > 0)$$

mit

$$C = \Gamma(b)\ /\ \Gamma(ab)\ \Gamma(b-ab).$$

$\Gamma(.)$ ist die Gamma-Funktion. Für diese Zufallsgröße gilt

$$E(R) = a,$$

$$var(R) = a\ (1 - a)\ /\ (b + 1).$$

Um eine Vorstellung davon zu erlangen, wie stark die Meßwerte für

## 4.  Methoden der Informationswiedergewinnung

die Relevanz des gleichen Dokuments tatsächlich schwanken, benötigt man Ergebnisse von Experimenten mit mehreren Schiedsrichtern. Einige wenige vorliegende Daten deuten auf Standard-
abweichungen um 0,15 bis 0,2 für a nahe bei 0,5 hin (Gebhardt
1975c); dies entspricht Werten von b zwischen 10 und 5. Der Wert
von a ist natürlich für jedes Dokument anders; er ist so etwas
wie die unbekannte, "wirkliche" Relevanz (nämlich ihr Erwartungswert).


### 4.3.2 Monotonitätseigenschaften

#### Monotonität

Bisher haben wir im wesentlichen nur vorausgesetzt, daß die
Relevanz eine zufällige Größe ist. Wenn man aufgrund einiger
charakteristischer Daten eines Dokuments, etwa aus den Häufigkeiten der Suchworte, Rückschlüsse auf die Relevanz ziehen
möchte, benötigt man stärkere Voraussetzungen. Eine plausible
Annahme ist, daß von einem unbekannten Parameter sowohl die
Verteilungsfunktion der Relevanz eines Dokuments als auch die
Verteilungsfunktion der charakteristischen Daten monoton abhängen, und man möchte daraus einen monotonen Zusammenhang
zwischen diesen und der Relevanz schließen können. Das Retrieval-
System brauchte dann die Dokumente nur nach den feststellbaren
charakteristischen Daten zu sortieren und würde damit zugleich
eine Sortierung nach der Relevanz erzeugen.

Die erwähnten "charakteristischen Daten eines Dokuments" können
die Häufigkeit eines Schlagworts, die Häufigkeit einer Gruppe
von Schlagworten, das bei der Indexierung einem Schlagwort
zugeteilte Gewicht, ein Ähnlichkeitsmaß zwischen Dokument und
Suchfrage oder andere meßbare Größen sein. Wir wollen zur
Vereinfachung der Ausdrucksweise fortan von Schlagworthäufig-
keiten sprechen.

Leider ist der Zusammenhang zwischen Schlagworthäufigkeit und
Relevanzbewertung nicht so einfach, da beide Größen keine deter-
ministischen, monotonen Funktionen des unbekannten Parameters
sind, sondern nur gewissen Zufallsverteilungen genügen. Es langt
auch nicht, zu fordern, daß die Verteilungsfunktionen $F(x; u)$
monoton sind etwa in dem Sinne, daß für zwei Werte $u_1 < u_2$ des
Parameters von $F(x; u)$ folgen würde

$$F(x; u_1) > F(x; u_2) \text{ für alle } x.$$

Dies kann man leicht an Gegenbeispielen zeigen.

Eine sinnvolle Monotonie-Annahme ist dagegen, daß für $u_2 > u_1$ der
Quotient der Wahrscheinlichkeitsdichten $f(x; u_2)/f(x; u_1)$ eine
monoton steigende Funktion von x ist. Wir wollen uns im folgenden

der Einfachheit halber auf diskrete Zufallsgrößen beschränken, für die also keine Wahrscheinlichkeitsdichten, sondern Wahrscheinlichkeiten $p(x_i; u) = P(X=x_i; u)$ existieren.

Definition: Die diskrete Zufallsgröße X heißt monoton steigend im Parameter u, wenn für alle $x_1 < x_2$ und $u_1 < u_2$, für die die nachfolgenden Quotienten definiert sind, gilt:

$$\frac{p(x_1; u_2)}{p(x_1; u_1)} < \frac{p(x_2; u_2)}{p(x_2; u_1)}$$


**Modellannahmen**

Wir hatten schon darauf hingewiesen, daß sowohl die (durch den Schiedsrichter) gemessene Relevanz eines Dokuments als auch die Anzahl der Vorkommnisse (Token) eines Schlagwortes Zufallsgrößen sind. Über deren Zusammenhang machen wir nun die folgenden Voraussetzungen.


1. Beide Zufallsgrößen hängen von einem eindimensionalen Paramter u ab.

2. Für festes u sind die Verteilungen der Relevanz und der Anzahl der Token voneinander unabhängig (im statistischen Sinn; das heißt, die gemeinsame Wahrscheinlichkeit ist das Produkt der Einzelwahrscheinlichkeiten).

3. Sowohl die Relevanz als auch die Anzahl der Token steigt monoton in u im Sinne der obigen Definition.

Wir wollen unter anderem zeigen, daß dann die bedingten Verteilungen der Relevanz bei gegebener Tokenzahl monoton in der Tokenzahl steigt, so daß eine Sortierung der Dokumente nach abnehmender Tokenzahl ein sinnvoller Ersatz für die Sortierung nach abnehmender Relevanz ist, die dem Retrieval-System ja bekannt ist.

Die drei Voraussetzungen sind Idealisierungen und in der Realität nicht erfüllt. So impliziert die dritte Bedingung, daß der Erwartungswert (der Relevanz oder der Tokenzahl) eine monotone Funktion von u ist. Zu jedem u und somit zu jedem Wert des Erwartungswerts gehört daher eine bestimmte Standardabweichung. Tatsächlich kann aber die Standardabweichung bei gleichem Erwartungswert von Dokument zu Dokument erheblich streuen; denn bei manchen Dokumenten sind sich die Schiedsrichter über die Bewertung ziemlich einig, während bei anderen die Meinungen stark auseinander gehen. Dies ließe sich nur durch einen mehrdimensionalen Parameter beschreiben.

Der Parameter u übernimmt die Rolle einer unbekannten, aber

## 4. Methoden der Informationswiedergewinnung

objektiv existierenden Relevanz; statt u erfüllt im übrigen auch
jede streng monotone Funktion von u diesen Anspruch, beispielsweise der Erwartungswert der Relevanz für den Parameter u.


Monotone Abhängigkeit der Relevanz von der Tokenzahl
___________________________________________________________

Wir betrachten nun das Zufallsexperiment, daß jemand aus der
Menge aller Dokumente der Datenbasis "zufällig" eins herausgreift
(alle Dokumente sollen die gleiche Wahrscheinlichkeit haben) und
den zugehörigen Parameterwert u feststellt. Dadurch wird u zur
Realisation einer Zufallsgröße U, deren Verteilung gerade durch
die relativen Häufigkeiten der in der Datenbasis vorkommenden
Werte u gegeben ist. Zur Vereinfachung wollen wir die diskrete
Verteilung von U durch eine Verteilungsdichte f(u) näherungsweise
darstellen.

Wir bezeichnen die Zufallsvariablen Relevanz und Tokenzahl mit R
und Z und nehmen an, beide seien diskret. Dies dient wiederum der
Vereinfachung der nachfolgenden Beweisgänge und ist keine wesentliche Einschränkung. Wegen der Unabhängigkeit (Bedingung 2) läßt
sich die gemeinsame Verteilung von R und Z bei festem u (also die
bedingte Verteilung unter der Bedingung U=u) als Produkt schreiben:

$$P(R=r, Z=z \mid U=u) = P(R=r \mid U=u) \ P(Z=z \mid U=u)$$

$$= g(r; u) \ h(z; u).$$

Die Gesamtwahrscheinlichkeit P(R=r, Z=z) ist das mit der Wahrscheinlichkeitsdichte von U gewichtete Integral darüber:

$$P(R=r, Z=z) = \int g(r; u) \ h(z; u) \ f(u) \ du;$$

dies läßt sich natürlich nicht mehr in ein Produkt aus zwei
Integralen zerlegen. Uns interessiert aber die bedingte Verteilung der Relevanz bei gegebener Tokenzahl. Sie ergibt sich aus
ihrer Definition als

$$P(R=r \mid Z=z) = \frac{P(R=r, Z=z)}{P(Z=z)}$$

$$= \int g(r; u) \ h(z; u) \ f(u) \ du \ / \ P(Z=z).$$

Wir wollen, wie angekündigt, zeigen, daß diese bedingte Verteilung von R monoton im Parameter z ist. Dazu untersuchen wir
für $r_1 < r_2$ und $z_1 < z_2$ den Quotienten

$$\frac{P(R=r_1 \mid Z=z_2)\ P(R=r_2 \mid Z=z_1)}{P(R=r_1 \mid Z=z_1)\ P(R=r_2 \mid Z=z_2)}$$

$$= \frac{\iint g(r_1;\ u)\ h(z_2;\ u)\ f(u)\ g(r_2;\ v)\ h(z_1;\ v)\ f(v)\ du\ dv}{\iint g(r_1;\ u)\ h(z_1;\ u)\ f(u)\ g(r_2;\ v)\ h(z_2;\ v)\ f(v)\ du\ dv}$$

Die Doppelintegrale werden in die Intergrationsbereiche $u < v$ und $v < u$ aufgespalten. Im Bereich $u < v$ gilt dann aufgrund der Monotonitätseigenschaft

$$h(z_2;\ u)\ h(z_1;\ v) < h(z_1;\ u)\ h(z_2;\ v)$$

und

$$g(r_2;\ u)\ g(r_1;\ v) < g(r_1;\ u)\ g(r_2;\ v).$$

Nun folgt für nicht-negative Größen $A > B$ und $C > D$ aber aus

$$0 < (A - B)\ (C - D) = AC + BD - (AD + BC)$$

die Ungleichung

$$AD + BC < AC + BD.$$

Wenn man nun im Bereich $v < u$ die Variablenbezeichungen $u$ und $v$ vertauscht (dann hat man wiederum über $u < v$ zu integrieren) und $A$, $B$, $C$ und $D$ passend durch $h(z_1;\ u)\ h(z_2;\ v)$ und die anderen Produkte obiger Ungleichungen ersetzt, findet man gerade, daß der Integrand im Zähler kleiner als der im Nenner ist und damit auch für die bedingten Wahrscheinlichkeiten $P(R=r \mid Z=z)$ als Funktion von $z$ die Monotonitätsbedingung erfüllt ist. Die ausführliche Rechnung wollen wir uns hier ersparen.

An der doch etwas mühsamen Herleitung sieht man, daß es keineswegs trivial ist, daß aus in irgend einem primitiven Sinne monotonen Abhängigkeiten zwischen $u$ und $R$ sowie zwischen $u$ und $Z$ auch ein monotoner Zusammenhang zwischen $R$ und $Z$ folgt, wie man ihn naiverweise unterstellen würde.

Die praktische Folgerung aus dieser Monotonie ist zunächst, daß es sinnvoll ist, die Dokumente nach der Anzahl der Token eines Schlagwortes zu ordnen; diese Anzahl hatten wir als ein typisches Beispiel für die anfangs eingeführten "charakteristischen Daten" eines Dokuments betrachtet. Das schließt aber nicht aus, daß es bessere Indikatoren gäbe, beispielsweise bei stark variierender Dokumentlänge eine auf gleiche Dokumentlänge normierte Tokenzahl. Außerdem erhält man im Falle mehrerer Suchworte so zunächst nur eine Halbordnung: Ein Dokument hat jedenfalls dann vor einem anderen zu rangieren; wenn sämtliche Suchworte (oder Suchwortgruppen) darin häufiger oder mindestens gleich häufig vertreten sind. Wenn ein Suchwort im ersten, ein anderes im zweiten Dokument überwiegt, ist eine Rangfolge nicht festgelegt.

# 4. Methoden der Informationswiedergewinnung

## 4.3.3 Rangfolgesortierung unter Ausnutzung von Schlagwort-Häufig-
keiten

Der sehr allgemeine Ansatz des Abschnitts 4.3.2 reicht für eine
konkrete Bewertung der Dokumente aufgrund der Häufigkeiten von
Schlagworten nicht aus. Die Bewertung selbst ist auch nur von
untergeordnetem Interesse; wichtiger ist zunächst eine Rangfolgesortierung, die die vermutlich wichtigsten Dokumente an den
Anfang stellt. Auch hierfür sind zusätzliche Annahmen nötig.
Im Abschnitt 4.4 werden zahlreiche, in der Literatur benutzte
Algorithmen zur Festlegung der Rangfolge genannt werden; einige
davon lassen sich durch zusätzliche Annahmen aus unserem allgemeinen Ansatz folgern.

Wir wollen nun verschiedene, mehr oder weniger plausible Zusatz-
annahmen auf ihre Konsequenzen hin untersuchen. Bei der Beurteilung der Frage, wie realistisch diese Annahmen sind, muß man
aber im Auge behalten, daß ohnehin nur gravierende Unterschiede
in den Voraussetzungen auch zu meßbaren Auswirkungen führen. Zwei
verschiedene, aber ähnlich plausible Ansätze mögen zwar unterschiedliche Rangreihenfolgen ergeben; wenn in beiden Fällen
jedoch die Maße für die Selektionsgüte zu ähnlichen Werten
führen, weil zwar andere, aber gleichermaßen relevante Dokumente
an die Spitze gestellt werden, so sind diese Ansätze letztlich
in ihren Auswirkungen nicht unterscheidbar.

## Maximum-Likelihood-Schätzungen

Wir hatten schon gesehen, daß bei Transformationen einer zufälligen Variablen der Erwartungswert im allgemeinen nicht in
gleicher Weise transformiert wird. Deshalb ist auch das Prinzip
der "erwartungstreuen Schätzfunktion" (Funktion der Zufallsgrößen, deren Erwartungswert gerade der unbekannte, zu schätzende
Parameter ist) nicht sinnvoll, wenn solche nicht-linearen Transformationen möglich und zulässig sind, ohne das zugrunde liegende
Modell zu beeinträchtigen. Ein allgemeineres Prinzip ist das der
Maximum-Likelihood-Schätzung: Man sucht denjenigen Parameterwert,
bei dem die Wahrscheinlichkeit für das gemessene Ergebnis (also
für den gemessenen Wert der Zufallsgröße) zum Maximum wird.
Ist die Wahrscheinlichkeit für dieses Ereignis eine differenzier-
bare Funktion des Parameters, so findet man den Schätzwert durch
Nullsetzen der Ableitung. Bei mehreren Parametern sind entsprechend alle partiellen Ableitungen gleich null zu setzen.

In manchen Fällen, aber nicht immer, ist die Maximum-Likelihood-
Schätzung zugleich erwartungstreu, zum Beispiel der Mittelwert
als Schätzung des Erwartungswerts bei einer großen Klasse von
Wahrscheinlichkeitsverteilungen. Ein bekannter Fall, bei dem sich
Unterschiede ergeben, ist die Standardabweichung einer Normal-
verteilung: Für eine Stichprobe des Unfangs n tritt bei der

152

erwartungstreuen Schätzfunktion im Nenner ein Faktor (n - 1) auf, bei der Maximum-Likelihood-Schätzung dagegen der Faktor n. Diese Abweichung ist typisch: für große n verschwindet der Unterschied bei "vernünftigen" Problemen, wenn nämlich gewisse Differenzierbarkeits- und Integrierbarkeitsbedingungen erfüllt sind, auf die wir hier nicht eingehen wollen.

## Poisson-Verteilung

Wenn die Wahrscheinlichkeit, daß ein bestimmtes Wort an einer Stelle im Satz (oder in einem Satz) vorkommt, von den Vorkommnissen an den anderen Stellen (oder in den anderen Sätzen des Dokuments) statistisch unabhänig ist, so ergibt sich für die Gesamthäufigkeit im Dokument mit guter Näherung die Poisson-Verteilung: Die Wahrscheinlichkeit für das Auftreten von z Vorkommnissen ist

$$e^{-v} \, v^z \; / \; z!, \quad z \geq 0 \text{ ganzzahlig}$$

mit dem Parameter v; der Erwartungswert dieser Verteilung ist v, die Varianz ebenfalls (die Standardabweichung ist also $v^{1/2}$).

In unserem Modell ist v eine streng monotone Funktion von u. Die Maximum-Likelihood-Schätzung führt auf die Gleichung

$$\frac{dh(z;\, u)}{du} = 0.$$

Da mit einer Funktion auch ihr Logarithmus an der gleichen Stelle sein Maximum annimmt, ist das gleichbedeutend mit der folgenden Gleichung, die meist einfacher gebaut ist:

$$\frac{d \log h(z;\, u)}{du} = \frac{d \log h(z;\, u)}{dv} \cdot \frac{dv}{du}$$

$$= (-1 + z/v) \; dv/du$$

$$= 0.$$

Dies führt natürlich nicht zu einer Bestimmung eines Schätzwerts für u, da ja für die Verknüpfung zwischen u und v keinerlei Voraussetzung außer der Monotonität gemacht wurden. Man erhält lediglich

$$v = z,$$

das heißt, die gemessene Anzahl von Vorkommnissen ist die Maximum-Likelihood-Schätzung für den Parameter v der Verteilung. Da u eine monotone Funktion von v ist, bedeutet das: Die Rangfolgesortierung nach der Tokenzahl ist die Rangfolgesortierung nach den geschätzten Werten des Relevanzparameters u. Dieses Ergebnis ist nicht neu.

## 4. Methoden der Informationswiedergewinnung

### Mehrere Schlagworte

Als nächstes betrachten wir den Fall, daß mehrere Schlagworte als Indikatoren für die Relevanz infrage kommen. Wir setzen voraus, daß die Verteilung der Schlagworte statistisch unabhängig voneinander ist, so daß die gemeinsame Wahrscheinlichkeit das Produkt der einzelnen Wahrscheinlichkeiten ist. Unter "Schlagwort" kann man auch eine Gruppe von Schlagworten verstehen, etwa unter Einschluß von Synonymen und Flexionsformen.

Dem i-ten Schlagwort entspricht der Parameter $v_i$ der Poisson-Verteilung. Ein einfacher Ansatz ist

$$v_i = a_i\, u,$$

$$\log h(z;\, u) = \sum_i (-v_i + z_i \log v_i - \log z_i!)$$

$$= \sum_i (-a_i\, u + z_i \log a_i + z_i \log u - \log z_i!);$$

$$\frac{d \log h(z;\, u)}{du} = -\sum a_i + \sum z_i / u = 0.$$

Die $a_i$ sind zwar unbekannt, aber für alle Dokumente gleich; daher ist der Schätzwert für u proportional zu $\sum z_i$, das heißt, diese Summe ist das Sortierkriterium.

Wenn man zusätzlich die Verteilung in der Form

$$v_i = a_i\, c_j\, u$$

von einem dokumentspezifischen Parameter $c_j$ abhängen läßt, erhält man als Sortierkriterium

$$\sum z_i\, /\, c_j$$

(wir unterdrücken außer bei $c_j$ überall den zusätzlichen Index j, der das j-te Dokument bezeichnen müßte). Dies ist beispielsweise dann sinnvoll, wenn die Dokumentlängen stark variieren; $c_j$ könnte dann proportional zur Dokumentlänge sein.

Der Ansatz $v_i = a_i u$ führt für Dokumente mit u = 0 zu dem Ergebnis, daß diese das Schlagwort nicht enthalten können (die Wahrscheinlichkeit für ein oder mehr Token ist exakt gleich null). Dies kann man vermeiden, indem man u auf ein Intervall $[u_0, u_1]$ mit $u_0 > 0$ beschränkt; $u = u_0$ bedeutet "völlig irrelevant". Immer noch benehmen sich aber alle Schlagworte im wesentlichen gleich; der Quotient der erwarteten Häufigkeiten bei $u = u_1$ und $u = u_0$ ist $a_i u_1 / a_i u_0$, also von $a_i$ und daher vom Schlagwort unabhängig. Um größere Variabilität zuzulassen, benötigt man allgemeinere Ansätze, die dann jedoch nicht mehr so

154

einfache Sortierkriterien liefern.

## Nicht-lineare Abhängigkeit

Ein Ansatz, der noch zu handhabbaren Ergebnissen führt, ist

$$v_i = v_i(u) = a_i\, u^{b_i}\,.$$

Als Sortierkriterium erhält man $\sum z_i\, b_i$; man benötigt also Methoden zum Schätzen der $b_i$.

Durch eine geeignete Transformation von u in c $u^d$ (c > 0, d > 0) kann man $u_0$ = 1 und $u_1$ = 2 erreichen, wobei der allgemeine Modellansatz erhalten bleibt. Wir setzen daher ohne Beschränkung der Allgemeinheit u $\epsilon$ [1, 2] voraus.

Nun kann man $b_i$ aus den durchschnittlichen Tokenzahlen von höchst-relevanten und völlig irrelevanten Dokumenten schätzen; es ist nämlich

$$b_i = \log(v_i(2)\,/\,v_i(1))\,/\,\log 2\,.$$

Wir nehmen an, wir kennen bereits einige hochrelevante Dokumente. Die durchschnittliche Häufigkeit des Schlagworts in ihnen ist dann eine Näherung für $v_i(2)$. Wenn für diese Dokumente tatsächlich u < 2 ist, so erzeugt das einen Fehler, der sich bei allen Schlagworten in etwa der gleichen Weise auswirkt, die Sortierung also nicht wesentlich ändert. Bei großen Datenbasen kann man für $v_i(1)$ die durchschnittliche Häufigkeit des Schlagworts pro Dokument einsetzen (besser noch: die durchschnittliche Häufigkeit unter Nicht-Berücksichtigung der Vorkommnisse in Dokumenten, die bereits als relevant oder teilweise relevant eingestuft wurden).

Wegen der Logarithmierung fallen im übrigen Schätzfehler für $v_i(1)$ oder $v_i(2)$ nicht stark ins Gewicht.

Als weitere Vergröberung, die keine Relevanzbewertungen mehr voraussetzt, könnte man für $v_i(1)$ die durchschnittliche Häufigkeit des i-ten Schlagworts in einem Dokument der Datenbasis ansetzen und für $v_i(2)$ die durchschnittliche Häufigkeit in den Dokumenten, in denen es überhaupt vorkommt; in der Bezeichnungsweise des Abschnitts 4.4 sind das $h_i/N$ und $h_i/k_i$.

Bei dieser Näherung ist $h_i/N$ dann eine gute Schätzung für $v_i(1)$, wenn es keine relevanten Dokumente in der Datenbasis gibt, und sonst zu groß; $h_i/k_i$ ist dann eine gute Schätzung für $v_i(2)$, wenn alle Dokumente, die das i-te Schlagwort enthalten, relevant sind, und sonst zu klein. Angesichts der Tatsache, daß man keinerlei Relevanzbewertungen voraussetzt, ist eine genauere Schätzung aber überhaupt nicht zu erwarten.

Als Gewicht des i-ten Schlagworts für das j-te Dokument erhält

4. Methoden der Informationswiedergewinnung

man dann

$$g(i, j) = h_{ij} \log (N / k_i),$$

also bis auf den Faktor $h_{ij}$ die Funktion $g_2$ des Abschnitts 4.4. Diese Gewichtsfunktion scheint bisher in der Literatur noch nicht vorgeschlagen zu sein.

Ein anderer, bisher noch nicht begangener Weg sei hier angedeutet. Der theoretische Ansatz ergab, daß $\sum z_i b_i$ mit geeigneten Konstanten $b_i$ ein sinnvolles Sortierkriterium ist. Wenn man nun für einige Dokumente eine Relevanzbewertung und damit eine Rangfolge, möglicherweise mit zahlreichen "Bindungen" (gleicher Rangplatz für mehrere Dokumente), kennt, kann man versuchen, die $b_i$ so zu bestimmen, daß man die gleiche Rangfolge erhält. Vereinfachend kann man die Fehlerquadratsumme

$$\sum_j \left( \sum_i z_{ij} b_i - r_j \right)^2$$

minimieren, wobei $r_j$ die Relevanzbewertung des j-ten Dokuments ist. In der üblichen Weise erhält man das lineare Gleichungssystem

$$\sum_i b_i \sum_j z_{ij} z_{lj} = \sum_j z_{lj} r_j \ , \quad l=1,\ldots,I$$

(I ist die Zahl der Schlagworte). Allerdings kann es vorkommen, daß die Lösung für einzelne $b_i$ negativ wird. Für sinnvolle Schlagworte muß man aber $b_i > 0$ fordern. In diesem Falle hat man ein Problem der quadratischen Programmierung vor sich.


## 4.4 Rangfolgesortierung


Die in Abschnitt 4.1 behandelten Suchoperatoren teilen die Menge der Dokumentationseinheiten in zwei Untermengen ein: in die, die die Suchbedingung erfüllen und in den Rest. Vom theoretischen Standpunkt aus ist aber eine feinere Untergliederung nach dem voraussichtlichen Nutzen einer DE für den Benutzer wünschenswert, möglichst sogar eine vollständige Sortierung aller DEs oder wenigstens aller derjenigen, die möglicherweise einen Beitrag zur Lösung des Problems bringen (das heißt, die als völlig irrelevant eingestuften DEs brauchen untereinander nicht weiter sortiert zu werden).

Rangfolgesortierungen stellen ein sehr erfolgreiches, aber bisher viel zu wenig ausgenütztes Instrument zur Unterstützung des Benutzers dar; leider wird ein solches Verfahren bislang nur von wenigen Dokumentationssystemen angeboten.


156

## 4.4.1 Ausgangsdaten

Der Sinn der Rangfolgesortierung (des Rangierens; englisch: ranking) ist es, die wichtigsten Dokumentationseinheiten an den Anfang der dem Benutzer angebotenen Liste zu stellen. Wie wir in Abschnitt 4.3.1 gezeigt hatten, kann der Computer nicht die tatsächliche Bedeutung einer DE für den Benutzer errechnen; er kann lediglich aus verschiedenen Ausgangsdaten Gewichte der gefundenen Dokumente ermitteln, von denen man annimmt, daß sie mit deren Bedeutung stark korrelieren.

Im einfachsten Fall wird abgezählt, wieviele Suchterme in einer DE vorkommen; Ausgangsdaten sind hier die Variablen $k_{ij}$ mit dem Wert 1, wenn der i-te Term im j-ten Dokument vorkommt, und 0 sonst. Die Gewichtsfunktion ist

$$g(j) = \sum_{i \in I} k_{ij}, \qquad I = \text{Menge der Suchterme.}$$

Statt von dieser Indikatorfunktion kann man von der Häufigkeit eines Terms in einem Dokument ausgehen; hierbei ist aber sicher zu berücksichtigen, ob der Term insgesamt sehr häufig oder selten ist. Weiterhin kann man die Häufigkeiten in der ganzen Datenbasis oder nur innerhalb der Menge der gefundenen Dokumente heranziehen, das heißt derjenigen DEs, die sich auf die Suchfrage (beispielsweise mit booleschen Operatoren) qualifiziert haben. Dies führt zu den folgenden Ausgangsdaten:

1. Häufigkeit $h_{ij}$ des i-ten Terms in der j-ten DE;

2. Indikatorfunktion $k_{ij} = \min(h_{ij}, 1)$;

3. Häufigkeit des i-ten Terms in der Datenbasis $h_i = \sum_j h_{ij}$;

4. Häufigkeit des i-ten Terms in der Menge J der gefundenen Dokumente $h*_i = \sum_{j \in J} h_{ij}$;

5. Zahl der Dokumente, die den i-ten Term enthalten $k_i = \sum_j k_{ij}$;

6. Zahl der gefundenen Dokumente, die den i-ten Term enthalten $k*_i = \sum_{j \in J} k_{ij}$;

7. Zahl der Terme in einem Dokument $t_j = \sum_i h_{ij}$;

8. Zahl der verschiedenen Terme in einem Dokument $t*_j = \sum_i k_{ij}$.

## 4. Methoden der Informationswiedergewinnung

Die Werte 1. bis 6. können aus den Zielpunktlisten ermittelt werden, wenn diese alle Vorkommnisse eines Wortes in einer DE verzeichnen. Ist das nicht der Fall, so sind nur 2., 5. und 6. unmittelbar zugänglich.

Einige andere mögliche Ausgangsdaten sind nicht aus den Worthäufigkeiten in der Datenbasis ableitbar:

9. Bei der Indexierung des j-ten Dokumentes dem i-tem Term zugeordnetes Gewicht $d_{ij}$;

10. Bei der Suche dem i-ten Term zugeordnetes Gewicht $s_i$.

Aus $d_{ij}$ lassen sich ähnlich wie aus $h_{ij}$ weitere Daten ableiten. Das Gewicht $s_i$ kann bei ausführlichen Frageformulierungen in natürlicher Sprache die Häufigkeit des i-ten Wortes in der Suchfrage sein.

Weitere Angaben sind denkbar und teils in theoretischen Überlegungen erörtert, teils in experimentellen Untersuchungen benutzt worden, so Häufigkeiten des gemeinsamen Auftretens von zwei Termen in einem Dokument und Relevanzbewertungen einzelner aufgefundener Dokumente in iterativen Verfahren.


### 4.4.2 Gewichtsfunktionen

Die oben genannten Maßzahlen sollen nun dazu verwendet werden, die gefundenen Dokumente zu gewichten. Sicherlich ist ein Dokument, das ein sonst seltenes Suchwort mehrmals enthält, mit größerer Sicherheit relevant als ein anderes, in dem ein oft benutztes Suchwort ein- oder zweimal vorkommt. Kommt ein Suchwort in einem kurzen Dokument ebenso oft vor wie in einem langen, so sollte dem ersten ein größeres Gewicht gegeben werden.

An diesen Beispielen sieht man, daß man nicht einfach die Termhäufigkeiten $h_{ij}$ oder die Indikatorfunktionen $k_{ij}$ als Gewicht verwenden sollte, sondern daß gewisse "Normierungen" angebracht sind. Der Phantasie sind keine Grenzen gesetzt, wie eine solche Normierung aussehen könnte, und tatsächlich sind in der Literatur schon mehrere Dutzend verschiedene Gewichtsfunktionen vorgeschlagen worden. Für jede kann man eine Begründung finden, warum gerade sie besonders geeignet sein sollte, wobei auch der Rechenaufwand eine Rolle spielt.

Wir wollen anschließend einige typische Gewichtsfunktionen mit den gedanklichen Modellen, die ihnen zugrunde liegen, vorstellen. Wir geben jeweils das Gewicht an, das ein im Dokument vorkommendes Suchwort diesem Dokument verleiht; das Gewicht des Dokuments ist dann die Summe über die Gewichte aller Suchworte. Das Dokument habe die Nummer j, das Suchwort die Nummer i.

158

**Unsere Überlegungen in Abschnitt 4.3.3 führten zu**
$$g(i,j) = h_{ij} \log (N/k_i);$$
diese Gewichtsfunktion wird hier nicht weiter verwendet, weil für
sie keine Vergleiche mit den anderen Gewichtsfunktionen – das ist
das Ziel des folgenden Abschnitts 4.4.3 – vorliegen.

Die einfachste Gewichtsfunktion ist
$$g_1(i,j) = 1,$$
d.h. jedes im Dokument j vorkommende Suchwort trägt mit dem
Gewicht 1 zum Gesamtgewicht bei.

Die Wahrscheinlichkeit, daß ein zufällig herausgegriffenes Dokument den i-ten Term enthält, ist $k_i/N$ (N ist die Anzahl der
Dokumente in der Datenbasis). Der Informationsgehalt dieses Terms
bezüglich eines Dokuments, in dem er vorkommt, ist somit
$ld(N/k_i)$. Wenn das Vorkommen der einzelnen Suchwörter unabhängig voneinander ist, addieren sich die Informationsgehalte, so
daß die Gewichtsfunktion
$$g_2(i,j) = \log (N/k_i),$$
die sich davon nur um einen konstanten Faktor unterscheidet,
eine sinnvolle Grundlage einer additiven Bewertung darstellt.

Die unterschiedliche Länge der Dokumente wird berücksichtigt bei
Gewichtsfunktionen wie
$$g_3(i,j) = 1/t*_j$$
und
$$g_4(i,j) = h_{ij}/t_j.$$

Die unterschiedliche Häufigkeit eines Terms in der Datenbasis
wird ausgeglichen durch Gewichtsfunktionen wie
$$g_5(i,j) = 1/k_i.$$
und
$$g_6(i,j) = h_{ij}/h_i.$$

Daneben gibt es kompliziertere Funktionen auf heuristischer
Basis. Zu den fünf Algorithmen von QUIC/LAW (Queen's University,
Kingston, Ontario), die von STAIRS übernommen wurden, zählen
$$g_7(i,j) = h_{ij}\, h_i/k_i$$
und
$$g_8(i,j) = h_{ij}\, k_i/(h_i - h_{ij})$$
(STAIRS-Algorithmen A und E).


Eine statistische Überlegung liegt den folgenden Gewichtsfunktionen zugrunde. Die Wahrscheinlichkeit, daß ein zufällig aus der
Datenbasis herausgegriffenes Wort gerade der i-te Term ist, ist
$h_i/\sum h_d$, wobei über alle in der Datenbasis vorkommenden Terme
summiert wird. Die Wahrscheinlichkeit, daß ein aus dem j-ten
Dokument zufällig herausgegriffenes Wort gerade der i-te Term
ist, ist dagegen $h_{ij}/t_j$. Je mehr beide Werte voneinander abweichen, desto signifikanter ist das Vorkommen des i-ten Terms im
j-ten Dokument. Als Maß für die Abweichung kann man die Differenz
oder den Quotienten verwenden oder aber die durch die Standardabweichung dividierte Differenz: Bei Wahrscheinlichkeiten nahe

## 4. Methoden der Informationswiedergewinnung

null ist die Standardabweichung näherungsweise die Wurzel aus der
Wahrscheinlichkeit; als Gewichtsfunktion erhält man so

$$g_9(i,j) = \left( \frac{h_{ij}}{t_j} - \frac{h_i}{\sum h_d} \right) \bigg/ \sqrt{\frac{h_i}{\sum h_d}} \ .$$

(Caroll und Roeloffs 1969). Die Summation über d soll hier wie im
ganzen Abschnitt über alle in der Datenbasis vorkommenden Terme
laufen. Statistisch korrekter wäre der folgende Ansatz. Im
Dokument der Länge $t_j$ kann man aufgrund der Häufigkeit in der
gesamten Datenbasis

$$\frac{t_j \, h_i}{\sum h_d}$$

Vorkommnisse des i-ten Terms erwarten mit einer Poisson-Verteilung, für die dieser Erwartungswert zugleich die Varianz ist. Die
Abweichung des beobachteten Wertes in Vielfachen der Standardabweichung ist dann

$$g_{10}(i,j) = \left( h_{ij} - \frac{t_j \, h_i}{\sum h_d} \right) \bigg/ \sqrt{\frac{t_j \, h_i}{\sum h_d}} \ ;$$

dies unterscheidet sich von $g_9$ um einen Faktor $t_j^{-1/2}$.

Ähnliche Überlegungen kann man für die Indikatorfunktionen an-
stellen; die zu vergleichenden Werte sind dann $1/t*_j$ und $k_i/\sum k_d$.

Soweit in den obigen Formeln die Zahl der Wörter in einem
Dokument oder in der Datenbasis auftaucht, kann man sich fragen,
ob die Trivialwörter mitzuzählen sind. Diese machen einen bestimmten Anteil an jedem Dokument und somit auch an der gesamten
Datenbasis aus. Dieser Anteil geht, für alle Terme gleich,
multiplikativ in die Formel ein; da es letztlich nur auf die
relativen Gewichte zur Bestimmung der Rangfolge ankommt, spielt
diese Frage also keine Rolle. Statt der exakten Anzahl der Terme
kann man mit ausreichender Genauigkeit auch ein anderes Maß für
die Dokumentlänge benutzen.

Eine weitere Variante ergibt sich, wenn man statt von der
gesamten Datenbasis nur von den aufgefundenen Dokumenten ausgeht,
also $h_i$ durch $h*_i$ und $k_i$ durch $k*_i$ ersetzt. Diese Teilmenge
dürfte in der Regel in sich homogener sein.

### 4.4.3 Vergleich von Rangfolge-Algorithmen

Angesichts der großen Zahl vorgeschlagener Algorithmen - Abschnitt 4.4.2 brachte nur eine Auswahl - erhebt sich die Frage, welche davon die besten Suchergebnisse liefern. Hierfür gibt es bisher kaum Untersuchungen. Verfahren mit der Relevanzbewertung einiger Dokumente durch den Benutzer fallen unter Abschnitt 4.6 und werden hier nicht behandelt.

Zunächst einmal ist klar, daß eine Rangfolgesortierung im Anschluß an eine Suchfrage den Wert des Suchergebnisses für den Benutzer nur steigern kann: Man kann sich in beiden Fällen sämtliche aufgefundenen Dokumente ansehen; wenn man aber vorzeitig abbrechen will, hat man beim Rangieren die größere Chance, einschlägige DEs zu finden. Diese Gegenüberstellung - gleiche Frageformulierung mit oder ohne Rangieren - entspricht aber nicht der Praxis. Da steht man vor der Entscheidung, entweder durch geeignete Einengung der Suchfrage die Zahl der gefundenen DEs auf eine überschaubare Anzahl zu reduzieren oder nach einer weit formulierten Suchfrage und Rangfolgesortierung nur die ersten Dokumente zu inspizieren, bis man glaubt, genügend Informationen erhalten zu haben. Das erste Verfahren birgt die Gefahr, daß wichtige Dokumente durch eine zu enge Formulierung ausgeschlossen werden; beim zweiten könnten sie an so hoher Stelle einsortiert werden, daß der Benutzer sie nicht mehr zur Kenntnis nimmt.

Die Frage nach der besseren Vorgehensweise ist bislang nicht entschieden. Ein begrenztes Experiment (Weihermüller 1976, 40 Suchfragen gegen 1003 Gerichtsentscheidungen im Langtext) mit den STAIRS-Algorithmen (unter anderem $g_7$ und $g_8$) weist darauf hin, daß man damit schnell nahezu gleichgute Ergebnisse wie nach einer ausgedehnten Suche, die sowohl boolesche als auch und Kontextoperatoren verwendet, erhält. In einem anderen Fall führte die Verwendung einer einfachen Gewichtsfunktion (ähnlich $g_2$, aber mit ganzzahligen Gewichten, Sparck Jones 1972) zu mindestens ebenso guten Ergebnissen wie eine Reihe ausgeklügelter Suchstrategien, u.a. Thesaurusbenutzung, bei drei Datenbasen mit Kurztexten.

Die erstgenannte Untersuchung erbrachte außerdem, daß der STAIRS-Algorithmus A, der vom System gewählt wird, wenn man nicht ausdrücklich einen anderen angibt, mit Abstand schlechter als die übrigen ist; am besten schneidet Algorithmus E ($g_8$) ab.

### Klasseneinteilung der Algorithmen

In einer anderen Untersuchung (34 der oben erwähnten 40 Suchfragen) wurden 22 Algorithmen gesammelt und die meisten davon miteinander verglichen (Sager 1975; Sager und Lockemann 1976). Zunächst wurden die Algorithmen aufgrund ähnlicher Rangfolge der gefundenen Dokumente in Klassen eingeteilt; es ergaben sich zwanglos vier Klassen, wobei alle STAIRS-Algorithmen in die gleiche Klasse fielen. Die Klassen können wie folgt charakteri-

# 4. Methoden der Informationswiedergewinnung

siert werden.

Klasse 1: 4 sehr einfach aufgebaute Algorithmen, u.a. $g_1$, $g_2$ und $g_5$.
Klasse 2: 1 Algorithmus ($g_6$).
Klasse 3: 5 Algorithmen, bei denen $h_{ij}$ den Hauptanteil ausmacht, in 4 Fällen mit einem Korrekturfaktor aus Termhäufigkeiten (die 5 STAIRS-Algorithmen, u.a. $g_7$ und $g_8$).
Klasse 4: 4 Algorithmen, bei denen die Häufigkeit eines Terms in einer DE mit der Dokumentlänge korrigiert wird, nämlich $g_4$ und drei Algorithmen (u.a. $g_9$) aufgrund der Überlegungen, die zu $g_9$ geführt haben.

Neun Algorithmen wurden genauer untersucht anhand von intellektuell ermittelten Relevanzbewertungen der meisten Dokumente, die an den ersten 10 Rangplätzen auftauchen. Zwei Funktionen der Klasse 4, unter anderem $g_9$, befanden sich bei allen Vergleichskriterien (Anzahl bzw. Prozentsatz relevanter Dokumente auf den vorderen Plätzen und korrelationsähnliche Maße für die Ähnlichkeit zwischen Benutzer- und Systembewertung) ziemlich unangefochten an der Spitze, dicht gefolgt von $g_6$ (Klasse 2), während die Algorithmen der Klasse 3 deutlich die schlechtesten waren. Die Ergebnisse sind im einzelnen nicht sehr sicher; an der Tendenz kann jedoch kaum ein Zweifel bestehen. Eine Wiederholung der Tests an anderen Daten wäre äußerst wünschenswert.

Noch interessanter als diese Vergleiche zwischen einzelnen Algorithmen ist ein ganz anderes Ergebnis. Es wurden mehrere Algorithmen kombiniert, indem die Rangzahlen eines Dokuments addiert und die Dokumente nach dieser Summe sortiert wurden. Wenn die zwei, drei oder vier Algorithmen aus verschiedenen Klassen stammten, so erhielt man wesentlich bessere Ergebnisse als mit den beteiligten einzelnen Algorithmen; die Kombinationen aus vier klassenfremden Algorithmen zeigten untereinander nur geringe Qualitätsunterschiede und waren allesamt besser als der beste Einzelalgorithmus, selbst wenn man aus jeder Klasse das schlechteste Mitglied auswählte!

Ein Erklärungsversuch für diese überraschende Feststellung ist dies: Ein stark relevantes Dokument wird in der Regel bei allen sinnvollen Algorithmen einen einigermaßen guten Platz einnehmen; ein wenig brauchbares Dokument, das bei manchen Gewichtsfunktionen auf einen der vorderen Plätze rutscht, wird bei anderen eine sehr hohe Rangzahl erhalten. Bei der Summenbildung werden solche Dokumente aus der Spitzenposition verdrängt.

Es gibt eine Reihe weiterer Experimente, meist nur mit sehr wenigen Algorithmen und ebenfalls mit beschränkter Genauigkeit (typischerweise 200 bis 800 Dokumente und 25 bis 100 Suchfragen); als Beispiel sei (Sparck Jones 1973) genannt. Generell erweisen sich bereits die einfachen Algorithmen, z.B. Gewichtung mit der Termhäufigkeit $h_{ij}$, oder die logarithmische Funktion $g_2$, der reinen Abzählung verschiedener Suchterme in einem Dokument als überlegen. Verfeinerungen, die die Häufigkeit des Terms in der

Datenbasis  oder  die  Länge  des  Dokuments  berücksichtigen,  schneiden  nicht  schlechter  und  in  vielen  Fällen  deutlich  besser  ab;
manchmal  erbringt  die  Einbeziehung  der  Dokumentlänge,  manchmal
die  der  Termhäufigkeit  den  größeren  Gewinn.


## 4.5 Cluster-Verfahren

Die  Grundidee  der  Cluster-Verfahren  ist  es,  die  Datenbasis
in  Teilmengen  (Cluster)  aufzuteilen,  die  in  sich  inhaltlich
möglichst  homogen  sind;  der  Suchprozeß  besteht  dann  in  zwei
Schritten,  nämlich  im  Auffinden  eines  oder  einiger  Cluster,  deren
Repräsentanten  eine  starke  Ähnlichkeit  mit  der  Suchfrage  aufweisen,  und  in  der  nachfolgenden  Inspektion  der  zu  diesen
Clustern  gehörenden  Dokumente.

Für  dieses  Vorgehen  gibt  es  zwei  Begründungen.  Meistens  wird  die
Ersparnis  an  Rechenzeit  angeführt:  Statt  mit  allen  Dokumenten  der
Datenbasis  braucht  die  Suchfrage  nur  mit  den  Repräsentanten  der
Cluster  und  mit  den  in  diesen  ausgesuchten  Clustern  enthaltenen
Dokumenten  verglichen  zu  werden.  In  der  Tat  kann  die  Bearbeitung
der  Zielpunktlisten  großer  Datenbasen  mit  mehreren  hunderttausend
oder  gar  einigen  Millionen  Dokumenten  sehr  zeitaufwendig  werden,
wenn  die  Suchfrage  einige  sehr  unspezifische  Suchwörter  enthält.
Die  zweite  Begründung  geht  dahin,  daß  ein  Cluster  ein  relevantes
Dokument  enthalten  kann,  das  selbst  von  der  Suchfrage  nicht
erfaßt  wird  (z.B.  wegen  abweichender  Terminologie  oder  Indexie-
rungsfehlern),  das  aber  aufgrund  seiner  Ähnlichkeit  zu  anderen
relevanten  Dokumenten  in  einem  der  nachgewiesenen  Cluster  liegt
und  daher  dem  Benutzer  zur  Kenntnis  gebracht  wird.

Cluster-Verfahren  werden  bisher  nur  in  experimentellen  Systemen
eingesetzt,  die  typischerweise  einige  hundert  oder  wenige  tausend
Dokumente  enthalten.  Besonders  zu  nennen  sind  hier  die  zahlreichen  Untersuchungen  von  G.  Salton  und  Mitarbeiter  mit  dem
Retrieval-System  SMART,  siehe  Abschnitt  6.1.5.  Dementsprechend
wird  den  Cluster-Verfahren  in  Saltons  Büchern  (Salton  1968;
Salton  1971;  Salton  1975)  breiter  Raum  gewidmet.


### 4.5.1 Grundlagen

Cluster-Verfahren  wurden  schon  früh  in  der  Biologie  zur  Taxonomie
benutzt,  also  zur  systematischen  Gliederung  von  Tier-  und  Pflan-
zenarten  aufgrund  der  zwischen  ihnen  bestehenden  Verwandschaften
und  Ähnlichkeiten.

Es  gibt  zahllose  Algorithmen,  um  aufgrund  numerischer  Angaben

# 4. Methoden der Informationswiedergewinnung

über die Ähnlichkeiten zwischen den zu klassifizierenden Gegenständen Gruppen zu bilden. Die Verfahren sind überwiegend heuristischer Natur, d.h. es liegt kein Modell über die "tatsächliche", nicht unmittelbar beobachtbare Struktur der Gegenstände zugrunde, wie das etwa bei der Diskriminanzanalyse der Fall ist.

Um überhaupt numerische Verfahren einsetzen zu können, benötigt man Ähnlichkeiten oder Abstände zwischen den Objekten. Deren Wahl ist häufig sehr willkürlich. Ähnlichkeiten können durch geeignete, monoton fallende Transformationen in Abstände (ohne Geltung der Dreiecksungleichung) verwandelt werden und umgekehrt. Wir werden hier ohne Beschränkung der Allgemeinheit von Ähnlichkeiten ausgehen und außerdem annehmen, daß diese zwischen 0 und 1 (einschließlich der Grenzen) liegen.

Sei G die Menge der zu klassifizierenden Gegenstände (Objekte) $A_j$, j=1,...,N. Eine Cluster-Einteilung ist eine Menge von Teilmengen (Clustern) $G_i \subset G$ derart, daß die Ähnlichkeiten zwischen Objekten der gleichen Teilmenge möglichst groß, die zwischen Objekten verschiedenen Teilmengen möglichst klein sind. Je nach Konkretisierung von "möglichst groß" und "möglichst klein" erhält man sehr unterschiedliche Verfahren. Es wird weder verlangt, daß alle Teilmengen fremd zueinander sind noch daß alle Objekte einer oder mehreren Teilmengen zugeordnet sind.

Manche Verfahren liefern eine einzige Cluster-Einteilung, andere eine ganze Hierarchie. Das bedeutet, daß jeder Cluster einer Stufe auf der nächstniedrigeren Stufe erneut in einen oder mehrere Cluster aufgeteilt ist.

Die hierarchischen Algorithmen arbeiten entweder von oben nach unten (top-down) oder von unten nach oben (bottom-up). Im ersten Fall wird die Gesamtmenge der Gegenstände in eine Anzahl von Teilmengen zerlegt, und auf jede von diesen wird erneut der Cluster-Algorithmus angewandt und so fort, bis ein geeignetes Abbruchkriterium (z.B. Größe der Teilmengen) erfüllt ist. Im zweiten Fall werden zuerst sehr kleine Cluster gebildet. Zwischen zwei solchen Teilmengen (oder einer Teilmenge und einem einzelnen Objekt) wird in geeigneter Weise eine Ähnlichkeit definiert. Auf die nun verringerte Anzahl von zu klassifizierenden Gegenständen wird der Algorithmus erneut angewandt, bis schließlich nur ein einziger Cluster, die Menge G, übrig bleibt. Einige Möglichkeiten, um die Ähnlichkeit zwischen zwei im Laufe des Verfahrens gebildeten Clustern zu definieren, sind:

1. Man definiert für jeden Cluster einen Cluster-Repräsentanten. Falls die ursprünglichen Objekte Punkte in einem euklidischen Raum sind, kann man deren Schwerpunkt nehmen; unter Umständen sind die Objekte dabei unterschiedlich zu gewichten. Eine andere Möglichkeit besteht darin, ein für den Cluster charakteristisches Dokument auszuwählen. Die Ähnlichkeit zwischen den Clustern ist die Ähnlichkeit zwischen ihren Repräsentanten.

2. Als Ähnlichkeit zwischen den Clustern nimmt man die gemittelte

Ähnlichkeit zwischen je zwei Objekten, eventuell wiederum gewichtet.

3. Die Ähnlichkeit zwischen zwei Clustern ist die maximale Ähnlichkeit zwischen zwei Objekten aus beiden Clustern. Dieser Wert ist besonders einfach zu berechnen.

Viele Cluster-Verfahren arbeiten so, daß die Teilmengen (einer Hierarchiestufe) paarweise fremd zueinander sind; Objekte, die zunächst keinem Cluster angehören, werden in der Regel in einem besonderen Schritt nachträglich dem jeweils ähnlichsten Cluster zugeordnet.

Die einzelnen Cluster (einer Hierarchiestufe) können sehr unterschiedliche Größe haben. Manchmal wird durch Einbezug der Clustergröße in die Ähnlichkeitsdefinition versucht, dies etwas auszugleichen.

Wie man sieht, gibt es unzählige Möglichkeiten zur Konstruktion von Clustern, und man könnte meinen, daß man damit auch jede beliebige Einteilung der Grundmenge erreichen kann. In der Praxis hat sich aber immer wieder gezeigt, daß bei einigermaßen sinnvollen Ähnlichkeitsdefinitionen und bei natürlichen Grundmengen, für die man die Existenz echter Cluster vermuten kann, unabhängig vom Verfahren immer annähernd die gleichen Cluster gefunden werden, wenn man die Parameter der Verfahren (oder die Hierarchiestufen) so wählt, daß man bei den zu vergleichenden Algorithmen auch etwa die gleiche Zahl von Clustern erhält.

Die nächsten Abschnitte behandeln einige Verfahren, die für Dokumentationssysteme von besonderer Bedeutung sind. Die zu klassifizierenden Gegenstände sind Dokumentationseinheiten. Die Verfahren können aber ebenso dazu benutzt werden, Gruppen von Schlagworten zu finden, etwa zur Konstruktion eines Thesaurus; die Ähnlichkeiten zwischen zwei Schlagworten werden typischerweise aus den Häufigkeiten des gemeinsamen Auftretens in einem Dokument berechnet, so wie sich die Ähnlichkeiten zwischen Dokumenten typischerweise aus der Zahl gemeinsamer Schlagworte ergeben.


## 4.5.2 Ähnlichkeiten

Im letzten Abschnitt haben wir die Frage offen gelassen, wie die Ähnlichkeiten zwischen zwei Dokumentationseinheiten festzulegen sind. Auch hier sind der Fantasie keine Grenzen gesetzt.

Die Ähnlichkeiten sollen ein Maß dafür sein, inwieweit zwei Dokumente das gleiche Thema behandeln; sie müssen maschinell errechnet werden können, da bei größeren Datenbasen der Aufwand für eine intellektuelle oder intellektuell gestützte Festlegung unvertretbar hoch wäre; die Anzahl der benötigten Ähnlichkeiten

## 4. Methoden der Informationswiedergewinnung

steigt ja quadratisch mit der Zahl der Dokumente. Daher kommen
als Grundlage für ihre Berechnung in erster Linie die zur
Inhaltsbeschreibung dienenden Angaben in Betracht: Schlagworte,
Deskriptoren, in der Kurzfassung oder im vollen Text vorkommende
Wörter, Sachgebietsklassifikationen. Zusätzlich könnte man Ver-
weisungen zwischen Dokumenten dazu heranziehen.

### Cosinus zwischen Dokumentvektoren

Ein Ähnlichkeitskoeffizient, der beim SMART-System sehr ausgiebig
benutzt wird, ist der Cosinus zwischen den Dokument-Vektoren im
Raum der Terme (Schlagwörter, Deskriptoren, Textwörter usw.).
Jedem Dokument wird ein Vektor zugeordnet, dessen i-te Komponente
gleich eins ist, wenn der i-te Term in diesem Dokument vorkommt;
andernfalls ist sie gleich null. Hierbei läuft i von 1 bis zur
Anzahl der in der Datenbasis benutzten Terme N; es handelt
sich also um Vektoren in einem hochdimensionalen Raum. Allgemein
ist der Cosinus zwischen zwei Vektoren x und y mit den Komponenten $x_i$ bzw. $y_i$

$$\cos(x, y) = \frac{\sum x_i \, y_i}{(\sum x_i^2)^{1/2} \; (\sum y_i^2)^{1/2}} \qquad (1)$$

$$= \frac{(x, y)}{|x| \; |y|} \; .$$

Hierbei bezeichnet $|.|$ die Länge eines Vektors. In unserem Falle
läßt sich das vereinfachen. Sei X bzw. Y die Menge der den beiden
Dokumenten zugeteilten Terme und bezeichne $|.|$ jetzt den Umfang
einer Menge. Dann ist

$$\cos(x, y) = \frac{|X \cap Y|}{|X| \; |Y|} \; .$$

Dieser Ausdruck ist einfach zu berechnen. Er hat den Wert null,
wenn die beiden Dokumente keine Terme gemeinsam haben.

Eine offensichtliche Unzulänglichkeit der obigen Funktion ist es,
daß alle Wörter gleich behandelt werden, unabhängig davon, ob
sie selten oder häufig in der Datenbasis vorkommen, ob es sich um
fachspezifische oder allgemeinsprachliche Wörter handelt und sie
im Dokument einmal oder sehr oft auftreten. Man kann dies etwas
abmildern, indem man Wörter mit sehr allgemeiner Bedeutung
unberücksichtigt läßt, seltene Wörter mit sinnverwandten zusammenfaßt und, soweit natürlich-sprachliche Texte die Grundlage für
den Algorithmus bilden, nicht nur die Wortformen auf die Grundform, sondern diese weiter auf den Wortstamm reduziert.

Für jeden Cluster wird ein Repräsentant benötigt, aus dessen
Koordinaten die Ähnlichkeit mit anderen Einzel-Dokumenten oder

Clustern berechnet wird. Es läge nahe und wäre mathematisch problemlos möglich, hierfür den Schwerpunkt der Dokumente des Clusters zu nehmen; dessen i-te Komponente $s_i$ wäre dann das arithmetische Mittel der i-ten Komponenten der Cluster-Mitglieder. Statt dessen wird häufig ein anderer Repräsentant gewählt, dessen i-te Komponente $s_i$ definiert ist durch

$$s_i = \begin{cases} 1 & \text{wenn } s_i \geq t \\ 0 & \text{wenn } s_i < t \end{cases}$$

mit einer geeigneten Schranke t. Man erhält so einen Repräsentanten, der sich formal nicht von einem Dokumentvektor unterscheidet. Auf der anderen Seite bedeutet das eine gewisse Willkürlichkeit in der Wahl von t und einen Informationsverlust: Terme, deren Häufigkeitsanteil t nicht erreicht, werden unterdrückt, und solche, deren Häufigkeitsanteil t gerade erreicht, werden ebenso gewichtet wie andere, die in allen Dokumenten des Clusters vorkommen.


## Andere Ähnlichkeitsmaße

Neben der oben angegebenen Ähnlichkeit sind zahlreiche andere Festlegungen möglich und auch benutzt worden. Insbesondere kann man die Häufigkeit der Terme im Dokument und in der gesamten Datenbasis berücksichtigen.

Man kann in Formel (1) $x_i$ und $y_i$ ersetzen durch eine der Gewichtsfunktionen, die bei der Rangfolgesortierung (Abschnitt 4.4.2) verwendet werden. Nimmt man die einfachste Funktion, nämlich $g_1$, so erhält man gerade (1): $x_i$ hat den Wert 1, wenn das i-te Wort im Dokument vorkommt, sonst den Wert 0. Das hier durch die Bezeichnung x festgelegte Dokument wird dort durch den Index j beschrieben; den Werten $x_i$ und $y_i$ entsprechen dort also die Gewichte g(i,j) und g(i,k).

Der Nenner in (1) dient der Normierung: Die Ähnlichkeit eines Dokuments mit sich selbst soll für alle Dokumente gleich sein (hier gleich eins). Dies kann man auch auf andere Weise erreichen, z.B. durch den Nenner

$$\sum x_i{}^2 + \sum y_i{}^2 - \sum x_i\, y_i \; .$$

Wenn die einzelnen Koordinanten nur die Werte 0 und 1 annehmen können, sind noch einfachere Ähnlichkeitsmaße möglich und auch benutzt worden, z.B. als Maß für die Übereinstimmung der den beiden Dokumenten zugeordneten Terme

$$\frac{2 \sum x_i\, y_i}{\sum x_i + \sum y_i} = 2\, \frac{|X \cap Y|}{|X| + |Y|}$$

oder auch unter Einbeziehung der in beiden Dokumenten nicht

## 4. Methoden der Informationswiedergewinnung

vorkommenden Terme

$$(\sum x_i \, y_i + \sum (1 - x_i) \, (1 - y_i) \, ) \, / \, M,$$

wobei M die Gesamtzahl der Terme ist (alle Indizes laufen
also von 1 bis M).

Die Auswahl unter diesen Ähnlichkeitsmaßen richtet sich nach
den verfügbaren Daten (etwa danach, ob nur die Zuordnung von
Termen zu Dokumenten oder auch ein Gewicht, beispielsweise aus
Vorkommenshäufigkeiten berechnet, bekannt ist) und nach dem
rechnerischen Aufwand, den man zu treiben bereit ist. Vereinzelt
liegen Untersuchungen darüber vor, mit welchen Ähnlichkeitsfunk-
tionen man anschließend die besseren Retrieval-Resultate erhält
(z.B. Salton 1968, Kap. 7-2), diese beziehen sich jedoch wie fast
alle solchen Experimente nur auf recht beschränkte Datenbasen.


### 4.5.3 Ähnlichkeitsgraphen

Aus den irgendwie gewonnenen Ähnlichkeiten sind nun Cluster zu
konstruieren. Einige Verfahren benutzen dazu den Ähnlichkeits-
graphen. Jedes Dokument wird durch einen Knoten repräsentiert,
jede Ähnlichkeit, die über einer vorgegebenen Schwelle liegt,
durch eine Kante zwischen den zugehörigen Knoten. Im häufig
benutzten "Single-link-Verfahren" stellt jede zusammenhängende
Komponente des Graphen einen Cluster dar; die Cluster sind
elementfremd. Dagegen bilden die maximal vollständigen Sub-
graphen, die in diesem Zusammenhang auch Cliquen genannt werden,
Cluster, die sich überlappen können und in der Regel erheblich
überlappen. Ein maximal vollständiger Subgraph ist eine Teilmenge
des Graphen derart, daß alle Paare von Knoten durch eine Kante
verbunden sind und daß es keinen weiteren Knoten gibt, bei dessen
Hinzunahme diese Eigenschaft erhalten bleibt.

Bei Variation der Schwelle, ab der eine Ähnlichkeit eine Kante
bildet, ergibt sich eine Hierarchie von Clustern. Setzt man die
Schwelle gleich eins (der Ähnlichkeit eines Dokuments mit sich
selbst), so gibt jedes Dokument einen eigenen Cluster sofern, wie
es meistens der Fall sein dürfte, nicht identische Dokumente eine
Ähnlichkeit kleiner als eins aufweisen. Bei Verringerung der
Schwelle kommen mehr und mehr Kanten hinzu und die Cluster werden
größer, sowohl beim Single-link-Verfahren wie bei den Cliquen.
Setzt man die Schwelle gleich null, so bildet die gesamte
Datenbank einen einzigen Cluster.

Zur Ermittlung der Cluster-Struktur benötigt man die Ähnlichkeiten zwischen allen Dokumentpaaren. Diese müssen der Größe nach
sortiert werden; bei N Dokumenten und $N(N - 1)/2$ Ähnlichkeiten
bedeutet das, daß die Zeit für die Berechnung quadratisch in N
ist und das Sortieren mit $N^2 \log N$ geht.

Man kann allerdings die Zahl der zu berechnenden Ähnlichkeiten
erheblich reduzieren, indem man ausnutzt, daß die meisten Doku-
mentpaare keine gemeinsamen Schlagworte und damit die Ähnlichkeit
0 haben: Man betrachtet in der Umkehrdatei jedes Schlagwort und
berechnet dann die Ähnlichkeiten zwischen den gemeinsam mit
diesem Schlagwort indexierten Dokumenten. Dabei könnte es passieren, daß manche Ähnlichkeiten mehrfach berechnet werden; durch
eine geschickte Anordnung läßt sich das vermeiden. Eine weitere
Reduzierung des Aufwands erreicht man, wenn man sehr häufig
vorkommende, wenig aussagekräftige Schlagworte ignoriert (Willett
1981).

Die Clusterbildung setzt mit der größten vorkommenden Ähnlichkeit
ein; die betreffenden Dokumente werden beim Single-Link-Verfahren
zu einem Cluster vereinigt. Die weiteren Ähnlichkeiten werden der
Größe nach abgearbeitet. Es gibt jeweils vier Möglichkeiten: Wenn
beide Dokumente noch keinem Cluster angehören, so bilden sie
einen neuen Cluster; wenn nur ein Dokument bereits einem Cluster
angehört, so wird das andere diesem hinzugefügt; gehören sie
verschiedenen Clustern an, so werden diese vereinigt; gehören sie
dem gleichen Cluster an, so geschieht nichts. Nach jedem Schritt
erhält man eine neue Cluster-Einteilung mit jeweils einem Cluster
weniger. Auf diese Weise kann man die gesamte Cluster-Hierarchie
erzeugen. Die Tiefe der Hierarchie, die Anzahl der Knoten
zwischen einem Dokument und der Spitze des Baumes, kann für jedes
Dokument verschieden sein. Im Extremfall wird immer ein weiteres
Dokument zum gleichen Cluster hinzugefügt, so daß die Zahl der
Knoten zwischen N - 2 für die ersten beiden Dokumente und 0 für
das letzte schwankt.

Bei der Cliquen-Bildung ist das Verfahren noch komplizierter, da
die Cliquen sich überlappen können.

In beiden Fällen können, wie bei den meisten Cluster-Verfahren,
auf einem gegebenen Ähnlichkeits-Niveau die bestehenden Cluster
sehr unterschiedliche Größe haben; typischerweise gibt es neben
einem großen Cluster mit Dokumenten aus dem inhaltlichen Schwer-
punktsbereich der Datenbasis viele kleinere Cluster und auch
zahlreiche noch gar nicht zugeordnete Dokumente, die entweder
ungenügend deskribiert worden sind oder aus Randgebieten stammen.


### 4.5.4 Clusterbaum-Verfahren

Bei großen Datenbasen scheitern die meisten Cluster-Verfahren
daran, daß die Zahl der zu berechnenden Ähnlichkeiten quadratisch
mit der Zahl der Dokumente steigt. Das folgende Verfahren
(Williamson 1977) ist dagegen im wesentlichen linear. Darüber
hinaus können neue Dokumente in dem Maße hinzugefügt werden, wie
die Datenbasis wächst.

Die Hauptidee ist, ein neu hinzukommendes Dokument wie eine

## 4.  Methoden der Informationswiedergewinnung

Suchfrage zu behandeln und in einer hierarchischen Cluster-
struktur ein oder mehrere Cluster zu finden, die eine möglichst
hohe Ähnlichkeit mit ihm aufweisen; diesen wird es zugeordnet.
Wird ein Cluster zu groß, dann wird er geteilt.

Etwas genauer funktioniert das Verfahren in der folgenden Weise.
Die Hierarchie besteht aus einer festen Anzahl von Stufen, die
für alle Cluster gleich ist. Ein neu hinzukommendes Dokument
wird mit den Cluster-Repräsentanten der obersten Stufe verglichen
und dem ähnlichsten Cluster zugewiesen; danach wird es mit den
"Söhnen" des gefundenen Clusters verglichen und so weiter bis zur
niedrigsten Stufe. Bei jedem Vergleich ist es auch möglich, zwei
oder mehr Cluster auszuwählen; dann erhält man überlappende
Cluster. Alle Cluster der untersten Stufe, die eine kritische
Größe erreichen, werden zunächst markiert. Von Zeit zu Zeit
werden alle markierten Cluster geteilt. Hierzu kann auch ein
aufwendiges Verfahren verwendet werden, da diese Cluster immer
noch klein sind, auch wenn sie inzwischen die kritische Größe
(vielleicht 10 oder 15) erheblich überschritten haben. Die
Teilung bedeutet nicht die Entstehung einer neuen Hierarchiestufe, sondern alle neuen Cluster (das dürften in der Regel zwei
oder drei sein) werden anstelle des alten dem Vater des alten
angehängt, der nun seinerseits die kritische Größe erreichen kann
und dann markiert wird. Nach der Teilung aller markierten Cluster
der untersten Ebene kommt die zweite Ebene an die Reihe und so
weiter; nur wenn die oberste Ebene die kritische Größe erreicht,
muß eine neue Ebene oben drauf gesetzt werden.

Bei einer kritischen Größe von 10 und sechs Stufen (einschließlich der obersten Stufe, die nur einen Cluster enthält, aber ohne
die Blätter des Baumes) kann man, wenn man ohne Überlappung
arbeitet, bis zu einer Million Dokumente unterbringen; jedes neu
hinzukommende Dokument wird in jeder der fünf unteren Hierarchie-
Ebenen mit maximal 10 Cluster-Repräsentanten verglichen. Man
benötigt also 50 Vergleiche anstelle von 1 Million für Verfahren,
die die gesamte Ähnlichkeitsmatrix benötigen. Hinzu kommen die
Vergleiche, die bei der Teilung von Clustern stattfinden. Deren
Anzahl ist nicht genau zu ermitteln, da die Teilung bei unterschiedlicher Größe stattfinden kann. Um eine ungefähre Anzahl zu
finden, nehmen wir an, daß jeweils ein auf die Größe 15
gewachsener Cluster in drei neue aufgespalten wird; dann benötigt
man auf der untersten Stufe für 10 hinzukommende Dokumente
$15.14/2 = 105$ Vergleiche, dazu entsprechend kleinere Anteile an
den Teilmengen der höheren Stufen. Pro Dokument ergibt das einen
Anteil von ungefähr 12 Vergleichen aus den Cluster-Teilungen.

Wenn man Überlappungen zuläßt, ändern sich die Zahlen etwas. Als
Beispiel betrachten wir den Fall, daß auf jeder Ebene im
Durchschnitt einem Dokument 1,2 Cluster der nächsten Ebene
zugewiesen werden (in jedem Cluster der untersten Ebene ist das
Dokument natürlich nur einfach enthalten). Insgesamt ist das
Dokument dann $1,2^5$ Clustern der untersten Ebene zugeordnet,
das sind etwa 2,5. Dementsprechend sind pro Dokument etwa 125
Vergleiche für die Einordnung und ein Anteil von etwa 30 für

Cluster-Teilungen erforderlich, und die Kapazität der sechs Ebenen beträgt nur noch rund 400 000 Dokumente.

Die Cluster, die man erhält, hängen offenbar von der Reihenfolge ab, in der die Dokumente in die Datenbasis gelangen. Dies sieht wie ein Nachteil aus, braucht es aber nicht zu sein. Entscheidend ist letztlich das Retrieval-Verhalten. Da man die Teilung zu groß gewordener Cluster sehr sorgfältig vornehmen kann, bestehen gute Chancen, bei der Suche die richtigen Dokumente zu finden. Wenn in eine Datenbasis Dokumente aus einem völlig neuen Gebiet eingespeist werden, so wird das erste zwar in ein wenig passendes Cluster gesteckt (weil noch kein passendes Cluster existiert); die nachfolgenden Dokumente sollten sich aber an der gleichen Stelle einfinden und nach und nach bei den Teilungen einen eigenen Teilbaum bilden ziemlich unabhängig von der Reihenfolge. Williamson (1977) berichtet, daß bei einem Versuch mit dem SMART-System (1400 Dokumente) diese Methode geringfügig bessere Ergebnisse als eine andere Cluster-Methode (der von Williamson skizzierte Algorithmus von Dattola) erbrachte, aber nur den zehnten Teil an Rechenzeit zur Cluster-Bildung benötigt.


### 4.5.5 Ansätze zu einer Theorie der Cluster-Suche

Wir haben in den vorangehenden Abschnitten die Cluster-Verfahren als heuristische Verfahren beschrieben. Es erhebt sich die Frage, ob es eine Theorie gibt, die Einsichten in ihre Wirkungsweise liefert und Hilfestellung bei der Auswahl unter den Verfahren und ihren frei wählbaren Parametern gibt.

Tatsächlich gibt es zu einer solchen Theorie nur wenige Ansätze (van Rijsbergen 1979; Croft 1978). Da die dabei verwendeten Ideen auch in anderen Zusammenhängen verwendet werden, sollen einige Gedankengänge hier wiedergegeben werden.

Eine Theorie sollte möglichst Antworten oder mindestens Beiträge liefern zu Fragen wie den folgenden:

1. Wie sollten Cluster beschaffen sein? Wie groß sollten sie sein, sollten sie sich überlappen, welches Ähnlichkeitskriterium läßt sich theoretisch begründen?

2. Wie ist der Cluster-Repräsentant festzulegen?

3. Welche Cluster sollen auf eine vorgelegte Suchfrage dem Benutzer vorgelegt oder – je nach Zweck der Cluster-Bildung – zur weiteren maschinellen Suche ausgewählt werden?

4. In welche Cluster sind nachträglich eingespeicherte Dokumente aufzunehmen, sofern eine solche nachträgliche Erweiterung überhaupt vorgesehen ist?

## 4. Methoden der Informationswiedergewinnung

Cluster-Verfahren basieren auf einigen Grundannahmen. Die folgende wird als Cluster-Hypothese bezeichnet: Nahe verwandte Dokumente neigen dazu, bezüglich der gleichen Suchfrage relevant zu sein.

Die Verwandtschaft zwischen zwei Dokumenten oder zwischen einem Dokument und einer Suchfrage ergibt sich aus der Ähnlichkeit des Inhalts. Dieser ist jedoch schwer faßbar, da er das intellektuelle Verständnis des Textes und erhebliches Vorwissen voraussetzt. Eine weitere wichtige Annahme lautet daher: Eine Ähnlichkeit spiegelt sich in den zugeordneten inhaltsbeschreibenden Angaben wieder. Für den Rest dieses Abschnittes wollen wir dabei davon ausgehen, daß die Dokumente und Suchfragen durch Schlagwörter deskribiert sind. Insbesondere stehen also keine Häufigkeiten für das Vorkommen eines Wortes in einem Dokument zur Verfügung. Die Berücksichtigung solcher Häufigkeiten ist möglich, vergrößert aber natürlich den Aufwand.

## Taxonomische Klassifikation

Eine erste Theorie-Ebene bewegt sich auf der Stufe der taxonomischen Beschreibung, wie sie in anderen Wissenschaften, insbesondere in der Biologie, seit langer Zeit betrieben wird. Eine Einteilung der vorgelegten Gegenstände (hier: Dokumente) in Klassen ist umso besser, je geringer die Abweichungen innerhalb einer Klasse sind im Vergleich zu den Abweichungen zwischen den Klassen. Da das Minimum erreicht wird, wenn jedes Element eine eigene Klasse bildet, benötigt man Nebenbedingungen etwa bezüglich der Maximalzahl von Klassen (Clustern). Weiterhin muß ein Abstandsmaß, mit dem man rechnen kann, vorgegeben sein, am einfachsten in der Art, daß jeder Gegenstand durch einen Punkt in einen Euklidischen Raum repräsentiert wird. Das läßt sich in unserem Fall leicht einrichten: Jedem in der Datenbasis vorkommenden Schlagwort entspricht eine Dimension; das $j$-te Dokument erhält die Koordinate $d_{ij} = 1$, wenn es das $i$-te Schlagwort enthält, andernfalls ist $d_{ij} = 0$.

Das Kriterium zur Bildung der Klassen könnte die Minimierung der Quadrate der Euklidischen Abstände zwischen je zwei Elementen einer Klasse sein; das ist algebraisch äquivalent zur Minimierung der quadratischen Abstände zum Klassenschwerpunkt.

Unter den gleichen Ähnlichkeitskriterien sollte der Klassenschwerpunkt zugleich der Cluster-Repräsentant sein. Wenn man jedoch, etwa aus Gründen rechnerischer Vereinfachung, auch vom Cluster-Repräsentanten verlangt, daß er nur Koordinaten 0 und 1 haben darf, muß man

$$\sum_{i} \sum_{j \in J} (d_{ij} - r_i)^2 = min$$

lösen, wobei $r_i$ die $i$-te Koordinate des Repräsentanten darstellt und $J$ die Menge der Indizes der Dokumente des betrachteten

Clusters ist. Diese Summe setzt sich aus Gliedern zusammen, die jeweils nur ein einziges $r_i$ enthalten, so daß man das Minimum für jede Koordinate getrennt bestimmen kann.

Sei $d_i$ das arithmetische Mittel der i-ten Komponenten aller Elemente des Cluster; dann erhält man in üblicher Weise als Lösung für den Repräsentanten

$$r_i = \begin{cases} 0 & \text{falls } d_i < 1/2, \\ 1 & \text{falls } d_i > 1/2; \end{cases}$$

für $d_i = 1/2$ kann man $r_i$ beliebig gleich null oder eins wählen.

Bei der Suche sind analog diejenigen Cluster auszuwählen, deren Repräsentanten den geringsten Abstand zur Suchfrage haben.

Unsymmetrische Schadensfunktion
___________________________________

Die obige Abteilung impliziert, daß für den Benutzer der "Schaden" gleich groß ist, wenn ein Schlagwort einerseits in der Suchfrage, aber nicht im Dokument und andererseits im Dokument, aber nicht in der Suchfrage vorkommt. Dies ist unrealistisch, da überzählige Schlagworte in einem Dokument meist harmlos sind, während fehlende Terme bedeuten, daß das Dokument nur teilweise oder gar nicht relevant ist. Um das zu berücksichtigen, kann man einen Cluster-Repräsentanten suchen, der für jede Komponente

$$\sum_{j \in J} f(d_{ij}, r_i) \quad \text{mit} \qquad \begin{aligned} f(0, 0) &= f(1, 1) = 0, \\ f(0, 1) &= w, \\ f(1, 0) &= 1 \end{aligned}$$

minimiert.

Die Forderung $f(1, 0) = 1$ ist keine unnötige Einschränkung, da es tatsächlich nur auf den Quotienten der beiden Schadenswerte ankommt. Sei $a_i$ die Anzahl der $j \in J$ mit $d_{ij} = 0$ und entsprechend $b_i$ die Anzahl der $j \in J$ mit $d_{ij} = 1$. Dann hat die Summe den Wert $b_i$, wenn man $r_i = 0$ setzt, und $w\,a_i$ für $r_i = 1$. Das Minimum erreicht man somit für

$$r_i = \begin{cases} 0 & \text{falls } b_i < w\,a_i, \\ 1 & \text{falls } b_i > w\,a_i. \end{cases}$$

Das oben eingeführte $d_i$ ist aber $b_i/(a_i + b_i)$; daher kann man das Ergebnis auch so schreiben:

$$r_i = \begin{cases} 0 & \text{falls } d_i < w/(1 + w), \\ 1 & \text{falls } d_i > w/(1 + w). \end{cases}$$

## 4. Methoden der Informationswiedergewinnung

Für w = 1 erhält man wieder das alte Ergebnis.

### Wahrscheinlichkeitstheoretisches Modell

Das folgende Modell geht davon aus, daß es für ein Dokument, beschrieben durch eine Menge von Schlagworten, eine unbekannte aber feste Wahrscheinlichkeit gibt, zu einem bestimmten Cluster zu gehören, und daß es für jeden Cluster Wahrscheinlichkeiten für die Verteilung der Schlagworte gibt.

Wir beschreiben das j-te Dokument durch den Vektor $d_j = (d_{1j}, d_{2j}, ..., d_{Mj})$; hierbei hat die i-te Komponente (i=1,2,...M) den Wert 1, wenn dem Dokument das i-te Schlagwort zugeteilt ist, und sonst den Wert 0. Sei $P(C)$ die Wahrscheinlichkeit, daß ein Dokument zum Cluster C gehört, und $P(b \mid C)$ die Wahrscheinlichkeit, daß ein zu C gehöriges Dokument die Schlagwortkombination $b = (b_1, b_2, ... b_M)$ besitze, wobei wiederum jede Komponente den Wert 0 oder 1 haben kann. Wenn man nun umgekehrt danach fragt, zu welchem Cluster ein vorgelegtes Dokument gehören mag, dann benötigt man die bedingten Wahrscheinlichkeiten $P(C \mid b)$. Nach dem Bayesschen Theorem findet man

$$P(C \mid b) = P(C)\, P(b \mid C) \,/\, P(b).$$

Dies ergibt sich unmittelbar aus der Definition der bedingten Wahrscheinlichkeiten

$$P(b \cap C) = P(b)\, P(C \mid b') = P(C)\, P(b \mid C) \,.$$

Der Nenner $P(b)$ ist uninteressant, da er für alle Cluster gleich ist und nur eine standardisierende Konstante darstellt. Die Wahrscheinlichkeiten $P(C)$ schätzt man als den Anteil der in C befindlichen Dokumente an der Gesamtzahl von Dokumenten in der Datenbasis (oder man vernachlässigt sie, falls alle Cluster annähernd gleich groß sind). Für $P(b \mid C)$ macht man die zusätzliche Annahme, daß die Verteilung der einzelnen Schlagworte unabhängig voneinander ist, d.h.

$$P(b \mid C) = \prod_i P(b_i \mid C).$$

Die letzte Annahme ist unrealistisch; denn auch in einem relativ homogenen Teilbestand, den der Cluster repräsentiert, tendieren manche Schlagworte zum gemeinsamen Vorkommen. Rein formal führt die Annahme der Unabhängigkeit auch dazu, daß mit einer gewissen Wahrscheinlichkeit einem Dokument überhaupt kein Schlagwort zugeteilt wird (oder nur diejenigen, die mit Wahrscheinlichkeit 1 allen Dokumenten dieses Clusters zugeordnet werden). Die Annahme dient dazu, überhaupt rechnen zu können. Aber auch an den anderen Annahmen kann man Kritik üben; so setzt die Existenz von $P(C)$ und die Schätzung durch die relative Häufigkeit $h(C)$ von Dokumenten aus C einen stationären Zustand der Datenbasis voraus. Wenn aber ein neues Gebiet an Bedeutung gewinnt, dann steigt die Wahrscheinlichkeit der zugehörigen Cluster an, ohne daß sich das bereits in der Häufigkeit der vorhandenen Dokumente widerspiegelt.

Doch sehen wir, zu welchen Ergebnissen man mit diesen Annahmen kommt. Sei $d_i$ wie früher der Anteil der Dokumente von C, denen das i-te Schlagwort zugeordnet ist. Um Schwierigkeiten zu vermeiden, wenn ein Schlagwort bisher allen oder aber gar keinem Dokument zugeordnet ist, ist $(N\,d_i + 1/2) / (N + 1)$ eine bessere Schätzfunktion für $P(b_i{=}1|C)$ als $d_i$; um unübersichtliche Formeln zu vermeiden, verwenden wir jedoch trotzdem $d_i$. Entsprechend ist $1 - d_i$ der Schätzwert für $P(b_i{=}0 \mid C)$.

Damit läßt sich der Schätzwert für $P(b_i \mid C)$ schreiben als

$$d_i^{b_i} \; (1 - d_i)^{(1-b_i)} \; ;$$

denn $b_i$ kann nur die beiden Werte 0 und 1 annehmen, und der Ausdruck reduziert sich dabei zu $(1 - d_i)$ bzw. zu $d_i$.

Insgesamt ist der Schätzwert des Logarithmus $\log P(C \mid b)$, mit dem sich leichter rechnen läßt, bis auf eine additive Konstante

$$\log h(C) + \sum_i b_i \, \log d_i + \sum_i (1 - b_i) \, \log (1 - d_i)$$

$$= \log h(C) + \sum_i b_i \, \log \frac{d_i}{1 - d_i} + \sum_i (1 - b_i).$$

Der letzte Term hängt nur vom Dokument ab und ist für alle Cluster gleich; die wesentlichen Bestandteile sind die Summanden des zweiten Terms. Diese sind monotone Funktionen von $d_i$; somit ist es sinnvoll, $d_i$ als Komponenten des Cluster-Repräsentanten zu wählen oder, wenn man nur die Komponenten 0 und 1 zulassen will, den Wert 1 immer dann, wenn $d_i$ einen festzulegenden Schwellwert übersteigt. Das ist wieder die Situation der ersten beiden Modelle.

Man hat auch versucht, die Bedingung der Unabhängigkeit der einzelnen Komponenten aufzuweichen (van Rijsbergen 1979, Kap. 6). Man approximiert dabei nach geeigneter Umnumerierung der Schlagworte $P(b \mid C)$ durch

$$P(b_1 \mid C)\, P(b_2 \mid b_{h(2)}, C)\, P(b_3 \mid b_{h(3)}, C)\, \ldots\, P(b_M \mid b_{h(M)}, C),$$

wobei $h(i)$ die Zahl i auf eine geeignet zu wählende Zahl $h(i) < i$ abbildet. Die bedingten Wahrscheinlichkeiten werden aus den Häufigkeiten gemeinsamen Auftretens von zwei Schlagworten in den Dokumenten des Clusters geschätzt. Das Problem liegt darin, eine Funktion $h(i)$ zu finden, durch die die beobachteten Abhängigkeiten am besten wiedergegeben werden. Ein Graph mit den Knoten i und Kanten von i nach $h(i)$ stellt wegen der Bedingung $h(i) < i$

# 4. Methoden der Informationswiedergewinnung

einen Baum dar, wobei man übrigens jeden beliebigen Knoten zur
Wurzel machen kann. Die Konstruktion dieses Baumes ist nun ein
kombinatorisches Problem: Die Kanten sind so auszuwählen, daß die
Summe ihrer Gewichte zum Maximum wird, wobei das Gewicht einer
Kante von i nach k durch den gegenseitigen Informationsgehalt

$$E \left( \log \frac{P(b_i, b_k \mid C)}{P(b_i \mid C) \, P(b_k \mid C)} \right)$$

gegeben ist.

Die Berechnung der Schätzwerte für solche bedingte Wahrscheinlichkeiten ist bei großen Clustern mit einem erheblichen Aufwand
verbunden und bei kleinen Clustern mit einem beträchtlichen
statistischen Fehler behaftet. Es ist sehr fraglich, ob sich ein
solcher Aufwand lohnt.


## 4.6 Iterative Verfahren

Dokumentationssysteme werden in den meisten Fällen im Dialog
betrieben, und Dialoge sind naturgemäß iterative Verfahren. Der
Benutzer hat aufgrund von Zwischenergebnissen die Möglichkeit,
die Fragestellung zu variieren, und nutzt das in unterschiedlichem Maße aus. Dokumentationssyteme können spezielle Hilfen
bieten, die Suchfrage abzuändern; die wichtigsten Methoden sollen
hier besprochen werden. Einige einfache Verfahren (Abschnitt
4.6.1) werden von kommerziellen Systemen angeboten; tiefgründige
Verfahren beruhen teils auf Intuition und Erfahrung, teils auch
auf theoretischen Überlegungen, gestützt durch Experimente.

Alle Untersuchungen an iterativen Verfahren zeigen, daß diese die
Qualität der Suchergebnisse (gemssen etwa an der Anzahl gefundener einschlägiger Dokumente) erheblich verbessern, insbesondere
wenn sie mit Rangfolgeverfahren kombiniert werden.

Die iterativen Verfahren verwenden im wesentlichen zwei Grund-
ideen:
- Die Suchfrage wird um zusätzliche Schlagworte erweitert, die
  sich aus Thesaurusbeziehungen oder statistischen Verknüpfungen
  mit den ursprünglichen Schlagworten ergeben können oder gefundenen, als einschlägig gekennzeichneten Dokumenten entnommen
  werden; umgekehrt werden Suchworte, die in den als uninteressant eingestuften Dokumenten besonders häufig vorkommen, aus
  der Frage entfernt;
- die Gewichte der Schlagworte werden erhöht oder erniedrigt,
  wenn die Dokumente, in denen sie vorkommen, überwiegend als
  relevant oder nicht relevant eingestuft werden.

## 4.6.1 Dialogunterstützung

Alle Zwischenergebnisse im Dialog, wie Anzeige des Thesaurus oder der Häufigkeiten von Schlagworten, dienen letztlich der Verbesserung der Suchfrage. Hier wollen wir aber einige spezielle Vorkehrungen betrachten.

### Dialogunterstützung bei kommerziellen Systemen

Die meisten Systeme, die echte Thesaurusstrukturen anbieten, gestatten auch deren automatische Einbeziehung in die Suchfrage, das heißt die Erweiterung der Suchfrage um alle jene Schlagworte, die mit den ausgewählten Schlagworten in bestimmten, vom Benutzer anzugebenden Relationen stehen. Bei manchen Systemen werden sogar Synonyme grundsätzlich immer in die Suchfrage einbezogen, was des Guten zuviel ist.

Beim Betrachten der ersten gefundenen Dokumente stellt der Benutzer häufig fest, daß diese weitere Schlagworte enthalten, die für seine Fragestellung wesentlich sind. Solche Schlagworte sollten dann in die Formulierung des Problems aufgenommen werden. Das wird bei TELDOK dadurch erleichtert, daß sich der Benutzer die "Hintergrunddeskriptoren" anzeigen lassen kann, das sind die zur Beschreibung der ausgewählten Dokumente verwendeten Schlagworte, sortiert nach der Häufigkeit in diesen Dokumenten. Der Benutzer kann auf einfache Weise einzelne davon in die Frageformulierung aufnehmen.

Soweit Retrieval-Syteme die Möglichkeit bieten, die Suchwörter durch den Benutzer gewichten zu lassen, bedeutet die nachträgliche Änderung dieser Gewichte aufgrund der ersten gefundenen Dokumente ebenfalls einen kleinen Beitrag zur Verbesserung der Frageformulierung.

Insgesamt gesehen sind die von kommerziellen Systemen angebotenen Hilfen zur iterativen Verbesserung der Formulierung von Suchfragen jedoch als dürftig anzusehen, obwohl insbesondere Salton und Mitarbeiter schon seit vielen Jahren nachgewiesen haben (unter mehreren anderen Veröffentlichungen sei hier auf Salton 1971 verwiesen), daß sich durch vollautomatische und durch teilautomatische, vom Benutzer gesteuerte Iterationsverfahren die Qualität der Ergebnisse sehr erheblich verbessern läßt.

### THOMAS

Ein Versuch, einen echten Dialog zwischen Benutzer und Rechenanlage herzustellen, ist das Programm THOMAS (Oddy 1977).

Allgemein macht sich bei einem Dialog jeder der Partner ein Bild, eine Modellvorstellung von dem, was den anderen interessiert.

# 4. Methoden der Informationswiedergewinnung

Aufgrund dieses Bildes kann der eine die Fragen des anderen beantworten. Wenn das Bild falsch ist, gibt er eine richtige Antwort auf die falsche Frage, so daß der andere Partner versuchen muß, durch Präsizierung des Problems das Bild, das der erste sich davon gemacht hat, zu korrigieren.

Diese Vorstellungen liegen dem Programm THOMAS zugrunde. THOMAS kennt Objekte und Verknüpfungen zwischen ihnen, beispielsweise DEs, Schlagworte und Autoren als Objekte und das Vorkommen von Schlagworten oder Autoren in einer DE, Verweisungen zwischen DEs, Thesaurusbeziehungen und anderes als Verknüpfungen, wobei THOMAS zwischen den Arten von Verknüpfungen nicht unterscheidet.

THOMAS bietet dem Benutzer ein Objekt, vorzugsweise eine DE, an, die möglichst starke Beziehungen zu solchen Objekten hat, die der Benutzer bereits als relevant gekennzeichnet hat; "möglichst stark" wird dabei gemessen als der Anteil der Verknüpfungen zu relevanten Objekten zur Gesamtzahl von Verknüpfungen des fraglichen Objekts. Das Bild, das sich Thomas macht, besteht in den gespeicherten Verknüpfungen (sein "Weltbild") und in den expliziten Relevanzangaben des Benutzers, der bei jedem Objekt sagen kann, aber nicht muß, ob dieses selbst oder, falls es sich um eine DE handelt, welche darin genannten Schlagworte oder Autoren relevant oder nicht relevant sind. Er kann diese Angaben jederzeit ändern, etwa weil er im Verlaufe des Dialogs selbst ein neues Bild seines Problems gewonnen hat. Im Extremfall braucht der Benutzer außer einem Schlagwort als Einstieg in den Dialog nur Relevanzangaben zu den angebotenen Objekten zu machen; die Abfragesprache ist dementsprechend sehr einfach.

THOMAS wurde mit 32 Suchfragen getestet, die zuvor von echten Benutzern eines anderen Systems mit der gleichen Datenbasis bearbeitet worden waren. Als Ergebnis wurde berichtet, daß man mit THOMAS etwa gleich gute Antworten erhält, jedoch mit erheblich geringem Aufwand auf Seiten des Benutzers, gemessen an der Anzahl der einzugebenden Zeichen.

Dieser Test erlaubt kein abschließendes Urteil über THOMAS oder über dieses Konzept eines Dialogsystems, und das Programm ist auch nicht als Ersatz für andere Informationssysteme gedacht. Die Leichtigkeit der Benutzung und die Ähnlichkeit mit dem "browsing", dem Wühlen und Stöbern in einer Auswahl interessanter Dokumente, lassen die Idee jedoch als erfolgversprechend erscheinen.


## 4.6.2 Generierung boolescher Fragen

Ein anderer Vorschlag zur Auswertung von Relevanzurteilen des Benutzers stammt vom Vernimb (Vernimb 1975). Die Grundidee ist diese: Aus den Schlagworten, die in den als relevant bezeichneten Dokumentationseinheiten vorkommen, konstruiert das Retrieval-

System  neue  boolesche  Ausdrücke,  die  es  als  Suchfrage  verwendet,
um  zusätzliche,  ähnliche  und  daher  hoffentlich  auch  relevante  DEs
aufzufinden  und  dem  Benutzer  anzubieten.

Das  Verfahren  besteht  aus  zwei  Phasen,  die  abwechselnd  die
Frageformulierung  einengen  und  erweitern.  Zuerst  werden  alle  in
den  bereits  bekannten  relevanten  DEs  vorkommenden  Schlagworte
danach  sortiert,  wie  einschlägig  sie  für  diese  DEs  sind.  Bei
Vernimb  ist  das  zunächst  die  Anzahl  relevanter  DEs,  in  denen  ein
Schlagwort  vorkommt,  und  wenn  diese  Anzahl  gleich  ist,  die
reziproke  Häufigkeit  in  der  Datenbasis  (d.h.  seltene  Schlagworte
sind  einschlägiger  als  häufig  vorkommende).  Zu  jeder  relevanten
DE  wird  dann  ein  boolescher  Ausdruck  gebildet,  der  aus  einer
Und-Verküpfung  sämtlicher  in  ihr  vorkommender  Schlagworte  besteht;  auf  diesen  Ausdruck  qualifiziert  sich  in  der  Regel  nur  das
Ausgangsdokument.  Deshalb  werden  die  am  wenigsten  einschlägigen
Schlagworte  weggelassen,  bis  sich  eine  vorgegebene  Mindestzahl
von  DEs  qualifiziert  (beispielsweise  10).  Alle  diese  Teilfragen
(eine  je  bekannter  relevanter  DE)  werden  durch  Oder  verknüpft;
das  Ergebnis  wird  dem  Benutzer  zur  Relevanzbewertung  angezeigt.

In  der  zweiten  Phase  stellt  das  System  fest,  welche  Teilfragen
die  meisten  relevanten  Dokumente  geliefert  haben.  Nur  diese
werden  jetzt  durch  Oder  verknüpft  (das  ist  gegenüber  der  Oder-
Verknüpfung  aller  Teilfragen  in  der  ersten  Phase  zunächst  eine
Einengung  der  Suche),  gemeinsame  Schlagworte  werden  vor  die
Klammer  gezogen.  Danach  wird  der  Ausdruck  nach  einer  umfangreichen  Sammlung  von  Regeln  verallgemeinert.  Wenn  etwa  die  zwei
besten  Teilfragen  ausgewählt  wurden  und  diese  die  Form

        A * B * C  bzw.  A * B * D * E

haben  (* bedeutet  Und,  + heißt  Oder),  so  läßt  sich  das  als

        A * B * (C + (D * E))

schreiben  und  wird  zu  A * B  verallgemeinert.  Eine  Auswahl  aus  den
Regeln  ist  die  folgende  Aufstellung,  in  der  M  eine  Und-Verknüpfung  aus  mindestens  zwei  Schlagworten  bedeutet.

| Ausdruck | Verallgemeinerung |
|---|---|
| A + B | A + B |
| A * B | A + B |
| A * (B + C) | A |
| A * B * C | (A * B) + (A * C) + (B * C) |
| M * (B + (C * D)) | M |
| M * ((B * C) + (D * E)) | M * (B + C + D + E) |
| (A * B) + (C * D * E) | A + B + (C * D) + (C * E) + (D * E) |

Die  nach  diesen  Regeln  verallgemeinerte  Frage  liefert  weitere
DEs,  die  wiederum  dem  Benutzer  zur  Relevanzbewertung  angeboten
werden.  Die  nun  bekannten  relevanten  DEs  bilden  den  Ausgangspunkt
für  einen  neuen  Durchgang  mit  der  ersten  Phase.  Um  dem  Benutzer
das  Bewerten  zu  vieler  DEs  zu  ersparen,  kann  das  Verfahren  mit

## 4. Methoden der Informationswiedergewinnung

der Relevanzrückkopplung kombiniert werden (siehe Abschnitt
4.6.3): Die zu bewertenden DEs werden nach dem voraussichtlichen
Grad ihrer Relevanz sortiert, und der Benutzer kann mit der
Bewertung abbrechen, sobald er meint, eine Fortführung lohne sich
nicht mehr.

Es wird berichtet, daß dieses Verfahren, das nicht programmiert
ist, sondern manuell an einer großen Datenbasis (250.000 Dokumente) simuliert wurde, erheblich bessere Ergebnisse erbrachte
als die konventionelle Suche eines geübten Benutzers. Dies liegt
teilweise an der Einbeziehung von Schlagworten, die in der
ursprünglichen Frageformulierung nicht vorkommen, aber in einigen
relevanten DEs enthalten sind, die der geübte Benutzer jedoch
übersah. Wenn die konventionelle Suche so breit angelegt wurde,
daß sie etwa die gleiche Anzahl relevanter Dokumente erbrachte,
so war die Anzahl irrelevanter DEs bedeutend größer als nach
diesem Verfahren. Die Ergebnisse sind nahezu unabhängig davon,
welche relevanten Dokumente den Ausgangspunkt für Phase I bei der
ersten Iteration bilden.

Bei dem beschriebenen Versuch waren die Dokumente mit relativ
wenigen Deskriptoren eines Thesaurus indexiert, so daß auch eine
verhältnismäßig einheitliche Indexierung vorlag. Wie sich das
Verfahren bei freier Schlagwortvergabe und bei zahlreichen
Schlagworten je Dokument, womöglich bei Speicherung des vollen
Textes, verhält, ist nicht bekannt. Während das Programm THOMAS
(Abschnitt 4.6.1) vermutlich für das schnelle Auffinden weniger
relevanter Dokumente besonders geeignet ist, liegt die Stärke des
hier behandelten Verfahrens bei Suchen, in denen ein möglichst
hoher Anteil aller relevanten Dokumente gefunden werden soll.


### 4.6.3 Relevanz-Rückkopplung

Die umfangreichsten Untersuchungen zur iterativen Verbesserung
der Suchergebnisse sind unter dem Terminus "Relevanz-Rückkopplung" (engl.: relevance feedback) bekannt geworden; zu nennen
sind insbesondere Salton und Mitarbeiter (z.B. Salton 1971) in
den USA sowie eine Gruppe von Forschern in Cambridge, Großbritannien (z.B. Robertson und Sparck Jones 1976, Sparck Jones 1979,
Harper und van Rijsbergen 1978). Es handelt sich im Prinzip um
eine Rangfolgesortierung der durch eine boolesche Abfrage gefundenen Dokumente; im Gegensatz zu den Rangfolgesortierungen von
Abschnitt 4.4 bestimmen sich die Gewichte der Schlagworte jedoch
nicht oder nur in untergeordneter Weise aus ihren Häufigkeiten,
sondern in erster Linie daraus, ob die damit indexierten Dokumente vom Benutzer als relevant oder irrelevant eingestuft
werden.

In der praktischen Anwendung sieht sich der Benutzer die ersten
Dokumente an und gibt seine Relevanzbeurteilungen ab; sobald er
meint, die vorliegende Rangfolge bringe zu viele irrelevate DEs,

180

läßt er das System aufgrund der hinzugekommenen Bewertung die gleichen Dokumente neu sortieren, und in der Regel befinden sich nun weitere relevante Einheiten in führenden Positionen. Sinnvoll ist das Verfahren natürlich nur, wenn die zugrunde liegende boolesche Frage eine nicht mehr überschaubare Menge von DEs ergibt, vielleicht mehrere hundert, unter denen sich eine nicht zu große Anzahl von einschlägigen Dokumenten befindet.

Für Testzwecke - zum Nachweis, ob und in welchem Umfang die Relevanz-Rückkopplung bessere Ergebnisse erbringt als boolesche Suche allein oder mit Rangfolgesortierung - eignet sich dieses Vorgehen nicht, da die Benutzerentscheidung, wann die DEs neu sortiert werden sollen, zu willkürlich ist. Man muß einen festen Algorithmus einführen, etwa Sortierung nach jeder zehnten Dokumentbewertung, oder man erzeugt die bestmögliche Sortierung nach Kenntnis sämtlicher Bewertungen als Maß dafür, wie gut die Ergebnisse im Idealfall höchstens ausfallen können. Auf Einzelheiten wollen wir hier jedoch nicht eingehen.

Offen ist jetzt noch die Frage, wie die Gewichtsfunktionen der Schlagworte beschaffen sein sollen. Ähnlich wie bei der Rangfolgesortierung (Abschnitt 4.4) sind zahlreiche Möglichkeiten denkbar und auch schon vorgeschlagen worden, die teils auf heuristischen Überlegungen, teils auf Modellen für Retrieval-Systeme beruhen. Wir wollen hier eins der Modelle von Robertson und Sparck Jones (1976) wiedergeben.


Modell von Robertson und Sparck Jones
────────────────────────────────────────

Das Modell beruht auf vier Annahmen:

1. Jedes Dokument ist bezüglich einer (fest vorgegebenen) Suchfrage entweder relevant oder nicht relevant. Zwischenwerte sind nicht möglich; der Relevanzwert läßt sich feststellen.

2. Die Dokumente sind mit Schlagworten deskribiert; das heißt, daß ein Schlagwort in einem Dokument entweder vorkommt oder nicht vorkommt, Häufigkeiten (wie sie bei Textspeicherung vorliegen) werden nicht gezählt.

3. Für die relevanten Dokumente gilt eine Wahrscheinlichkeitsverteilung für das Vorhandensein von Schlagworten; für die nicht relevanten Dokumente gilt eine andere Wahrscheinlichkeitsverteilung.

4. Bei jeder der Verteilungen sind die Wahrscheinlichkeiten für jedes Schlagwort unabhängig voneinander.

Gegen diese Annahmen kann man teils gewichtige Einwände erheben; insbesondere ist die Verteilung der Schlagworte sicher nicht unabhängig voneinander. Unter schwächeren Annahmen wird das Modell aber schnell sehr unübersichtlich und unpraktikabel.

## 4. Methoden der Informationswiedergewinnung

Wir wollen nun einige Bezeichnungen einführen. Sei D eine
Zufallsgröße, die die Werte r und n annehmen kann. Das Ergebnis
D=r bezeichnet die relevanten Dokumente, das Ergebnis D=n die
nicht relevanten. Sei T eine weitere Zufallsgröße mit den Werten
0 und 1. Das Ergebnis T=1 bezeichnet das Vorhandensein eines
(festen) Schlagwortes in einem Dokument, das Ereignis T=0 sein
Fehlen. Soweit mehrere Schlagworte betrachtet werden, erhält T
einen Index.

Eine Suchfrage enthält eine Reihe von Schlagworten; die Anzahl
sei M. Jedes Dokument enthält eine (eventuell leere) Teilmenge
davon. Es ist nun offenbar sinnvoll, die Dokumente nach der
Wahrscheinlichkeit zu sortieren, daß ein mit genau diesen Schlagworten deskribiertes Dokument relevant ist, also nach $P(r \mid t_1,\ldots,t_M)$ mit den vom Dokument abhängigen Werten $t_1$ bis $t_M$ der
Zufallsgrößen $T_1$ bis $T_M$; in diesem Ausdruck steht $t_i$ als Kurzform
für die Bedingung $T_i=t_i$.

Wir wollen mehrfach das Bayessche Theorem anwenden. Es lautet für
die Ereignisse A und B

$$P(A \mid B) = P(A)\, P(B \mid A)\, /\, P(B)$$

Diese Formel erlaubt also, die Wahrscheinlichkeit von A unter der
Bedingung B darzustellen durch die Wahrscheinlichkeit von B unter
der Bedingung A. In unserem Falle wird das Ereignis A durch die
Zufallsgröße D beschrieben, B durch die T's.

Die Dokumente kann man natürlich statt nach der oben genannten
Wahrscheinlichkeit auch nach jeder monotonen Funktion davon
sortieren. Als geeignete Funktion erweist sich $\log(P/(1-P))$, was
als logit P bezeichnet wird. Man erhält

$$\operatorname{logit} P(A \mid B) = \log \frac{P(A)\, P(B \mid A)}{P(A)\, P(B \mid \neg A)}$$

$$= \operatorname{logit} P(A) + \log \frac{P(B \mid A)}{P(B \mid \neg A)}$$

Hierbei bedeutet $\neg A$ das Komplement des Ereignisses A, also
das Ereignis "nicht A". Die Abhängigkeit der Wahrscheinlichkeit
für Relevanz vom einzelnen Dokument steckt nur in der Bedingung
$T_i = t_i$ für $i=1,\ldots M$, das ist das Ereignis B. Statt nach logit
$P(A \mid B)$ kann man somit die Dokumente auch nach dem Logarithmusglied der letzten Gleichung sortieren; dieses enthält die Verteilung der Schlagworte unter den Bedingungen der Relevanz (im
Zähler) bzw. der Nicht-Relevanz (im Nenner). Gemäß Annahme 4 sind
die beiden Wahrscheinlichkeiten aber das Produkt der einzelnen
Wahrscheinlichkeiten für jedes Schlagwort, so daß man eine Summe
von Logarithmen erhält.

Der Anteil eines einzelnen Schlagwortes (wir lassen seinen Index weg) ist

$$\log \frac{P(T = t \mid r)}{P(T = t \mid n)}$$

Man möchte aber einen Ausdruck haben, in dem nur die vorhandenen Schlagworte (T=1) vorkommen, nicht aber die nicht vorhandenen. Daher führt man eine weitere monotone Transformation durch, indem man den Wert subtrahiert, der sich für t=0 ergibt. Somit hat man für alle in einem Dokument vorhandenen Schlagworte den folgenden Ausdruck aufzusummieren:

$$\log \frac{P(T=1 \mid r)}{P(T=1 \mid n)} \frac{P(T=0 \mid n)}{P(T=0 \mid r)}$$

Wenn man alle relevanten Dokumente der Datenbasis kennen würde, würden sich diese Wahrscheinlichkeiten aus den entsprechenden Häufigkeiten einer Vier-Felder-Tafel ergeben:

|  | Dokument relevant | Dokument nicht relevant |
|---|---|---|
| Schlagwort vorhanden | a | b |
| Schlagwort nicht vorhanden | c | d |

Die Gesamtzahl der Dokumente in der Datenbasis wäre dann a+b+c+d und beispielsweise P(T=1 | r) = a/(a+b+c+d). Nun ist aber nur von einer kleinen Anzahl von Dokumenten bekannt, ob sie relevant sind, nämlich von denen, die der Benutzer im Verlaufe des Dialogs schon bewertet hat. Die aus diesen Dokumenten abgeleiteten entsprechenden Anzahlen sind aber als Schätzfunktion nicht brauchbar; das ersieht man schon daraus, daß einzelne Anzahlen gleich null sein können und der gesamte Ausdruck dann nicht definiert ist. Man erhält ein besseres Ergebnis, wenn man zu den Einzelwerten jeweils 1/2 hinzuzählt; hierfür läßt sich auch eine statistische Begründung angeben. Insgesamt ist damit der Beitrag eines in einem Dokument vorkommenden Schlagworts (die Werte a, b, c und d beziehen sich nun nur auf die Dokumente mit Relevanzbewertung):

$$\log \frac{a + 1/2}{c + 1/2} \frac{d + 1/2}{b + 1/2}$$

Sortierkriterium ist dann die Summe dieser Ausdrücke über alle Schlagworte der Suchfrage. Experimente damit ergaben (Robertson und Sparck Jones 1976), daß dieses Kriterium bessere oder jedenfalls keine schlechteren Ergebnisse brachte als verschiedene andere Sortierkriterien der Relevanz-Rückkopplung und daß es der booleschen Abfrage mit zufälliger Sortierung innerhalb der gefundenen Dokumente erheblich überlegen war (was nicht verwunderlich ist).

# 4. Methoden der Informationswiedergewinnung

## Erweiterungen des Modells

Das oben beschriebene Modell der Relevanz-Rückkopplung läßt sich in verschiedener Hinsicht erweitern, was hier aber nur angedeutet werden kann. Zunächst einmal kann man neben den Schlagworten der Suchfrage auch andere, in den gefundenen relevanten Dokumenten vorkommende Schlagworte berücksichtigen. Sinnvoll ist das vor allem dann, wenn diese in den relevanten Dokumenten relativ häufig vorkommen im Vergleich zu den nicht relevanten; um den Rechenaufwand nicht unnötig in die Höhe zu treiben, wird man nach Algorithmen zur Auswahl der zu berücksichtigenden Schlagworte suchen müssen.

Eine andere Verallgemeinerung betrifft die Berücksichtigung von Abhängigkeiten der Verteilung der einzelnen Schlagworte. Hierbei gerät man in das Dilemma der Dimensionalität: Die Zahl der gegenseitigen Abhängigkeiten wächst quadratisch mit der Zahl der zu betrachtenden Schlagworte; als Grundlage für die Schätzungen von Verteilungen einschließlich der Parameter, die die Abhängigkeiten beschreiben, hat man jedoch nur eine geringe Zahl von Relevanzbewertungen. Als Kompromiß, der die Zahl der zu schätzenden Parameter in Grenzen hält und auch mathematisch noch handhabbar ist, ist deshalb ein Modell vorgeschlagen worden (Harper und van Rijsbergen 1978; van Rijsbergen 1979), das die Schlagworte in eine Reihenfolge bringt und bei jedem neu hinzukommenden nur die Abhängigkeit von einem einzigen der vorangehenden zuläßt (vgl. die entsprechende Erweiterung des Modells der Clusterbildung am Ende von Abschnitt 4.5.5):

$$P(T_1; \ldots; T_M) = P(T_1)\, P(T_2|T_{h(2)}) \ldots P(T_M|T_{h(M)})$$

mit $h(i) < i$ für alle i. Die Reihenfolge der Schlagworte und die Funktion $h(i)$ wird dabei so gewählt, daß insgesamt ein möglichst hoher Anteil der bestehenden Abhängigkeit abgedeckt ist. Experimente deuten wiederum darauf hin, daß man damit eine Verbesserung der Ergebnisse erhält; es ist jedoch nicht sicher, ob sich der beträchtliche Rechenaufwand lohnt und ob das Verfahren auch für routinemäßigen Einsatz geeignet ist.

# 5. Verfahren zur Informationswiedergewinnung

In Kapitel 4 haben wir abstrakt die Funktionen kennen gelernt,
die von Dokumentationssystemen zur Abfrage des Datenbankinhalts
bereitgestellt werden. Im vorliegenden Kapitel geht es um die
dabei verwendeten Verfahren, insbesondere zunächst (Abschnitte
5.1 bis 5.3) um die Form der Syntax. Diese ist bei den einzelnen
Systemen recht verschieden und oft innerhalb eines Systems
uneinheitlich. Dies ist teils auf Entwurfsfehler zurückzuführen,
teils auf die nachträgliche Erweiterung um Funktionen, die
zunächst nicht vorgesehen waren und die sich in den ursprünglichen Entwurf der Abfragesprachen nicht ohne Bruch einbeziehen
ließen. Es werden Beispiele für die Gestaltung von Abfragesprachen gegeben und allgemeine Entwurfskriterien angegeben.

Darüber hinaus behandelt dieses Kapitel verschiedene Fragen, die
eng mit der Abfragesprache zusammenhängen. Hierzu gehören der
Datenschutz, der Dialogaufbau und der aktive Informationsdienst
(selective dissemination of information, SDI).

## 5.1 Abfragesprachen

Die ersten rechnergestützten Dokumentationssysteme arbeiteten im
Stapelbetrieb; die Suchfragen mußten sorgfältig vorbereitet
werden; mehrere Fragen wurden gleichzeitig gegen den Dokumen-
tationsbestand abgeglichen. Wenn die Ergebnisse nicht zufrieden-
stellend waren, mußte man mit der verbesserten Fragestellung bis
zum nächsten Stapellauf warten, im günstigsten Fall bis zum
nächsten Tage, möglicherweise eine Woche. Die Fragen wurden
typischerweise in Lochkarten abgelocht; die Abfragesprache war
recht starr.

Die Dokumentationssysteme haben sich zu Dialogsystemen fortentwickelt; die Abfragesprachen wurden entsprechend erweitert oder
neu konzipiert. In den meisten Fällen ist ein Stapelbetrieb noch
möglich, aber er spielt nur eine untergeordnete Rolle, vor allem
zur Suche in älteren Teilen einer Datenbasis, die nicht ständig
zugreifbar sind, nachdem die Frageformulierung im Dialog erstellt
worden ist.

Abfragesprache und Dialogführung sind die Bereiche, in denen sich
die Abkehr von Stapelbetrieb am stärksten bemerkbar macht.

# 5. Verfahren zur Informationswiedergewinnung

## 5.1.1 Grundformen der Abfragesprachen

Die existierenden Abfragesprachen sind sehr unterschiedlich aufgebaut und enthalten verschiedenartig gestaltete Teile. Wir
wollen zunächst die Grundformen des Aufbaus von Abfragesprachen
kennenlernen.

## Benutzer- und systemgesteuerte Sprachen

Die erste Unterscheidung ist die zwischen benutzer- und systemgesteuerten Sprachen. In den letzteren bietet das Retrieval-
System die möglichen Fortsetzungen des Dialogs an, der Benutzer
wählt sich eine davon aus. Diese Form, häufig "Menütechnik"
genannt, ist nützlich für den Anfänger oder für den gelegentlichen Benutzer, dem so das Erlernen der Sprache erspart bleibt;
sie ist auch angebracht für selten gebrauchte Funktionen, etwa
für die Auskunftsfunktion, sowie zur Ergänzung von unvollständig
eingegebenen Befehlen. Das System nennt dem Benutzer alle an
dieser Stelle erlaubten Fortsetzungen; der Benutzer schreibt ein
beliebiges Zeichen vor die gewünschte Variante oder gibt ein
Kennzeichen dieser Variante ein (eine laufende Nummer oder eine
Kurzbezeichnung aus möglichst wenigen Buchstaben) oder wählt sie
mit dem Lichtgriffel aus. Gegebenenfalls sind Parameter zu
ergänzen, z.B. am Dialogbeginn das Paßwort oder bei booleschen
Operatoren die Suchwörter.

Die Technik des Ankreuzens ist außerdem sehr nützlich und
arbeitssparend zur Auswahl von Schlagworten aus dem Thesaurus
oder der Schlagwortliste, die in eine Suchfrage einbezogen werden
sollen.

Beim benuztergesteuerten Dialog ergreift der Benutzer die Initiative; er kommt meist schneller voran, weil er die Angebote des
Systems nicht abwarten muß; wenn er die korrekte Fortsetzung
nicht kennt, ist er aber auf die Konsultation des Benutzerhand-
buchs oder der Auskunftsfunktion angewiesen. Diese Form ist in
der Regel für den erfahrenen Benutzer besser geeignet.

## Befehlshierarchie

Bei manchen Systemen sind im Prinzip an jeder Stelle des Dialogs
alle Befehle möglich, wenn auch manche nicht sinnvoll sind und
zu einem entsprechenden Kommentar führen, etwa der vor der ersten
Suchfrage abgegebene Befehl "Zeige mir das erste gefundene
Dokument". Andere Systeme kennen eine hierarchische Gliederung:
Gewisse Unterbefehle sind nur nach dem zugehörigen Oberbefehl
zulässig. Beispielsweise leitet der Oberbefehl die Anzeige von
Dokumenten ein; die Unterbefehle steuern das "Blättern", das

Aufsuchen eines bestimmten Dokuments oder einer bestimmten Seite.
Mehr als zwei Stufen kommen, wenn man von den Besonderheiten des
Dialogbeginns und -endes absieht, nicht vor.

Der Vorteil der Befehlshierarchie ist eine gewisse Verkürzung der
Eingabe; man braucht gewissermaßen nur "nächste Seite" statt
"zeige nächste Seite" zu sagen (natürlich nicht in dieser langen
Form, sondern vielleicht "S" statt "ZS"). Der Nachteil ist
manchmal eine gewisse Unübersichtlichkeit und eine Einschränkung
in den Fortsetzungsmöglichkeiten des Dialogs.


### Voreinstellungen

Ausgefeilte Retrieval-Systeme bieten dem Benutzer eine große
Vielfalt von Variationsmöglichkeiten innerhalb der einzelnen
Funktionen an. Es ist mühsam und daher nicht sinnvoll, wenn der
Bediener bei jedem Aufruf eines Befehls alle gewünschten Optionen
mitteilen muß. Dies wird durch besondere Befehle umgangen, die
selbst keine direkte Wirkung haben, sondern den nachstehenden
Dialog modifizieren, bis durch einen neuen Befehl dieses Typs
eine andere Option ausgewählt wird; diese Anweisungen bewirken
also eine Voreinstellung von Parametern. Die Befehle zur Änderung
der Voreinstellung sollten von den übrigen Befehlen klar getrennt
sein; ein normaler Befehl sollte nicht als Nebenwirkung eine
Voreinstellung ändern.

Beispiele für Voreinstellungen sind:
Auswahl eines Thesaurus,
automatische Einbeziehung von Synonymen oder auch anderen Ver-
knüpfungen in eine Suchfrage,
Festlegung der Zeilenlänge der Ausgabe,
Protokollierung des Dialogs,
Seitenwechsel bei jedem neuen Dokument,
Auswahl eines Algorithmus zur Rangfolgesortierung,
Anzeige oder Unterdrückung der Häufigkeiten der Suchwörter.


### 5.1.2 Befehlsaufbau

In diesem Abschnitt geht es vornehmlich um den Aufbau der Befehle
in einem benutzergesteuerten Dialog; bei systemgesteuerten Sprachen sind - bis auf die immer erforderlichen Unterbrechungs-
möglichkeiten - vorwiegend die gewünschten Alternativen anzu-
kreuzen und Formularfelder für die offen gelassenen Parameter
auszufüllen.


### Parameter

Ein Befehl besteht aus der Bezeichnung der auszuführenden Funktion und aus den zugehörigen Parametern. In der Regel wird er

# 5. Verfahren zur Informationswiedergewinnung

durch den Funktionsnamen, möglichst wahlweise in ausgeschriebener oder abgekürzter Form, eingeleitet. Manchmal beginnt er mit einem Sonderzeichen (Stern, Punkt oder anderen), damit der Benutzer auch an Stellen, an denen das System eigentlich einen fehlenden Parameter erwartet, mit einem neuen Befehl fortfahren kann.

Manche Systeme versuchen, in bestimmten Fällen ohne eine explizite Angabe der Funktion auszukommen; beispielsweise kann das Fehlen eines Kommandonamens bedeuten, daß die eingegebenen Zeichenfolgen Suchwörter sein sollen. Diese Technik hat sich nicht bewährt und führt zu Verwirrung und nicht beabsichtigten Resultaten.

Wenn ein Befehl mehrere Parameter benötigt oder erlaubt, können diese durch ihre Position oder durch Schlüsselwörter bestimmt sein.

Positionsparameter sind nur dann zu empfehlen, wenn der zweite selten ohne den ersten vorkommt und im Normalfall nicht mehr als zwei auftreten. Ein ungünstiges Beispiel ist TELDOK, wo die Bedeutung des zweiten und dritten Positionsparameters vom Wert des ersten abhängen kann und oft der zweite bedeutungslos ist; überflüssigerweise werden die Parameter in Klammern eingeschlossen.

## Suchbefehl

Die Befehle zur Anzeige oder zum Ausdrucken von Teilen des Thesaurus oder des Wörterbuchs, zum Sortieren, zum Datenbasiswechsel und andere sind in der Regel in dieser Weise aufgebaut. Komplizierter wird die Situation beim Suchbefehl, da hier boolesche Operatoren, Kontextoperatoren mitsamt der Beschränkung auf bestimmte Dokumententeile, Maskierungen und gegebenenfalls Verknüpfungen durch Indizes und Rollenindikatoren sowie arithmetische Vergleiche zusammenspielen. Manche Systeme, z.B. GOLEM, trennen diese Bestandteile sehr stark: Zuerst werden die Suchwörter eingegeben, dann werden sie durch Thesaurusrelationen erweitert, danach folgt die boolesche Verknüpfung der durchnumerierten Terme und als letztes die "Feinrecherche", nämlich alle Operationen, die bei GOLEM nur mittels Durchsuche der Dokumentationseinheiten durchgeführt werden können. Die meisten Systeme gestatten jedoch eine sofortige Verknüpfung der Suchwörter, wenngleich eine nachträgliche durch Rückbezug auf frühere Suchfragen auch möglich ist. Sämtliche Möglichkeiten sofort zuzulassen erfordert einen sehr sorgfältigen Entwurf der Syntax und die Verwendung von Sonderzeichen und meist auch von reservierten Wörtern, um die verschiedenen Teilfunktionen zu kennzeichnen. Soweit Suchwörter eins dieser Sonderzeichen enthalten oder mit einem reservierten Wort gleichlauten, müssen sie in Apostrophs eingeschlossen werden.

Die Abfragesprache sollte so konzipiert sein, daß der Dialog an jeder  Stelle abgebrochen werden kann, auch dann, wenn das System einen  fehlenden  Parameter  wissen  will. Ferner sollte es möglich sein,  Kommandofolgen  einzugeben; das spart dem geübten Benutzer Zeit.


**Makros**

STATUS  bietet  eine  interessante  Ergänzung:  Man  kann  einer Zeichenfolge (mit gewissen Einschränkungen) einen Namen geben; wo immer  dieser  Name,  in Punkte eingeschlossen, später erscheint, wird er automatisch durch die ursprüngliche Zeichenfolge ersetzt. Auch  Parameterangaben sind möglich; so kann man z.B. XODER (A;B) als (A ODER B) UND NICHT (A UND B) definieren.

Solche Makros  können  verwendet werden, um Namen von Operatoren oder  Dokumentabschnitten  umzudefinieren (beispielsweise in eine andere  Sprache),  um private Synonymlisten aufzubauen oder um bei wiederkehrenden  Ausdrücken Schreibarbeit zu vermeiden. Ein Bruch im Aufbau der Syntax scheint aber unvermeidbar: Die Makros müssen zur  Vermeidung  von  Verwechslungen  erkennbar  sein (bei STATUS durch  die  einrahmenden Punke); die aktuellen Parameter, die mehr als  ein Wort lang sei können, müssen abgrenzbar sein, hier durch Einschub in Klammern und durch trennende Semikolons.


## 5.1.3 Abfrage in natürlicher Sprache

Manche Retrieval-Systeme bieten die Möglichkeit an, die Suchfrage in  natürlicher Sprache zu formulieren. Der Benutzer braucht sich weder  um  boolesche  noch um arithmetische oder um Kontextoperatoren zu kümmern; das System liefert ihm die gefundenen Dokumente in  der  Reihenfolge  der vom Programm berechneten Relevanz. Sind damit  alle  Probleme  gelöst? Keinesfalls! Das System "versteht" die  Suchfrage natürlich gar nicht; es nimmt lediglich die in der Frage  enthaltenen Wörter, benutzt sie als Suchwörter (und findet bei  den  Stoppwörtern  automatisch  nichts,  weil diese in der Schlagwortliste nicht enthalten sind) und sortiert die gefundenen Dokumente  nach einem Rangfolge-Algorithmus, im einfachsten Falle lediglich  nach  der Zahl der verschiedenen, in der Suchfrage und im  Dokument  gemeinsam  vorkommenden Wörter. Das können auch die Wörter "Welches", "Dokument", "enthält", "Aussagen", "führender", "Wissenschaftler",  "über"  sein.  Nach  diesem  Schema arbeitet beispielsweise STAIRS. TELDOK setzt zusätzlich einen Algorithmus zur  teilweisen  Deflexion der Suchwörter (Reduktion auf die Grundform)  ein;  gesucht wird nur im "Thesaurusbereich" (Schlagworte), nicht im Text.

Das  Verfahren  kann zur Suche in Texten etwas verfeinert werden, indem  die  Suchwörter  zuerst auf ihren Stamm reduziert und dann alle  zulässigen  Flexionsformen  gebildet  werden  (oder mit dem maskierten Stamm gesucht wird).

## 5. Verfahren zur Informationswiedergewinnung

Abfrage in natürlicher Sprache wird vielfach propagiert, und
etliche Sprachen für Fakten-Retrieval-Systeme empfehlen sich
als der natürlichen Sprache ähnlich; aber wer kann schon Anwei-
sungen wie "FIND WHETHER PERIOD OF PERSON P1 WAS LEADER OF
PROJECT A DURING PERIOD OF PROJECT A GETS SUPPORT BY GOVERNMENT"
(Falkenberg 1975) verstehen, geschweige denn konstruieren? Diese
Mode führt sogar dazu, COBOL als "Englishlike" zu bezeichnen
(Senko und andere 1973, S. 34).

Gegen die Verwendung der natürlichen Sprache (außer eventuell in
manchen sehr begrenzten Zusammenhängen und mit einfachem Satzbau)
sprechen eine ganze Reihe gewichtiger Gründe (Gebhardt und
Stellmacher 1978). Die Beantwortung einer Frage verlangt ein viel
tieferes "Verständnis" ihres Inhalts als die maschinelle Sprach-
übersetzung, die noch keinesfalls als befriedigend gelöst betrachtet werden kann; die existierenden Frage-Antwort-Systeme
sind auf Mikrowelten und auf stark reduzierte Sprachen beschränkt. Auch wenn die Ausdrucksmöglichkeiten erheblich erweitert werden, umfaßt die zulässige Abfragesprache nur einen
Ausschnitt der natürlichen Sprache; die Grenzen zu lernen und zu
beachten kann schwieriger als eine künstliche Sprache sein.

Die natürliche Sprache ist unscharf. In zwischenmenschlicher
Kommunikation kann das erwünscht sein, im Umgang mit dem Rechner
kaum. Eine vom Retrieval-System falsch interpretierte Frage
ist im besten Falle lästig; wenn der Benutzer das nicht merkt,
kann sie zu schwerwiegenden Fehlern führen. Die Reaktion des
Systems ist außerdem für den Benutzer viel weniger nachvoll-
ziehbar und einsichtig als bei formalisierten Kommandos; das
führt zu Mißverständnissen, falschen Erwartungen, Enttäuschung
und Frustration.

Anweisungen in formalen Sprachen sind kürzer. Jeder Benutzer, der
einigermaßen regelmäßig ein System bedient, ärgert sich bereits,
wenn er JA tippen muß, wenn ein J auch genügt; lange Sätze zu
bilden ist ihm viel zu lästig.

Schließlich ist auch auf die erhöhten Kosten hinzuweisen, die
durch die rechnerintensive Interpretation natürlicher Sprachen
entstehen.


## 5.1.4 Anzeige- und Ausgabefunktionen

Von der Anzeige und Ausgabe von Zwischen- und Endergebnissen ist
in verschiedenen Abschnitten die Rede; an dieser Stelle sollen
die benötigten und wünschenswerten Formen kurz zusammengestellt
werden.

## Daten aus der Datenbasis

Wünschenswert ist es, dem Benutzer nahezu alle Daten zur Verfügung zu stellen, die in der Datenbasis enthalten sind, also nicht nur die gefundenen Dokumentationseinheiten, sondern auch in alphabetischer Reihenfolge die in der Schlagwortliste und im Thesaurus enthaltenen Terme mit ihren Häufigkeiten, soweit verfügbar mit der Zahl der Vorkommnisse insgesamt und der Zahl der Dokumente, in denen sie enthalten sind, ferner die Verknüpfungen zwischen Thesaurustermen, Thesaurusterme ohne Oberbegriff (die Spitzen in der Hierarchie von Ober-und Unterbegriffen), die bei der syntaktischen Indexierung für einen Term benutzten Rollenindikatoren sowie die in einer einzelnen Kategorie benutzten Terme. Letzteres ist praktisch nur möglich, wenn jede Kategorie eine eigene Umkehrdatei besitzt.

Selbstverständlich muß es auch möglich sein, sinnvolle Ausschnitte dieser Daten zu bekommen, etwa nur bestimmte Thesaurusverknüpfungen oder ausgewählte Dokumentteile.

## Hilfe-Funktionen

Die aufgeführten Daten werden von den bestehenden Dokumentationssystemen weitgehend angeboten; darüber hinaus gibt es aber vielfältige Daten einer allgemeineren Natur, die im Rahmen einer Hilfe-Funktion verfügbar sein sollten, aber keineswegs überall zu den Selbstverständlichkeiten gehören. Es handelt sich um drei Gruppen von Daten.

Die erste betrifft die Funktionsweise des Retrievalsystems und kann ganz oder teilweise mit dem gedruckten Handbuch identisch sein; erforderlich sind neben der sequentiellen Anzeige der Einstieg aufgrund der Gliederung (Anzeige des Inhaltsverzeichnisses und Sprung zum ausgewählten Abschnitt) wie auch der Einstieg aufgrund von Stichworten nebst Anzeige der alphabetischen Stichwortliste; hilfreich kann am Textende der Verweis auf verwandte Abschnitte sein.

Die zweite Gruppe von Daten betrifft die jeweilige Installation: Welche Datenbasen gibt es, wie sind sie gegliedert (Namen, Kurzbezeichnung und Erläuterung der Rubriken sowie benutzter Abkürzungen), wann wurden sie zuletzt ergänzt, wie umfangreich sind sie, was ist besonders zu beachten, zu welchen Zeiten ist die Rechenanlage in Betrieb, Abweichungen der Betriebszeiten wegen Feiertagen.

Die dritte Gruppe bezieht sich schließlich auf den Benutzer: Bisher in dieser Sitzung, in diesem Monat und insgesamt verbrauchte Rechenzeit und deren Kosten, Dialogprotokoll (Auflistung der bisherigen Suchfragen nebst Zahl der gefundenen Dokumente), Liste der permanent gespeicherten Suchfragen und sonstiger Benutzerdaten, Stellung der Voreinstellungen (Varianten für die Befehlsausführung, die bis zu ihrer expliziten Änderung gültig

# 5. Verfahren zur Informationswiedergewinnung

bleiben), Name der gerade bearbeiteten Datenbasis; darüber hinaus sind manchmal Angaben zur Auslastung der Rechenanlage recht nützlich.


## Form der Anzeige und Ausgabe

Wenn Dokumente an der Datensichtstation angezeigt oder auf Papier oder ein anderes Medium ausgegeben werden sollen, muß es möglich sein, einzelne Kategorien (Abschnitte) auszuwählen; dabei ist es hilfreich, wenn man ganze Gruppen von Kategorien ansprechen kann, ohne jede einzeln aufzuführen, und wenn man eine benutzer-spezifische Auswahl für spätere Wiederverwendung definieren und speichern kann.

Abgesehen von dieser Besonderheit bei den Dokumentationseinheiten sollten die Anzeige-Kommandos für alle Arten von Daten gleich sein und insbesondere folgende Möglichkeiten umfassen:

- Fortsetzung mit dem nächsten Bildschirm;
- Sprung um eine anzugebende Anzahl von Bildschirmen vorwärts oder rückwärts;
- Sprung zur nächsten Einheit (nächste DE, nächster Thesaurus-term, nächste Beschreibung einer Datenbasis usw.);
- Sprung um eine anzugebende Anzahl von Einheiten vorwärts oder rückwärts.

Darüber hinaus ist auch das Weitergehen um einzelne Zeilen sehr nützlich, um einen zusammenhängenden Textabschnitt gleichzeitig sichtbar zu machen. Manche Typen von Datenstationen unterstützen das hardwaremäßig.

Bei Textsystemen interessiert man sich naturgemäß für diejenigen Abschnitte, in denen die Suchterme vorkommen. Das Lesen langer Texte am Bildschirm ist zeitraubend und ermüdend; deshalb sollten die Suchterme hervorgehoben werden (durch hellere Anzeige oder Unterstreichung oder Schrägschrift). Darüber hinaus ist eine Anzeigefunktion nützlich, die dem Benutzer jeweils den nächsten Textabsatz zeigt, der eins der Suchwörter enthält.


## Ausgabe zur Weiterverarbeitung

Vielfach besteht der Wunsch oder die Notwendigkeit, das Ergebnis einer Suche nicht nur anzuzeigen oder auszudrucken, sondern anderweitig weiterzuverarbeiten. Dies wird von den existierenden Retrieval-Systemen selten und nur mangelhaft unterstützt. Selbst wenn die Daten separat zugreifbar sind, etwa weil das Retrieval-System sich auf ein allgemeines Datenbank-System stützt, hat man damit noch nicht die Verbindung mit den Selektionsmöglichkeiten, die das Retrieval-System bietet.

Es sollte möglich sein, die bei der Suche gefundenen Dokumente oder Teile davon so auf einen Datenträger (Magnetplatte, Magnet-

band, aber auch ein Speichermedium eines fremden Rechners)
auszugeben, daß sie weiter verarbeitet werden können, und das
bedeutet, daß die Daten nicht als fortlaufender Text, sondern mit
Kategorienkennungen ausgegeben werden, möglicherweise auch in
einem genormten Austauschformat (siehe Abschnitt 3.4.3). Dadurch
würde es möglich, daß ein Benutzer sich seine Spezialbiblio-
graphie anlegt, und zwar auch auf einem fremden, über Wähl- oder
Standleitung gekoppelten Rechner und mit einem anderen Retrieval-
System. Eine andere Anwendung wäre die Katalogisierung in Bibliotheken, die jetzt von der Deutschen Bibliothek die kompletten
Magnetbänder mit Titelaufnahmen beziehen müssen, dann aber gezielt auf einzelne Datensätze in der Datenbasis der Deutschen
Bibliothek (BIBLIO-DATA) zugreifen könnten.

Weiterhin ist es für manche Anwendungen sinnvoll, wenn nicht nur
nach manueller Suche die Ergebnisse in verarbeitbarer Form
weitergegeben werden, sondern wenn das ganze Retrieval-System von
einem anderen Programm als Unterprogramm oder Teil einer Prozedur
aufgerufen werden kann.


## 5.1.5 Dialogführung


### Stapel- und Dialogbetrieb

Die ersten Dokumentationssysteme arbeiteten im Stapelbetrieb: Die
Daten waren auf Magnetbändern gespeichert, mehrere Suchfragen
wurden gesammelt und gemeinsam bearbeitet, indem alle Dokumentationseinheiten sequentiell mit den Suchfragen verglichen wurden. War man mit dem Ergebnis nicht zufrieden, so mußte man
mit der verbesserten Suchfrage auf den nächsten Sammellauf
warten, der vielleicht eine Woche später stattfand.

Heutzutage sind die Datenbanken im Dialog verfügbar; verbesserte
Suchfragen können sofort erneut bearbeitet werden. Infolgedessen
spielt die genaue, äußerst sorgfältig ausgearbeitete Frage-
formulierung auch nicht mehr die gleiche Rolle wie früher.
Dennoch wollen wir einige Hinweise sammeln, wie man bei der
Durchführung einer Suche am besten vorgehen sollte.

Es wäre schön, wenn man ein allgemein gültiges Verfahren angeben
könnte, wie ein Dialog aufgebaut werden muß, damit man möglichst
gute Ergebnisse erzielt. Ein solches Verfahren ist jedoch nicht
bekannt. Die günstigste Vorgehensweise hängt stark von den
Umständen des einzelnen Falles ab: Wurden Deskriptoren aus einem
Thesaurus oder freie Schlagworte vergeben? Genügt ein einziges,
relevantes Dokument oder werden möglichst viele gesucht? Handelt
es sich um eine präzise festgelegte, enge Suchfrage, oder möchte
man sich einen Überblick über ein weites Gebiet verschaffen?

Dieser Abschnitt kann daher nur einige allgemeine Anregungen

# 5. Verfahren zur Informationswiedergewinnung

geben, die je nach Lage des Einzelfalles zu variieren sind (Adams 1979; Bates 1979). Eine gründliche Behandlung der Suchfrage ist für die Qualität des Suchergebnisses wichtiger als die spezielle Methode der Indexierung (Saracevic 1971).


## Allgemeine Anregungen zur Gestaltung der Suche

Bevor wir Hinweise zur Benutzung verschiedener Suchverfahren geben, sollen hier allgemeine Anregungen aufgeführt weren, wie ein Suchprozeß (nicht nur mittels DV) gestaltet und überwacht werden sollte.

Wichtig ist, in großen Zügen eine Suchstrategie festzulegen und deren Durchführung im Auge zu behalten, da man leicht geneigt ist, einzelnen Fährten nachzugehen und damit den Überblick zu verlieren. Einfälle, die man später noch verfolgen will, sollte man unbedingt schriftlich festhalten, sonst vergißt man sie unweigerlich.

Wenn man mehrere Möglichkeiten zur Auswahl hat, beispielsweise verschiedene Datenbasen, lohnt es sich zu überlegen, in welcher Reihenfolge man sie durchprobieren will, nicht wahllos, sondern die erfolgversprechendsten zuerst.

Eine besondere Kunst ist "gewußt wo". Wenn eine Suche in den üblichen Quellen nicht zum Erfolg führt, sollte man überlegen, ob es Datensammlungen gibt, die für einen ganz anderen Zweck konzipiert sind, aber für das vorliegenden Problem "mißbraucht" werden könnten. So findet man eine in Anschriftenverzeichnissen nicht aufgeführte Adresse vielleicht in einer Veröffentlichung oder in einem Patent der gesuchten Person, den Verlag einer neuen Zeitschrift in der Liste ausgewerteter Quellen eines Referateorgans oder die englische Übersetzung eines noch nicht in den Fachlisten enthaltenen Begriffs im englischen Abstract eines deutschen Aufsatzes in der Originalveröffentlichung selbst oder aber in einer Referatezeitschrift oder bibliographischen Datenbank.


## Thesaurusbenutzung

Wenn zur Deskribierung ein Thesaurus benutzt wurde, lohnt es sich, zunächst diesen in einer gedruckten Fassung heranzuziehen und unter Ausnutzung seiner hierarchischen Struktur die Deskriptoren herauszusuchen, die das Problem beschreiben. Das ist bequemer als eine Anzeige der entsprechenden Teile des Thesaurus an der Sichtstation und spart meistens auch Kosten, da diese im allgemeinen nach Anschlußzeit, übertragenen Zeichenmengen und ähnlichen Größen berechnet werden. Allerdings erfährt man erst im Dialog, wie ergiebig ein Deskriptor ist, wie vielen Dokumente er zugeordnet ist. Gegebenenfalls muß man dann auf Ober- oder Unterbegriffe übergehen.

Bei speziellen Fragen, für die die Gliederung des Thesaurus zu grob ist, kann es nützlich sein, zuerst mit einschlägigen Thesaurus-Deskriptoren das Feld abzustecken, um bei der anschließenden eingrenzenden Suche mit freien Schlagworten oder mit Textwörtern falsche Assoziationen zu vermeiden.

## Aufspaltung der Konzepte

Meistens besteht die zu lösende Aufgabe darin, daß zwei oder mehr Sachgebiete miteinander verknüpft werden. Dies führt zu Suchfragen der Form

(A1 ODER A2 ODER ...)  UND  (B1 ODER B2 ODER ...)  UND ...

Die Schlagworte A1, A2, ... beschreiben das erste Sachgebiet; mindestens eins von ihnen muß vorhanden sein. Es kann sich um einen Deskriptor und mehrere Unterbegriffe handeln, um die unterschiedliche Indexierungstiefe der einzelnen Dokumente zu berücksichtigen. Bei freien Schlagworten sollte man möglichst phantasievoll alle Bezeichnungen suchen, die möglicherweise verwendet werden könnten, auch abweichende Schreibweisen, fremdsprachige Ausdrücke, Abkürzungen, Akronyme, symbolische Darstellungen, Ober- und Unterbegriffe; außerdem lohnt es sich, durch Anzeige der alphabetischen Schlagwortliste zu prüfen, ob abweichende Wortformen (Plural, Schreibfehler), ähnliche Wörter des gleichen Wortstammes oder Komposita vorkommen. Als ein wesentlicher Grund dafür, daß relevante Dokumente nicht gefunden wurden, hat sich immer wieder die Tatsache erwiesen, daß Autor oder Indexierer eine andere Terminologie verwendeten als der Benutzer und daß dieser wichtige Suchwörter übersehen hat. Insbesondere wenn man ein möglichst vollständiges Ergebnis anstrebt, ist es unbedingt erforderlich, anhand von Nachschlagewerken wie Fachwörterbüchern, Lehrbüchern und verschiedenen Thesauri, auch solchen, die im vorliegenden Dokumentationssystem nicht verwendet werden, sowie an den aufgefundenen Dokumenten zu prüfen, welche weiteren Suchwörter in der Frage ergänzt werden müssen.

Natürlich kann ein Glied einer ODER-Kette gelegentlich auch ein zusammengesetzter Ausdruck sein, etwa von der Form A11 UND A12 oder von der Form A11 BENACHBART A12 (bei vielen Systemen ist "BENACHBART" impliziert, wenn kein Operator zwischen zwei Suchwörtern steht; man braucht dann nur nach A11 A12 zu suchen).

Bei der Suche nach Schlagworten, die ein Konzept beschreiben, muß man auch an die Antonyme (Gegenteil) der Suchbegriffe denken: Ein Dokument über Reinheit von Legierungen kann unter "Verunreinigung" indexiert sein, eins über Programmierfehler unter "Korrektheit von Programmen".

Die einzelnen, durch eine ODER-Verknüpfung dargestellten Konzept werden dann durch UND miteinander verbunden. Dabei ist aber eine gewisse Vorsicht geboten. Es kommt häufig vor, daß weniger

wichtige Konzepte eines Dokuments bei der Indexierung nicht
berücksichtigt wurden und selbst in der Kurzfassung nicht explizit genannt werden. Ganz besonders gilt das natürlich, wenn für
die Suche nur die Titel der Dokumente zur Verfügung stehen. Statt
mehrere Konzepte durch UND zu verknüpfen ist es daher sinnvoll,
nur bei den wichtigsten das explizite Vorkommen zu verlangen und
die weniger wichtigen untereinander mit ODER zu verbinden; bei
fünf Konzepten A bis E könnte man etwa mit A UND B UND (C ODER D
ODER E) suchen.

Manche Konzepte lassen sich sehr schwer fassen; das betrifft
insbesondere sehr weite und sehr unbestimmte Konzepte wie "Wirt-
schaftlichkeit", "Einfluß von ... auf ...", "psychologische
Aspekte", "historische Entwicklung" und andere. Bei diesen muß
man davon ausgehen, daß weder Schlagwörter noch Kurzfassungen
einen einschlägigen Term enthalten, obwohl die Aspekte im Text
enthalten sind.


Einengung der Suche
___________________

Eben haben wir nach Wegen gesucht, die Frageformulierung so
auszudehnen, daß möglichst wenige relevante Dokumente übersehen
werden. Umgekehrt kann es vorkommen, daß viel mehr DEs angezeigt
werden als man überprüfen kann, so daß man die Suche einengen
muß. Ein einfaches aber nicht immer vorhandenes Verfahren ist die
Rangfolgesortierung (siehe weiter unten).

Soweit die DEs Sachgebietskennzeichnungen enthalten, können diese
zur Einschränkung auf einen bestimmten Sachbereich verwendet
werden; dasselbe gilt für Deskriptoren aus einem Thesaurus. Von
besonders wichtigen Konzepten kann man verlangen, daß sie in
bestimmten Feldern vorkommen, etwa im Titel oder als Deskriptor
oder Schlagwort statt nur in der Kurz- oder gar in der Langfassung.

Manchmal stellt man fest, daß recht viele aufgefundenen Dokumente
die gesuchten Konzepte in einem falschen Zusammenhang enthalten
(z.B. sucht man "Einsatz von Rechnern im Gerichtswesen" und
findet Besprechungen von Gerichtsentscheidungen zur Computer-
Kriminalität und anderen mit Rechnern zusammenhängenden Delik-
ten). Dann kann eine vorsichtige Verwendung des Operators UND
NICHT die unerwünschten DEs ausschalten, wenn man sicher sein
kann, daß bestimmte Schlagwörter in den relevanten Dokumenten
nicht vorkommen; bei Langfassungen und eventuell auch bei Kurzfassungen sollte man aber das Argument des UND-NICHT-Operators
auf Titel, Deskriptoren und zugeteilte Schlagwörter beschränken
(im obigen Beispiel vielleicht "UND NICHT Besprechung"). Umgekehrt kann man die Frage durch UND-Verknüpfung mit einem weiteren
Konzept einengen; hierbei ist jedoch ebenfalls Vorsicht geboten,
wie weiter oben bereits ausgeführt wurde.

Nicht zu empfehlen ist im allgemeinen die Einschränkung der Suche
auf die letzten Jahre, da man so mit großer Sicherheit wichtige

Dokumente, die schon etwas älter sind, übersieht.


## Schrittweises Vorgehen

Meistens lohnt es sich, schrittweise vorzugehen: Jedes Konzept wird einzeln solange erweitert oder verengt, bis man eine sinnvolle Zahl von gefundenen Dokumenten angezeigt bekommt, danach erst werden die Konzepte durch den bei den meisten Systemen möglichen Rückgriff auf frühere Suchfragen des gleichen Dialogs miteinander kombiniert. Andernfalls weiß man bei einer nicht zufriedenstellenden Anzahl von Dokumenten oft nicht, an welchem der miteinander kombinierten Konzepte das liegt, und bei unbemerkten Schreibfehlern muß man die komplette Frage noch einmal tippen (außer wenn das Sichtgerät eine nachträgliche Editierung und erneute Eingabe zuläßt).

Die ersten gefundenen Dokumente geben häufig Hinweise auf weitere sinnvolle Suchwörter oder aber auf unerwünschte Bedeutungen der benutzten Terme, an die man zunächst nicht gedacht hat. Dies führt dazu, die Teilfragen für einzelne Konzepte zu erweitern oder einzuengen und dann erneut miteinander zu verknüpfen. Zur Erleichterung dieser Prozedur bietet TELDOK die Möglichkeit, sich alle Schlagworte der gefundenen Dokumente (dort "Hintergrunddeskriptoren" genannt) anzeigen zu lassen und aus den gewünschten Termen durch Ankreuzen eine neue Suchfrage zu bilden.

Das schrittweise Vorgehen wird dadurch ermöglicht, daß die meisten Retrieval-Programme den Suchfragen einen Namen geben (meist eine fortlaufende Nummer, manchmal einen Buchstaben), auf den man sich in späteren Suchfragen innerhalb des gleichen Dialogs beziehen kann. Die Suchfrage "3 UND 5" bedeutet dann eine Und-Verknüpfung der Suchfragen 3 und 5; möchte man nach den Zahlen 3 und 5 suchen, so müssen sie in der Regel in Apostrophs eingeschlossen werden. Es gibt allerdings auch Retrieval-Systeme, die nur eine Einbeziehung der letzten Suchfrage gestatten (indem die neue Suchfrage mit einem Verknüpfungsoperator beginnt, zum Beispiel das schwedische System IMDOC).

Wenn zu erwarten ist, daß man die mit einiger Mühe erarbeiteten Suchfragen für einzelne Konzepte zu einer späteren Zeit, vielleicht in einem anderen Zusammenhang wieder benötigt, ist es nützlich, diese Formulierungen abzuspeichern. Dies ist bei manchen Systemen möglich. Diese Einrichtung gestattet zugleich den "aktiven Informationsdienst" (Abschnitt 5.1.6).


## Rangfolgesortierung

Sofern das System Rangfolgesortierungen (siehe Abschnitt 4.4) anbietet, sollte man diese Einrichtung in der Regel ausnutzen. Die wichtigsten Dokumente konzentrieren sich stark auf den Anfang der Liste aller gefundenen Dokumente; die Möglichkeit, sämtliche DEs zu betrachten, bleibt jedoch unbenommen. Durch

## 5. Verfahren zur Informationswiedergewinnung

Betrachtung der ersten Dokumente erhält man schnell Hinweise auf
unzweckmäßige Frageformulierungen, etwa wenn die Suchwörter in
einem nicht beabsichtigten Kontext vorkommen, und aus den aufgefundenen relevanten Dokumenten kann man weitere Suchwörter entnehmen, mit denen man die Frage bei Bedarf erweitern oder
präzisieren kann.


### 5.1.6 Aktiver Informationsdienst

Wenn ein Benutzer zu einem aktuellen Problem Literatur benötigt,
formuliert er eine Suchfrage, die die Grundlage für eine Recherche in einer Datenbasis oder in einem Teil einer Datenbasis
bildet. Diese Art der Suche nennt man "retrospektive Recherche".
Ihr Kennzeichen ist die Einmaligkeit: Der Benutzer hat das
nächste Mal ein anderes Problem; ein anderer Benutzer, der
vielleicht ein ähnliches Problem hat, weiß vom ersten Benutzer
und dessen Frageformulierung nichts.

Im Gegensatz dazu steht der aktive Informationsdienst (engl.:
selective dissemination of information, SDI), der dazu dient,
einem Benutzer oder einer Benutzergruppe laufend die neu in die
Datenbasis aufgenommenen Dokumente zu einem Problembereich nachzuweisen. Die Fragestellung ändert sich hier also nicht, durchsucht wird aber nicht die gesamte Datenbasis, sondern nur der
Neuzugang seit der letzten Recherche. Solche Suchen pflegen in
regelmäßigen Abständen stattzufinden, etwa 14-tägig, monatlich
oder vierteljährlich. Eine andere Bezeichnung dafür ist "Profildienst".

Manche Datenbankbetreiber bieten Standard-Profildienste an, die
möglichst vielen Benutzern die neueste Literatur zu allgemein
interessanten Problemkreisen zugänglich machen sollen. Diese
Dienste sind dann natürlich nicht mehr auf den einzelnen Benutzer
zugeschnitten, dafür aber relativ preiswert; sie bieten einen
Überblick über die laufenden Veröffentlichungen einzelner Fachgebiete.

Davon zu unterscheiden sind die individuellen Profildienste, bei
denen die Frageformulierung ganz auf die Bedürfnisse eines
einzelnen Benutzers zugeschitten ist und bei Verschiebungen
in dessen Interessenlage auch entsprechend abgeändert werden
kann. Diese Informationsdienste werden ebenfalls von Datenbankbetreibern angeboten, können aber auch vom Benutzer selbst oder
einem Informationsvermittler wie der Dokumentationsstelle seines
Betriebes durchgeführt werden. Voraussetzung dafür ist, daß die
Datenbasis das Einspeicherungsdatum der Dokumentationseinheiten
enthält, damit man nicht die schon bekannten Dokumente jedesmal
erneut angezeigt bekommt; ferner sollte es möglich sein, fertig
formulierte Suchfragen über längere Zeiträume hinweg zu speichern
und zu reaktivieren, da man sie sonst jedesmal erneut eintippen
müßte.

Technisch ähnlich wie der individuelle Profildienst läuft die Suche in den zurückliegenden Abschnitten einer Datenbasis ab, die nicht ständig im Zugriff stehen. Auch hier wird die Frage im Dialog unter Verwendung des verfügbaren, aktuellen Segments der Datenbasis formuliert und später, oft nachts, im Stapelbetrieb abgearbeitet. Manchmal enthält dabei das Wörterbuch auch die in den zurückliegenden Teilen vorkommenden Wörter, was bei der Frageformulierung hilfreich ist.


Formulierung der Suchfrage
________________________________

Für die Formulierung der Suchfrage gilt die gleiche Syntax wie bei der retrospektiven Recherche (die Eingrenzung nach dem Speicherungsdatum kommt hinzu). Dennoch gibt es in der Formulierung einen wesentlichen Unterschied. Bei der retrospektiven Suche erfährt man im Dialog, welche Schlagworte oder Wortformen in der Datenbasis tatsächlich vorhanden sind. Beispielsweise wählt man unter den vorkommenden Komposita eines Wortes, die man durch Anzeige eines Ausschnittes des Wörterbuches erfährt, nur die passenden aus. Beim aktiven Informationsdienst muß die Suchfrage dagegen so formuliert sein, daß sie auch auf die Dokumente paßt, die noch gar nicht in der Datenbasis enthalten sind. Man muß unter anderem auch solche Komposita berücksichtigen, die bisher im Datenbestand nicht vorkommen.

Die Frageformulierung muß daher ebenso gründlich ausgearbeitet werden wie in früheren Zeiten für den Stapelbetrieb. Gute Profildienste bedürfen einer ständigen Überarbeitung. Grundlage für eine erste Formulierung ist eine retrospektive Suche im vorhandenen Bestand. Die Suchworte, die sich dabei als nützlich erweisen, müssen sorgfältig darauf durchgesehen werden, ob zukünftige Dokumente eine andere Formulierung enthalten könnten. Dies gilt vor allem für frei vergebene Schlagworte und für Kurz- und Langtexte; bei Verwendung von verbindlichen Schlagwortlisten oder Thesauri ist der Indexierer dagegen auch in Zukunft an diese gebunden, so daß die einmal formulierte Suchfrage mit größerer Sicherheit auch unter den neu hinzukommenden Dokumenten die relevanten herausfindet.

Beim Profildienst müssen die Suchfragen in der Regel etwas weiter gefaßt werden als bei retrospektiven Recherchen, da man die Formulierungen in den neu hinzukommenden Dokumenten noch nicht kennt und da bei Verwendung eines Thesaurus häufig dessen Strukturierung nicht fein genug ist. Dadurch erhöht sich der Anteil nicht relevanter Literatur im Suchergebnis. Das ist meistens aber erträglich, da der Benutzer zwar häufig, jedesmal aber nur wenige Literaturnachweise erhält, unter denen er die uninteressanten schnell ausscheidet. Bei Standard-Profildiensten werden meistens die nicht in das Suchgebiet fallenden DEs schon vom Anbieter dieses Dienstes bei einer Nachbereitung des Suchergebnisses eliminiert.

## 5. Verfahren zur Informationswiedergewinnung

### 5.2 Die EURONET Common Command Language

In zunehmendem Maße ist über Postleitungen die unmittelbare
Benutzung fremder Datenbanken möglich. Dabei ist es sehr hinder-
lich, daß jedes System seine eigene Abfragesprache besitzt. Daher
haben die Europäischen Gemeinschaften im Rahmen der EURONET-
Entwicklung untersuchen lassen, ob es möglich ist, eine für alle
Systeme gemeinsame Abfragesprache (Command Language) zu entwickeln. Die Kommandos sollten von jeder Installation intern in
die systemeigenen Befehle umgesetzt werden, soweit das Retrieval-
System nicht von vornherein die EURONET-Sprache benutzt; dies ist
zum Beispiel bei DIRS 3 der Fall. Nach einem Vergleich der
wichtigsten, in den Ländern der EG benutzten Abfragesprachen hat
Negus einen Entwurf vorgelegt (Negus 1977). Da nicht alle
Feinheiten der bestehenden Systeme durch eine gemeinsame Sprache
abgedeckt werden können, ist durch das Kommando OWN die Möglichkeit gegeben, in die Original-Sprache des Retrieval-Systems
überzuwechseln.

Da die Funktionen der EURONET-Sprache in Funktionen der verschiedenen Retrieval-Systeme übersetzt werden und diese sich untereinander durchaus unterscheiden, darf man nicht davon ausgehen,
daß ein Befehl der EURONET-Sprache in allen Fällen exakt die
gleiche Wirkung hat. Die EURONET Common Command Language soll
jetzt als Muster für eine Abfragesprache genauer beschrieben
werden.

### 5.2.1 Befehlsaufbau

Ein Befehl besteht aus dem Kommandowort und den zugehörigen
Parametern. Das Kommandowort kann abgekürzt werden, in den
meisten Fällen bis auf den ersten Buchstaben. Aber auch jede
dazwischen liegende Form ist zulässig, für FIND beispielsweise
F, FI und FIN. Neben Fällen, die Mehrdeutigkeiten verursachen
würden, sind für Befehle mit zerstörendem Charakter mehrere
Buchstaben nötig: Für DELETE mindestens DEL, STOP kann nicht
abgekürzt werden.

Wenn mit einem Befehl nicht alle erforderlichen Parameter bereitgestellt werden, muß sich das System die fehlenden erfragen. Wenn
der Benutzer stattdessen einen neuen Befehl eingeben möchte,
setzt er einen Punkt vor den Kommandonamen.

Beim Suchbefehl FIND und bei der Wörterbuchanzeige DISPLAY können
die Suchterme in Anführungszeichen eingeschlossen werden; das ist
erforderlich, wenn sonst Mehrdeutigkeiten entstehen, nämlich wenn
der Suchterm ein reserviertes Wort (z.B. einen booleschen Operator) oder ein Sonderzeichen mit syntaktischer Bedeutung enthält.

Ebenfalls für FIND und DISPLAY sind Maskierungszeichen definiert,
und zwar $, # und £, mit gleicher Bedeutung, um auf die
unterschiedlichen Tastaturen Rücksicht zu nehmen. Ein Maskierungszeichen am Wortanfang oder -ende bedeutet unbegrenzte Maskierung; Maskierungszeichen in der Wortmitte geben dagegen die
genaue Zahl der zu maskierenden Zeichen an mit Ausnahme von exakt
drei Zeichen, die willkürlicherweise für Maskierung mit einer
beliebigen Zahl von Zeichen verwendet werden (so daß man "exakt
drei Zeichen" nicht verlangen kann). Es fehlt eine begrenzte
Maskierung "maximal n Zeichen", die unter anderem ein recht guter
Ersatz für Flexionsformenreduktion ist (siehe Abschnitt 4.1.4).

Einheitlich festgelegt sind nicht nur die Kommandonamen und die
Operatoren, sondern auch die Abkürzungen für viele Dokumentteile
sowie für Sprachen. Die vorgeschlagene Liste für Feldnamen
enthält zum Teil sehr spezialisierte Angaben wie NC Auftrags-
nummer oder CR Chemical Abstracts Registry Number, andererseits
fehlen Kategorien wie Konferenzangaben, übersetzter Titel und
Langtext.

Die wichtigsten Feldnamen sind

AU   Autor
TI   Titel
SO   Quellenangabe (source)
CC   Klassifikationsangaben (classification code)
CT   kontrollierte Terme (Thesaurusterme)
UT   unkontrollierte Terme (freie Schlagworte)
FT   freier Text
LA   Sprache (language)
CS   Körperschaft (corporate source)
CY   Veröffentlichungsland (country of publication)
JT   Zeitschriftentitel
AB   Abstract
ED   Eingabedatum (computer entry date)
PY   Publikationsjahr
DT   Dokumenttyp


## 5.2.2. Übersicht über die Befehle

Die folgenden Befehle sind vorgesehen; die wichtigsten werden im
Anschluß etwas ausführlicher besprochen.


Dialogsteuerung

BAS       BASE      Auswahl der Datenbasis.
STOP      STOP      Ende des Dialogs oder - mit zusätzlichen
                    Parametern - Beginn eines neuen Dialogs.
DE        DEFINE    Ändern von Voreinstellungen; standardmäßig
                    vorgesehen sind Definition von Ausgabefor-

# 5. Verfahren zur Informationswiedergewinnung

maten, Thesaurussprache (wenn der Thesaurus
in mehreren natürlichen Sprachen benutzbar
ist), Anzeige- und Druckparameter, kurze oder
lange Systemmeldungen, Checkpoints.

## Suchbefehle

| | | |
|---|---|---|
| F | FIND | Suchbefehl |
| D | DISPLAY | Anzeige der Schlagwortliste(n) oder des Thesaurus ab dem als Parameter eingegebenen Term; ist dieser maskiert, so werden alle der Maskierungsbedingung genügenden Terme angezeigt. |
| SA | SAVE | Retten einer Frageformulierung für Benutzer in einem späteren Dialog (kann mit FIND wieder abgerufen werden). |

## Ausgabe

| | | |
|---|---|---|
| S | SHOW | Anzeige von gefundenen Dokumentationseinheiten. |
| P | PRINT | Druckerausgabe von gefundenen Dokumentationseinheiten. |

## Informationen

| | | |
|---|---|---|
| H oder ? | HELP | Informationen zur Dialogführung ("Hilfe-Kommando"). |
| NEWS | NEWS | Informationen des Datenbankverwalters. |
| INFO | INFO | Allgemeine Informationen, z.B. mit den Parametern |

EURONET   neueste Informationen über EURONET,
COST      Kosten des Dialogs,
USERS     Zahl der aktiven Benutzer,
STATUS    Dialog-Status (Benutzername, Frage-Nummer, Uhrzeit des Dialogbeginns oder anderes).

## Sonstiges

| | | |
|---|---|---|
| M | MORE | Anzeige weiterer Daten (Fortsetzung der Schlagwortliste, der gefundenen DEs oder der Informationen). |
| B | BACK | Anzeige vorangegangener Daten (letzte Seite oder vorangehender Teil einer Liste). |
| DEL | DELETE | Löschen von Suchfragen, Druckbefehlen usw. |

Es ist nicht möglich, auf wenigen Seiten die vollständige
Syntax und Semantik der Befehle wiederzugeben. In den Beschreibungen werden gelegentlich benutzte Meta-Variable in spitze

Klammern gesetzt; sie erklären sich meist von selbst. Lediglich
ganze Zahlen bezeichnen wir der Einfachheit halber mit n statt
mit <n>.


## Der Suchbefehl

Der Suchbefehl vereinigt in sich boolesche Operatoren, Abstandsoperatoren, Maskierung, arithmetische Operatoren und die Beschränkung auf Dokumentabschnitte. Die Syntax wird dadurch etwas
unübersichtlich.

Grundbausteine sind die "einfachen Operanden" (simple operands).
Dabei handelt es sich um einzelne Terme, auch mit Maskierung, um
Gruppen von Termen mit Nachbarschaftsbedingungen oder um Inter-
vallangaben. Eine Folge von alleinstehenden Punkten (mindestens
eine Leerstelle vor und hinter jedem) zwischen zwei Termen
bedeutet, daß höchstens ebenso viele Wörter zwischen den Termen
im Text stehen dürfen; eine Folge allein stehender Maskierungszeichen bedeutet genau diese Anzahl von Wörtern. Eine Folge
von genau drei Punkten ohne Leerzeichen dazwischen bedeutet eine
beliebige Zahl von Wörtern. Ein Komma vor oder hinter den Punkten
oder Maskierungszeichen läßt die Reihenfolge der vorgegebenen
Terme offen. Ein Punkt hinter dem letzten Term hat die Bedeutung
"im gleichen Satz". Anstelle eines Terms kann eine in Klammern
eingeschlossene Folge von Termen verwendet werden mit Oder-
Bedeutung. So verlangt
        (DATEN, INFORMATION$) . . , SPEICHER.
daß DATEN oder INFORMATION (rechts maskiert) im gleichen Satz mit
SPEICHER vorkommt (wegen des Punktes hinter SPEICHER), und
zwar im Abstand von höchstens drei Wörtern (höchstens zwei Wörter
dazwischen) in beliebiger Reihenfolge (wegen des Komma).

Die booleschen Operatoren sind AND, .OR und NOT; AND und NOT
binden stärker als OR; Klammern sind erlaubt. Statt einer Folge
von AND oder OR kann man die zu verbindenen Glieder durch
Semikolons getrennt in Klammern setzen mit dem Operator vor dem
ersten Term:
        (AND DATEN; SPEICHER; ASSOZIATIV$)

Die einfachen Operatoren wie auch boolesche Ausdrücke können
qualifiziert werden: <Präfix> <einfacher Operand> <Suffix> bzw.
<Präfix> (<boolescher Ausdruck>) <Suffix>. Das Präfix besteht aus
einem Feldnamen und einem Ordnungsoperator, z.B. AU = MUELLER
oder ED > 06.79 oder CT DOWN DATENBANK. Zu diesen Operatoren
gehören neben den Vergleichsoperatoren auch

UP      "aufwärts" in einer Liste, insbesondere in einem Thesaurus
        (gesucht wird also der nachfolgende Begriff oder einer
        seiner Oberbegriffe),
DOWN    "abwärts" in einer Liste,
NT      Unterbegriffe der ersten Stufe.

Ist der mit dem Gleichheitszeichen verbundene Term maskiert, so

# 5. Verfahren zur Informationswiedergewinnung

soll das System die sich qualifizierenden Terme zur Auswahl anzeigen. Will man das übergehen, so muß man das Gleichheitszeichen durch ALL ersetzen.

Das Suffix dient ebenfalls der Angabe von Feldnamen sowie der Berücksichtigung von Besonderheiten einzelner Systeme (z.B der "subheadings" bei MEDLARS oder der Angabe über die Indexierung im Index Medicus). Das Suffix wird durch einen Schrägstrich eingeleitet; mehrere Feldnamen können, durch Kommas getrennt, in Klammern gesetzt werden. So bedeutet SPRACHE / (TI, AB), daß "Sprache" im Titel oder im Abstract vorkommen soll.

Anstelle eines Terms kann eine ganze Zahl angegeben werden, die eine Verweisung auf die betreffende frühere Suchfrage oder den mit DISPLAY markierten Term bedeutet. Eine Verbindung zweier Zahlen (auch Datumsangaben) durch TO bedeutet "bis" im Sinne einer Oder-Verknüpfung.

## Wörterbuchanzeige

Das Kommando DISPLAY dient dazu, Teile von Wortlisten und Auszüge aus dem Thesaurus anzuzeigen. Hauptbestandteil des Operanden ist ein Term, der maskiert sein darf. Er kann durch einen Vorsatz bestehend aus einem Feldnamen und einem verallgemeinerten arithmetischen Operator (siehe unter Suchbefehl) qualifiziert sein. Ferner können, durch Semikolon getrennt, spezielle Schlüsselwörter angeschlossen werden, die bewirken, daß der Typ des Terms (bei MEDLARS: "major" oder "minor"), Annotationen zur Benutzung des Terms und andere Zusatzinformationen angezeigt werden; durch einen Schrägstrich und einen Sprachenschlüssel kann bei mehrsprachigen Thesauri auf eine bestimmte Sprache zugegriffen werden.

Wenn der Term maskiert ist, muß eine Möglichkeit bestehen, für die spätere Suche einzelne sich qualifizierende Terme auszuwählen, etwa indem der Benutzer die gewünschten ankreuzt oder indem sie numeriert werden und die Nummer in späteren Suchfragen verwandt wird.

## Ausgabe von Dokumenten

Der unmittelbaren Anzeige (beziehungsweise dem Ausdrucken auf dem Blattschreiber) dient der Befehl SHOW. Er läßt folgende Operanden zu, die voneinander durch Semikolon getrennt werden:

Nummer der Suchfrage: S=n (n ist durch eine Zahl zu ersetzen); wenn dieser Parameter nicht angegeben wird, wird die letzte Suchfrage genommen.

Nummer des Dokuments in der durch das System fest vorgegebenen Reihenfolge (meist nach Dokumentnummern aufsteigend): R=n oder R=n TO m; als Standardwert soll vom System R=1 TO 5 gewählt

werden.

Inkrement der Dokument-Nummer: I=n; Standardwert I=1.

Formatangabe:   entweder   F=n, wobei n die Nummer eines vom Datenbankverwalter   oder   vom   Benutzer   definierten Formats ist, oder
F = <Liste von Feldnamen>.

Beispiel: SHOW S=5; F = AU; SO; R=50 TO 100; I=10
Angezeigt werden Autor, Quellenangabe und Titel der Dokumente Nr.
50, 60, ..., 100 zur Suchfrage Nummer 5.

Der   Druckbefehl   PRINT kennt außer den eben genannten eine Reihe
weiterer   Operanden. Durch SORT = <Liste von Feldnamen> wird eine
Sortierung der gefundenen Dokumente bewirkt, durch ED = <Datum 1>
TO   <Datum 2> eine Beschränkung auf Dokumente aus dem angegebenen
Zeitraum   für   das   Eingabedatum. Mit   L = <Anschrift> kann man
eine Versandadresse angeben; spezielle Schlüsselwörter bezeichnen
den Drucker oder auch eine Datei für die weitere Verarbeitung.


## Das Hilfe-Kommando

Manche   Benutzer   eines   Dialogsystems schauen, wenn sie Informationen   über   die   Benutzung   des Systems brauchen, lieber in ein
Handbuch,   andere   ziehen   die   Hilfe-Funktion am Datensichtgerät
vor.   Auskünfte   über   den   laufenden Dialog sind natürlich nur auf
die letztere Weise zu erlangen.

Die   Hilfe-Funktion   hat   für   die   Benutzerfreundlichkeit   eines
Dialog-Systems   eine   sehr große Bedeutung, die oft nicht erkannt
wird. Die EURONET-Sprache sieht die folgenden Möglichkeiten vor.

Der Hilfe-Befehl allein bewirkt Auskunft über das letzte Ereignis
(Befehl, Parameteranforderung, Fehlermeldung).

Zusammen mit einem Kommandonamen werden Informationen über dieses
Kommando   verlangt,   und   zwar   durch   die   Form ?<Kommando-Name>
allgemeine   Informationen, durch die Form <Kommando-Name>? solche
über   die   Benutzung   des   Befehls   im   laufenden Dialog, soweit
das sinnvoll ist; beispielweise erfragt BASE? die gerade benutzte
Datenbasis,   FIND? die bisher gestellten Suchfragen. In ähnlicher
Weise findet man auch Informationen über Parameter der Kommandos.

Die   Befehle   ??   und   HELP? bewirken allgemeine Anweisungen zur
Benutzung des Systems; $? erklärt die Bedeutung des Dollarzeichen
(Maskierung, Abstandsoperator).


## Mängel der EURONET-Sprache

Die   EURONET-Abfragesprache   ist   in erster Linie als Aufsatz auf
bestehende   Retrieval-Systeme   gedacht und kann daher keine Funktionen realisieren, die in den Basis-Systemen nicht schon vorhan-

# 5. Verfahren zur Informationswiedergewinnung

den sind. Bei ihrer Implementierung ist davon auszugehen, daß
nicht alle EURONET-Funktionen in jedem Fall vorhanden sind; das
System muß dann eine passende Fehlermeldung senden.

Zugleich ist die EURONET-Sprache aber auch ein Vorschlag für neu
zu entwickelnde Retrieval-Systeme. DIRS 3 hat diesen Entwurf
bereits aufgegriffen.

Es wäre wünschenswert gewesen, in die Sprache auch solche
Funktionen aufzunehmen, die bisher nur in wenigen Retrieval-
Systemen angeboten werden, aber trotzdem wichtig sind. Hierzu
zählt in erster Linie die Rangfolgesortierung, die völlig fehlt.
Außerdem ist es nicht möglich, bereits zur Anzeige am Datensichtgerät die gefundenen Dokumente nach einem Feldinhalt zu sortieren. Für die Anzeige von Langtexten fehlt die Möglichkeit, um
mehr als eine Seite vor- oder zurückzuspringen, was sich durch
Operanden der Befehle MORE und BACK ohne weiteres einrichten
ließe; auch für die Wörterbuchanzeige ist das manchmal nützlich.

Unbefriedigend ist auch die Art der Maskierung. Eine Angabe
"höchstens n Zeichen" ist nicht vorgesehen, ist aber wichtig zur
Behandlung von Umlauten. Um "Land", "Länder" und "Laender"
zu erfassen, muß man L\$ND\$ OR L\$\$ND\$ eingeben. Außerdem läßt sich
"genau 3 Zeichen" nicht spezifizieren, da drei Maskierungssymbole
"beliebig viele Zeichen" bedeutet. Man könnte statt dessen
beispielsweise festlegen: \$\$ bedeutet beliebig lange Maskierung,
\$n\$ steht für höchstens n Zeichen und \$=n\$ verlangt genau n
Zeichen. Ebenso könnte man ein allein stehendes \$n\$ oder \$=n\$ für
höchstens bzw. genau n Wörter verwenden.

## 5.2.3 Die Abfragesprache von DIRS 3

Die Definition der Common Command Language (Negus 1977) enthält
zahlreiche Ungereimtheiten und Fehler im Detail. Jede Implemen-
tation muß hier zu in sich konsistenten Definitionen der Sprache
kommen; dies ist von vornherein eine Quelle für Abweichungen.
Hiervon abgesehen ist die Abfragesprache von DIRS 3 eine nahezu
vollständige Realisierung der CCL mit nur wenigen Zusätzen. Es
fehlt das Zurückblättern (das Kommando BACK), und verschiedene
Formen des Hilfe-Kommandos sind bisher noch nicht implementiert,
aber vorgesehen.

Die CCL verlangt, daß es möglich sein soll, mit dem BROWSE-Kom-
mando angezeigte Schlagworte in eine Suchfrage einzubeziehen. Bei
DIRS 3 ist das so gelöst, daß man die gewünschten Terme ankreuzen
kann (im Seiten-Modus; im Zeilen-Modus muß man ihre Nummern
eingeben). Sie werden dann in eine Tabelle übernommen, und zwar
in die gleiche, in der auch die bisherigen Frageformulierungen
des laufenden Dialogs stehen. Letztere kann man sich mit FIND?
anzeigen lassen; um die ausgewählten Terme sehen und um außerdem
für größere Flexibilität weitere Parameter hinzusetzen zu können,

hat DIRS 3 für diese Anzeige das zusätzliche Kommando TAB.
Neu ist weiterhin CONTINUE, um die Ausführung eines Befehls
fortzusetzen; mit COST? kann man sich Abrechnungsdaten für den
laufenden Dialog anzeigen lassen. Mehrere Befehle können, durch
ein Ausrufezeichen getrennt, gleichzeitig eingegeben werden.

Die sonstigen Ergänzungen betreffen lediglich Parameter zu den
bekannten Befehlen. So kann man sich mit SHOW REM die Schlagwörter der angezeigten Dokumente mit einer laufenden Nummer
ausgeben lassen, die wiederum durch Ankreuzen festgehalten werden
kann. Dies ist nützlich zur Erweiterung einer Suchfrage um
Schlagwörter, auf die man erst beim Anschauen der ersten Dokumente stößt.

Natürlich fehlt DIRS 3 das Kommando OWN; denn dieses ist ja nur
als Notbehelf gedacht, um aus der CCL in die ursprüngliche
Abfragesprache eines Retrieval-Systems überwechseln zu können.

Weitere Ergänzungen zur CCL muß man der Beschreibung von DIRS 3
entnehmen. Es handelt sich durchweg nur um Feinheiten.


## 5.3 Entwurfskriterien für Dialogsprachen


Die Abfragesprachen bestehender Dokumentationssysteme sind teilweise unsystematisch und unübersichtlich aufgebaut. Manchen sieht
man an, daß sie ursprünglich einmal "aus einem Guß" waren, aber
durch spätere Ergänzungen ihre Einheitlichkeit verloren haben.

Es lohnt sich, einmal Kriterien und Anforderungen an eine
Dialogsprache zu sammeln und zu systematisieren. Dabei ergeben
sich Zielkonflikte, die verschieden gelöst werden können.


### 5.3.1 Liste der Anforderungen


Die Vorstellungen, wie eine gute Dialogsprache beschaffen sein
sollte, gehen weit auseinander. Ein intensiver Benutzer verlangt
größtmögliche Kürze und Leistungsfähgikeit, ein Anfänger sucht
einfache Befehle und ein Vorgehen in kleinen Schritten. Die
meisten Sprachen sind stark formalisiert; manche Autoren propa-
gieren eine Abfrage in natürlicher Sprache. Man kann die unterschiedlichen Anforderungen aber nicht durch mehrere getrennte
Sprachen für das gleiche System befriedigen, da der Benutzer
zwischen den Möglichkeiten wechseln möchte: Aus dem Anfänger und
gelegentlichen Benutzer wird ein Experte; der, der einen Teil der
Sprache komplett beherrscht, benötigt Hilfe in den ihm unbekannten Teilen; eine in natürlicher Sprache formulierte Anfrage muß

## 5. Verfahren zur Informationswiedergewinnung

mit formalen Kriterien verknüpft werden.

Die folgenden Ausführungen basieren auf (Gebhardt und Stellmacher 1978). Dort wurde eine Liste von ursprünglich mehr als 150 Anforderungen systematisiert unter den folgenden Prämissen:

1. Die Dialogsprache muß auf gelegentliche Benutzer zugeschnitten sein, selbst wenn diese nur einen kleinen Teil der Systembelastung verursachen, da sie wesentlich zur Ausbreitung der Dokumentationsdienste beitragen; der Erfolg oder Mißerfolg engagierter, gelentlicher Benutzer regt andere an oder stößt sie ab. Im übrigen sind auch die Experten oft "gelegentliche Benutzer" mancher Möglichkeiten, die das System bietet.

2. Als Dialogsprache wird weder die volle noch eine eingeschränkte natürliche Sprache angestrebt (vgl. Abschnitt 5.1.3).

3. Das Retrieval-System stellt auch kompliziertere Funktionen zur Verfügung. Es gibt zwar Systeme mit sehr einfachen Abfragesprachen (z.B. LEXIS in den USA und die STAIRS-Version der DATEV, beides Volltextsysteme mit juristischen Dokumenten); in der Regel ergibt sich bei anfangs einfachen Entwürfen jedoch bald die Notwendigkeit von Erweiterungen.

Die Anforderungen lassen sich in 7 Hauptgruppen gliedern, die meistens weiter unterteilt sind.


## 1. Einfachheit.

1.1 So wenig Kommandos und andere Schlüsselwörter bei gegebenem Leistungsumfang wie möglich. Keine besonderen Befehle für Spezialfälle. Einfache, leicht zu lernende Teilmengen der Sprache für einfache Anwendungen.

1.2 Einfache Eingabe. Berücksichtigung der Auslegung der Eingabetastatur. Mnemotechnisch günstige Abkürzungen. Einfache Struktur der Eingabe.

1.3 Kurze Kommandos. Kurze Schlüsselwörter; wenig Redundanz; Voreinstellungen bei fehlenden Parametern (default options). Vermeidung erneuter Eingabe (z.B. bei der Berichtigung von Schreibfehlern). Extreme Kürze kann jedoch zu falschen Systemreaktionen bei Schreibfehlern, zu unübersichtlicher Syntax und zu undurchsichtigem Systemverhalten führen. Übertriebene Kürze (z.B. Verwendung gleicher Zeichen in mehreren Bedeutungen je nach Zusammenhang) ist daher zu vermeiden.

1.4 Einfache Kommandostruktur, soweit das bei gegebenem Leistungsumgang möglich ist. Einfach beschreibbare Syntax; einfache Dialogstruktur.

## 2. Klarheit

**2.1** Hierarchische Struktur der Sprache (Kommandos und Unterkommandos).

**2.2** Sinnvolle Befehlsabgrenzung. Nicht mehrere Kommandos für (fast) gleiche Funktionen; keine Kommandos mit mehrfacher Funktion; Herausarbeitung wichtiger Spezialfälle.

**2.3** Einheitlichkeit. Gleiche Struktur aller Kommandos; gleiche Bedeutung von Schlüsselwörtern bei allen Kommandos (soweit sie dort sinnvoll sind); gleicher Funktionsumfang bei vergleichbaren Befehlen (z.B. Blättern im Wörterbuch, Thesaurus und in Dokumenten); gleiche Interpretation fehlender Parameter. Zielkonkurrenzen müssen in vergleichbaren Situationen auch gleich gelöst werden. Eine starke Betonung der Einheitlichkeit kann zu unnötig langen Befehlen führen; dennoch ist dies eine der wichtigsten Forderungen. Eine Konfliktlösung kann manchmal darin gesucht werden, daß in der Grundstruktur der Sprache die Einheitlichkeit gewahrt wird, daß aber zusätzlich gewisse Vereinfachungen erlaubt sind (z.B. Trennzeichen wie Komma und Semikolon, selbst Leerzeichen, immer dann weggelassen werden können, wenn dadurch keine Mehrdeutigkeit entsteht; eine exakte, formale Beschreibung der Sprache kann durch eine solche Regel sehr kompliziert werden!).

**2.4** Problemorientiertheit. Keine vermeidbaren (insbesondere für den Benutzer nicht einsehbaren) technischen Einschränkungen oder Ausnahmen, bedingt durch die Datenstruktur oder die Programmiertechnik; keine vermeidbare Aufspaltung in Dialogzweige; jeder Befehl soll jederzeit gestattet sein.

## 3. Eindeutigkeit.

**3.1** Determiniertheit. Jeder Befehl ist durch die Operanden und durch möglichst wenige explizite Voreinstellungen eindeutig definiert. Dies widerspricht jedoch der Forderung nach Kürze und wird nicht für übermäßig wichtig gehalten; wo Mehrdeutigkeiten auftreten, sollte das System lieber rückfragen.

**3.2** Keine undefinierten Zustände. Keine uneinsichtigen Voreinstellungen; keine Systemreaktionen, die in undurchsichtiger Weise vom Dialogablauf abhängen; keine gegenseitige Beeinflussung der Benutzer.

## 4. Komfort der Abfragesprache.

**4.1** Leistungsfähige Befehle. Spezielle Befehle für wichtige, häufig auftretende Spezialfälle. Da dies mehreren anderen Forderungen widerspricht, sollten diese Befehle ein Zusatz sein, auf den man verzichten kann, ohne den Leistungsumfang des Systems zu verringern (Beispiel: Spezialbefehl zur Anzeige der Dokumente der letzten Suchfrage in einem Standardformat).

## 5. Verfahren zur Informationswiedergewinnung

4.2 Flexibilität. Kurz- und Langformen der Schlüsselwörter;
Mehrsprachigkeit; Anpassung des Systems an Wissen und Erfahrung
des Benutzers und an verschiedene Benutzertypen; Steuerung zahlreicher Systemvarianten durch den Benutzer (über Parameter oder
Voreinstellungen). Beispiele für die Anpassung sind das Springen
zwischen system- und benutzergesteuertem Dialog und die Definition von Makros (Abschnitt 5.1.2). Die Flexibiblität kann jedoch
die Sprache sehr komplizieren und sogar auf die Grundversion für
den gelegentlichen Benutzer Rückwirkung haben (z.B. durch reser-
vierte Wörter, die er nicht kennt).

4.3 Kurzer Dialog. Eingabe von Befehlsfolgen; Definition von
Makros.

4.4 Volle Ausnutzung der Datenstruktur. Alle Datenstrukturen
können angezeigt und für Suche und Anzeige ausgenutzt werden
(Beispiele: aus einem Dokument entnommene Daten können als
Suchargument verwendet werden; Verknüpfungen zwischen Dokumenten).


5. Sonstiger Komfort.
___________________

5.1 Eingabekomfort. Wiedereinlesen früherer Ausgaben und Eingaben
nach Änderungen; Menutechnik.

5.2 Unterbrechung. Möglichkeit, die Rechenanlage jederzeit zu
unterbrechen und bei Bedarf die unterbrochene Rechnung wieder
fortsetzen.

5.3 Ausgabesprache. Klare, kurze, verständliche Systemmeldungen;
Ausgabe von der Eingabe äußerlich unterscheidbar; Wiederverwend-
barkeit der Ausgabe zur Eingabe (soweit.sinnvoll).

5.4 Sonstiger Komfort. Verschiedene Hardware- und Softwarevor-
kehrungen wie Funktionstasten, akustische Signale, Hervorhebungen
auf dem Bildschirm, übersichtliche Anzeige auch großer Tabellen,
Vorwärts- und Rückwärtsblättern auch mit Sprüngen, Notizbuch.


6. Übersichtlichkeit.
___________________

6.1 Transparenz. Erkennbarkeit des Systemstatus; Rückmeldung nach
erfolgreicher Ausführung eines Befehls; periodische Meldungen
während systembedingter Wartezeiten; Warnungen bei recheninten-
siven Befehlen.

6.2 Hilfe-Funktionen. Angaben über den Systemzustand, die Funktionen des Retrieval-Systems, die gegenwärtig möglichen Fortsetzungen des Dialogs, den bisherigen Dialog, die verfügbaren
Datenbasen (Struktur, Inhalt und Umfang); Dialogprotokoll.

6.3 Rückgriff. Einbezug früherer Suchfragen in die gegenwärtige;
Speicherung von Suchfragen für spätere Verwendung.

**6.4  Fehlerunanfälligkeit.** Korrektur leichter Eingabefehler (soweit möglich) mit Meldung an den Benutzer; klare Systemmeldungen bei schweren Eingabefehlern; gleichartige Behandlung ähnlicher Fehler; keine gravierenden Folgen kurzer Eingaben.

**6.5  Keine Zwangssituationen.** Der Dialog kann jederzeit abgebrochen werden (auch wenn das System bestimmte Antworten erwartet).


## 7. Datenschutz.

Separate Zugriffsbeschränkungen für Datenschutzstruktur, einzelne Felder, bestimmte Dokumente, aber keine hierarchischen Befugnisse (siehe Abschnitt 5.4.1); fehlende Passwörter können nachträglich eingegeben werden; Passwörter am Bildschirm nicht sichtbar; bei Zugriffsversuchen auf gesperrte Daten muß das System so reagieren, als ob es diese nicht gäbe (kein Dialog-Abbruch); Datenschutzmaßnahmen für einen Teil der Daten dürfen den Zugriff zu den übrigen nicht behindern.


## 5.3.2 Zielkonkurrenzen

Die im letzten Abschnitt aufgeführten Ziele sind nicht alle gleich gewichtig, und sie lassen sich nicht alle gleichzeitig verwirklichen. Auf einige Zielkonkurrenzen wurde dabei schon hingewiesen. Alle Konflikte aufzuspüren und zu bewerten - sie reichen von leichten Beeinträchtigungen bis zu völliger Unverträglichkeit - ist ein mühsames Unterfangen, zumal oft nur Teilziele betroffen sind, und enthält wie alle Bewertungen eine subjektive Komponente. Tabelle 5-1 enthält die für wichtig erachteten Zielkonflikte; die nicht betroffenen Positionen wurden weggelassen.

Eine Sonderrolle spielt die siebente Forderung, der Datenschutz. Soweit ausgedehnte Datenschutzmaßnahmen erforderlich sind, stehen diese mit zahlreichen anderen Zielen in Konflikt; denn im Prinzip sollen sie den Benutzer stark einschränken und bei allen gewollten oder ungewollten Überschreitungen des Erlaubten Alarm schlagen, während die übrigen Ziele dem Benutzer die Arbeit erleichtern sollen. Die Ausnutzung aller vorhandenen Datenstrukturen muß unterbleiben, da sonst die Gefahr besteht, daß geschützte Informationen auf Umwegen bekannt werden; die Hilfe-Funktion muß einem Benutzer, der vergessen hat, das richtige Passwort anzugeben, auch Hinweise auf die Existenz der geschützten Daten versagen; schon gar nicht kann das System im Sinne einer automatischen Fehlerkorrektur fehlende Angaben (Passwörter, Feldnamen und andere) selbständig ergänzen. Da bei den besonders wichtigen bibliographischen Datenbasen jedoch diese Überlegungen kaum eine Rolle spielen, wollen wir das Kriterium "Datenschutz" von den weiteren Betrachtungen dieses Abschnitts ausschließen.

# 5. Verfahren zur Informationswiedergewinnung

| 1.2 | 1.3 | 1.4 | 2.1 | 2.3 | 3.1 | 3.2 | 4.1 | 4.2 | 4.3 | 4.4 | 6.2 | 6.4 | 7 | |
|---|---|---|---|---|---|---|---|---|---|---|---|---|---|---|
| | | | | | x | | | | x | | | | | 1.2 Einfache Eingabe |
| | | | | x | * | | | | x | | | x | | 1.3 Kurze Kommandos |
| | | | | | | | | | | | | | * | 1.4 Einfache Kommandostruktur |
| | | | | | x | | | | | | | | | 2.1 Hierarchische Struktur |
| | | | | | | | x | * | x | | | | | 2.3 Einheitlichkeit |
| | | | | | | | x | x | x | | | | | 3.1 Determiniertheit |
| | | | | | | | | | | | | x | | 3.2 Keine undef. Zustände |
| | | | | | | | | | | | | | | 4.1 Leistungsfähige Befehle |
| | | | | | | | | | | | | | | 4.2 Flexibilität |
| | | | | | | | | | | | | | x | 4.3 Kurzer Dialog |
| | | | | | | | | | | | | | * | 4.4 Ausnutzung der Datenstruktur |
| | | | | | | | | | | | | | * | 6.2 Hilfe-Funktionen |
| | | | | | | | | | | | | | * | 6.4 Fehlerunanfälligkeit |
| | | | | | | | | | | | | | | 7. Datenschutz |

Tabelle 5-1. Zielkonflikte zwischen Entwurfskriterien.
x Die Forderungen (oder Teile davon) widersprechen einander.
* Die Forderungen (oder Teile davon) widersprechen einander erheblich (stärker als +).

Von den verbleibenden Zielkonflikten betreffen allein sechs die Determiniertheit, die im Extremfall verlangt, daß mit jedem Befehl alle modifizierenden Parameter jedesmal mit eingegeben werden müssen (keine Voreinstellungen, kein Kontextbezug). Diese Forderung wurde jedoch nicht für sehr wichtig gehalten und sollte im Konfliktfall nachgeben.

Die restlichen Unverträglichkeiten betreffen fast ausnahmslos ein Unterziel zu Einfachheit und Klarheit einerseits und eins zum Komfort der Abfragesprache andererseits, also den Konflikt zwischen gelegentlichen und intensiven Benutzern. Es gibt Retrieval-Systeme, die ganz auf die eine dieser beiden Gruppen abgestellt sind. Meist möchte ·man aber beide bedienen; das erfordert einen sehr sorgfältigen Entwurf der Sprache und Rechenschaft über die notwendigen Kompromisse.

Verstöße gegen die Entwurfskriterien führen zu unnötig komplizierten, uneinheitlichen und umständlichen Abfragesprachen. Dies kann man an manchen existierenden Systemen gut studieren; es würde jedoch zu weit führen, hier Beispiele dafür anzuführen.

## 5.4 Datenschutz

### 5.4.1 Zugriffsbeschränkungen

Bibliographische Datenbasen enthalten im allgemeinen nur Daten, die im Prinzip frei verfügbar sind. Es besteht somit keine Veranlassung, einen Teil der Dokumentationseinheiten oder gewisse Felder zu sperren. In der Regel reicht es aus, dafür zu sorgen, daß kein Unberechtigter kostenlos oder auf Kosten eines anderen Benutzers auf die Daten zugreift. Es genügt, den Zugang durch Passwörter zu schützen, sofern der Benutzer sein individuelles Passwort jederzeit austauschen kann, zum Beispiel, wenn es Dritten bekannt geworden ist oder wenn ein früher nutzungsberechtigter Mitarbeiter diesen Status verliert.

Es gibt jedoch auch andere Fälle. Es kommt vor, daß eine Firma eine kommerziell erhältliche Datenbasis um eigene Dokumente erweitert, beispielsweise um vertrauliche Schriften, Berichte eigener, noch unveröffentlichter Forschungsergebnisse oder auch nur um öffentlich zugängliche Dokumente, deren Besitz die Konkurrenz nicht erfahren soll, damit diese keine Rückschlüsse auf die durchgeführten Arbeiten ziehen kann.

Man kann solche Dokumente dadurch schützen, daß man aus ihnen eine getrennte Datenbasis bildet mit besonderen Zugriffsbeschränkungen. Der berechtigte Benutzer muß dann in zwei oder mehr Datenbasen suchen. Einige Systeme gestatten es, mehrere Basen zu koppeln, so daß der Benutzer keinen zusätzlichen Aufwand zu treiben braucht. Bei anderen kann man die anhand einer Datenbasis formulierte Suchfrage speichern und dann bei einer anderen Basis abrufen. Dies reicht jedoch dann nicht aus, wenn in die Formulierung Eigenschaften der ersten Basis eingegangen sind. Das ist ganz offensichtlich, wenn beide andere Feldnamen verwenden. Es gilt aber auch, wenn aus dem Wörterbuch bestimmte, gerade vorkommende Wortformen oder Komposita eines Wortstammes ausgewählt worden sind; die zweite Basis kann andere, ebenso wichtige Wortformen enthalten.

Als Datenschutzmaßnahme ist es bei manchen Systemen möglich, jeder Dokumentationseinheit eine Sicherheitsstufe zuzuordnen. Zugriff haben dann nur solche Personen, deren Befugnis-Satz in der Datei der zugelassenen Benutzer diese Sicherheitsstufe umfaßt.

Bei manchen Anwendungen kommt es vor, daß nicht jeder Benutzer alle Felder einsehen darf. Ein Beispiel dafür ist ein Krankenhaus-Informationssystem. Dort darf zum Beispiel der Pförtner nur Namen und Zimmernummer lesen, die Verwaltung einige für die Abrechnung wichtige Angaben, die Stationsschwester gewisse medizinische Daten der Patienten ihrer Station, der Stationsarzt

# 5. Verfahren zur Informationswiedergewinnung

auch die Krankengeschichten, nicht aber die für die Abrechung bestimmten Personalia und ein Forscher vielleicht neben den Krankengeschichten einige soziale Daten, aber keine Namen und Adressen.

Dies ist zugleich ein Beispiel dafür, daß die Zugriffsberechtigung nicht hierarchisch zu sein braucht, wie das von vielen Systemen mit individuellen Zugriffsbeschränkungen vorausgesetzt wird. Vielmehr sollte es möglich sein, Dokumentationseinheiten wie auch Feldern und womöglich sogar dem Feldinhalt einer einzelnen Dokumentationseinheit jeweils einen Sicherheitsschlüssel zuzuordnen. Jeder Benutzer erhält eine Menge von Sicherheitsschlüsseln zugeordnet und über diese den Zugriff zu allen Daten, bei denen sowohl der Sicherheitsschlüssel der Dokumentationseinheit als auch der des Feldes und gegebenenfalls der des individuellen Feldinhalts zu seinem Befugnissatz gehört. In dieser Weise ist das System der Zugriffsbeschränkungen bei GOLEM aufgebaut.

Ein derart ausgefeiltes System verlangt allerdings einen sehr erheblichen technischen Aufwand. Es genügt ja nicht, die Anzeige geschützter Dokumente oder Dokumentteile zu unterbinden. Schon die Zwischenergebnisse müssen darauf Rücksicht nehmen, beispielsweise die Häufigkeiten in der Wortliste oder die Anzahl gefundener Dokumente. Sonst bekommt der Benutzer erst eine gewisse Anzahl genannt, dann aber weniger angezeigt, oder bei den angezeigten fehlen die Abschnitte, die die Suchwörter enthalten, aufgrund derer sich das Dokument qualifiziert hat. Dies ist nicht nur lästig, sondern kann auch dazu ausgenutzt werden, Informationen zu erschließen, die der Benutzer gerade nicht wissen soll.

Wollte man den Datenschutz in dieser Weise realisieren, dann müßte man entweder vor jeder Häufigkeitsanzeige alle sich qualifizierenden Dokumente überprüfen, ein bei großen Zahlen, etwa in der Schlagwortliste, unmögliches Unterfangen, oder man müßte alle Häufigkeiten unterdrücken, was eine vernünftige Suche sehr erschwert, oder man müßte die Sicherheitsschlüssel jedes Vorkommens eines Wortes in der Zielpunktliste mitführen, etwa implizit in Dokument- und Feldnummer und explizit bei besonderen Beschränkungen für individuelle Feldinhalte. Dieser Aufwand wird jedoch anscheinend nirgends getrieben.


## 5.4.2 Datenschutzvorschriften für bibliographische Datenbasen

### Bundesdatenschutzgesetz

Die Namen von Autoren, Herausgebern und anderen Bearbeitern sind personenbezogene Daten, die den Vorschriften des Bundesdatenschutzgesetzes unterliegen.

Das Gesetz zum Schutz vor Mißbrauch personenbezogener Daten bei der Datenverarbeitung (Bundesdatenschutzgesetz - BDSG) kennt entgegen früheren Entwürfen keine "freien" Daten, die ungehindert genutzt und weitergegeben werden dürften. Es bezieht sich auch auf Daten in Karteien und auf anderen Datenträgern; der Hauptteil ist jedoch der automatisierten Verarbeitung gewidmet, und nur diesen Fall wollen wir hier betrachten.

Die strikte Anwendung des BDSG auf bibliographische Datenbasen führt zu Ergebnissen, die von keinem der Beteiligten - Autor, Hersteller und Anbieter von Datenbasen, Nutzer - so gewollt sein können. Der Autor hat ein Interesse daran, daß die Kenntnis von der Existenz seiner Arbeit verbreitet wird; bei enger Auslegung des BDSG dürften jedoch bibliographische Daten nicht weitergegeben werden.

Im einzelnen unterscheidet das BDSG die Datenverarbeitung der Behörden und sonstigen öffentlichen Stellen (zweiter Abschnitt des Gesetzes), die Datenverarbeitung nicht-öffentlicher Stellen für eigene Zwecke (dritter Abschnitt, hierunter würden firmeninterne bibliographische Datenbasen fallen) und die geschäftsmäßige Datenverarbeitung nicht-öffentlicher Stellen für fremde Zwecke. Eine Rolle spielt ferner, ob die verarbeitende Stelle die Daten unmittelbar aus allgemein zugänglichen Quellen entnommen hat.

Wir betrachten den üblichen Fall, daß ein Hersteller die Datenbasis zusammengestellt und an einen Vermittler weitergegeben hat, der sie seinen Kunden zur Recherche mittels Datenfernverarbeitung zur Verfügung stellt.


Speicherung und Übermittlung
_______________________________

Der Vermittler darf die Daten speichern, soweit kein Grund zur Annahme besteht, daß dadurch schutzwürdige Belange des Betroffenen beeinträchtigt werden (§ 32 (1) Satz 1). Ein solcher Grund dürfte in aller Regel nicht vorliegen. Allerdings gibt es Ausnahmen; so könnten Veröffentlichungen aus der Zeit vor 1945 dem Autor eine unerwünschte Publizität verschaffen und so seine schutzwürdigen Belange verletzen.

Sobald der Vermittler jedoch die Daten zum Abruf bereithält (dies fällt bereits unter "Übermittlung" im Sinne des Gesetzes), muß er gemäß § 34 (1) den Betroffenen über die Speicherung benachrichtigen. Dies ist, soviel bekannt geworden ist, niemals durchgeführt worden und in der Praxis gar nicht möglich. Die Benachrichtigung kann unterbleiben, wenn der Betroffene auf andere Weise von der Speicherung Kenntnis erlangt hat. So entnimmt der Kunde der vom Rechner gedruckten Anschrift, daß diese offenbar gespeichert ist. Die Informationsvermittler stellen sich auf den Standpunkt, "daß die übliche Speicherung der Angaben in Einrichtungen der Information und Dokumentation - wie bei herkömmlichen Bibliotheken - den Autoren bekannt ist" (Stellungnahme des

# 5. Verfahren zur Informationswiedergewinnung

Innenministeriums Baden-Württemberg an den Autor). Mit dem gleichen Argument könnten auch Adressenhändler und Kreditauskunfteien auf die Benachrichtigung der Betroffenen verzichten.

Der Vermittler darf die Daten weiterhin gemäß § 32 (2) nur dann seinen Kunden bereitstellen, wenn diese ein berechtigtes Interesse an ihrer Kenntnis glaubhaft dargelegt haben; darüber muß er Aufzeichnungen führen. Auch dies wird in der Praxis unterlassen.

Für die listenmäßige Weitergabe personenbezogener Daten kennt das BDSG gelockerte Bestimmungen sowohl für die Zulässigkeit als auch für die Benachrichtigung des Betroffenen. Diese sind aber auf die Versendung von Literaturangaben nicht anwendbar, da die Veröffentlichungsdaten nicht zu den in § 32 (3) genannten Daten gehören, die in den Listen enthalten sein dürfen, nämlich nur Namen, Titel, akademische Grade, die Anschrift und eine Angabe über die Zugehörigkeit des Betroffenen zu der Personengruppe, die das Auswahlkriterium für die Liste bildet (zum Beispiel "Autor").

## Sperrung nach fünf Jahren

Personenbezogene Daten sind am Ende des fünften Kalenderjahres nach ihrer Einspeicherung zu sperren (§ 35 (2) Satz 2); damit brauchen sie zwar nicht gelöscht zu werden, dürfen aber nicht mehr verarbeitet oder übermittelt werden. Bisher ist diese Fünfjahresfrist für die deutschen Informationsvermittler noch nicht abgelaufen, da die Frist ab der Einspeicherung beim Datenbankbetreiber und nicht ab der ursprünglichen Erfassung läuft. Danach kann sich der Datenbankbetreiber vom Hersteller eine weitere Kopie der Datenbasis beschaffen und neu einspeichern, um dem Gesetz Genüge zu tun, sofern der Hersteller seinen Sitz im Ausland hat, so daß das BDSG für ihn nicht gilt.

Die teilweise etwas merkwürdigen Folgen des Bundesdatenschutzgesetzes (und der hier nicht weiter erwähnten Datenschutzgesetze der Länder) sind vermutlich vom Gesetzgeber so nicht gewollt; man kann hoffen, daß eine Novellierung die Ungereimtheiten ausbügelt.

## Staatliche Dokumentationssysteme

Das Juristische Informationssystem der Bundesregierung fällt, jedenfalls solange es als Testsystem vom Bundesjustizministerium direkt betrieben wird, nicht unter den vierten, sondern unter den zweiten Abschnitt des BDSG. Dieser gestattet die Übermittlung an nicht-öffentliche Stellen unter anderem, wenn dies zur rechtmäßigen Erfüllung der in der Zuständigkeit der übermittelnden Stelle liegenden Aufgaben erforderlich ist. Dies nimmt das BMJ für sich in Anspruch; die Verbreitung der Rechtskenntnisse einschließlich der Nachweise juristischer Literatur liege im öffentlichen Interesse.

## Pressedatenbanken

Für Pressedatenbanken gibt es eine Ausnahmeregelung. Für sie gelten nur die technischen und organisatorischen Maßnahmen zur Datensicherung, die in § 6 und in der Anlage dazu aufgeführt sind. Allerdings unterliegt diese Befreiung einer sehr wesentlichen Einschränkung: die Daten dürfen nur zu eigenen publizistischen Zwecken verarbeitet werden. Schon die Weitergabe an andere Presseunternehmen bewirkt, daß die Daten dem dritten oder vierten Abschnitt des BDSG unterliegen, wo für die Rechtsmäßigkeit der Übermittlung unter anderem maßgebend ist, daß schutzwürdige Belange des Betroffenen nicht verletzt werden. Dies kommt bei bibliographischen Datenbasen in aller Regel nicht vor, kann bei den in Pressedatenbasen gespeicherten Angaben aber der Fall sein. Als Folge davon gibt Gruner + Jahr die Ergebnisse einer Recherche in der Datenbank nur weiter, wenn eine Prüfung in dieser Hinsicht keine Bedenken ergibt.

## Rechte des Betroffenen

Selbstverständlich hat der Betroffene – der Autor, Herausgeber oder sonstige Person, über die eine Datei Angaben enthält – auch bei bibliographischen Datenbasen alle Rechte, die im BDSG spezifiziert sind.

Der Betroffene darf Auskunft über die zu seiner Person gespeicherten Daten verlangen. Hierfür darf ein Entgelt verlangt werden, das über die durch die Auskunfterteilung entstandenen direkt zurechenbaren Kosten nicht hinausgehen darf. Es müßte also beträchtlich unter den Kosten für eine normale Recherche liegen. Man tut gut daran, sich zuerst nach den Kosten zu erkundigen, bevor man eine Auskunft verlangt.

Wenn die gespeicherten Daten unrichtig sind, hat der Betroffene ein Recht auf Berichtigung. In diesem Falle dürfen außerdem die Kosten für die Auskunft nicht erhoben werden.

Kann weder die Richtigkeit noch die Unrichtigkeit bewiesen werden, besteht ein Recht auf Sperrung, in gewissen Fällen auch auf Löschung. Für bibliographische Daten dürfte beides ohne Bedeutung sein.

# 5. Verfahren zur Informationswiedergewinnung

## 5.5 Umfeld der Dokumentationssysteme

### 5.5.1 Informationsvermittler

Manche End-Nutzer von Informationsdienstleistungen setzen sich selbst an die Datensichtstation und führen ihre Recherchen durch; die meisten nehmen jedoch Mittelspersonen - Informationsvermittler - in Anspruch. Mag die Zahl der unmittelbaren Benutzer auch klein sein, für die Förderung dieser Art von Informationssuche spielen sie eine große Rolle; ihre Initiative und ihre Erfolge stecken an und animieren die Kollegen, ebenfalls rechnergestützte Dokumentationssysteme zu nutzen. Oft übernimmt ein begeisteter End-Nutzer informell die Funktion eines Informationsvermittlers für eine Abteilung oder einen Betrieb; manchmal wird ihm diese Aufgabe auch formell übertragen. Er vereinigt dann in seiner Person das Fachwissen aus seinem eigentlichen Arbeitsgebiet mit den Kenntnissen, die zur erfolgreichen Nutzung von Dokumentationssystemen erforderlich sind.

In größeren Betrieben übernimmt in der Regel die Dokumentationsabteilung die Informationsvermittlung für den Endbenutzer. Sie kann über Stand- und Wählleitung Zugriff zu zahlreichen Datenbasen haben. Zu ihren Aufgaben gehört die Auswahl der passenden Datenbank ebenso wie die Durchführung der Recherchen.

Weiterhin gibt es Informationsvermittler, die für Dritte arbeiten. Hierzu gehören zunächst die Datenbankbetreiber, die nicht nur Anschlüsse an die Rechneranlage zur Verfügung stellen, sondern auch Recherchen durchführen für Kunden, die selbst keinen Anschluß besitzen oder aus anderen Gründen (z.B. wegen größerer fachlicher Kompetenz) die Suche vom Betreiber vornehmen lassen. In Deutschland sind hier vor allem die Fachinformationszentren zu nennen. Es gibt auch Bibliotheken, die für ihre Benutzer als zusätzlichen Dienst die Informationssuche anbieten. Schließlich haben sich in den letzten Jahren spezialisierte Firmen gebildet, deren Wirkungsfeld die Informationsvermittlung ist.

### 5.5.2 Andere Verwendungszwecke der Datenbasen

Die Datenbasen, die für Dokumentationssysteme Verwendung finden, werden keinesfalls immer für diesen Zweck erstellt. Häufig stellen sie selbst ein Nebenprodukt dar; in anderen Fällen werden sie für andere Nebenprodukte mit ausgenutzt. So kann der Grund für die Datenerfassung firmeninterner Dokumentationssysteme in der Projektüberwachung, in der Erstellung von Produktbeschreibungen oder in der Benutzung eines rechnergestützten Konferenzsystems liegen; die für diesen Zweck maschinenlesbar erfaßten

Texte können dann zugleich für Retrievalsysteme ausgenutzt werden.

Im folgenden soll auf einige Verwendungsmöglichkeiten der Textdaten hingewiesen werden, die für manche große Datenbasen von Bedeutung sind.

## Lichtsatz

Dokumentationsyssteme gestatten stets das Ausdrucken individuell zusammengesetzter Teile der Datenbasis (normalerweise das Ergebnis einer Recherche) auf dem Schnelldrucker. Die Texte können aber auch als Vorlage für den Lichtsatz zum Drucken von Büchern dienen. So ist der Hauptzweck der Datenbank des schwedischen Justizministeriums, regelmäßig eine Sammlung der gültigen schwedischen Reichsgesetze zu drucken; die Recherchemöglichkeit ist ein Nebenergebnis. Da Gesetzestexte auch in anderen Staaten im allgemeinen im vollen Text erfaßt werden und diese Rechtsnormen häufigen Änderungen unterworfen sind, sind ähnliche Bestrebungen auch anderswo im Gange.

Die Aufbereitung für den Lichtsatz erfordert besondere Maßnahmen bei der Datenerfassung, damit für das Layout wichtige Angaben (Kennzeichnung der Überschriften-Hierarchie für die Schriftgröße, Zeilenwechsel, Hervorhebungen im Text und anderes, siehe Abschnitt 3.4.2) ohne nachträgliche manuelle Editierung maschinell ermittelt werden können.

## Gedruckte Informationsdienste

Besonders nahe liegt es natürlich, die für das Dokumentationssystem erfaßten Daten auch als schriftlichen Informationsdienst herauszugeben. In der Praxis ist der Weg meist umgekehrt gegangen: Ein Referateorgan hat begonnen, die Texte maschinenlesbar zu erfassen, weil zu den auch bei anderen Büchern vorhandenen Vorteilen des Lichtsatzes die Möglichkeit hinzukam, die verschiedenen Register der Einzelhefte wie auch das Jahrgangs maschinell zu erstellen und bei Bedarf auch kumulierte Jahresbände, Sonderausgaben für einzelne Fachgebiete und andere zusätzliche Schriften herauszugeben. Als Nebenprodukt entstand dabei die Datenbasis für ein Dokumentationssystem.

Dementsprechend wurde auch der Preis für Verkauf oder Benutzung der Datenbasis meist verhältnismäßig niedrig als willkommene zusätzliche Einnahme kalkuliert. Die rapide Ausbreitung rechnergestützter Dokumentationssysteme führt jedoch allmählich zur Umkehr dieses Standpunktes: Der Verkauf der Datenbasis wird zum primären Unternehmensziel, die gedruckten Dienste zum Nebenprodukt. Das bedingt einen beträchtlichen Anstieg der Kosten für die Datenbasis, soweit das nicht durch erhöhten Absatz gemildert oder ausgeglichen werden kann.

## 5. Verfahren zur Informationswiedergewinnung

Einige Indexe, die aus den Daten eines Dokumentationssystems
leicht erstellt werden können, sollen hier noch kurz vorgestellt
werden.

### KWIC- und KWOC-Index

In Datenbasen kann man ungenau bekannte Titel ohne weiteres nach
jedem Titelwort suchen, das man zufällig kennt oder das man im
Text einschlägiger Literatur vermutet. Gedruckte Kataloge hatten
dagegen allenfalls ein nach dem ersten Titelwort (eventuell unter
Weglassen eines Artikels) sortiertes Register. Die Idee liegt
nahe, die Titel unter jedem darin vorkommenden Wort in einem
alphabetischen Verzeichnis aufzuführen, wobei meist gewisse
"Stoppwörter" ignoriert werden, beispielsweise Artikel, die häufigsten Hilfsverben, Präpositionen und Konjunktionen, manchmal
auch einige nichtssagende Adjektive und Substantive. Beim KWIC-
Index (Key-word in context) werden die sortierten Wörter etwa in
der Mitte der Seite untereinander gesetzt und der Rest der Zeilen
mit dem Titel aufgefüllt, soweit er Platz hat. Am rechten oder
linken Rand ist außerdem ein Hinweis auf die Fundstelle erforderlich, etwa die Referate-Nummer. Ein KWIC-Index einiger Abschnittsüberschriften könnte so aussehen wie Tabelle 5-2.

```
                    Die Abfragesprache von DIRS 3    5.2.3
        Übersicht über die Befehle                   5.2.2
                        Befehlsaufbau                 5.2.1
        Die EURONET Common Command Language          5.2
            Die EURONET Common Command Language      5.2
    Die Abfragesprache von DIRS 3                     5.2.3
                    Die EURONET Common Command Lang   5.2
    EURONET Common Command Language                   5.2
                    Übersicht über die Befehle        5.2.2
Abfragesprache von DIRS 3                             5.2.3
```

Tabelle 5-2. Beispiel eines KWIC-Indexes.

Bei einer anderen Darstellungsform wird das Sortierwort vorangestellt und in den Titeln meist durch ein Sonderzeichen zwecks
Platzersparnis ersetzt; man erhält so einen KWOC-Index (Key-word
out of context); siehe Tabelle 5-3.

```
Begriffe
    Informationsverarbeitung; *                                44 300
    Informationstheorie; *                                     44 301
    Datenübertragung; *                                        44 302
Datenübertragung
    *; Begriffe                                                44 302
    Informationsverarbeitung; Steuerungsverfahren mit dem
        7-Bit-Code bei *                                       66 019
Erweiterung
    Informationsverarbeitung; 7-Bit-Code, Regeln zur *         66 203
Informationsverarbeitung
    *; Begriffe                                                44 300
    *; 7-Bit-Code                                              66 003
    *; Steuerungsverfahren mit dem 7-Bit-Code bei
        Datenübertragung                                       66 019
    *; 7-Bit-Code, Regeln zur Erweiterung                      66 203
Informationstheorie
    *; Begriffe                                                44 301
Regeln
    Informationsverarbeitung; 7-Bit-Code, * zur
        Erweiterung                                            66 203
Steuerungsverfahren
    Informationsverarbeitung; * mit dem 7-Bit-Code bei
        Datenübertragung                                       66 019
7-Bit-Code
    Informationsverarbeitung; *                                66 003
    Informationsverarbeitung; Steuerungsverfahren mit dem
        * bei Datenübertragung                                 66 019
    Informationsverarbeitung; *, Regeln zur Erweiterung        66 203
```

**Tabelle 5-3.** Beispiel eines KWOC-Indexes für einige DIN-Normen.

---

## Katalogisierungsdaten

Die Katalogisierung von Büchern ist eine aufwendige Tätigkeit, da
die anzuwendenden Regeln sehr kompliziert sind. Daher hat man
sich schon lange bemüht, Mehrfacharbeit zu vermeiden, indem
entweder eine Bibliothek mit zentralen Aufgaben die Katalogisierung übernimmt und die Titelaufnahmen vertreibt oder indem
sich mehrere Bibliotheken in diese Arbeit teilen. Titelaufnahmen
werden beispielsweise von der Library of Congress (Washington,
D.C.), von der British Library und von der Deutschen Bibliothek
in Frankfurt erstellt. Da nicht alle Bibliotheken nach den
gleichen Regeln arbeiten oder auch aus anderen Gründen (Speziali-
sierung von Bibliotheken; zu langsame Belieferung durch die
Nationalbibliothek) kann es in einem Land durchaus mehrere
Institutionen geben, die Titelaufnahmen erstellen und weitergeben. Die Verteilung geschah ursprünglich auf Katalogkarten,
heutzutage überwiegend auf Magnetband nach einem genormten Format
(DIN 1506, vgl. Abschnitt 3.4.3).

# 5. Verfahren zur Informationswiedergewinnung

Als Nebenprodukt sind hier ebenfalls Datenbanken entstanden, so in Deutschland BIBLIO-DATA, das mit den Daten der Deutschen Bibliothek von der Gesellschaft für Information und Dokumentation (GID) betrieben wird. Die Titelaufnahmen der British Library sind in der Datenbank UK MARC über den Informationsvermittler BLAISE verfügbar.


## Literaturbeschaffung

Über Dokumentationssysteme im Direktzugriff kann man sich in wenigen Minuten zahlreiche Nachweise einschlägiger Literatur anzeigen und ausdrucken lassen; die Aufsätze selbst zu beschaffen dauert dagegen oft Wochen oder Monate. Neuerdings versucht man, diese Zeit durch eine Kombination von Recherche und Bestellung zu verkürzen. Der Benutzer kreuzt auf dem Bildschirm die ihn interessierenden Arbeiten an. Die vollständigen Bestellangaben werden automatisch an eine geeignete Stelle zusammen mit der Adresse des Kunden weitergereicht, beispielsweise an einen Buchhändler oder eine große Bibliothek. So ist es möglich, Literatur, die man in den Datenbasen der Firma Lockheed (Retrieval-System DIALOG) gefunden hat, über die Technische Informationsbibliothek in Hannover (TIB), eine Spezialbibliothek unter anderem für Report-Literatur aus dem Bereich der Technik, zu bestellen. Die TIB ruft die aufgelaufenen Bestellungen mehrmals wöchentlich von Lockheed ab und führt sie dann aus. Das im Dezember 1979 eingerichtete Bestellverfahren läuft für die TIB unter der Kurzbezeichnung TIBORDER. Innerhalb der Bundesrepublik kostet jede Bestellung DM 15,-.

Auch andere Informationsvermittler, beispielsweise SDC, aber ebenso manche Datenbasis-Hersteller versuchen, neben dem Literatur-Nachweis auch die Beschaffung zu übernehmen (Roth 1980). Es ist zu erwarten, daß solche Dienste in Kombination mit Dokumentationssystemen in den nächsten Jahren eine erhebliche Verbreitung finden.


## Verweisungsindexe

Im Zusammenhang mit den Nutzungsmöglichkeiten bibliographischer Datenbanken sei auf eine Datenbasis hingewiesen, die nach der Zahl der Literaturstellen zu den größten überhaupt gehört. Gemeint sind die Daten des Science Citation Index und des Social Sciences Citation Index (SCI und SSCI) der Firma Institute for Scientific Information (ISI) in Philadelphia.

Die Grundidee ist, daß normalerweise jede wissenschaftliche Arbeit auf ältere, wichtige Aufsätze oder Bücher zum gleichen Thema verweist. Wenn man einige bedeutende ältere Schriften kennt und zusätzlich feststellen kann, in welchen neueren Arbeiten diese genannt werden, dann findet man unter letzteren einen großen Teil der einschlägigen Literatur. Kernstück von SCI und SSCI sind daher umfangreiche Indexe sortiert nach den Namen von

Autoren, auf die in kürzlich erschienenen Aufsätzen verwiesen wird; unter jedem Namen werden diese Literaturstellen aufgeführt (typischerweise mit Autor, Zeitschriften-Kurzname, Band, Jahr, Seite). Dazu müssen in den ausgewerteten Zeitschriften und Büchern Autoren und Titel der Beiträge sowie sämtliche aufgeführten Literaturstellen maschinenlesbar erfaßt werden. Aus diesen Daten lassen sich zugleich eine Reihe weiterer Indexe herstellen. Im "Source Index" sind alphabetisch nach Verfasser die Beiträge mit Co-Autoren, Titel und Fundstelle aufgeführt; man kann also feststellen, ob von einer bestimmten Person neue Veröffentlichungen erschienen sind. Im Permuterm-Titelindex findet man unter jedem Wortpaar alle Titel, die diese beiden Wörter enthalten (ausgenommen sind zahlreiche Stoppwörter). Dieser Index ist gut brauchbar als ein Schlagwortindex für neue Literatur. Besonders wertvoll sind beide Citation-Indexe dadurch, daß sie sehr aktuell sind und eine enorme Menge von Zeitschriften aus aller Welt teils vollständig, teils auszugsweise auswerten. Der Zeitschriften-Index enthält praktisch alle einigermaßen bedeutenden Zeitschriften der ausgewerteten Sachgebiete (Naturwissenschaften, Medizin, Sozialwissenschaften).

Einige Zahlenangaben mögen den Umfang des Werks charakterisieren; sie beziehen sich auf 1980 und weichen nicht wesentlich von denen des Vorjahres ab.

|  | SCI | SSCI |
|---|---|---|
| Zahl der ausgewerteten Zeitschriften | 3.067 | 4.414 |
| davon vollständig ausgewertet | nicht angegeben | 1.478 |
| Zahl der ausgewerteten Bücher | 1.065 | 263 |
| Zahl der erfaßten Einzelbeiträge | 519.073 | 122.205 |
| Zahl der erfaßten Zitierungen | 8.260.543 | 1.517.487 |

### 5.5.3 Benutzerforschung

Die Motive für den Aufbau von Dokumentationssystemen sind sehr unterschiedlich und reichen von reinen Forschungsaufgaben bis zu rein kommerziellen Anwendungen; manchmal verschieben sie sich im Laufe der Entwicklung eines Systems. Infolgedessen spielt auch die Frage nach den Benutzerinteressen eine sehr unterschiedliche Rolle.

Die ersten rechnergestützten Dokumentationssysteme wurden als Forschungsprojekte begonnen; viele haben ihren Betrieb über kurz oder lang wieder eingestellt, einige haben sich zu erfolgreichen kommerziellen Systemen entwickelt. Als ein frühes Beispiel hierfür sei die Gruppe um Horty genannt. Sie begann ihre Aktivitäten bereits 1959 an der University of Pittsburgh (Pennsylvania, USA) mit finanzieller Unterstützung des Council on Library Resources und der Ford Foundation. Die Datenbasen enthielten Gesetze, Gerichtsentscheidungen und andere juristische Dokumente im vollen Wortlaut. Das System der US-Luftwaffe (anfangs LITE, später SLITE

## 5. Verfahren zur Informationswiedergewinnung

genannt) basiert wesentlich auf den Pittsburgher Entwicklungen.
Der große Erfolg dieses Systems führte zu einer Verselbständigung
unter dem Namen "Automated Law Searching, The Aspen Systems
Corporation", häufig kurz "ASPEN" genannt. Später verlor die
Gesellschaft jedoch wieder ihre Selbständigkeit und wurde in die
American Can Company eingegliedert. Neben Datenbanken der Gesetz-
gebung der USA und aller Einzelstaaten bietet Aspen jetzt ein
System zu Unterstützung von Mammut-Gerichtsverfahren an, das dem
Benutzer außer den Retrieval-Möglichkeiten verschiedene Arten
der Berichterstellung erlaubt. Auf dem ursprünglichen Arbeits-
gebiet der juristischen Dokumentation beherrschen nun zwei
Firmen, die offenbar erheblich größere Finanzreserven haben, das
Feld (siehe Abschnitt 6.2.4).

Bei anderen Projekten stand von vornherein der kommerzielle
Aspekt im Mittelpunkt. Das führte zur Notwendigkeit, der Rentabi-
litätsberechnung eine Nutzungsfrequenz zugrunde zu legen, obwohl
man gar nicht wußte, welcher Bedarf an den angebotenen Leistungen
bestand und welchen Preis die potentiellen Kunden dafür zu
bezahlen bereit waren. Deshalb wurden von vielen Seiten mit
unterschiedlichem Aufwand und mit wechselnder wissenschaftlicher
Abstützung immer wieder Benutzerstudien getrieben.

Das Ziel dieser Untersuchungen war im einzelnen natürlich verschieden; insgesamt kann man aber die folgenden Fragen als
zentrale Themen festhalten.

- An welchen Informationen besteht ein Bedarf?
- Bei welchen Berufsgruppen besteht ein Informationsbedarf?
- Läßt sich der Bedarf quantitativ abschätzen?
- Wie wird der Informationsbedarf derzeit gedeckt?
- Welcher Anteil läßt sich durch ein rechnergestütztes Dokumen-
  tationssystem decken?
- Welche Faktoren werden die Bedarfsdeckung durch Retrieval-
  Systeme beeinflussen, etwa Preis, Art der Datenaufbereitung,
  Vollständigkeit und Aktualität der Datenbasis, Schnelligkeit
  der Beantwortung von Suchfragen, Vollständigkeit des Ergeb-
  nisses?
- Welche Verbesserungen an einem vorhandenen oder geplanten
  System haben einen nennenswerten Einfluß auf die Häufigkeit
  der Benutzung?

Eine große Schwierigkeit bestand darin, daß die Befragten (und
manchmal auch die Fragenden) sich die Art und Weise der Benutzung
eines Dialogsystems gar nicht vorstellen konnten. Typischerweise
verlangte der Befragte, daß das System selbstverständlich sofort
sämtliche relevante Literatur nachzuweisen habe, obwohl er bisher
oft Wochen oder Monate für Nachweise und Beschaffung benötigte
und mit wenigen einschlägigen Dokumenten zufrieden war; daß es
noch mehr geben könnte, war ihm gar nicht bewußt, und er hätte
auch nicht die Zeit gehabt, sie zu suchen und auszuwerten.
Desgleichen erschien ihm eine Suchzeit von 15 bis 30 Minuten an
der Sichtstation als viel zu lang, obwohl er vorher vielleicht
stundenlang in Bibliotheken recherchiert hat.

Die Methoden der Benutzerforschung unterscheiden sich nicht grundlegend von den sonst in den Sozialwissenschaften üblichen. Eingesetzt werden vor allem Fragebogenaktionen, Einzelinterviews und Gruppendiskussionen, daneben auch Statistiken des Benutzerverhaltens und Auswertung von Dialogprotokollen, soweit bereits ein operationelles System zur Verfügung steht.

Nach anfangs rein empirischen Untersuchungen begann allmählich eine Phase der Theoriebildung. Wesentlich ist die Unterscheidung zwischen den subjektiven Benutzerbedürfnissen, die alles das beinhalten, was der Benutzer in der gegenwärtigen Situation bei seinen Vorkenntnissen und zeitlichen, räumlichen und anderen Gegebenheiten glaubt erfahren zu müssen, und dem objektiven Informationsbedarf, der sich aus dem zu lösenden Problem herleitet. Eine Theorie der Benutzerforschung muß auch von einem Modell des Benutzerverhaltens zur Informations- und Entscheidungsfindung ausgehen. Obwohl dies alltägliche Dinge sind, ist es schwierig, sie zu systematisieren und die unbewußt verhaltenssteuernden Einflüsse zu isolieren.

Das Benutzerverhalten ist sehr stark von der Berufsgruppe abhängig. Man denke nur an die unterschiedliche Arbeitsweise von Wissenschaftlern, Rechtsanwälten und Journalisten, um einige Beispiele zu nennen. Aus der chemischen Forschung werden Anteile von 20% der Arbeitszeit zum Literaturstudium genannt. Techniker benutzen überwiegend Nachschlagewerke und andere sofort greifbare Literatur. Für viele Rechtsstreitigkeiten genügt dem Anwalt ein Blick in den "Palandt", einen Handkommentar zum Bürgerlichen Gesetzbuch; komplizierte Fälle erfordern dagegen eine intensive Suche nach vergleichbaren Entscheidungen, manchmal auch nach weiteren Rechtsnormen (in der Regel sind diese aber leicht auffindbar) und nur in geringem Ausmaß - sehr zum Leidwesen der Rechtsgelehrten - auch nach wissenschaftlicher Literatur. So ist es nicht verwunderlich, daß auch innerhalb eines einzelnen Berufsstandes, der Juristen, die Häufigkeit der Benutzung verschiedener Arten von Literatur (Lehrbücher, Zeitschriften, Kommentare, Gesetzessammlungen) völlig verschieden sein kann.

Gelegentlich erbringt eine Benutzerstudie unerwartete Ergebnisse; so stellte es sich in Kanda heraus, daß auch ein ideales Informationssystem dem Juristen nicht so viel Zeit einsparen könnte wie eine bessere Organisation seiner Arbeit (Compulex 1972).

Als Beispiel für die Theoriebildung in der Benutzerforschung sei (Wind 1979) genannt, als umfangreiche, systematische Studie eine Untersuchung im Auftrage der Kommission der EG über tatsächliche und potentielle Benutzer juristischer Informationssysteme (Svoboda 1981).

# 6. Spezielle Systeme

In den voraufgegangenen Kapiteln war zwar an verschiedenen
Stellen schon von einzelnen, konkreten Retrieval-Systemen die
Rede, es handelte sich aber stets nur um erläuternde Beispiele.
Im Folgenden sollen nun einige bestehende Einrichtungen charak-
terisiert werden. Da eine detaillierte Beschreibung eines umfang-
reichen Software-Systems allein mehrere Bände umfassen kann, sind
hier natürlich nur vergröbernde Darstellungen möglich. Auf alle
Einzelheiten muß verzichtet werden.

Hinzu kommt, daß alle beschriebenen Einrichtungen weiter entwickelt werden. Manche Feststellungen können bis zum Erscheinen
der Beschreibung bereits überholt sein; das gilt insbesondere
für die Zahlenangaben. Eine neue Version eines Retrieval-Systems
kann gelegentlich aber auch den inneren Aufbau erheblich verändern, so daß die Beschreibungen der Datenstrukturen oder
anderer wesentlicher Eigenschaften nicht mehr stimmen. Dennoch
ist zu hoffen, daß die folgenden Darstellungen ein faires Bild
dessen vermitteln, was zur Zeit existiert.

Es braucht eigentlich nicht betont zu werden, daß es sich hier
nur um eine Auswahl handeln kann. Aus der Vielzahl der Retrieval-
Systeme, Datenbasen und Organisationen zur Vermittlung der Informationen vom Hersteller der Datenbasis zum Verbraucher werden
einige typische herausgeholt. Neben der Bedeutung der Systeme
spielt bei der Auswahl auch eine Darstellung der Vielfalt eine
große Rolle.

## 6.1 Retrieval-Systeme

Neben den in Deutschland häufig eingesetzten Dokument-Retrieval-
Systemen GRIPS/DIRS, STAIRS und GOLEM soll in diesem Abschnitt
STATUS II betrachtet werden, das sich durch einen voll integrierten Änderungsdienst auszeichnet und einige interessante Besonderheiten in der Speicherorganisation und in der Abfragesprache
bietet, ferner das für zahlreiche Retrieval-Tests bekannte SMART
und als Beispiel für ein 'System auf Kleinrechnern DOMESTIC.

Einige dieser Systeme waren in den Abschnitten 3.2.4 "Speicherorganisation bestehender Systeme" und 3.3.2 "Änderungsdienst bestehender Systeme" bereits angesprochen worden; die Abfrage-

## 6. Spezielle Systeme

sprache von DIRS 3 wurde in Abschnitt 5.2.3 behandelt, da sie
sich besonders eng an die Common Command Language von Euronet
anlehnt. Dies ist nicht verwunderlich, da das Deutsche Institut
für medizinische Dokumentation und Information (DIMDI), wo DIRS
entwickelt wurde, intensiv an der Definition der CCL mitgear-
beitet hat.


## 6.1.1 GRIPS / DIRS 3


### Systemphilosophie

GRIPS heißt "General Relation Based Information Processing
System" und ist weit mehr als ein Dokument-Retrieval-System; es
enthält Komponenten zum Aufbau und zur Änderung von Dateien mit
hierarchisch strukturierten Sätzen.

Diese recht aufwendigen Teile sind erforderlich, um sehr unterschiedlich strukturierte Eingabedaten handhaben zu können. Die
Vielfalt der Verarbeitungserfordernisse stammt einerseits daher,
daß die Daten von vielen Datenbasis-Herstellern übernommen
werden, andrerseits aus dem Wunsch, verschiedene Felder unterschiedlich behandeln zu können. Beispielsweise möchte man aus dem
Feld "Titel" jedes Wort mit Ausnahme gewisser Stoppwörter in das
Wörterbuch aufnehmen, aus dem Feld "Autor" den Nachnamen mit
nachgestellten Initialien, aus dem Feld "Zeitschrift" den nicht
zerlegten Zeitschriftennamen, teilweise mit Umwandlung in eine
abgekürzte Form, und die Deskriptoren sollen in allen Sprachen
eines mehrsprachigen Thesaurus abrufbar sein.

Der normale Benutzer kommt nur mit dem Abfrageteil GRIPS in
Berührung; der Datenbankverwalter benötigt auch die übrigen
Komponenten, insbesondere das Datenbank-Management-System DDBG
und das Ein-/Ausgabe-System DINUPS.

GRIPS ist für Siemens-Anlagen im Assembler geschrieben. Es läuft
unter dem Betriebssystem BS 2000.


### DIRS 3

DIMDI's Information Retrieval System 3 (DIRS 3) ist die Abfrage-
Komponente von GRIPS. Sie setzt eine bestimmte Dateistruktur
voraus. Die Dokument-Datei (Document File DF) enthält die Doku-
ment-Sätze; deren Felder sind durch eine ID (identification)
gekennzeichnet. Ein Feld kann hierarchisch aus weiteren Feldern
aufgebaut sein. Gespeichert werden die Felder (und die Unter-
felder innerhalb eines Feldes) stets in aufsteigender Reihenfolge
der IDs; dies impliziert jedoch keine Reihenfolge bei der
Verarbeitung.

Die  Deskriptor-Datei  DES  enthält  die  Wortliste.  Jedem  Wort  ist
eine  ID  als  Teil  des  Wortes  vorangestellt.  Dies  ist  in  der  Regel
die  ID  des  Feldes,  aus  dem  es  entnommen  wurde;  es  kann  aber
auch  eine  andere  sein.  Damit  kann  man  erreichen,  daß  mehrere
Felder  der  Dokument-Datei  in  der  Deskriptor-Datei  mit  einer
einheitlichen  ID  zusammengefaßt  werden.

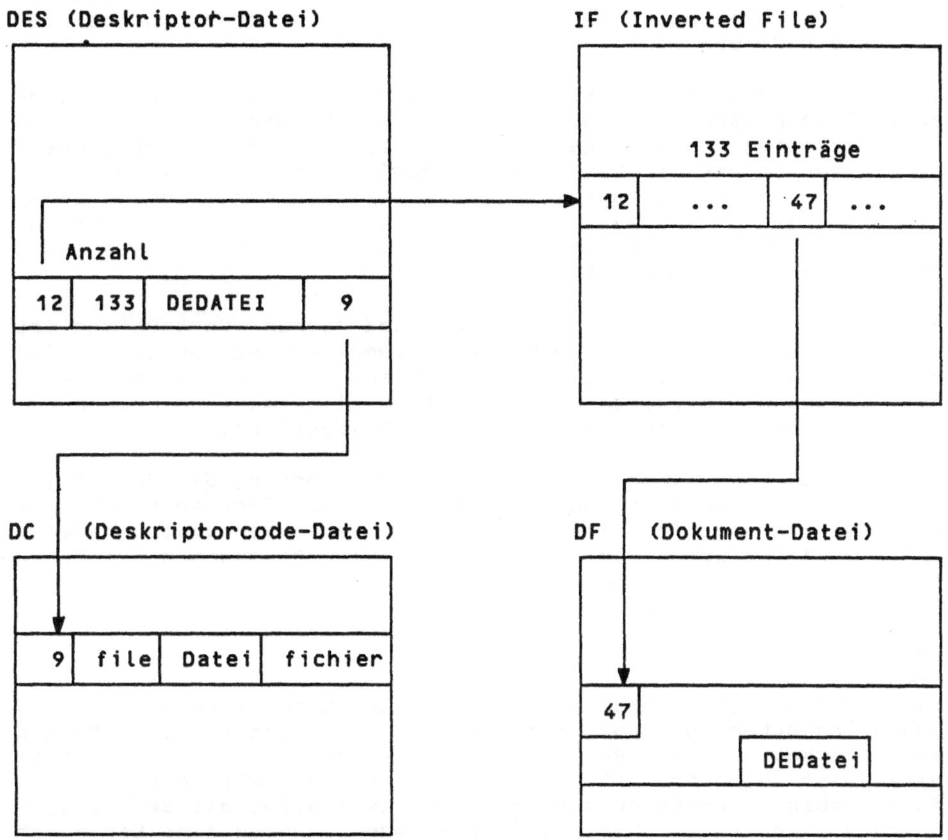


Abbildung 6-1.  Dateien von GRIPS / DIRS 3.
                DE    ID (Identifikation) des Feldes "Deskriptor"

Die  Zielpunktlisten  für  jedes  Wort  aus  der  Deskriptor-Datei
stehen  in  der  "invertierten  Datei"  (Inverted  File  IF).  Verwendet
man  einen  mehrsprachigen  Thesaurus,  so  verweisen  alle  parallelen
Schlagworte  auf  den  gleichen  Satz  im  IF.

Zusätzlich  kann  ein  Descriptorcode-File  DC  eingerichtet  werden.
Jeder  Satz  im  DES  kann  einen  Zeiger  auf  einen  Satz  im  DC
enthalten,  der  ergänzende  Angaben  zum  Deskriptor  aufnimmt,  ins-

# 6. Spezielle Systeme

besondere die Verweisungen im Thesaurus. Über den DES kann man beispielsweise auch die mehrsprachigen Formen eines Schlagworts miteinander verknüpfen. In der Realisierung der medizinischen Datenbasis MEDLARS bei DIMDI enthalten die Dokumente numerische Codes der Thesaurus-Deskriptoren, die auch im DES stehen; die sprachlichen Formen sind im DC verzeichnet. Dies bewirkt, daß bei der Anzeige eines Dokuments so viele Zugriffe auf den DES und den DC erforderlich sind, wie das Dokument Deskriptoren enthält. Es ermöglicht aber, mehrsprachige Thesauri zu verwenden und bei der Anzeige die Sprache frei zu wählen.

Die Darstellung der Dateien in Abbildung 6-1 ist stark vereinfacht. Erwähnenswert ist noch, daß mit den Dokumentnummern in den Zielpunktlisten auch Zusatzangaben zum Dokument gespeichert werden können wie das Datum der Einspeicherung oder die Sprache. So kann man nach diesen Kriterien selektieren, ohne das Dokument aufsuchen zu müssen; allerdings hat das eine Mehrfachspeicherung dieser Angaben zur Folge, nämlich in der Zielpunktliste jedes Deskriptors für dieses Dokument.

Der Aufbau der einzelnen Dateien und deren Verknüpfung ist ziemlich flexibel. Dies wird über Tabellen gesteuert, die für jede Datenbasis getrennt geführt werden. Diese legen auch fest, unter welchen Feldnamen der Benutzer die einzelnen Felder ansprechen kann; sie sind nicht mit den ID identisch.

Die Einrichtung einer neuen Datenbank erfordert die Definition aller dieser Tabellen und darüber hinaus die Festlegung der Art der Invertierung für jedes Feld. Der damit verbundene Aufwand liegt typischerweise im Bereich einiger Mannwochen bis Mannmonate.

## DDBG

Bei DIMDI's Data Base Generator DDBG handelt es sich um ein komplettes Datenbank-Management-System. Verwendet werden SAM- und ISAM-Dateien, die vom Betriebssystem verwaltet werden. Der Satzaufbau ist hierarchisch. Die Felder können feste oder variable Länge haben; letzteren sind ein oder zwei Bytes mit der Längenangabe vorangestellt. Der Feldinhalt kann wiederum eine Serie von festen oder variablen Feldern umfassen; hierdurch kommt die hierarchische Struktur zustande.

Die DDBG-Sprache besteht ähnlich wie COBOL aus mehreren Abschnitten, in denen unter anderem der Satzaufbau beschrieben und "Relationen" definiert werden. Bei einer Relation handelt es sich um eine Liste von Feldern innerhalb einer Datei, die auch auf unterschiedlichen hierarchischen Ebenen liegen können. Der Datenmanipulations-Abschnitt beschreibt die auszuführenden Operationen (insbesondere Suche, Änderung und Eingabe) mit Hilfe dieser Relationen. Die DDBG-Sprache enthält Schleifen- und IF-Anweisungen. Die Verknüpfung von Sätzen aus mehreren Dateien unterliegt vollständig dem Anwender, der beispielsweise die Satzschlüssel einer Datei als Zeiger in einer anderen verwenden kann.

Mittels DDBG werden Dateien definiert und bereits vorhandene Daten, insbesondere Datenbasen, die von anderen Herstellern übernommen werden, aufbereitet und gespeichert.


## DINUPS

Der dritte Hauptbestandteil von GRIPS (es gibt darüber hinaus noch einen Listengenerator und ein Abrechnungssystem) ist DIMDI's Input and Update System DINUPS. Er ermöglicht den Aufbau und die Pflege von GRIPS-Dateien vom Bildschirm aus. DINUPS definiert den Bildschirmaufbau und gibt die Daten an DDBG weiter. Der entsprechend privilegierte Benutzer kann durch die Kommandos DIRS und DINUPS beliebig zwischen diesen beiden Komponenten hin- und herspringen. Die Zielpunktliste einer DIRS-Abfrage steht DINUPS zur Verfügung, nicht aber die angezeigten Feldinhalte. Man kann also nicht in DIRS einen Thesaurusterm suchen und diesen dann in ein Eingabefeld von DINUPS automatisch übernehmen lassen.

Der Anwender legt durch entsprechende Kommandos in DINUPS und DDBG fest, was mit den eingegebenen Daten zu geschehen hat; er kann dabei sowohl die Änderung der Dokument-Datei als auch der Deskriptor- und IF-Datei veranlassen. Ihm obliegt es, dafür zu sorgen, daß alle beteiligten Dateien in einem konsistenten Zustand verbleiben. Selbstverständlich kann er auch weitere Dateien erzeugen oder ändern; nur sind diese dann mit DIRS nicht abfragbar.


## 6.1.2 STAIRS


### Systemphilosophie

Das "Storage and Information Retrieval System STAIRS ist von der IBM Deutschland entwickelt worden und läuft dementsprechend auf verschiedenen IBM-Großrechnern (STAIRS 1976). Es ist von seiner Konzeption her ein Volltext-System. Der Text ist in Segmente (Paragraphen) eingeteilt; Gruppen von Segmenten können zu benannten Segmentabschnitten zusammengefaßt werden. Innerhalb eines Segments werden Sätze und Wörter gezählt; das Programm zur Bearbeitung der Eingabetexte erkennt das Satzende an zwei Leerstellen hinter einem Satzendezeichen (zur Unterscheidung von Abkürzungspunkt und so weiter). Die Zielpunktlisten enthalten für jedes Wortvorkommnis Dokumentnummer, Segmentnummer, Satznummer und Wortnummer, ferner Angaben über Groß- und Kleinschreibung. Der Abschnitt ergibt sich aus der Segmentnummer über eine für die Datenbasis spezifische Zuordnungstabelle. Die Kontextoperatoren können also rein aufgrund der Zielpunktlisten ohne Suche im Text selbst durchgeführt werden. Die Darstellung der STAIRS-Dateien in

# 6. Spezielle Systeme

Abbildung 6-2 ist stark schematisiert.

Die "formatierten Felder" für Angaben, die man in arithmetische Vergleiche einbeziehen will, erfahren in jeder Beziehung eine Sonderbehandlung. Sie werden nicht invertiert; ihre Benutzung ist bei großen Datenbasen also nur zur nachträglichen Einschränkung einer Suche sinnvoll. Für die Suche in formatierten Feldern gibt es einen eigenen Befehl. Zur Anzeige müssen sie gesondert angegeben werden. Da sie nicht invertiert werden, ist eine Änderung ohne weiteres möglich, wenn der Benutzer die erforderliche Zugriffspriorität besitzt.

STAIRS besitzt keinen Thesaurus; lediglich Synonymverknüpfungen können im Wörterbuch spezifiziert werden.

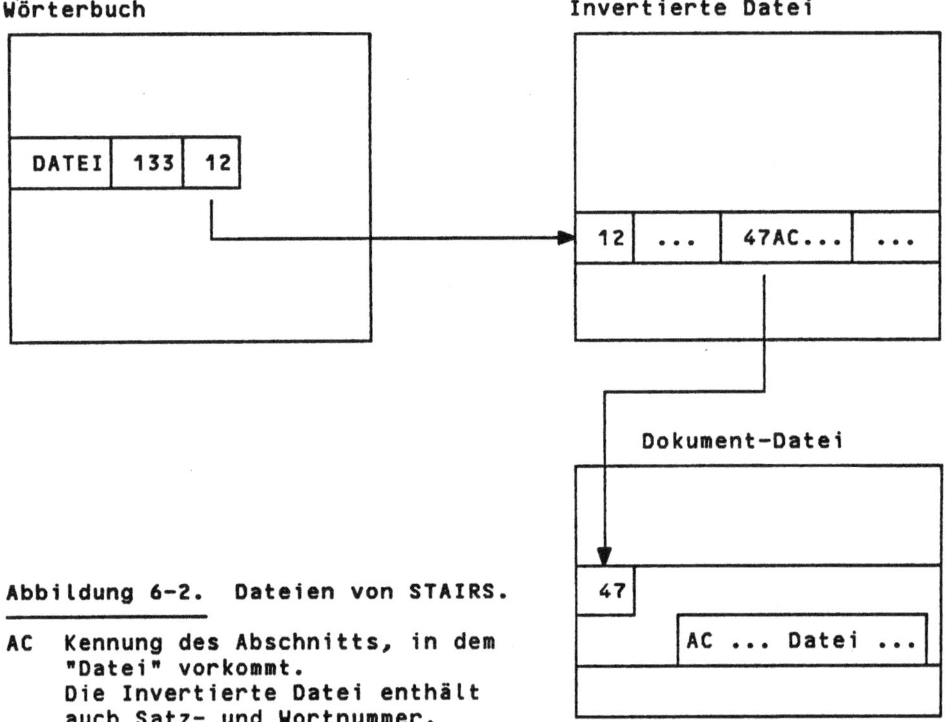


Abbildung 6-2.  Dateien von STAIRS.

AC  Kennung des Abschnitts, in dem "Datei" vorkommt.
Die Invertierte Datei enthält auch Satz- und Wortnummer.

## Funktionen

Die Suchfunktionen sind

SEARCH      Suche im Text mit booleschen und Kontextoperatoren.
SELECT      Arithmetische Operatoren auf den formatierten

<pre>
                    Feldern.
ROOT und MASK       Wörterbuchanzeige (Unterbefehle von SEARCH).
RANK                Rangfolgesortierung (5 Algorithmen, siehe Ab-
                    schnitt 4.4.2).
BROWSE              Anzeige gefundener Dokumente.
SORT                Sortierung nach einem formatierten Feld.
SET                 Ändern von Voreinstellungen.
DISPLAY             Anzeige der Suchfragen des Dialogs.
PURGE               Löschen von Suchfragen.
PRINT               Drucken von Dokumenten der letzten Suchfrage.
MAIL                Drucken von Dokumenten einer Suchfrage.
SAVE                Speichern der Suchfragen.
EXEC                Aufruf gespeicherter Suchfragen.
HELP                Hilfe-Befehl.
</pre>

Manche Befehle haben verschiedene Unterbefehle. Die Kontextoperatoren umfassen neben der Einschränkung auf benannte Segmentabschnitte die Operatoren "im gleichen Segment", "im gleichen
Satz" und "unmittelbar benachbart". Bei der Anzeige (BROWSE) ist
auch Rückwärtsblättern und Sprung zu anderen Dokumenten unbe-
schränkt möglich.


## Systemumgebung

Es gibt mehrere Varianten von STAIRS je nach der verwendeten
Betriebssystem-Umgebung. Bei STAIRS-DL/I (Data Language/I) ist
eine Verknüpfung der STAIRS-Dateien mit anderen Dateien und ein
Zugriff anderer Programme auf die STAIRS-Daten möglich.

Im Gegensatz zu GRIPS ist STAIRS nur ein Retrieval-System. Der
Datenbank-Aufbau wird mit umständlichen Stapel-Programmen durchgeführt, die noch von einem Vorgängersystem (TEXT-PAC) stammen.
Auf diese Hilfsprogramme sind verschiedene uneinsichtige Restriktionen zurückzuführen wie die Beschränkung der Segmentlänge auf
56 Zeilen zu 69 Zeilen. Eine Veränderung der gespeicherten Texte
ist nicht möglich; man kann lediglich Dokumente sperren. Nur die
DL/I-Variante gestattet auch die Eingabe einzelner Dokumente im
Dialog und während der Eingabe auch deren Korrektur; anschließend
werden in einem Stapel-Lauf die Hilfsdateien (insbesondere das
Wörterbuch und die Zielpunktlisten) aktualisiert.

Für Datenbasen mit häufigen Ergänzungen hat man die Möglichkeit,
aus dem Zuwachs eine neue Datenbasis aufzubauen und diese mit der
alten logisch zu koppeln. Für den Benutzer sieht das wie eine
einzige Datenbasis aus. Durch TEXT-PAC-Hilfsprogramme können bis
zu vier gleichartig strukturierte Datenbasen, also beispielsweise
die alte Datei mit drei Ergänzungen, gemischt werden, wobei die
gesperrten Dokumente auch physisch gelöscht werden.


## Zusatzprogramme

STAIRS besitzt mehrere Anschlußstellen ("User exits") für be-

# 6.  Spezielle Systeme

nutzereigene Programme. Man kann jedoch auch ein Programm zwischen den Benutzer und STAIRS zwischenschalten, um auf diese Weise eine andere Abfragesprache zu realisieren. Dies hat die DATEV, eine Organisation der steuerberatenden Berufe, für ihre Steuerrechts-Datenbank durchgeführt; die häufig benutzten Kommandos werden durch zweistellige Zahlen aktiviert, die Anzeige erfolgt in einem Standardformat.

Ähnlich arbeitet auch das IBM-Produkt "Thesaurus and Linguistic Integrated System (TLS)" (TLS 1977). Es ermöglicht dem Benutzer die Verwendung eines Lichtgriffels und bietet eine Reihe von Verbesserungen der Abfragesprache. Vor allem aber enthält TLS zwei wesentliche Ergänzungen: die Flexionsformen-Generierung und einen Thesaurusanschluß.

Der erste Teil erzeugt zu einem vom Benutzer eingegebenen Wort alle grammatisch möglichen Flexionsformen und sucht dann im STAIRS-Wörterbuch, welche davon tatsächlich in der Datenbank vorkommen. Es benötigt dazu linguistische Routinen, die für jede Wortklasse (Substantive, Adjektive, Verben) aus der Grundform eines Wortes alle überhaupt möglichen Flexionsformen generieren (Endungen, Ablaute und bei deutschen Verben die Vorsilbe "ge-") sowie eine Liste der unregelmäßigen Verben. Für die Sprachen deutsch, englisch und französisch liegen diese Progamme und Listen vor und müssen allenfalls um neu hinzukommende unregelmäßige Wörter ergänzt werden.

Der Thesaurusteil verwaltet den Thesaurus oder auch mehrere Thesauri selbständig, zeigt dem Benutzer die gewünschten Abschnitte und fügt die ausgewählten Verknüpfungen als Oder-Verbindung in die Suchfrage ein. STAIRS selbst "weiß" also gar nicht, daß diese Suchworte von TLS ermittelt wurden und nicht vom Benutzer selbst stammen.

Ein TLS-Hilfsprogramm dient dem Datenbankaufbau und ersetzt eins der TEXT-PAC-Programme, wodurch einige der dort eingeführten Restriktionen entfallen.


## 6.1.3 STATUS II

Auf den ersten Blick ähnelt STATUS in vieler Hinsicht STAIRS. Es ist ebenfalls ein Volltextsystem mit vergleichbarer Datenstruktur, es kennt mehrere Kontextoperatoren, besitzt keinen Thesaurus, sondern nur Synonymverknüpfungen (STATUS 1976). Bei näherer Betrachtung findet man aber erhebliche Unterschiede. STATUS wurde vom A.E.R.E. (Atomic Energy Research Establishment) in Harwell, England, entwickelt. Eine auf STATUS I basierende Variante ist NOVA-STATUS der Universität Oslo.

## Speicherorganisation

Oberhalb der Dokumentebene ist eine Datenbasis in Kapitel eingeteilt. Ein Dokument besteht aus Absätzen; das Ende grammatischer
Sätze wird nicht registriert. Mehrere Absätze, auch solche, die
nicht unmittelbar aufeinander folgen, können zu benannten Abschnitten zusammengefaßt werden.

Dementsprechend kann man die Suche sowohl auf Kapitel als auch
auf Abschnitte beschränken, und an Kontextoperatoren gibt es "im
gleichen Absatz" sowie Wortabstandsoperatoren, die bei STAIRS
fehlen, nicht aber "im gleichen Satz". Der Titel eines Dokuments
erfährt eine besondere Behandlung und wird in bestimmten Zusammenhängen automatisch angezeigt.

Benannte Felder sind nicht separat gespeichert, sondern mitten im
Text enthalten; sie sind an einem vorangestellten Schlüsselwort
(Feldnamen) kenntlich, das durch ein Sonderzeichen eingeleitet
wird und können beim Datenbankaufbau als ganzzahlig, reellwertig,
Zeichenkette oder Datum definiert werden.

Jedes Dokument verweist auf das logisch (nicht physikalisch oder
in der Reihenfolge der Dokumentnummern) vorangehende und folgende
Dokument. In diese Sequenz können nachträglich weitere Dokumente
eingeschoben werden. Man kann also jedem Paragraphen eines
Gesetzes ein Dokument zuordnen und bei Gesetzesänderungen die neu
hinzukommenden Paragraphen an die richtige Stelle einfügen,
so daß man den gesamten Text im Zusammenhang lesen kann.

## Funktionen

STATUS bietet die üblichen Funktionen zur Suche, Anzeige, Spei-
cherung und Wiederverwendung von Suchfragen, Druckerausgabe,
Änderung von Voreinstellungen und andere Operationen. In manchen
Bereichen gibt es reichlich viele Kommandos, allein über ein
Dutzend zur Anzeige. Eine Besonderheit ist die Möglichkeit,
Makros zu definieren; diese wurden in Abschnitt 5.1.2 erklärt.

STATUS besitzt keine Funktionen, um die auszugebenden Dokumente
nach einem Feldinhalt oder nach einem Rangfolgealgorithmus zu
sortieren; auch fehlen jegliche linguistische Routinen und eine
begrenzte Endemaskierung als Ersatz für eine Flexionsformen-
generierung (unbegrenzte Maskierung ist möglich).

Während bei STAIRS der Text zeilenweise genau wie bei der Eingabe
angezeigt wird, enthält er bei STATUS Editierzeichen, die bei
Verwendung von Ausgabegeräten unterschiedlicher Zeilenlänge den
Zeilenwechsel und Tabulatorfunktionen bewirken.

STATUS ist in FORTRAN geschrieben und läuft auf verschiedenen
Rechenanlagen mit sehr unterschiedlicher Wort- und Befehls-
struktur.

## 6.  Spezielle Systeme

### Änderungsdienst

Besondere Beachtung verdient der voll in das Retrieval-System
einbezogene Änderungsdienst. Dokumente können zur Textdatei hinzugefügt werden; von existierenden Dokumenten können Kopien
angefertigt und verändert werden. Dafür existiert ein eigener
Texteditor. Wenn genügend Änderungen angelaufen sind, startet der
Datenbankverwalter im Dialog die Aktualisierung der Umkehrdatei.
Bis dahin wird ein Benutzer des Systems auf das geänderte
Dokument hingewiesen, sobald er sich die alte Fassung anzeigen
läßt. Neue Dokumente können natürlich auch aus einer Eingabedatei
übernommen werden.

Die Steuerung von Datenbankaufbau und -änderung erfolgt stets im
Dialog; das System erfragt dabei alle erforderlichen Parameter.


### 6.1.4 GOLEM 2 mit PASSAT


### Systemphilosophie von GOLEM

Das Siemens-Produkt GOLEM 2 (Großrechner-orientierte listenorganisierte Ermittlungs-Methode) ist von seinem Konzept her ein
reines Deskriptor-System; die Textspeicherung und Suche im Text
ist eine nachträgliche Ergänzung, die in mancher Hinsicht als
Fremdkörper wirkt. Als Deskriptor-System stellt GOLEM verschiedene Strukturierungsmöglichkeiten zur Verfügung, Kategorien (gebundene Deskriptoren), Indizes, Rollenindikatoren (GOLEM 1976).

Ein Dokument besteht bei GOLEM aus maximal 128 Abschnitten; darin
können bis zu 32 Textabschnitte enthalten sein, die übrigen
sind Deskriptorenabschnitte. Die Einteilung in Abschnitte ist nur
für die Ausgabe, nicht für die Suche relevant.

Man unterscheidet freie und gebundene Deskriptoren. Letztere sind
an einen "Aspekt" gebunden, der die Funktión eines Kategorie-
namens hat; auf sie kann man nur über diesen Aspekt zugreifen.
Aspekt und gebundener Deskriptor werden durch einen Doppelpunkt
miteinander verbunden: ORT:BONN.

Jedem (freien oder gebundenen) Deskriptor können textliche Zusatzinformationen, die von GOLEM nicht ausgewertet werden, sowie
Indizes und Rollenindikatoren mitgegeben werden (siehe Abschnitt
4.1.5). Die Indizes dienen zur Verknüpfung von zusammengehörigen
Deskriptoren, die dann jeweils den gleichen Index erhalten
müssen, dessen tatsächlicher Wert irrelevant ist. Die Rollenindikatoren sind eine Kennzeichnung der Deskriptoren; ihre Verwendung in der Suche ist - anders als bei den Aspekten -
wahlfrei. Bei der Suche nach "BREMEN" findet man also auch
"BREMEN (LAND)", nicht aber "LAND: BREMEN".

## Suche

Die Suche geht in mehreren Schritten vor sich. Zunächst werden
die gewünschten Deskriptoren (oder auch Deskriptorenbereiche)
angegeben; das System numeriert sie durch und gibt die Häufigkeiten an. In einem getrennten, zweiten Schritt wird die boolesche Suchlogik eingegeben. Die Operatoren sind U für Und,
V für Oder und UN für Und-nicht, die Suchterme werden durch ihre
Nummern dargestellt. Daran kann sich ein dritter Schritt an-
schließen, bei dem sich U, V und UN mit abgewandelter Bedeutung
auf die Indizes beziehen; so bedeutet "1 U 4", daß die Deskriptoren 1 und 4 mindestens einen Index gemein haben müssen.
Zusätzlich können in diesem Schritt die gewünschten Rollenindikatoren angegeben werden.

Besondere Befehle bewirken die Anzeige des Thesaurus. Die aufgefundenen verknüpften Terme erhalten Nummern, die wie die ursprünglichen Deskriptoren im zweiten und dritten Schritt der
Suche verwendet werden können.

Indizes und Rollenindikatoren sind nur im Dokument gespeichert,
nicht in der Umkehrdatei. Da der gleiche Deskriptor in einem
Dokument im gleichen oder in verschiedenen Abschnitten mehrfach
vorkommen kann, müssen die im zweiten Schritt gefundenen Dokumente zur Abarbeitung des dritten Schritts vollständig durchsucht
werden. Es handelt sich nach der technischen Realisierung also um
eine "Feinrecherche".

Die Textabschnitte dienen primär zur Anzeige der Texte. Wenn man
Stichwörter aus dem Text zur Suche verwenden will, muß man
diese zusätzlich in einem Deskriptorabschnitt speichern. Im Text
einer Dokument-Teilmenge, die man beispielsweise durch boolesche
Suche erhalten hat, kann man ebenfalls im Wege der Feinrecherche
nach Wörtern, maskierten Wörtern oder Zeichenketten suchen. Auch
ein Operator "Im gleichen Satz" steht zur Verfügung, wobei jedes
Satzendezeichen (also auch der Abkürzungspunkt) ein Satzende
markiert. Der Operator "Im gleichen Absatz" kann nur simuliert
werden, indem man die Absätze durchnumeriert und den dem n-ten
Absatz entnommenen Stichwörtern den Index n zuordnet. Man hat
dann aber die Situation, daß ein Kontextoperator ("im gleichen
Absatz") durch Indexsuche, die anderen durch eigene Befehle in
einem gesonderten Schritt der Suche realisiert sind.

Die Befehlsliste von GOLEM kann hier nicht wiedergegeben werden;
sie ist sehr unübersichtlich, die Syntax teilweise recht umständlich. Wahlweise kann auch eine Abart des Common Command Set
benutzt werden, die vom Befehlssatz von DIRS 3 infolge des
unterschiedlichen Aufbaus des Retrieval-Systems nicht unerheblich
abweicht. Durch die Befehle CCS und OWN kann man vom Golem-Satz
zum Common Command Set beziehungsweise umgekehrt überwechseln.
Die Feinrecherche (Indizes, Rollenindikatoren, Kontextsuche) ist
nur über die GOLEM-Kommandos möglich.

# 6. Spezielle Systeme

## PASSAT

Da GOLEM ursprünglich als reines Deskriptor-System konzipiert war, benötigte es keine linguistischen Routinen. Sobald es auch zur Speicherung von Texten erweitert worden war, ergab sich die Notwendigkeit, die in den Texten enthaltenen Wörter als Schlagwörter herauszuziehen und in die Deskriptorenabschnitte aufzunehmen, dort aber in der Grundform. Die Textwörter müssen also auf den Nominativ des Singulars beziehungsweise auf den Infinitiv reduziert werden.

Hierfür verwendet man das Programm PASSAT, Programm zur automatischen Selektion von Stichwörtern aus Texten (PASSAT 1976). Dieses war zunächst völlig unabhängig von GOLEM entwickelt worden mit der doppelten Aufgabe, zunächst die Textwörter auf die Grundform zurückzuführen und dann aufgrund von semantischen Verwandtschaften zwischen den im Text vorkommenden Wörtern die wichtigen auszuwählen und die nur zufällig vorkommenden zu eliminieren.

Die Reduktion beruht auf einer Reihe von Listen. Eine Stoppwortliste enthält die Wörter, die grundsätzlich eliminiert werden sollen. Typischerweise sind das einige hundert Pronomen, Konjunktionen, Artikel, Präpositionen und Hilfsverben. Die Vergleichswortliste enthält die Grundformen aller übrigen Wörter ohne Komposita mit Verweisen auf die zugehörigen Endungs- und Bindungslisten, bei unregelmäßigen Wörtern auch die unregelmäßigen Formen mit Verweis auf die Grundform. Es gibt (Stand 1976) 44 verschiedene Endungslisten für Verben, 28 für Maskulina und Neutra, 7 für Feminina, 25 für Fremdwörter mit verstümmelter Stammform (Kaktus / Kakteen) und 14 für Adjektive, insgesamt 118.

Die Bindungslisten werden zur Zerlegung von Komposita benötigt. Ist ein Textwort nicht in der Vergleichswortliste vorhanden, versucht PASSAT, es zu zerlegen. An der Bruchstelle zwischen den Simplizia können Buchstaben eingefügt sein, der letzte Buchstabe der Grundform kann entfallen. Beispiel: Schiffs-bau, Schiffe-versenken, Schif-fahrt. Die hier bei jedem Wort möglichen Formen werden durch eine der 105 Bindungslisten angegeben. Wenn man die Zerlegung eines Wortes (Bahnhof in Bahn und Hof, Mailand in Mai und Land) verhindern möchte, muß man es in die Vergleichswortliste mit aufnehmen. Diese enthält bei längeren Texten typischerweise 50.000 bis 100.000 Einträge.

Wenn PASSAT in einem Text ein Wort findet, das nicht in der Stoppwortliste enthalten ist, das nicht auf ein Wort der Vergleichswortliste reduziert und auch nicht in zwei oder mehr Wörter zerlegt werden kann, meldet es es dieses als nicht verarbeitbar. Es kann sich um ein neues Wort handeln, um einen Namen oder ein anderes, nicht weiter zu berücksichtigendes Wort oder um einen Schreibfehler. Auf diese Weise trägt PASSAT zur Korrektur gewisser Fehler bei.

Die Auswahl der Deskriptoren aus allen Textwörtern beruht auf einer "Assoziationsmatrix". Jede Zeile und jede Spalte dieser Matrix entspricht einem "Bezugswort"; die Menge der Bezugsworte kann für die Zeilen und für die Spalten gleich sein. Jedes Wort der Vergleichswortliste ist in einem manuellen Verfahren aufgrund seiner semantischen Beziehungen zu den Vergleichsworten in ein oder mehrere Felder der Matrix einzutragen, und zwar in Zeile Y und Spalte X, wenn es unter "Y bezogen auf X" gefaßt werden kann.

Beispiel:
Unter Mensch bezogen auf Ausbildung fallen unter anderem Lehrer, Schüler, Student, Prüfer;
unter Ausbildung bezogen auf Mensch fallen Lehre, Studium, Unterricht.

Allgemein ist das Y-Bezugswort ein Oberbegriff, das X-Bezugswort stellt eine Spezifizierung dar.

Die in einem Text tatsächlich enthaltenen Wörter werden in der Vergleichswortliste aufgesucht; dann wird festgestellt, wieviele Wörter in jeder Zeile und in jeder Spalte vorkommen. Die größte Zeilensumme und die größte Spaltensumme werden addiert; alle Textwörter, bei denen die Summe der zugehörigen Zeilen- und Spaltensumme einen vorgegebenen Prozentsatz der maximalen Summe überschreitet, werden dem Dokument als Schlagwort zugeordnet.

Abgesehen von kleineren Tests sind keine Anwendungen dieses Verfahrens bekannt geworden. Von PASSAT wird lediglich die Wortformenreduktion und Kompositazerlegung benutzt; alle so gefundenen Wörter, außer den Stoppwörtern, werden dem Dokument zugeteilt.


## 6.1.5 SMART

Das System SMART, dessen Namen die Bedeutungen "System for the Mechanical Analysis and Retrieval of Text" und "Salton's Magic Automatic Retrieval Technique" unterlegt werden, ist als Experimentiersystem konzipiert. Es wurde 1962 bis 1965 an der Harvard-Universität von Salton und Mitarbeitern entwickelt und läuft nun an mehreren Hochschulen. Sein besonderes Charakteristikum sind die zahlreichen Variationsmöglichkeiten in der Bearbeitung der Dokumente und der Suchfragen. Durch mehrere dutzend Parameter können hunderte von Varianten angesprochen werden, insbesondere verschiedene linguistische Verfahren, Cluster-Verfahren und iterative Methoden (Salton 1971).

Zur linguistischen Komponente zählen die Reduktion der Wörter (des Textes oder der Suchfrage) auf Grundformen oder auf Wortstämme, die Bildung von "Konzepten" durch Zusammenführen mehrerer Stämme, der Einsatz von Thesauri und das Herausfinden und Erkennen von Phrasen (Ausdrücken aus mehreren Wörtern). Das Cluster-Verfahren von Rocchio erzeugt überlappende Cluster, wobei

## 6. Spezielle Systeme

Mindest- und Höchstgrößen der Cluster vorgegeben werden können;
als Ähnlichkeit kann entweder der Cosinus zwischen den Dokument-
vektoren (mit Gewichten für jeden Term) oder ein Maß für die
Überlappung der beiden Mengen von Termen gewählt werden. Auf der
Basis von Relevanzaussagen zu einem Teil der gefundenen Dokumente
können die Gewichte der in ihnen vorkommenden Terme erhöht bzw.
erniedrigt und die Suche mehrfach wiederholt werden. Die gefundenen Dokumente werden stets nach der vom System errechneten
Relevanz sortiert, und verschiedene summarische Ergebnisse beruhen auf dieser Rangfolge.

Eine Suche kann jeweils nach mehreren Verfahren durchgeführt
werden; die Ergebnisse werden miteinander verglichen und in einer
Weise dargestellt, die dem Testcharakter entspricht: Angaben über
Nachweis- und Relevanzquote und ähnliche statistische Aussagen
sind wichtiger als die (auch mögliche) Ausgabe der tatsächlich
gefundenen Dokumente.

Für SMART gibt es mehrere Datenbasen mit einigen hundert Dokumenten und einigen dutzend Suchfragen, für die die relevanten
Dokumente bekannt sind; ferner existieren linguistische Hilfsmittel wie Thesauri, Endungslisten zur Wortstammreduktion und
anderes mehr. Diese Datenbasen sind in zahlreichen Tests intensiv
genutzt worden; einige davon werden in der Literatur häufig
zitiert, unter anderen IRE-3 (780 Abstracts und 34 Suchfragen
aus der Informatik), ADI (82 kurze Aufsätze und 35 Suchfragen
aus der Dokumentation), Cranfield 424 (424 Abstracts und 155
Suchfragen) und Cranfield 1400 (1400 Abstracts und 42 Suchfragen).


### 6.1.6 Retrieval-Systeme für Kleinrechner

Die besprochenen und zahlreiche andere, hier nicht erwähnte
Retrieval-Systeme laufen auf Großrechnern. Es gibt aber durchaus
Fälle, in denen für die Bedürfnisse eines Anwenders die Kapazität
eines Kleinrechners ausreichen würde, insbesondere bei kleinen,
vielleicht privaten Datenbasen und bei einer geringen Zahl von
Benutzern.

Die Grenzen der Leistungsfähigkeit von Kleinrechnern werden
überschritten bei der Haltung zu großer Datenmengen, bei gleich-
zeitiger Bedienung mehrerer Benutzer, aber auch schon beim
Aufbau der Datenbank mit Schlagwortdatei und Zielpunktlisten
sowie beim Änderungsdienst; oft stehen die für eine effiziente
Sortierung benötigten Speichereinheiten gar nicht zur Verfügung.
Weitere Probleme ergeben sich aus dem unübersichtlichen Klein-
rechnermarkt und dem Fehlen geeigneter höherer Programmiersprachen.

Es gibt mehrere Dokument-Retrieval-Systeme auf Kleinrechnern.
Meist sind sie für kleine Datenbasen ausgelegt; manche durch-

suchen die Daten sequentiell. Bereits auf Rechnern der Preisklasse 6000 DM (CBM 3016) kann PLIDOS kleine, private Datenbasen verwalten (Schrode 1980). Ein recht komfortables System wird anschließend vorgestellt.

## DOMESTIC

Mit Unterstützung durch den Bundesminister für Forschung und Technologie wurde seit 1977 ein Forschungsvorhaben gefördert, dessen Ziel es ist, ein möglichst universelles Dokumentationssystem für Kleinrechner zu entwickeln. Es soll neben der Suche auch die Eingabe von Daten und von Thesaurusstrukturen gestatten (Schreyer und Seelbach 1979).

Bei diesem System DOMESTIC besteht jedes Dokument aus beliebig vielen Kategorien, die bei der Eingabe jeweils unterschiedlich behandelt werden können. Die verschiedenen Optionen werden dem Programm über eine Tabelle mitgeteilt, beispielsweise ob jedes Wort oder nur jede Phrase (durch Satzzeichen getrennt) oder gar nichts invertiert werden soll, ob ein Thesaurus vorgegeben ist, was mit darin nicht enthaltenen Textwörtern geschehen soll und andere Varianten mehr. Einzelne Felder können durch ein Paßwort geschützt werden, was beispielsweise für eine Anwendung in einem Krankenhaus für die Krankengeschichten der Patienten von großer Bedeutung ist.

Dem Benutzer soll es möglich sein, eigene Ergänzungen ohne großen Aufwand vorzunehmen; ein Beispiel dafür sind Plausibilitätsprüfungen. Deshalb wird auf die saubere Definition aller Schnittstellen im Programm besonderer Wert gelegt. Weiterhin sollen nicht benötigte Funktionen das System nicht belasten. So wird die Existenz eines Paßwortes dadurch angezeigt, daß das erste Textzeichen ein sedizimales "FF" ist, das in Texten nicht vorkommt.

Bei der Dateneingabe wird Kategorie um Kategorie eines Dokuments abgearbeitet, die Wörter oder Phrasen werden, wenn das für diese Kategorie vorgesehen ist, in der Umkehrdatei aufgesucht oder dort nachgetragen, die zugehörigen Zielpunktlisten werden ergänzt, und zwar wiederum in Abhängigkeit von der Kategorie nur um die Dokumentnummer, auch um die Position im Dokument oder sogar um zusätzliche Angaben, was besonders für die Verarbeitung von Zahlenwerten gedacht ist. Schließlich wird der Text der Kategorie der Dokumtentationseinheit hinzugefügt. Nach diesem Schema ist auch die nachträgliche Ergänzung einer DE um weitere Kategorien möglich.

Wenn genügend Speichereinheiten zur Verfügung stehen, kann die Sortierung für die Invertierung aber auch getrennt durchgeführt werden. Das spart Rechenzeit.

Bei der Entwicklung von DOMESTIC wurde, anders als bei anderen Retrieval-Systemen für Mini-Rechner, von Anfang an großer Wert

# 6. Spezielle Systeme

auf die Übertragbarkeit auf verschiedene Anlagen gelegt. Die Mindestausstattung beträgt 128k Worte (16 bit) und Plattenspeicher in ausreichender Größe für die Dokumenten- und Umkehrdateien. Funktionsumfang und Größe der verarbeitbaren Dateien entsprechen denen bei Großrechner-Systemen. Das gilt auch für die Reaktionszeiten, da diese weitgehend von der Schnelligkeit des Plattenzugriffs abhängen, die in beiden Fällen gleich ist. Der Unterschied besteht vor allem darin, daß beim Minirechner nur wenige Benutzer gleichzeitig bedient werden können und der Dateiaufbau das System stark belastet.

Die Abfragesprache basiert auf der Common Command Language; manche Funktionen der CCL haben allerdings einen anderen Namen. DOMESTIC ist seit Mitte 1980 im praktischen Einsatz.


## STAR

Ein in vieler Hinsicht ähnliches System ist STAR der Firma Cuadra Associates, das allerdings auf einen bestimmten Kleinrechner-Typ (Alpha Micro) festgelegt ist und nicht die Common Command Language verwendet. Zusätzlich zu den Suchfunktionen bietet es einen flexiblen Report-Generator zum Erstellen von Listen; Cuadra Associates produziert damit zahlreiche Publikationen.


## Videoplatte

Interessante Perspektiven für Dokumentationssysteme eröffnen sich, wenn die Videoplatte als Datenträger einsatzbereit wird. Benutzt wird sie bereits für Fernsehaufzeichnungen. Sie hat die Größe einer Schallplatte (30 cm Durchmesser) und kann ein Programm von einer halben Stunde Länge tragen. Für digitale Daten eingesetzt hat sie eine Kapazität von etwa einer Milliarde Zeichen. Wie bei der Schallplatte ist die Erstellung des Originals teuer; dagegen können Kopien sehr billig hergestellt werden (Größenordnung 20 DM). Das Lesegerät dürfte einige tausend DM kosten.

Die Videoplatte eignet sich zur regelmäßigen Verteilung großer Datenmengen an einen großen Kundenkreis, also etwa zur monatlichen Zusendung der neuen Fassung einer Datenbasis. Für Kleinrechner wird das dann interessant, wenn sie auch die Umkehrdateien und Zielpunktlisten und die sonstigen Hilfsmittel enthält, wenn also der Kleinrechner nicht mehr jedesmal die Datenbank aus den Rohdaten neu aufbauen muß.

## 6.2 Datenbasen

In  diesem Abschnitt  sollen  einige  Datenbasen  vorgestellt  werden.
Da  inzwischen  weit  über  hundert  allgemein  zugängliche  Referenz-
Datenbasen  und  mehrere  hundert  Quellmaterial-Datenbasen  existieren,  ist  ein  Überblick  hier  nicht  möglich.  Es  gibt  einige
Werke,  die  sich  die  Beschreibung  der  angebotenen  Sammlungen  zum
Ziel  gesetzt  haben:  (Hall  und  Brown  1981),  (Tomberg 1978),
(Williams  1979)  und  andere;  (Directory  1981)  verzeichnet  bereits
rund  770  Namen.  Es  gibt  sogar  mehrere  Datenbasen,  die  ihrerseits
aus  den  Beschreibungen  der  in  einem  bestimmten  Bereich  zugänglichen  Datenbasen  bestehen  (siehe  Abschnitt  6.2.6).  Neuigkeiten
über  die  Datenbasen,  ihre  Hersteller  und  Betreiber  finden  sich  in
großer  Zahl  in  den  Zeitschriften  "Database",  "Online"  und  "Online
Review".  Nachrichten  über  Software  bietet  auch  das  "Database
Journal".

Die  hier  getroffene  Auswahl  möchte  einerseits  einige  wichtige
Datenbasen  nennen,  andererseits  die  Vielfalt  andeuten.

Die  Zahlen  über  die  Größe  beziehen  sich  etwa  auf  Anfang  1981;  oft
basieren  sie  aber  auf  älteren  Angaben,  zu  denen  der  in  der
Zwischenzeit  zu  erwartende  Zuwachs  hinzugezählt  wurde.  Da  alle
wichtigen  Datenbasen  kräftig  weiter  wachsen,  sind  Größenangaben
ohnehin  überholt,  bis  sie  gedruckt  sind.

Bei  großen  Datenbeständen  sind  oft  nur  die  jüngsten  Jahrgänge  im
Dialogbetrieb  zugänglich,  während  die  älteren  nachts  im  Stapelbetrieb  durchsucht  werden  können.  Natürlich  kann  die  gleiche
Datenbasis  bei  verschiedenen  Datenbankbetreibern  unterschiedlich
aufgegliedert  sein.

Die  ersten  großen  Datenbasen  entstanden  überwiegend  in  den
Vereinigten  Staaten;  dort  wurden  auch  die  ersten  bedeutenden
Netze  zur  Informationsvermittlung  aufgebaut.  Mittlerweile  hat
aber  Europa  die  USA  überrundet  und  erstellt  mehr  als  50 %  der
Dokumentationseinheiten  bibliographischer  Datenbasen.

Manche  Benutzer  von  Datenbasen  erwerben  diese  von  den  Herstellern
und  bauen  damit  im  eigenen  Hause  eine  Datenbank  auf.  Der
Regelfall  der  Benutzung  ist  jedoch  der,  daß  darauf  spezialisierte
Firmen,  die  Informationsvermittler,  Datenbasen  mehrerer  Hersteller  beziehen  und  ihren  Kunden  sowohl  für  den  direkten  Zugriff
als  auch  für  an  sie  delegierte  Suchaufträge  zur  Verfügung
stellen.  Hiervon  wird  Abschnitt  6.3  handeln.


Benutzungszahlen
___________________

Die  Benutzung  bibliographischer  Datenbasen  nimmt  rapide  zu.  Es
wird  geschätzt,  daß  1974  weltweit  700.000  Suchen  im  Direktzugriff
durchgeführt  wurden,  1975  eine  Million  und  1977  über  zwei

## 6. Spezielle Systeme

Millionen. Die am häufigsten benutzte Datenbasis dürfte mit
großer Sicherheit MEDLARS (eine medizinische Datenbasis der
National Library of Medicine, USA) sein; das NLM gibt für 1973
etwa eine viertel Million, für 1977 650.000 Suchen an (ein-
schließlich einiger aus MEDLARS abgeleiteter Datenbasen). Auf den
nächsten Plätzen folgen vermutlich ERIC (Erziehungswissenschaft),
CA Condensates (Chemie), Psychological Abstracts, BIOSIS Previews
(Biologie und Medizin), NTIS (von der Regierung der Vereinigten
Staaten geförderte Untersuchungen aus allen Fachgebieten) und die
New York Times Information Bank (Pressedaten) (McCarn 1978).

Nimmt man die Katalogisierung hinzu, so liegt US MARC (die von
der Library of Congress katalogisierten Bücher) weit an der
Spitze, und auch die Verbundkatalogisierung von OCLC (siehe
Abschnitt 6.2.3) stellt MEDLARS noch in den Schatten, da in der
Regel jede der 25 Millionen bis Ende 1977 aufgenommenen Standort-
angaben zuvor eine Suche des Werks in der Titeldatei erfordert.
Allerdings sind diese Suchen sehr gezielt und in ihrem Umfang mit
einer bibliographischen Suche überhaupt nicht zu vergleichen.


## 6.2.1 Naturwissenschaftliche Datenbasen

---

### INSPEC

Für das Gebiet der Informatik haben die INSPEC-Datenbasen die
größte Bedeutung. Sie werden von der britischen "INSPEC, Institution of Electrical Engineers" in London herausgegeben und erscheinen in drei Teilen:
INSPEC A Physik;
INSPEC B Elektrotechnik und Elektronik;
INSPEC C Rechner und Regelung.

INSPEC C umfaßt beinahe die ganze Informatik; die oberste Ebene
der Sachgebietsgliederung ist

0 Allgemeines;
1 System- und Regelungstheorie;
2 Regelungstechnologie;
3 numerische Analysis und rechnerbezogene Theorie;
4 Rechner-Hardware;
5 Rechner-Software;
6 Rechner-Anwendungen.

Zu INSPEC B gehören unter anderem Schaltkreise und Kommunikation.
Wie die meisten Datenbasen erscheinen auch diese in gedruckter
Form, beispielsweise INSPEC C unter dem Titel "Computer & Control
Abstracts".

Alle drei Teile zusammen enthalten etwa 1.800.000 Dokumentationseinheiten bei einem jährlichen Zuwachs von knapp 200.000, und

zwar ganz überwiegend Aufsätze aus Zeitschriften und Konferenzberichten, daneben ca. 7 % Reports, Dissertationen und Patente.
Das Größenverhältnis der drei Teile beträgt etwa 4:2:1.

Die Dokumentationseinheiten enthalten neben den bibliographischen
Angaben durchschnittlich etwa 3 Deskriptoren aus dem INSPEC-
Thesaurus sowie zahlreiche freie Schlagworte und ein Abstract.
Die beim Fachinformationssystem Energie, Physik, Mathematik ver-
wendete Aufgliederung in Kategorien wurde in Abschnitt 2.1.2
vorgestellt (Tabelle 2-1).


## Weitere Datenbasen für die Informatik

Neben INSPEC gibt es auch andere Datenbasen, die die Informatik
oder Teile davon abdecken.

Die "Zentralstelle Dokumentation Elektrotechnik" erstellt seit
1974 die Datenbasis ZDE mit etwa 350.000 Dokumentationseinheiten;
sie verwendet den "Thesaurus Elektrotechnik" (ZDE 1981). Die
vorangegangenen Jahre (1968 bis 1973) werden durch den etwas
anders gegliederten Vorläufer DRE (Dokumentations-Ring Elektrotechnik) mit 120.000 Dokumentationseinheiten abgedeckt.

Das Fachinformationszentrum Energie, Physik, Mathematik gibt
zusammen mit anderen Gesellschaften die noch jungen Datenbasen
INKA-MATH und INKA-PHYS heraus, die die deutsche Literatur besser
berücksichtigen. Sie entsprechen den Zeitschriften "Zentralblatt
für Mathematik und ihre Grenzgebiete" und "Physikalische Berichte".

COMPENDEX der Firma Engineering Index, New York, umfaßt alle
Zweige der Technik von der Raumfahrt bis zum Bergbau und
natürlich auch Elektrotechnik, Elektronik und Regelungstechnik.
Der Bestand beträgt über 500.000 Dokumentationseinheiten mit
einem starken Anteil an Konferenzberichten (über ein Drittel);
der jährliche Zuwachs liegt bei 100.000 DEs.

Einen nennenswerten Anteil an Informatikliteratur enthalten weiterhin manche Datenbasen aus Fachgebieten, die in erheblichem
Maße Rechenanlagen einsetzen; als Beispiele seien NASA-STAR
(Scientific and Technical Aerospace Reports) und NASA-IAA (International Aerospace Abstracts) genannt, von denen die erste
allerdings nicht ohne weiteres zugänglich ist. Sie gehören zu
den ältesten bibliothekarischen Datenbasen (ab 1962); der Gesamt-
bestand liegt bei 1,1 Millionen Dokumentationseinheiten.


## NTIS

Während die meisten Datenbasen fachlich orientiert sind und
innerhalb ihres Bereiches praktisch alle Dokumentarten berücksichtigen, überdeckt NTIS nahezu alle Wissensgebiete vom Ackerbau
zur Elektronik und von der Medizin zur Ozeanographie; dokumen-

tiert werden die technischen und wissenschaftlichen Berichte der
Regierung der Vereinigten Staaten und ihrer Auftragnehmer, also
auch alle mit bundesstaatlichen Geldern geförderte Forschungsprojekte sowie die Berichte einiger Organisationen (unter anderem
MIT), die sich freiwillig diesem Dienst angeschlossen haben. Der
Inhalt der Datenbasis stimmt mit den Zeitschriften "Weekly
Government Abstracts" und den "Government Reports Announcements
and Index" überein. Herausgeber ist der National Technical
Information Service im Handelsministerium (Department of Com-
merce) in Springfield, Virginia. Von dort kann man die Berichte
auch beziehen.

Die Daten reichen bis 1964 zurück. Der Bestand beträgt etwa
800.000, der jährliche Zuwachs 70.000 Dokumentationseinheiten.
Pro Dokument werden durchschnittlich etwa 12 Deskriptoren vergeben; je nach Fachbereich werden dabei unterschiedliche Thesauri
verwendet.

Zu den Aufgaben der Organisation NTIS gehört auch der Vertrieb
der Forschungsberichte. Diese sind auf Papier und auf Mikrofiche
verfügbar. NTIS bietet unter dem Namen NTISearch einen Recherche-
dienst in ihrer Datenbasis an.

Der über Informationsvermittler angebotene Zugriff zur Datenbasis
NTIS wurde bereits 1977 von über 4.000 Kunden mit 200 Suchen
täglich genutzt; weitere 30 Organisationen bezogen die Magnetbänder für eigene Nutzung (Coyne 1977).

Um eine Vorstellung vom Umfang der Aktivitäten zu geben sei
erwähnt, daß NTIS 35 Zeitschriften vertreibt und einschließlich
der Abonnements jährlich 4 Millionen Dokumente (teils Papier,
teils Mikrofilm) verkauft.


## Chemische Informationen

Die chemischen Datenbasen gehören zu den größten, die es gibt.
Ein besonderes Problem bilden bei ihnen die Namen und Strukturformeln der organischen Verbindungen. Hierauf waren wir bereits
in Abschnitt 3.4.4 näher eingegangen.

Eine führende Rolle in der chemischen Dokumentation spielt der
Chemical Abstract Service (CAS) der American Chemical Society
(ACS). Seit 1907 betreibt er eine zunehmende Zahl von Informationsdiensten für Chemie und Chemotechnik. Seit dieser Zeit
erschienen in den Chemical Abstracts (CA) über 7,5 Millionen
Referate mit bibliographischen Angaben, Abstracts und Schlagworten; weit über 10.000 Zeitschriften in mehr als 50 Sprachen
werden in weltweiter Zusammenarbeit ausgewertet. Die Chemical
Abstracts erscheinen wöchentlich mit Halbjahres- und Fünfjahres-
Registern. Daneben gibt CAS mehrere spezialisierte Referate-Zeitschriften heraus.

In den sechziger Jahren begann man, für diese und verschiedene

neue Aufgaben Rechner einzusetzen. Seit 1961 erscheinen die
Chemical Titles, ein Rechner-produzierter KWIC-Index von Titeln.
Seit 1965 werden für das Chemical Registry System chemische
Strukturtafeln, die die einzelnen Atome einer Verbindung und
deren Bindungen repräsentieren (siehe Abschnitt 3.4.4), maschinell in eine Standardform überführt. Wenn für diese bereits eine
Registriernummer existiert, wird sie aufgefunden; andernfalls muß
eine neue Registriernummer zugeteilt werden. Inzwischen sind
(bis Ende 1980) über 5 Millionen Registriernummern vergeben
worden; die Datei mit den zugehörigen Strukturtafeln hat also
allein schon ganz erhebliche Ausmaße.

Seit 1969 sind maschinenlesbare Daten aus den Chemical Abstracts
verfügbar, nämlich die bibliographischen Angaben und Schlagworte,
insbesondere die Registriernummern, sowie die auf den gesamten
Referaten basierenden Indexe. Die Erfassung der vollständigen
Referate und die Verwendung von Lichtsatz bereitet besondere
Schwierigkeiten wegen der vielen benötigten Zeichen (lateinische
und griechische, hoch- und tiefgestellte, verschiedene Schrift-
arten, insgesamt fast 1500 Typen) und wegen der graphischen
Strukturformeln. Deshalb wurde der Lichtsatz erst nach und nach
im Laufe der siebziger Jahre eingeführt.

Als Datenbasen wurden zunächst die CA Condensates mit den
Dokumentationseinheiten (ohne Abstracts) und die CASIA (Chemical
Abstracts Subject Index Alert) mit den Angaben, die halbjährlich
in den Registerbänden erscheinen, getrennt geführt; seit Mitte
1979 sind sie zu CA SEARCH vereinigt. Sie umfassen jetzt über
4 Millionen DEs mit einem jährlichen Zuwachs von nahezu einer
halben Million. Darüber hinaus gibt es zahlreiche spezialisierte
Datenbasen, die auf den gleichen Daten beruhen, und zwar einerseits fachliche Teilmengen, andererseits Datenbasen, die die
Beziehung zwischen den Namen chemischer Verbindungen und den
Registriernummern herstellen.

Im Laufe des Jahres 1981 werden Registriernummern und die
zugehörigen Strukturformeln als öffentlich zugängliche Datenbasis
CAS ONLINE aufgebaut; die Substanzen können dabei insbesondere
aufgrund von Teilstrukturen gesucht werden. Technisch ist interessant, daß diese Datenbank keine Umkehrdateien benutzt. Je
750.000 Substanzen werden von einem Minicomputer verwaltet; alle
Rechner arbeiten parallel und stellen die gefundenen Dokumentationseinheiten sofort zur Verfügung, so daß der Benutzer für die
erste Antwort nicht bis zur fertigen Durchsuche aller Teil-
dateien (dafür sind etwa 5 Minuten erforderlich) zu warten
braucht. Der Aufbau von CAS ONLINE soll im Herbst 1981 abge-
schlossen sein.


Zitierungsindexe

---

Im Abschnitt 5.5.2 war bereits auf zwei Bibliographien hingewiesen worden, die sich von den üblichen erheblich unterscheiden,
den Science Citation Index und den Social Sciences Citation

## 6.   Spezielle Systeme

Index.  Diese sind unter den Namen SCISEARCH und Social SCISEARCH
auch als Datenbasen verfügbar. Sie enthalten neben den bibliographischen Angaben weder Schlagworte noch Kurzfassungen, dafür
aber das gesamte Literaturverzeichnis jedes erfaßten Dokuments.
Das erlaubt es, alle Dokumente zu finden, die ein bereits
bekanntes Dokument zur Fragestellung des Benutzers im Literaturverzeichnis anführen, also die auf dem älteren Dokument aufbauenden, weiterführenden Arbeiten. Außerdem kann man natürlich
die Schriften eines bestimmten Autors oder solche, in deren Titel
bestimmte Wörter vorkommen, suchen.

Eine wertvolle Eigenschaft der Datenbasis ist ihre sehr geringe
zeitliche Verzögerung. Die ausgewerteten Zeitschriften sind bereits wenige Wochen nach ihrem Erscheinen in den Datenbasen
enthalten, die wöchentlich ergänzt werden.

SCISEARCH umfaßt die Naturwissenschaften einschließlich Medizin
und die Technik und geht bis 1974 zurück; Social SCISEARCH
bedient die Geistes- und Sozialwissenschaften in weitem Sinne bis
hin zu Bibliothekswesen, Psychologie und Recht ab 1972. Die
Gesamtbestände, die sich teilweise überschneiden, betragen etwa
3,5 Millionen beziehungsweise 0,9 Millionen Dokumtentations-
einheiten bei einem jährlichen Zuwachs von 0,55 beziehungsweise
0,13 Millionen. Wegen dieser Größe sind die Datenbasen bei den
Informationsvermittlern meist geteilt; so können die letzten
Jahrgänge im Dialog, die älteren nur im Stapelbetrieb zugänglich
sein.


### Patentdatenbasen

Eine Dokumentklasse mit besonderer Bedeutung, aber auch mit
besonderen Schwierigkeiten der Bearbeitung, sind die Patentschriften. Diese umfassen verschiedene Dokumenttypen je nach der
Patentgesetzgebung eines Landes, in der Bundesrepublik Deutschland beispielsweise die Offenlegungsschriften, Auslegeschriften,
Patentschriften und Gebrauchsmuster.

In zahlreichen Ländern werden die Patentanmeldungen ungeprüft
veröffentlicht, da die Patentämter mit der Prüfung immer stärker
in Rückstand geraten waren. Prüfungen finden nur auf Antrag (und
gegen erhebliche Gebühren) statt. Die Zahl der veröffentlichten
Patentschriften hat dadurch natürlich stark zugenommen.

Es gibt mehrere Datenbasen, die Patentschriften enthalten. Die
umfangreichste ist INPADOC, die vom Internationalen Patentdokumentationszentrum in Wien erstellt wird. Letzteres wurde von
der Bundesrepublik Österreich aufgrund eines Vertrages mit der
World Intellectual Property Organization im Jahre 1972 gegründet
und erhält die erforderlichen Daten – meist auf Magnetband –
aufgrund von Zusammenarbeitsverträgen vom Europäischen Patentamt
und von fast 50 nationalen Patentämtern (es gibt insgesamt 103),
darunter allen wichtigen Industrieländern einschließlich des
Ostblocks; dazu kommen die Veröffentlichungen unter dem Patent

Cooperation Treaty (PCT). Weltweit sind das etwa 95 % aller
Patentdokumente. Die Datenbasis geht für die wichtigen Länder bis
1968, vereinzelt noch weiter zurück und umfaßt inzwischen etwa
8,5 Millionen Dokumente; sie ist damit gemessen an der Dokumentzahl die größte Datenbasis der Welt. Jährlich kommt ungefähr eine
Million Dokumente hinzu, das sind etwa 4.000 pro Arbeitstag! Die
Ergänzungen zur Datenbasis werden wöchentlich versandt.

Allerdings enthält INPADOC nur wenige Angaben pro Patentschrift,
nämlich bibliographische Daten wie Land, Dokumentart, Aktenzeichen, Anmeldetag, ferner eine oder mehrere Sachgebietsangaben
der Internationalen Patentklassifikation (IPC), weitgehend auch
den Anmelder oder Patentinhaber, den Erfinder und den Titel der
Erfindung in der Originalsprache, schließlich Angaben zur priori-
tätsbegründenden Anmeldung. Damit hat es die folgende Bewandnis.

Das Patentrecht der einzelnen Länder macht es erforderlich, die
gleiche Erfindung in jedem Land anzumelden, in dem der Erfinder
Patentschutz genießen möchte; eine Ausnahme stellt das Europäische Patentamt dar. Die den gleichen Anspruch enthaltenden
Patente aus allen Staaten nennt man eine Patentfamilie.

Die erste Anmeldung in einer Familie begründet die Priorität.
Durch die Angabe dieser Patentschrift in den nachfolgenden
Schriften in anderen Ländern wird die Beziehung hergestellt und
die in der Praxis sehr wichtige Zusammenführung der Patent-
familien möglich. Die Kenntnis der Zusammengehörigkeit von Patentschriften kann dem Benutzer die mehrfache Prüfung und oft
auch die Übersetzung von Patenten ersparen.

An der Zuteilung der IPC-Angaben kann man gut die Problematik der
Indexierung von Dokumenten erkennen. Die verschiedenen Patent-
ämter ordnen das gleiche Patent (die Patente der gleichen
Familie) durchaus nicht immer gleich ein.

Wegen der Größe der Datenbasis hält das Informationszentrum
Karlsruhe (INKA) nur den Zugang der jeweils letzten sechs Wochen
(ca. 90.000 Dokumente) in der Datenbasis INPADOC-IPG (Patent
Gazette) bereit; die Datenbasis INPADOC-IFS (Family Service)
enthält zwar den vollen Bestand, aber nur die wichtigsten, zur
Identifizierung notwendigen bibliographischen Daten.

Da die Angaben, die von den beteiligten Patentämtern übermittelt
werden, in der jeweiligen Landessprache abgefaßt sind, hat
das Internationale Patentdokumentationszentrum erhebliche Schwierigkeiten nicht nur mit der Umschrift nicht-lateinischer Schriften, sondern mehr noch mit der einheitlichen Schreibweise von
Firmennamen, da es sonst nicht möglich ist, die Patente des
gleichen Anmelders zusammenzuführen.

Im übrigen können die Patentschriften vieler Länder auch auf
Papier oder als Rollfilm vom Internationalen Patentdokumentationszentrum bezogen werden.

# 6. Spezielle Systeme

Neben INPADOC gibt es mehrere andere Datenbasen für Patentschriften. Der World Patents Index WPI beschränkt sich auf ein
Dutzend wichtige Industrieländer und umfaßt nur bestimmte Wissensgebiete, vornehmlich Chemie und manche Ingenieurswissenschaf-
ten (etwa 1,8 Millionen Patentschriften); andere Datenbasen sind
noch weiter spezialisiert. Dafür sind die Dokumente oft inhaltlich besser erschlossen (mit Schlagworten, Deskriptoren, Kurzfassungen).


## INKA-DATACOMP

Ein Beispiel für eine kleine Datenbasis ist INKA-DATACOMP, Data
Compilations in Physics. Hersteller ist das Informationszentrum
Karlsruhe (INKA). Sie umfaßt reichlich 3.000 Literaturangaben
von Datensammlungen aus dem Bereich Energie und Physik. Sie wird
nur einmal pro Jahr ergänzt (Zuwachs etwa 400 Dokumentationseinheiten). Etwas über die Hälfte der dokumentarischen Bezugseinheiten sind Bücher, während bei den meisten bibliographischen
Datenbasen die Zeitschriftenaufsätze weit überwiegen. Wegen des
geringen Umfangs ist eine sequentielle Suche und damit auch eine
Suche nach Wortfragmenten noch möglich. Die Dokumentationseinheiten enthalten Schlagworte (INIS-Thesaurus) und Angaben der
INIS-Klassifikation.


## 6.2.2 Medizinische Datenbasen

Das besondere Interesse an medizinischen Datenbasen liegt in
ihrer Größe, in ihrer intensiven Nutzung und auch darin, daß eine
davon (MEDLARS) ein Wegbereiter in der Entwicklung bibliographischer Datenbasen war.


## MEDLARS

Bereits 1964 begann die National Library of Medicine (NLM) in
Bethesda, Maryland, damit, Daten der Referatezeitschrift Index
Medicus maschinenlesbar aufzubereiten und im Stapelbetrieb unter
dem Namen MEDLARS (Medical Literature Analysis and Retrieval
System) zur Verfügung zu stellen. Die Kurzfassungen wurden
zunächst nicht gespeichert; sie kommen erst ab 1975 bei etwa 40 %
der Aufsätze hinzu. Der Index Medicus enthält im Durchschnitt
etwa 10 Schlagworte je Artikel, davon etwa 3 primäre, unter denen
der Artikel auch im Schlagwortindex nachgewiesen wird. Über
MEDLARS können sämtliche Schlagworte zur Suche benutzt werden;
die Recherchiermöglichkeiten sind also gegenüber dem Index Medicus erweitert. Verwendet wird der Thesaurus Medical Subject
Headings (MeSH). An der Erstellung der Daten sind zahlreiche
Institutionen in aller Welt beteiligt, unter anderem das Deutsche
Institut für medizinische Dokumentation und Information (DIMDI).
Außerdem enthält MEDLARS die im Index to Dental Literature und in

anderen, kleinen Referatezeitschriften des NLM referierten Arbeiten.

Inzwischen wird MEDLARS unter dem Dialogsystem MEDLINE (MEDLARS On-Line) angeboten; der Name des Retrieval-Systems wird häufig auch für die Datenbasis verwendet.

Seit 1966 ist MEDLARS auf etwa 3,4 Millionen Dokumentationseinheiten angewachsen, von denen 40% mit einer Kurzfassung versehen werden; hinzu kommen die anders aufbereiteten 300.000 DEs der Jahre 1964 und 1965. Gemessen an der Zahl der Zeichen dürften daher MEDLARS und INPADOC etwa den gleichen Umfang haben. Der jeweils letzte Monat ist in einer besonderen Datenbank SDILINE verfügbar, um den regelmäßigen Benutzern das aufwendige Durchsuchen des gesamten Bestandes zu ersparen.

MEDLARS oder Teile davon sind häufig als Testdaten für verschiedene Untersuchungen (Vergleich von Retrieval-Systemen, Vergleich von Datenbasen, Benutzerakzeptanz, Untersuchung der Ursachen unbefriedigender Suchergebnisse und andere) benutzt worden und daher in der Literatur oft erwähnt.

Neben MEDLARS gibt die National Library of Medicine eine ganze Reihe weiterer Datenbasen heraus für Spezialgebiete wie Krebs, Giftstoffe und biomedizinische Monographien.


## EMBASE

Die Konkurrenz zum Index Medicus sind die 44 Referatezeitschriften von Excerpta Medica, in Amsterdam herausgegeben. Diese Daten ab 1969 werden unter dem Namen EMBASE ebenfalls als Datenbasis angeboten. Sie hat einen kleineren Umfang als MEDLARS (1,6 Millionen Dokumentationseinheiten), die Zuwachsrate ist etwa gleich (in beiden Fällen um 250.000 DEs pro Jahr). Die Zahl der regelmäßig ausgewerteten Zeitschriften liegt etwas höher (über 3.500 gegenüber 3.000 bei MEDLARS).

Etwa 60 % der Dokumentationseinheiten enthalten eine Kurzfassung. Der Thesaurus MALIMET (Master List of Medical Index Terms) enthält allein fast 190.000 Vorzugsbenennungen.

Da MEDLARS und EMBASE vergleichbar erscheinen, sollte man meinen, die Suche müßte in beiden Datenbasen ungefähr die gleichen Dokumente erbringen. Dies ist mehrfach untersucht worden mit einem überraschenden Ergebnis, das auch in anderen Fällen beim Vergleich inhaltlich verwandter Datenbasen gefunden wurde: Die Überschneidung der gefundenen Dokumente ist erheblich geringer als erwartet und auch geringer als nach der Überschneidung des gesamten Inhalts der Datenbasen angenommen werden sollte. Dies ist sicherlich auf die unterschiedliche inhaltliche Erschließung der einzelnen Dokumente zurückzuführen. Durch diese Experimente wird erneut bestätigt, daß die Indexierung oder Sachklassifizierung von Dokumenten seiner Natur nach ein unzuverlässiger

# 6. Spezielle Systeme

Prozeß ist; denn die Diskrepanzen können nicht durch einzelne Indexierungsfehler erklärt werden.

Für eine Literatursuche, in der große Vollständigkeit angestrebt wird, ist es daher unbedingt ratsam, alle verfügbaren Datenbasen, die überhaupt infrage kommen, zu durchsuchen.


## BIOSIS Previews

Wegen ihrer Größe und ihrer Überschneidung mit der Medizin sei hier noch eine biologische Datenbasis erwähnt. BIOSIS Previews wird vom "BioSciences Information Service of Biological Abstracts" in Philadelphia Pennsylvania, hergestellt, umfaßt etwa 2,8 Millionen Dokumentationseinheiten ab 1969 und überdeckt außer der Biologie auch Anatomie, experimentelle Medizin, Pathalogie und andere Teile der Medizin.


## 6.2.3 Katalogdaten

Die großen Bibliotheken verwalten riesige Bestände an Büchern, bis zu mehreren Millionen. Das Vorhandensein und der Standort eines Werkes wird durch den Katalog nachgewiesen. Damit man ein Buch im Katalog auffindet, muß dieser nach exakten Regeln aufgebaut sein, die wegen der vielfältigen äußeren Erscheinungsformen, die die Bücher haben können, sehr kompliziert ausfallen. Nach diesen Regeln wird jedes in der Bibliothek eingehende Dokument katalogisiert (siehe Abschnitt 2.1.2). Da dasselbe Werk in zahlreichen Bibliotheken vorhanden sein kann, wird diese Arbeit sehr häufig wiederholt.

Ein Versuch, den Aufwand zu reduzieren, ist der Eindruck der Titelaufnahme im Buch, meist auf der Copyright-Seite. Viele deutsche Verlage übernehmen dort die CIP-Eintragung (Cataloging in Publication) der Deutschen Bibliothek, US-amerikanische die der Library of Congress. Diese können aber fehlerhaft oder unvollständig sein, da sie auf vorläufigen Angaben beruhen; außerdem bleibt die Arbeit des Abschreibens.

Ein anderer Weg besteht darin, die Katalogisierung durch mehrere Bibliotheken gemeinsam vorzunehmen oder die Angaben von einer zentralen Stelle zu beziehen. Uns interessieren dabei nur solche Verfahren, die auf bibliographischen Datenbasen beruhen.


## Katalogdaten der Nationalbibliotheken

Seit März 1969 verteilt die Library of Congress Magnetbänder mit den bibliographischen Daten ihrer Neuzugänge, das ist die gesamte Buchproduktion der Vereinigten Staaten und eine bedeutende Menge ausländischer Literatur. Diese Bücher, die im Format MARC II

(Machine-readable cataloging) beschrieben sind, können von den
Beziehern dazu benutzt werden, Katalogkarten zu drucken, die
Daten in eine Datei der eigenen Bestände zu übernehmen oder eine
Datenbasis für Recherchezwecke aufzubauen. Letztere wird unter
den Namen LC-MARC oder MARC (LC) geführt und enthält inzwischen
etwa 1,1 Millionen Bücher; der jährliche Zuwachs liegt bei
200.000 Einheiten. Die Datensätze enthalten neben den bibliographischen Angaben auch die Library of Congress Catalog Card Number
und die LC-Klassifikation, aber natürlich keine Kurzfassung.

Bis 1985 sollen daneben unter dem Namen REMARC die Altbestände in
einem abgemagerten MARC-Format erfaßt werden; das sind nochmals
5,2 Millionen Dokumentationseinheiten.

Einen ähnlichen Dienst bieten auch die British Library und die
Deutsche Bibliothek an. Die Daten der British Library sind
rückwärts bis 1950 ergänzt worden. Dennoch ist der Bestand
wesentlich kleiner als der der Library of Congress (knapp
700.000); der jährliche Zuwachs liegt unter 50.000. Die Datenbasis wird UK-MARC oder MARC (UK) genannt. Das Magnetbandformat
weicht von dem der LC in manchen Punkten ab.

Die Deutsche Bibliothek in Frankfurt vertreibt ihre Magnetbänder
im MAB1-Format etwa seit 1971. Im Auftrag der Deutschen Bibliothek betreibt die GID (Gesellschaft für Information und Dokumentation) die Datenbank BIBLIO-DATA mit den Beständen ab 1966; sie
verwendet das Retrieval-System DIRS 3. Gespeichert sind die
Erscheinungen innerhalb und außerhalb des Verlagsbuchhandels, die
geographischen Karten und die Hochschulschriften (die letzten
beiden ab 1972), also die Bibliographie-Reihen A, B, C und H der
Deutschen Bibliothek, und zwar einschließlich der Schlagworte und
Sachgruppen, insgesamt Mitte 1981 etwa 1,1 Millionen Werke mit
370 Millionen Zeichen.

Ab 1982 soll die Zeitschriften-Datenbank (ZDB), die von der
Staatsbibliothek Preußischer Kulturbesitz zusammengestellt wird
und im April 1981 bereits 237.000 Zeitschriften mit Titelaufnahmen und 652.000 Standortnachweisen aus einer Vielzahl von
deutschen Bibliotheken enthält, für den Zugriff zur Verfügung
stehen. Bisher wird ihr Inhalt nur als Mikrofiche-Ausgabe (zur
Zeit 114 Fiches) vertrieben (ZDB 1981).


Bibliotheksverbundsysteme

---

Produzenten von Katalogdatenbasen sind aber nicht nur die Na-
tionalbibliotheken. Das bedeutenste Beispiel für einen Bibliotheksverbund mit gemeinsamer Datenbasis ist OCLC. Dieser Name war
ursprünglich eine Abkürzung für Ohio College Library Center;
inzwischen ist die Organisation aber unter dem Namen OCLC
selbständig geworden. Im Prinzip erstellt die erste der angeschlossenen Bibliotheken, die ein Buch erwirbt, die Katalogisierung nach den Regeln der Library of Congress. Wenn das
Buch bereits auf den LC-Bändern enthalten ist, wird dieser

## 6. Spezielle Systeme

Eintrag übernommen, andernfalls entweder ein vorläufiger Datensatz mit späterem Ersatz durch die LC-Daten erstellt oder die
Katalogisierung selbst durchgeführt. Etwa ein Drittel der Werke
wird katalogisiert, bevor die LC-Daten vorliegen; dies ist im
wesentlichen auf die lange Bearbeitungszeit bei der Library of
Congress zurückzuführen. Die gemeinsame Datei enthält auch Angaben darüber, welche Bibliothek ein Werk besitzt; dies fördert
die Fernleihe und gestattet eine aufeinander abgestimmte Be-
schaffungspolitik.

OCLC hatte 1979 bereits 5,5 Millionen Titel katalogisiert mit
fast 50 Millionen Standortangaben. Von den 2000 angeschlossenen
Bibliotheken waren drei Viertel mit über 3000 Terminals über ein
eigenes Leitungsnetz mit OCLC verbunden; die übrigen benutzten
Wählverbindungen. Innerhalb eines Jahres wurden über 100 Millionen Katalogkarten gedruckt. Neben dem Katalogisierungssystem
ist seit Mitte 1979 das Interlibrary Loan System in Betrieb,
das bereits nach kurzer Zeit täglich 2000 Aufträge bearbeitete;
weitere Teile sind in Arbeit. Die Dienste sind nicht auf die USA
beschränkt; für das Frühjahr 1981 wird mit dem Anschluß der
ersten britischen Bibliotheken gerechnet. OCLC setzt 8 Großrechner, 3 mittlere und 35 kleine Rechner ein mit einer Speicher-
kapazität von nominell insgesamt 6 Milliarden Zeichen. Allein
15 Kleinrechner sind damit beschäftigt, die Terminals abzurufen.
Sie vermitteln in Spitzenzeiten über 30 Nachrichten pro Sekunde.

OCLC ist nicht der einzige Bibliotheksverbund. In den Vereinigten
Staaten sind vor allem noch Research Library Information Network
(RLIN, früher BALLOTS) in Stanford, Kalifornien, und Washington
Library Network (WLN) im Staate Washington zu nennen, zwischen
denen eine Zusammenarbeit besteht.

In der Bundesrepublik sind mehrere Bibliotheksverbundsysteme
im Aufbau und einige schon in Betrieb. Da die Entwicklung sehr im
Fluß ist und das Bibliothekswesen nur am Rande des Buchthemas
liegt, seien hier nur zwei Namen genannt: das Hessische Bibliothekssystem HEBIS und das Dortmunder Bibliothekssystem DOBIS. Die
Daten der angeschlossenen Bibliotheken sowie zahlreicher anderer
großer Bibliotheken der Bundesrepublik Deutschland werden vom
Deutschen Bibliotheksinstitut in Berlin zu einem gemeinsamen
Titelkatalog zusammengefaßt, dessen erste Ausgabe 1981 erscheinen
soll.


### 6.2.4 Juristische Datenbasen

---

Die juristischen Datenbasen unterscheiden sich von den meisten
anderen darin, daß sie fast durchweg die vollen Texte (oder
mindestens deren wesentliche Teile) enthalten, die übrigen aber
höchstens Kurzfassungen. Auch solche juristische Systeme, die
sich anfangs überwiegend oder ganz auf die Leitsätze beschränkten, wie das deutsche JURIS (Sozialrechtsdatenbasis) und WESTLAW

in den Vereinigten Staaten, sind inzwischen zur Langtextspeicherung übergegangen. Bei Rechtsvorschriften und Gerichtsentscheidungen stehen diesem Verfahren keine urheberrechtlichen Probleme
entgegen.


LEXIS

Den Juristen wird nicht gerade eine besondere Aufgeschlossenheit
für technische Neuerungen nachgesagt; dennoch ist das offenbar
erfolgreichste rechnergestützte Dokumentationssystem, das es
gibt, ein juristisches, nämlich LEXIS der Firma Mead Data
Central, einer Tochtergesellschaft der Mead Corporation, deren
Schwerpunkt in der Papierindustrie liegt.

Die Ursprünge dieses Systems reichen bis 1962 zurück, als die
Ohio Bar Association begann, existierende Verfahren zu prüfen und
die auftretenden Probleme zu untersuchen. 1967 wurde OBAR gegründet, Ohio Bar Automated Research. Diese Gesellschaft beauf-
tragte mit der Weiterentwicklung und dem Betrieb eines Systems
die Firma Data Central, die später von der Mead Corporation
aufgekauft und in Mead Data Central umbenannt wurde - ein
Beispiel für die Kommerzialisierung von erfolgreichen Forschungsprojekten.

Genaue Angaben über Größe und technischen Aufbau sind von Mead
Data Central nicht zu erfahren. Bekannt ist natürlich der Inhalt
der Datenbasen. Gespeichert sind die größten Teile der Gesetzgebung (auch Verordnungen und Verwaltungsvorschriften) und der
veröffentlichten Gerichtsentscheidungen der USA, und zwar sowohl
des Bundes als auch aller Einzelstaaten in unterschiedlicher
Vollständigkeit. Manche Datenbasen reichen bis 1850 zurück (Entscheidungen des Supreme Court zum Patent-, Warenzeichen- und
Copyright-Recht). Insgesamt gibt es mehrere hundert Datenbasen,
wobei einzelne Gebiete auch noch nach "alt" und "neu" unterteilt
sind; diese können einzeln oder in zahlreichen Kombinationen
abgefragt werden.

Große bibliographische Datenbasen enthalten drei oder vier Millionen Dokumentationseinheiten; das dürfte größenordnungsmäßig etwa
zwei bis fünf Milliarden Zeichen entsprechen. Der Gesamtumfang
der LEXIS-Datenbasen beträgt ungefähr 3 Milliarden Wörter (also
15 bis 20 Milliarden Zeichen), die Zahl der DEs wahrscheinlich
über eine Million, möglicherweise sogar über 2 Millionen (genauere Angaben sind nicht verfügbar).

An die beiden Amdahl-Rechenanlagen, die werktags 22 und sonn-
abends und sonntags 12 Stunden zur Verfügung stehen, sind mehrere
tausend Datenstationen angeschlossen, teilweise über hundert in
einer einzigen Rechtsanwaltsfirma. Dennoch berichtet Mead Data
Central, daß die Durchsuche des gesamten Bundesrechts oder des
Rechts aller Einzelstaaten in 90 % aller Fälle unter 15 Sekunden
liegt (bei Verwendung einer einzelnen Datenbasis meist unter
einer Sekunde). Die Firma berichtet weiter, daß täglich über

# 6. Spezielle Systeme

20.000 Suchen (searches) durchgeführt werden; selbst wenn damit
die Suchbefehle gemeint sein sollten, ist dies eine enorme Zahl.

LEXIS besitzt eine eigene, anfangs sehr einfache Abfragesprache,
in die inzwischen eine zunehmende Zahl von Kontextoperatoren
aufgenommen worden ist. Dem Benutzer werden drei Typen von
Datensichtgeräten zur Auswahl angeboten. Das billigste (Monats-
miete 20 bis 55 US $ je nach Anzahl der Einheiten je Firma) ist
dafür gedacht, daß es jeder einzelne Rechtsanwalt an seinem
Schreibtisch hat, so daß er zur Benutzung nicht erst aufstehen
muß. Die meisten Befehle sind durch Funktionstasten realisiert.
LEXIS verwendet keinen Thesaurus und keine Rangfolgesortierung.

Eine besondere Form der Anzeige ist ein KWIC-Format der Texte; 25
Wörter vor und hinter jedem aufgefundenen Suchwort, dieses in
hellerer Schrift, werden ausgegeben. Dadurch kann der Benutzer
schnell entscheiden, ob ein Dokument für ihn nützlich ist.

LEXIS weitet sein Angebot ständig aus. Ab Frühjahr 1981 sind
britische juristische Datenbasen vorgesehen. Unter "Auto-Cite",
das mit einer speziellen Funktionstaste aufgerufen wird, findet
man den Status nahezu jeder irgendwo angeführten Entscheidung:
rechtskräfig, durch ein höheres Gericht bestätigt oder verworfen,
durch andere Entscheidungen eingeschränkt oder überholt. Solche
Verweise sind im anglo-amerikanischen "case-law" noch wichtiger
als im kontinentaleuropäischen Rechtssystem. Auto-Cite verzeichnet mehr als 3 Millionen Entscheidungen.

Daneben bietet LEXIS nicht-juristische Texte an wie die Jahres-
berichte von Aktiengesellschaften und unter dem Datenbank-Namen
NEXIS allgemeine und geschäftliche Nachrichten, unter anderem
die Meldungen einiger wichtiger Zeitungen, Zeitschriften und
Presseagenturen im vollen Text (Washington Post, Newsweek, ap,
upi und andere).

Mead Data Central erstellt private Datenbasen, die dann nur vom
Auftraggeber über LEXIS abgefragt werden können. Das sind vor
allem Dokumentationen zu Mammut-Prozessen, in denen manchmal
einige zehntausend Dokumente benötigt werden, so daß sich die
Prozeßvertreter einer Partei ohne solche Hilfsmittel nicht mehr
zurecht finden können. Selbstverständlich darf die Gegenpartei
auf keinen Fall Zugriff zu dieser Datenbank erhalten.


## WESTLAW

Das andere große, allgemein zugängliche juristische Dokumentationssystem der USA ist WESTLAW, ein Produkt der West Publishing
Company. Diese Firma betreibt bereits seit einem Jahrhundert die
Dokumentation von Gerichtsentscheidungen und hat hierzu das in
den Vereinigten Staaten weit verbreitete System der West Key
Numbers, ein Klassifikationssystem, entwickelt. Zusätzlich zu den
gedruckten Informationsdiensten werden seit einigen Jahren, wohl
wegen der Konkurrenz von LEXIS, die Angaben auch als Datenbank

angeboten.  Enthalten sind die bibliographischen Angaben, die vom
Gericht produzierten Leitsätze (headnotes), die anfangs weggelas-
senen, nachträglich aber ergänzten vollen Texte und die von der
West Publishing Company erstellten und damit unter den Schutz des
Urheberrechts fallenden Schlagworte und West-Key-Nummern.

WESTLAW reicht im allgemeinen nicht so weit in die Vergangenheit
zurück wie LEXIS. Beide Systeme wollen alle neu hinzukommenden,
publizierten Entscheidungen aufnehmen, deren Anzahl auf 45.000
pro Jahr geschätzt wird. Die Zahl der über WESTLAW zugreifbaren
Dokumente dürfte bei einer halben Million liegen.

Als Gegenstück zu den privaten Datenbasen von LEXIS ist WESTLAW
eine Zusammenarbeit mit Aspen Systems Corporation eingegangen;
diese Gesellschaft bietet ein System an, das außer den Suchmöglichkeiten auch andere Verarbeitungsformen anbietet wie die
Erstellungen von Berichten und damit Eigenschaften von Dokumenta-
tions- und Datenbanksystemen kombiniert.


## Deutsche juristische Datenbasen

In der Bundesrepublik Deutschland existieren neben einigen kleineren zwei größere juristische Dokumentationssysteme, die beide
nur beschränkt zugänglich und im Vergleich zu LEXIS und WESTLAW
immer noch als klein zu bezeichnen sind.

Das Juristische Informationssystem JURIS wird als "Entwicklungs-
system" versuchsweise vom Bundesministerium der Justiz (BMJ)
betrieben; es firmiert als Fachinformationszentrum 11 (Recht).
Nach einer in den nächsten Jahren fälligen Entscheidung der
Bundesregierung über die permanente Fortführung muß auch die
Trägerschaft wechseln, da der Dauerbetrieb nicht zu den vom
Grundgesetz gedeckten Aufgaben der Bundesregierung zählt.

JURIS begann nebeneinander mit der Leitsatzdokumentation des
unübersichtlich gewordenen Sozialrechts und mit der Langtext-
dokumentation des Steuerrechts (zunächst die veröffentlichten
Entscheidungen des Bundesfinanzhofs, dann auch anderer Gerichte).
Die dabei gewonnenen informellen Erfahrungen führten dazu, nun
auch im Sozialrecht Langtexte zur Verfügung zu stellen. Daneben
werden neue Entscheidungen aller Rechtsbereiche erfaßt und die
des Familienrechts in der nicht nach Rechtsgebieten unterteilten,
gemeinsamen Datenbasis auch angeboten.

Mitte 1981 enthielt die Datenbasis 223.000 Dokumentationseinheiten, darunter fast 20.000 Entscheidungen im Langtext und 100.000
mit Kurztexten sowie 94.000 DEs zu juristischer Literatur (bibliographische Angaben und Zusammenfassungen). Außerhalb des BMJ
waren 36 Benutzer - Gerichte, Ministerien und einzelne andere
Institutionen - über ein eigenes Netz von Standleitungen und
Konzentratoren angeschlossen. Auf längere Sicht soll jeder Inter-
essent Zugriffsmöglichkeiten erhalten.

## 6. Spezielle Systeme

Obwohl bei JURIS von Anfang an auch Langtexte gespeichert werden, verwendet es ein für Deskriptorenspeicherung konzipiertes System, nämlich das deutsche Produkt GOLEM mit der linguistischen Komponente von PASSAT zur Wortformenreduktion, ferner ein im BMJ konzipiertes Programm PARAT für eine sehr ausführliche Plausibilitätsprüfung und Duplizitätskontrolle der Ausgangsdaten.

Die Haupttätigkeit der DATEV (Datenverarbeitungsorganisation der steuerberatenden Berufe) liegt in der Buchführung für die Klienten der Mitglieder; hierfür wird auch schon ein eigenes Netz von Standleitungen benötigt. Als zusätzlichen Dienst hat die DATEV eine Datenbasis LEXinform mit 20.000 Entscheidungen, 20.000 Verwaltungsanweisungen und 10.000 Literaturbeiträgen aus dem Steuerrecht sowie 3000 Dokumenten aus anderen Rechtsgebieten aufgebaut (Conradi 1981); diese sind überwiegend im Langtext gespeichert (Literaturbeiträge jedoch nur mit einer Zusammenfassung) und haben eine durchschnittliche Länge von gut 10.000 Zeichen je Dokument. Monatlich werden von den 1500 Dialogteilnehmern etwa 2500 Suchen durchgeführt mit der verhältnismäßig kurzen Dauer von durchschnittlich 8 Minuten.

Benutzt wird STAIRS mit einer abgewandelten, vereinfachten Abfragesprache.


## 6.2.5 Presse-Datenbasen

Zeitungsredaktionen benötigen gut geführte Archive, in denen die Redakteure sehr schnell das sie interessierte Material finden; "sehr schnell" heißt dabei möglichst sofort. Eine Bearbeitungszeit von Tagen oder Wochen wie im Bibliotheksbereich bei der Beschaffung nicht im Magazin vorhandener Literatur ist sinnlos, selbst eine von wenigen Stunden ist für die aktuelle Berichterstattung zu lang.

Hierzu kommt eine zweite Besonderheit. Irgendwo in der Welt wird ein bis dahin kaum in Erscheinung getretener Politiker plötzlich Ministerpräsident oder Staatsoberhaupt. Was ist über ihn in Erfahrung zu bringen? Ist er früher im Zusammenhang mit anderen Politikern oder Ereignissen irgendwo erwähnt worden oder sogar auf einem Foto zu sehen? Solche Berichte sind nur aufzufinden, wenn von Anfang an alle in einem Artikel erwähnten Personen, auch die (noch) unbedeutenden, dokumentarisch festgehalten werden.

Bei diesen Anforderungen verwundert es, daß bisher nur wenige Pressearchive auf Datenverarbeitung übergegangen sind. In der Bundesrepublik Deutschland ist Gruner + Jahr zu nennen.


### New York Times

Das umfangreichste Pressearchiv mit DV-Unterstützung ist das der

New York Times. Die Vorarbeiten hierzu begannen Mitte der sechziger Jahre; die erste Software wurde 1969 bis 1971 von der IBM erstellt. Sie ist für die Entwicklung der Datenverarbeitung dadurch von besonderer Bedeutung gewesen, daß dies eins der ersten Projekte war, in denen in großem Stil Methoden der strukturierten Programmierung angewandt worden sind. Inzwischen wurde jedoch die von BRS (Bibliographic Retrieval Service, siehe Abschnitt 6.3.3) verwendete Software übernommen.

Seit 1975 ist das Archiv als Tochtergesellschaft unter dem Namen The New York Times Information Service aus der New York Times ausgegliedert. Bereits seit 1973 sind andere Redaktionen im Direktzugriff an das System angeschlossen. Um Kunden aus dem nicht-kommerziellen Bereich zu gewinnen, wird die Datenbank über den Informationsvermittler BRS seit 1980 zu günstigen Konditionen, aber bei nur wöchentlichem Ergänzungsdienst, den Hochschulen angeboten.

Die Datenbasis "Information Bank" enthielt Mitte 1980 etwa 1,8 Millionen Dokumentationseinheiten. Die New York Times wird vollständig ausgewertet und seit Anfang 1980 im vollen Text gespeichert; 60 andere Zeitungen und Zeitschriften werden auszugsweise bearbeitet, wobei mehrfach gedruckte Berichte möglichst nur einmal erfaßt werden. Hierfür werden Kurzfassungen und Schlagworte erstellt. Die Aufnahme in die Datenbasis muß extrem schnell gehen; die wichtigsten Meldungen sind 24 Stunden nach Erscheinen bereits abrufbar. Die Dokumentare arbeiten unmittelbar am Datensichtgerät in zwei Schichten. Praktisch alle Kurzfassungen und Schlagworte, die dem Information Bank Thesaurus (700.000 Deskriptoren einschließlich Namen) entnommen werden, werden vor der endgültigen Speicherung von einem zweiten Dokumentar überprüft.


NEXIS
─────

Zu den Pressedatenbasen gehört auch NEXIS der Mead Data Central. Wir hatten auf diese Langtext-Daten bereits im Abschnitt über LEXIS (in Abschnitt 6.2.4) hingewiesen.


Gruner + Jahr
─────────────

Die beiden großen deutschen Presse-Datenbasen, die des Bundespresseamtes und die des Verlages Gruner + Jahr, sind beide der Öffentlichkeit nicht zugänglich. Im zweiten Falle könnte das eine Folge des Bundesdatenschutzgesetzes sein.

Mit 700.000 Dokumentationseinheiten ist die Datenbasis von Gruner + Jahr deutlich kleiner als die der New York Times; trotzdem ist das die zweitgrößte Presse-Datenbasis der Welt. Ausgewertet werden über 160 Zeitungen und Zeitschriften. Dem Dokument werden Deskriptoren aus einem verhältnismäßig kleinen Thesaurus (etwa 5.000 Vorzugsbenennungen und 70.000 Verweise) zugeordnet; das reicht aus, weil sie um einen Länderschlüssel und bei Bedarf um

## 6. Spezielle Systeme

ein oder zwei weitere, vom Sachgebiet abhängige Facetten ergänzt
werden können. Zusätzlich werden freie Schlagworte vergeben. Im
Schnitt erhält jeder Artikel zwischen 15 und 20 Deskriptoren und
Schlagworte. Der Bestand wächst jährlich um etwa 200.000 Einheiten.

Eine weitere Datenbank enthält Angaben zu fast 400.000 Bildern
(jährlicher Zuwachs 180.000). Das konventionelle Archiv der
früheren Jahre umfaßt 8 Millionen Artikel unf 5 Millionen Bilder.
Insgesamt werden jährlich etwa 25.000 Recherchen durchgeführt,
überwiegend aus den DV-Beständen.

Die für Gruner + Jahr entwickelte Software wird vom Hersteller,
der Informationsbanken-Betriebs-GmbH (IBBG) in Dornbirn, unter
dem Namen DSS (Daten-Sofortauskunfts-System) vertrieben.

Bemerkenswert ist die Koppelung mit Geräten zur automatischen
Aufsuche der Volltexte auf Mikroplanfilm. Innerhalb von zwei
Sekunden wird der Fiche selektiert und das richtige Bild ange-
zeigt. Allerdings ist der gesamte Bestand auf mehrere solche
Mikrofiche-Automaten aufgeteilt.


## 6.2.6 Verweis-Datenbasen

Das Schwergewicht unserer Betrachtungen liegt auf bibliographischen Datenbasen sowie auf der Speicherung von Langtexten. Hier
sollen einige andere, verwandte Typen wenigstens erwähnt werden.

Abgesehen von der Langtext-Speicherung enthalten Dokumentationssysteme nicht die vollständigen Abbilder der dokumentarischen
Bezugseinheiten, sondern im wesentlichen Referenzen auf diese,
nämlich die zur Identifikation und zum Auffinden erforderlichen
Angaben, oft erweitert um Beschreibungen, die dem Benutzer die
Entscheidung über die Bedeutung für sein Problem erleichtern
sollen (Schlagworte, Kurzfassungen und anderes).

Solche Datenbasen heißen "Referenz-Datenbasen" (englisch: re-
ference database). Den Sonderfall mit der größten Bedeutung
bilden die bibliographischen Datenbasen, bei denen traditionelle
Dokumente (Bücher und Auszüge daraus, beispielsweise Aufsätze)
die DBEs bilden. Die sonstigen Referenz-Datenbasen fassen wir
unter der Bezeichnung "Verweis-Datenbasen" (englisch: referral
database) zusammen.


## INKA-CONF

Bei den Dokumenten, die Eingang in ein Dokumentationssystem
finden, braucht es sich nicht immer um Schriften handeln, die
üblicherweise in Bibliotheken gesammelt werden. Unser Begriff
"Dokument" war mit Absicht weiter gehalten; er umfaßt jede Art

von Gegenständen, die einer dokumentarischen Behandlung zugeführt
werden können. Eine solche Gruppe bilden Konferenzen.

INKA-CONF ist eine Datenbasis des Informationszentrums Karlsruhe,
in der stattgefundene und geplante Konferenzen aus den Bereichen
Energie, Physik und Mathematik einschließlich Kerntechnik und
Informatik enthalten sind. Sie wird nur alle zwei Monate ergänzt,
enthält ab 1970 etwa 16.000 Konferenzen mit formalen Angaben
und einer Sachgebietsklassifikation und wird jährlich um reich-
lich 3.000 Einheiten ergänzt. Wie es bei vielen Datenbasen der
Fall ist, dienen auch hier die gleichen Daten zum Druck einer
Zeitschrift, in diesem Falle "Konferenztermine: Energie, Physik,
Mathematik".


## Verzeichnisse von Vorhaben, Institutionen, Datenbasen

Eine andere Gruppe von "Dokumenten" bilden die Forschungsvorhaben. Es gibt deren so viele, daß nicht nur der öffentliche
Geldgeber die Übersicht verliert, sondern daß auch die Fach-
wissenschaftler bei weitem nicht über alle Projekte in ihrem
Fachbereich orientiert sind. Um die Vielfalt der Datenbasen auf
diesem Gebiet zu demonstrieren, seien einige genannt.

Die National Library of Medicine (NLM) gibt neben zahlreichen
bibliographischen Datenbasen auch CANCERPROJ heraus, Projekte auf
dem Gebiet der Krebsbekämpfung. Die Europäischen Gemeinschaften
machen über ihren Datenbankbetreiber ECHO (European Commission
Host Organization) Datenbasen über Forschungsprojekte in der
Landwirtschft (AGREP) und in der Umweltforschung (ENREP) zugänglich. Das Informationssystem Karlsruhe dokumentiert Vorhaben
auf den Gebieten Raumordnung, Städtebau und Wohnungswesen (FORS)
sowie Bauwesen (BAUFO); Hersteller ist in beiden Fällen das
Informationsverbundzentrum Raum und Bau, der Vorläufer für das
geplante FIZ 8. Solche Datenbasen enthalten typischerweise wenige
tausend Dokumentationseinheiten.

Die UNESCO bemüht sich seit mehreren Jahren um den Aufbau einer
Dokumentation von Forschungsprojekten, die für Entwicklungsländer
von Interesse sein könnten (UNISIST-Programm); bisher ist aber
noch keine Datenbasis aufgebaut. Die größte existierende Datenbasis auf diesem Gebiet ist SSIE Current Research der Smithsonian
Science Information Exchange mit etwa 170.000 Vorhaben aus den
jeweils letzten zwei Jahren.

Einen Überblick über die Bestrebungen und Erfolge mit dem Aufbau
von Projekt-Datenbasen (Ongoing research information systems,
ORI) findet man in (Hersey 1978).

Nicht nur die Kenntnis laufender Projekte, schon die der in einem
Gebiet tätigen Forschungseinrichtungen kann schwierig zu beschaffen sein. Eine Datenbasis der Europäischen Gemeinschaften (ENDOC)
enthält Umweltzentren in den Mitgliedsländern; INKA-CORP weist
Verbände und Zusammenschlüsse im Fachbereich des Fachinforma-

# 6. Spezielle Systeme

tionszentrums 4 (Energie, Physik, Mathematik) nach.

Als Dienstleistung ist EUSIDIC FILE anzusehen, eine ebenfalls von den Europäischen Gemeinschaften betriebene Datenbasis mit Angaben zu den über EURONET zur Verfügung stehenden Datenbanken. Einen ähnlichen Zweck verfolgt ODIN, betrieben von der GID, als Führer zu den Datenbanken deutscher Informationsanbieter.


## 6.2.7 Quellmaterial-Datenbasen

Referenz-Datenbasen enthalten als wesentlichen Inhalt Referenzen zu den Dokumenten, in denen der Benutzer die gewünschten Informationen findet. Davon zu unterscheiden sind Datenbasen, die diese Informationen selbst enthalten, diese wollen wir als Quellmaterial-Datenbasen (englisch: source database) bezeichnen. Nach ihrem Inhalt lassen sie sich in drei Klassen einteilen, wobei es in der Praxis auch Mischformen gibt.


## Klassifikation der Quellmaterial-Datenbasen

1. Langtext-Datenbasen enthalten die vollen Texte oder wesentliche Teile davon. In ihrer Strukturierung unterscheiden sie sich technisch nicht von Referenz-Datenbasen (abgesehen davon, daß manche Retrieval-Systeme Texte, seien es Langtexte oder Kurzfassungen, nicht angemessen wiedergeben können). Sie sind in den vorangegangenen Kapiteln ausführlich mitbehandelt worden und werden hier nur der Vollständigkeit halber aufgezählt.

2. Numerische Datenbasen enthalten Datensammlungen entweder in Originalform oder statistisch aufbereitet. Typischerweise handelt es sich um Zeitreihen aus dem Bereich der Wirtschaft; andere Beispiele sind physikalische Meßreihen und topographische Daten. Nach einer Zählung aus dem Jahre 1979 (Wanger und Landau 1980) fallen in diese Gruppe fast die Hälfte der 402 ausgezählten, öffentlich im Direktzugriff über Telekommunikationsnetze zugänglichen Datenbasen, während 147 als Referenzdatenbasen klassifiziert werden (davon 121 als bibliographisch) und 25 als Mischformen nicht eingeordnet wurden. 179 enthalten Daten aus der Wirtschaft, die anderen befassen sich mit den übrigen Sozialwissenschaften einschließlich Psychologie und mit Naturwissenschaften und Technik. Als ein Beispiel sei CRONOS-EUROSTAT genannt. Diese über Euronet zugängliche Datenbasis der Europäischen Gemeinschaften enthält über 600.000 makro-ökonomische Zeitreihen aus den EG-Staaten, den USA, Japan und mehreren AKP-Staaten (Afrika, Karibik, Pazifik).

3. Textlich-numerische Datenbasen enthalten neben numerischen Daten auch Texte, die über die reine Beschreibung der Zahlenangaben hinausgehen.

Manchmal wird eine eigene Gruppe der "Eigenschaften-Datenbasen" gebildet, die physikalische oder chemische Eigenschaften wie Wirkungsquerschnitte, Reaktionsgleichgewichte, Strukturformeln oder Kristallstrukturen enthalten. Bei unserer Einteilung fallen diese teils unter die numerischen, teils unter die Langtext-Datenbasen.


## Aufbereitung der Daten

Der Inhalt der Datenbasen wird dem Benutzer in sehr unterschiedlichen Formen mit stark variierenden Möglichkeiten der Aufbereitung und Verarbeitung angeboten. Es können hier nur schlaglichtartig einige Beispiele angeführt werden.

In manchen Fällen werden die Daten vom Produzenten in einer Weise aufbereitet, die die Benutzung eines Retrieval-Systems für bibliographische Daten ermöglicht. Die textlichen Bestandteile dienen wie dort der Suche. Der Inhalt ist aber so editiert, daß bei der Ausgabe gut lesbare Tabellen entstehen, insbesondere so, daß die Zahlen richtig untereinander zu stehen kommen.

Überwiegend werden jedoch spezialisierte Programme verwendet, die verschiedenartige, vom Benutzer auszuwählende Formen der Weiterverarbeitung der Daten zulassen. Im einfachsten Fall handelt es sich um eine Berichterstellung wie bei einem Report-Generator mit Zwischen- und Gesamtsummen, Prozentangaben und ähnlichen Vorkehrungen. Manche Systeme gestatten umfangreiche Umrechnungen, beispielsweise die Bereinigung wirtschaftlicher Geldangaben um Inflationswerte, die Umrechnung auf den Geldwert eines beliebigen Jahres, die Konvertierung in andere Währungen oder den Bezug auf die Einwohnerzahl.

Manche Systeme sind mit statistischen Routinen verknüpft. Der Benutzer kann Korrelationen, Regressionen, Zeitreihenanalysen und zahlreiche andere statistische Verfahren auf die Daten anwenden. Manchmal kann er sogar eigene Daten damit kombinieren, etwa wirtschaftliche Daten der eigenen Firma in Beziehung zu volkswirtschaftlichen Daten setzen. Ein bekanntes Beispiel hierfür sind die Zeitreihen-Datenbasen der Firma Predicasts, die über Lockheed zugänglich sind.

Wieder eine andere Art von Berechnungen ist die Kumulation demographischer Daten über geographische Bereiche, sei es über Gemeinden, Kreise oder Länder, sei es über Umgebungen eines Punktes mit wählbarem Radius.

Eigenschaften-Datenbasen können mit physikalischen oder chemischen Berechnungen gekoppelt sein wie atomphysikalische Wirkungsquerschnitte oder physikalische Eigenschaften von Gemischen bei Temperaturen und Drücken im Bereich des chemischen Apparatebaus und anderes.

## 6. Spezielle Systeme

### Zugriff

Die gegenüber der reinen Suche stark erweiterten Möglichkeiten
dieser Datenbasen bewirken, daß die Abfrage komplizierter wird
und in unterschiedlichem Ausmaß auch spezialisiertes Fachwissen
erfordert. Hinzu kommt, daß häufig das Abfrage-System für eine
bestimmte Datenbasis maßgeschneidert ist, so daß man fast für
jede Datenbasis eine andere Abfragesprache beherrschen muß. Im
Gegensatz zu bibliographischen Dateien werden sie daher in erster
Linie nicht von Mittelspersonen im Auftrag der Endbenutzer
ausgewertet, sondern von diesen selbst.

Ein weiterer Unterschied liegt darin, daß die Quellmaterial-
Datenbasen meistens von den Herstellern unmittelbar angeboten
werden; nur auf wenige kann man bisher über die Informations-
vermittlungsstellen zugreifen, die die bibliographischen Datenbasen zur Verfügung stellen.

Als Übersichts-Artikel über nicht-bibliographische Datenbasen sei
(Wanger und Landau 1980) genannt.


## 6.3 Datenbankbetreiber

In der Regel beschafft sich der Benutzer die Datenbasis nicht
selbst, aber auch der Hersteller betreibt kein Informationssystem, sondern besondere Einrichtungen, die Datenbankbetreiber,
stellen die Datenbasen mehrerer Produzenten allen interessierten
Kunden zur Verfügung. Diese können ihre Anfragen schriftlich oder
telefonisch stellen oder aber über Telekommunikationswege direkt
auf die Datenbasen zugreifen.

Der Regelfall schließt nicht aus, daß sich Datenbasis-Hersteller
zugleich als Datenbankbetreiber betätigen und entweder nur die
eigenen oder auch fremde Daten anbieten; umgekehrt können Interessenten die meisten Datenbasen käuflich erwerben und im eigenen
Betrieb auf der eigenen Rechenanlage speichern, vielleicht ange-
reichert mit eigenen Daten, die die Konkurrenz nicht sehen soll.

Den Datenbankbetreibern und den Zugriffsmöglichkeiten über
öffentliche Leitungsnetze ist dieser Abschnitt gewidmet.


### 6.3.1 Fachinformationssysteme

Vor einigen hundert Jahren war es noch möglich, daß ein Wissenschaftler die gesamte zugängliche wissenschaftliche Literatur
überblickte. Doch diese Zeiten sind längst vorbei. Mit dem
Anwachsen der Primärliteratur entstand das Bedürfnis nach Zu-

sammenfassungen, Übersichten, Zusammenstellungen von Kurzfassungen und anderen Formen der Sekundärliteratur. Referatezeitschriften, Dokumentationsstellen, Sachkataloge und andere Dokumentationsdienste entstanden. Doch selbst diese Einrichtungen
wurden so unübersichtlich, daß Verzeichnisse von Bibliographien,
Dokumentationsstellen, Referatezeitschriften, Datenbasen oder anderen Hilfsmitteln und Organisationen erforderlich wurden. Darüber hinaus waren die einzelnen Wissensgebiete in unterschiedlichem Maße dokumentiert; in manchen Bereichen gab es mehrere,
sich überschneidende und miteinander konkurrierende Dokumentationsdienste, andere waren nur spärlich abgedeckt.

## Konzept der Fachinformationssysteme

Um die Versorgung mit Fachwissen zu verbessern, entstand das
"Programm der Bundesregierung zur Förderung der Information und
Dokumentation (IuD-Programm) 1974 - 1977". Die Hauptziele waren,
die Leistungsfähigkeit des gewachsenen IuD-Systems durch Reorganisation und Ausbau der bestehenden Einrichtungen zu verbessern und die Verbreitung und Nutzung der Informationsdienstleistungen zu fördern.

Zu diesem Zweck sollten die Dokumentationsstellen nach Fach-
bereichen zu 16 Fachinformationssystemen zusammengefaßt werden.
Ein Fachinformationssystem (FIS) ist also keine Gesellschaft oder
Organisation, sondern die Gesamtheit der Informationseinrich-
tungen in einem Fachgebiet, die sich untereinander die anfallen-
den Aufgaben aufteilen. Innerhalb jedes FIS sollte es als
Zentrale ein Fachinformationszentrum (FIZ) geben, das insbesondere die im FIS entstandenen und die sonstigen, für dieses
Fachgebiet relevanten Datenbasen zur Benutzung bereitstellt.

Neben diesen 16 Fachinformationszentren waren vier "Informations-
einrichtungen mit besonderer Zweckbestimmung (IZ)" geplant, die
auch als FIZ 17 bis 20 gezählt werden. Sie befassen sich
fachübergreifend mit Patenten, technischen Regeln, Umwelt und
Forschungvorhaben.

Die 20 Fachinformationssysteme sind in Tabelle 6-1 aufgelistet.
Für die organisatorische Gliederung war von vornherein keine
gemeinsame Struktur vorgesehen, da die Voraussetzungen durch
bereits existierende Einrichtungen, durch das Interesse der
Wirtschaft und durch die Finanzkraft der Kunden zu unterschiedlich waren. Die Entwicklung verlief unterschiedlich schnell. In
einigen Fällen gibt es inzwischen ein gut organisiertes Fachinformationszentrum: 3 Chemie; 4 Energie, Physik, Mathematik; 16
Technik. Einige andere sind de facto vorhanden, wenn sie auch
nicht diesen Namen tragen: 1 Gesundheitswesen, Medizin, Biologie
und Sport; 11 Recht. Wieder andere sind in verschiedenen Phasen
des Aufbaus; auf eine Aufzählung verzichten wir lieber, da diese
bis zum Erscheinen des Buches überholt sein dürfte.

# 6. Spezielle Systeme

| Nummer | Fachgebiet | FIZ oder Federführung |
|---|---|---|
| FIS 1 | Gesundheitswesen, Medizin, Biologie und Sport | Deutsches Institut für Medizinische Dokumentation und Information (DIMDI), Köln |
| FIS 2 | Ernährung, Land- und Forstwirtschaft | Zentralstelle für Agrardokumentation und -information (ZADI), Bonn |
| FIS 3 | Chemie | IDC Internationale Dokumentationsgesellschaft für Chemie, Frankfurt |
| FIS 4 | Energie, Physik, Mathematik | Fachinformationszentrum Energie, Physik, Mathematik, Eggenstein-Leopoldshafen |
| FIS 5 | Hüttenkunde, Werkstoffe, Metallbe- und -verarbeitung | Bundesanstalt für Materialprüfung (BAM), Berlin |
| FIS 6 | Rohstoffgewinnung und Geowissenschaften | Bundesanstalt für Geowissenschaften und Rohstoffe (BGR), Hannover |
| FIS 7 | Verkehr | Bundesanstalt für Straßenwesen (BAST), Köln |
| FIS 8 | Raumordnung, Bauwesen, Städtebau | Informationsverbundzentrum Raum und Bau der Fraunhofer-Gesellschaft (IRB), Stuttgart |
| FIS 9 | Verbrauchsgüter | GID-IZ, Frankfurt |
| FIS 10 | Wirtschaft | HWWA-Institut für Wirtschaftsforschung, Hamburg |
| FIS 11 | Recht | Bundesminister der Justiz (BMJ), Bonn |
| FIS 12 | Bildung | Leitstelle Dokumentationsring Pädagogik, München |
| FIS 13 | Sozialwissenschaften | Informationszentrum Sozialwissenschaften, Bonn |
| FIS 14 | Geisteswissenschaften | Informationsstelle Universität des Saarlandes, Saarbrücken |
| FIS 15 | Staatenkunde, zwischenstaatliche und internationale Beziehungen | Stiftung Deutsches Übersee-Institut, Hamburg |
| FIS 16 | Elektrotechnik, Feinwerktechnik, Kraftfahrwesen, Maschinenbau | Fachinformationszentrum Technik, Frankfurt |
| IZ 17 | Patente | Deutsches Patentamt, München |
| IZ 18 | Forschungsvorhaben | GID-IZ, Frankfurt |
| IZ 19 | Umwelt | Umweltbundesamt, Berlin |
| IZ 20 | Technische Regeln | Deutsches Informationszentrum für Technische Regeln (DITR) im DIN, Berlin |

Tabelle 6-1. Fachinformationssysteme und Informationssysteme mit besonderer Zweckbestimmung.

Manche Einrichtungen werden mehr oder minder vom Bund und den Ländern getragen, andere von der Industrie und berufsständischen Einrichtungen. Erklärtes Ziel ist es jedoch, daß alle sich finanziell selbst tragen sollen.

## Aufgaben

Zur Informationsvermittlung, die durch die Fachinformationssysteme geleistet werden soll, gehören verschiedene Aufgaben, die die einzelnen Einrichtungen in unterschiedlicher Intensität wahrnehmen. Zur Vermittlung fremder Dienste zählt vor allem der Betrieb von Datenbanken, möglichst zum direkten Zugriff durch den Benutzer, teilweise (eventuell vorübergehend) jedoch nur für den Zugriff durch die Informationsstelle selbst. Die Einholung der gesuchten Informationen von anderen Einrichtungen gehört ebenfalls dazu. Auch dort, wo die Datenbasen dem Benutzer zur Verfügung stehen, führen die Informationszentren die Recherche auf Wunsch für ihn durch.

Der Informationsverarbeitung dienen weiterhin schriftliche Erzeugnisse wie individuelle oder standardisierte, für einen größeren Empfängerkreis gedachte Informationsdienste (SDI, selective dissemination of information) und eigene Zeitschriften.

Die Fachinformationssysteme beteiligen sich an der Erstellung von Datenbasen oder produzierten eigene, wenn Literaturbereiche sonst fachlich oder geographisch nicht ausreichend abgedeckt werden. Einige Beispiele hatten wir im Abschnitt 6.2 kennengelernt.

Eine weitere Aufgabe besteht in der Beschaffung von Literatur, insbesondere von "grauer Literatur". So unterhält das FIZ 4 (Energie, Physik, Mathematik) eine umfangreiche Spezialbibliothek mit über 1,6 Millionen Schriften, und zwar ganz überwiegend nicht im Buchhandel erhältliche Berichte.

Schließlich ist die Schulung zu nennen. Hierzu gehört die Ausbildung der Benutzer ebenso wie die Beratung beim Aufbau betriebsinterner Dokumentationsstellen.

Der Koordinierung untereinander dient der Arbeitskreis der Fachinformationszentren AK-FIZ.

## Literaturversorgung

In der "Arbeitsgemeinschaft IuD-Literaturversorgung (AG-IDL)" haben sich einige zentrale Fachbibliotheken, Sondersammelgebietsbibliotheken und Spezialbibliotheken zusammengeschlossen, denen für die Fachinformationssysteme die Versorgung mit schwer beschaffbarer Literatur zentral obliegt. Hierzu gehören neben einigen anderen die folgenden Einrichtungen:

Technische Informationsbibliothek (TIB) Hannover (Naturwissen-

6.  Spezielle Systeme

schaften und Technik);

Zentralbibliothek der Medizin, Köln (Medizin);

Zentralbibliothek der Wirtschaftswissenschaften, Kiel (Wirtschaftswissenschaften);

Zentralinstitut der Landbauwissenschaften, Bonn (Ernährung, Land-
und Forstwirtschaft);

Niedersächsische Staats- und Universitätsbibliothek, Göttingen
(Rohstoffgewinnung und Geowissenschaften);

Universitäts- und Stadtbibliothek Köln (Betriebswirtschaft und
Sozialwissenschaften);

Bayerische Staatsbibliothek, München (Geisteswissenschaften);

Staatsbibliothek Preußischer Kulturbesitz, Berlin (Rechtswissen-
schaften);

Bibliothek des Umweltbundesamtes, Berlin (Umwelt);

Bibliothek des Deutschen Patentamtes, München (Patentschriften).


## INKA

Inzwischen hat sich gezeigt, daß es nicht erforderlich ist, jedes
Fachinformationszentrum mit einer eigenen Rechenanlage auszu-
rüsten. Eine Zusammenfassung der Daten aus mehreren Bereichen
erspart dem Benutzer außerdem das Umschalten von einem Rechner
auf einen anderen. Das Fachinformationszentrum Energie, Physik,
Mathematik bietet unter dem Namen INKA (Informationssystem Karlsruhe) auch die Datenbasen anderer Bereiche an, nämlich von Anfang
an die des FIZ 16 (Technik) und später die der im Aufbau
befindlichen Fachinformationssysteme 8 (Raumordnung, Bauwesen,
Städtebau) und 5 (Hüttenkunde, Werkstoffe, Metallbe- und verarbeitung). Zusammen mit der umfangreichen Spezialbibliothek
entwickelt sich INKA so zu einem leistungsfähigen Datenbankbetreiber mit breitem Angebot sowohl in Bezug auf die abge-
deckten Fachgebiete als auch im Umfang der Dienstleistungen.


## ODIN

Die Vielfalt der Informationsanbieter erschwert es dem Kunden, zu
allen benötigten Daten Zugang zu erhalten. Er muß mit vielen
Stellen korrespondieren und im Extremfall für jede Datenbank
einen anderen Typ von Datensichtstationen einsetzen. Diesem
unbefriedigenden Zustand soll ODIN abhelfen.

Ursprünglich war ODIN als ein deutsches Verbundnetz geplant; der
Name bedeutete "Online Dokumentations- und Informations-Netz".

Mit dem Aufbau des Datex-Netzes der Deutschen Bundespost wurde dieser Zweck jedoch hinfällig. Die Aufgaben liegen jetzt in der Vereinheitlichung und Koordinierung der Dienstleistungen im Bereich der über Telekommunikationswege angebotenen Literatur- und Fakten-Informationen.

Teilnehmer des Verbundes ODIN können die Anbieter solcher Informationen sein, also insbesondere die Fachinformationssysteme, soweit sie ihre Datenbasen für Direktzugriff zur Verfügung stellen, aber auch Datenbasenhersteller, Bibliotheken, Informationsstellen des Buchhandels und andere Einrichtungen; auf der anderen Seite können auch Abnehmer dieser Leistungen Teilnehmer von ODIN sein. Bisher existiert ODIN nicht als juristische Person, sondern nur als ein vom Bundesministerium für Forschung und Technologie gefördertes Projekt, dessen Organisation bei der GID liegt.

Zu den Aufgaben von ODIN gehört alles, was der Vereinheitlichung der angebotenen Leistungen und damit dem leichteren Zugang für den Benutzer dient. Einige spezifische Aufgaben sind die Standardisierung von Geräten und Schnittstellen, Auskunft und Beratung, Werbung, Ausbildung der Benutzer und Beschaffung und Verleih von Datenendgeräten. Ein Produkt dieser Bemühungen ist der ODIN-Datenbankführer.


## 6.3.2 Euronet/DIANE

Während in den Vereinigten Staaten schon Mitte der sechziger Jahre Telekommunikationsnetze für den Zugriff auf Dokumentationssysteme entstanden, vollzog sich eine vergleichbare Entwicklung in Europa erst sehr viel später. 1971 nahm das spanische Netz Red Especial de Transmision de Datos ("Red" heißt "Netz") mit 2800 Terminals seinen Betrieb auf. Es diente zuerst nur der Datenübertragung zwischen Banken; später wurden verschiedene Datenbasen aus dem wissenschaftlich-technischen Bereich angeschlossen. 1969 entstand auf Initiative der Europäischen Gemeinschaften die Coopération Européenne dans le Domaine de la Recherche Scientifique et Technique (COST), an der sich im Laufe der Zeit 19 europäische Länder beteiligten; ihr Projekt Nummer 11 war das European Information Network (EIN), das Erfahrungen mit der Paketvermittlung sammeln sollte. Unter Einbeziehung der dort gewonnenen Erfahrungen wurde nach jahrelanger Vorarbeit am 31. März 1980 Euronet eröffnet, nachdem der Probebetrieb im November 1979 begonnen hatte.

## 6.  Spezielle Systeme

### Euronet

Euronet ist ein Telekommunikationsnetz, das bei seiner Inbetriebnahme Netzknoten in den damals 9 Ländern der Europäischen Gemeinschaften hatte und von den Post- und Telegraphenverwaltungen (PTT) der beteiligten Staaten betrieben wird. Die Entwicklung wurde organisatorisch und finanziell von der Kommission der EG getragen. Eine der Hauptschwierigkeiten lag in den unterschiedlichen Zuständigkeiten und technischen Einrichtungen zur Datenübertragung in den angeschlossenen Ländern. Das Netz ist nicht grundsätzlich auf die EG beschränkt. Bereits im November 1980 wurde es um eine Paketvermittlungsstelle in Zürich ergänzt. Spanien, Schweden und Österreich sind die nächsten Interessenten, auf längere Sicht aber auch Portugal und Griechenland sowie andere Länder, die der Conférence Européenne des Postes et Télécommunications (CEPT) angehören und Länder der Lomé-Konvention (AKP-Länder aus Afrika, Karibik und Pazifik).

Der Netzausbau Mitte 1981 ist in Abbildung 6-3 wiedergegeben.

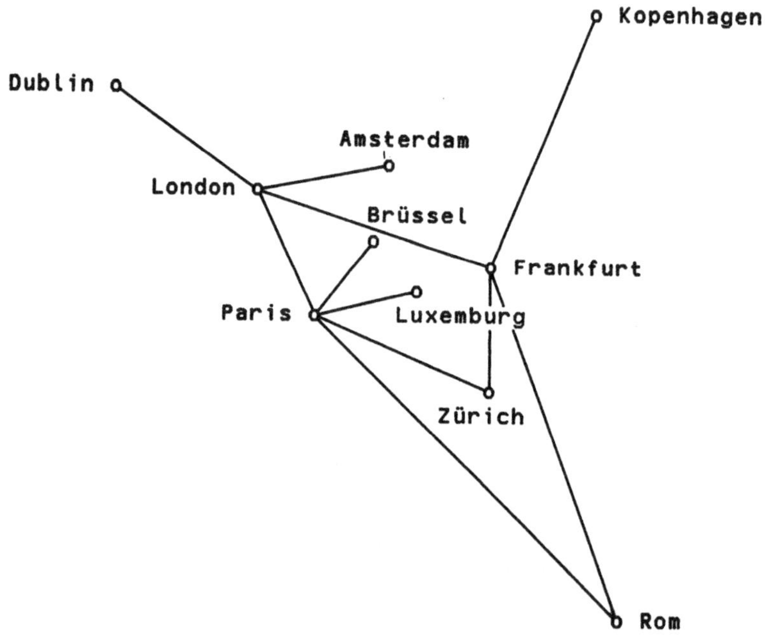


Abbildung 6-3.  Euronet.

Euronet ist wie fast alle größeren Netze ein Paketvermittlungsnetz. Dies bedeutet, daß alle Nachrichten, die durch das Netz fließen, in kleine Pakete zerlegt werden, die unabhängig voneinander transportiert werden. Es besteht also, anders als in Durchschaltnetzen wie dem Telefonnetz, keine feste physikalische Verbindung zwischen Sender und Empfänger. Jedes Paket kann auf einer anderen Leitung eines Leitungsbündels oder sogar auf einem anderen Leitungsweg befördert werden. Das hat eine wesentlich bessere Ausnutzung der Kapazitäten zur Folge, kann aber auch dazu führen, daß die Pakete nicht in der Reihenfolge der Absendung beim Empfänger ankommen. Sie müssen daher außer Informationen über Quelle und Ziel auch solche über die Reihenfolge mitführen. Ordnungsgemäß empfangene Sendungen werden vom Empfänger quittiert. Erst nach Erhalt der Quittung darf der Sender die Nachricht "vergessen". Nachrichten, die vom Sender nicht quittiert werden, müssen erneut übersandt werden.

Damit dieses Verfahren funktioniert, müssen die beteiligten Paketvermittlungsstellen nach genau vereinbarten Regeln arbeiten. Ein solcher Satz von Regeln heißt ein Protokoll.


## Fernmelde-Protokolle

Die nationalen Post- und Fernmeldeverwaltungen benötigen für den reibungslosen Verkehr zahlreiche Vereinbarungen, die vom Comité Consultativ International de Télégraphique et Téléphonique (CCITT) als Empfehlungen herausgegeben werden. Hierzu gehört unter anderem das internationale Fernschreibalphabet CCITT Nr. 5. Die Protokolle für öffentliche Datennetze gehören der Reihe X der Empfehlungen an. Einige davon sind die folgenden:

X.25 definiert den Dialog zwischen einer Paketvermittlungsstelle und einem daran angeschlossenen Rechner (Wirtsrechner, Gastrechner) oder synchronen, intelligenten Terminal.

X.28 gilt für den Anschluß asynchroner Datenstationen, die oft als "teletype-kompatibel" bezeichnet werden. Sie arbeiten im Start/Stop-Betrieb.

X.75 regelt die Zusammenarbeit von zwei öffentlichen Paketschaltnetzen.


## Anschluß an Euronet

An Euronet sind einerseits die Datenbankbetreiber (englisch: hosts) angeschlossen, andererseits die Abnehmer. Diese haben zwei Möglichkeiten. Sie können mit teletype-kompatiblen Terminals einen Knoten anwählen; die Gebühren dafür sind entfernungsunabhängig. Sie können aber auch eine Mietleitung zum Knoten einrichten, die für teletype-kompatible Terminals (im Zeilen-Modus mit einer Übertragunsgeschwindigkeit von maximal 1.200 bit/s) und für synchrone Terminals (im Seiten-Modus bis zu 9.600 bit/s) geeignet ist.

# 6. Spezielle Systeme

Zur Zeit benötigt der Benutzer ein Paßwort für den Zugang zu Euronet, das durch die nationale PTT vergeben wird, und ein weiteres Paßwort für jeden Wirtsrechner, den er benutzen möchte.

Die Euronet-Tarife sind grundsätzlich entfernungsunabhängig, um allen Benutzern die gleichen Zugangs-Chancen zu gewähren. Sie liegen unterhalb der normalen internationalen Gebühren für Datenübertragung, sind aber im allgemeinen höher als die nationalen Tarife. Daher sollte man beim Anschluß an Datenbankbetreiber im eigenen Land prüfen, ob die Benutzung normaler Postleitungen (insbesondere des Datex-Netzes) nicht billiger ist.

Wenn im Laufe der Jahre national wie international ein öffentliches Paketschaltnetz für die Datenübertragung entsteht, dann wird damit das Sondernetz Euronet überflüssig.


## DIANE

Die Organisationen, die die an Euronet angeschlossenen Wirtsrechner betreiben, stehen in Konkurrenz zueinander; sie haben aber das gemeinsame Interesse, den Zugang zu ihren Datenbasen für die Benutzer zu erleichtern und die Benutzung insgesamt zu fördern. Sie haben sich daher gemeinsam mit den Telegraphenverwaltungen und mit der Kommission der Europäischen Gemeinschaften zu DIANE, dem Direct Information Access Network for Europe, zusammengeschlossen.

Ein Erfolg der Bemühungen zur Vereinheitlichung ist die gemeinsame Abfragesprache (Common Command Language), die mit Unterstützung der Kommission der EG entwickelt und inzwischen bei mehreren Wirtsrechnern eingeführt wurde. Ein weiterer Vorschlag betrifft die Gliederung der Benutzerhandbücher; der Leser soll, um sich leichter zurecht zu finden, die entsprechenden Angaben immer im gleichen Abschnitt finden. Angestrebt wird auch eine Vereinheitlichung der Prozedur beim Dialogbeginn bis hin zu gemeinsamen Paßworten und einer gemeinsamen Gebührenabrechnung.

Andere Maßnahmen zur Förderung der Benutzung umfassen die Errichtung von Datenbasen über Datenbasen, die Entwicklung mehrsprachiger Hilfsmittel (Terminologie-Datenbasis), den gebührenfreien Auskunftsdienst (über Euronet anwählbar) und die direkte Hilfe für die Benutzer in allen Problemfällen durch das Euronet-DIANE-Launch-Team in Luxemburg.

Eine wesentliche Aufgabe der Kommission der EG besteht darin, die nationalen Vorschriften im Fernmeldewesen wie auch im Informationsrecht zu harmonisieren.

Die Anzahl der Wirtsrechner nahm anfangs stetig zu; zu Beginn des Jahres 1981 waren etwa 25 Anbieter angeschlossen. Es ist jedoch möglich, daß ihre Zahl infolge der gegenseitigen Konkurrenz, die durch DIANE keinesfalls ausgeschlossen werden soll, wieder abnimmt, wenn die anfängliche Förderung durch staatliche Mittel

zurückgeht. Dagegen dürfte die Zahl der Datenbasen (mehr als 200)
stetig steigen; manche werden auf mehreren Wirtsrechnern angeboten.


## Andere Vereinigungen

Zwei andere Vereinigungen neben DIANE auf dem europäischen
Informationsmarkt seien hier wenigstens kurz genannt. Die Euro-
pean Association of Scientific Information Dissemination Centres
(EUSIDIC) veranstaltet Tagungen, macht Erhebungen von gemeinsamem
Interesse für die Mitglieder, veröffentlicht Datenbasis-Führer
(Tomberg 1978) und gibt eine Zeitschrift heraus, "NEWSIDIC". Die
European Information Providers Association (EURIPA) vertritt
dagegen die Interessen der Hersteller von Datenbasen.


## 6.3.3 Andere Netze und Datenbank-Anbieter

Aus der Vielzahl existierender Netze zur Datenübertragung sollen
hier nur einige typische oder besonders wichtige aufgeführt
werden.

Verschiedene Datenbankbetreiber verfügten schon vor der Einführung von Euronet über ein eigenes Netz. Hierzu gehören DIMDI
mit dem DIMDINET und ESA-IRS (European Space Agency Information
Retrieval System) in Frascati, Italien mit ESANET.

Die skandinavischen Staaten unterhielten ein dem Euronet ver-
gleichbares Paketvermittlungsnetz, nämlich Scannet. Das französische Netz Transpac ist seit dem Frühjahr 1979 einsatzfähig und
erhält eine Verbindung zu Euronet.

Am bekanntesten sind sicher die großen Netze, die ihren Ursprung
in den Vereinigten Staaten haben. Sie sind nicht auf den Anschluß
von Dokumentationssystemen spezialisiert, sondern bieten in
erster Linie Rechenkapazitäten auf diversen eigenen Rechneren an
und mehr nebenher auch Datenübermittlung für Kunden mit eigenen
Rechnern. Ein Pionier auf diesem Gebiet war ARPA (Advanced
Research Projects Agency), dessen Teilnehmer hauptsächlich aus
dem Forschungsbereich kommen. Als Verbindung zu Wirtsrechnern mit
Dokumentationssystemen dienen vor allem die kommerziellen Systeme
Tymnet und Telenet. Diese Netze haben Paketvermittlungsstellen
nicht nur in allen Staaten der USA, sondern auch in zahlreichen
anderen Ländern auf der ganzen Welt. Von der Bundesrepublik
Deutschland aus sind sie seit Juli 1977 über eine "Überleit-
stelle" der Deutschen Bundespost in Frankfurt in erreichen.

Tymnet wurde von Tymshare Inc. 1971 in Betrieb genommen; seit
1976 wird es durch die 100%ige Tochter Tymnet Inc. betrieben.
Einige Zahlen aus dem Juni 1978 mögen den Umfang kennzeichnen.
Damals bestand es aus 375 Knotenrechnern und etwa 225 Wirts-

## 6.  Spezielle Systeme

rechnern,  und zwar 60 Modelle von 20 Rechner-Herstellern. Tymnet
hatte  in den USA ca. 190.000 km Telefonleitungen gemietet. Durch
Verträge  mit  ausländischen  Fernmeldeverwaltungen war es aus 22
Ländern  zugänglich.  Pro  Monat  kamen 1,3 Millionen Verbindungen
mit  480.000  Verbindungsstunden  und  13 Milliarden übertragenen
Zeichen  zustande.  Für  1980  werden  bereits  400  Wirtsrechner
und  monatlich 844.000 Verbindungsstunden mit 27 Milliarden übertragenen  Zeichen  genannt.  Die  (privaten) Telefongesellschaften
haben  Schwierigkeiten,  die  beantragten Standleitungen zur Verfügung zu stellen.


### Lockheed, SDC und BRS

Von den drei großen Datenbankbetreibern der USA ist Bibliographic
Retrieval  Service  (BRS)  der  jüngste;  er  nahm  erst 1977 den
Betrieb auf. 1980 wurde BRS von Thyssen Bornemisza aufgekauft und
ist  seither  in  europäischem  Besitz.  (Thyssen Bornemisza darf
nicht mit der Thyssen AG verwechselt werden; zwischen beiden gibt
es  keine  wirtschaftlichen  Verflechtungen).  Dagegen bieten Lockheed  und  Systems  Development  Corporation  (SDC),  jetzt  eine
Tochter  von  Burroughs,  dem zweitgrößten Rechner-Hersteller, schon
seit  der  Mitte  der  sechziger  Jahre ihre Datenbasen über Telekommunikationsnetze  an,  nachdem  sie vorher bereits hausinterne
Dokumentationssysteme  im  Dialogbetrieb eingerichtet hatten (SDC
seit 1960).

Die  verwendeten  Retrieval-Systeme heißen DIALOG bei Lockheed und
ORBIT  (Online  Retrieval  of  Bibliographic Information Timeshared)
bei  SDC;  BRS  verwendet  eine  Variante  von  STAIRS. ORBIT ist
verwandt  mit  ELHILL, das unter anderem von der National Library
of  Medicine (Hersteller von MEDLARS) und von BLAISE, dem British
Libary  Automated  Information  Service, benutzt wird. Der größte
von  den  dreien  ist  Lockheed  mit  (1980) über 100 Datenbasen,
mehr  als  7.000  Kunden  in 40 Ländern und über 140 Plattenlauf-
werken,  um  die  Daten unterzubringen. SDC bringt es auf etwa 50
Datenbasen,  BRS  auf  über  30  und  ist  damit vergleichbar mit
manchen  europäischen  Anbietern;  jedoch unterhält BRS zusätzlich
eine große Zahl privater Datenbasen.


### VINITI

Über  das  wohl  mit  Abstand  größte,  jedoch  noch  überwiegend
konventionell arbeitende Dokumentationssystem der Welt ist kurio-
serweise  kaum  etwas bekannt, jedenfalls in der westlichen Hemi-
sphäre. Gemeint ist das All-Unions-Institut für Wissenschaftliche
und  Technische  Information  (VINITI)  der  Akademie der Wissenschaften  der  UdSSR  in  Moskau  (Chernyi  1977).  Es wurde 1952
gegründet,  die  Vorläufer  stammen  jedoch bereits aus dem Jahre
1921.  1977 beschäftigte VINITI 2500 feste Mitarbeiter im wissenschaftlichen Bereich, 1900 im Verlags- und Druckereiwesen, 325 in
der  Entwicklung und auf Teilzeitbasis 23.000 externe Mitarbeiter
zur Erstellung von Kurzfassungen.

Das bekannteste Produkt ist das Referativnyi Zurnal, das in 26 Bänden erscheint, jährlich 1,1 Millionen Referate erstellt und 1977 250.000 Subskribenten in zahlreichen Ländern der Welt hatte. Die Referate erscheinen im Durchschnitt bereits 4 Monate nach Veröffentlichung der Originalarbeit. Daneben bestehen zahlreiche andere Dienste wie SDI (selective dissemination of information) und ein sehr schneller current awareness-Dienst mit 14-tägigem Erscheinen. Dieser strebt an, sehr schnell die bibliographischen Angaben sämtlicher Veröffentlichungen der ganzen Welt in den bearbeiteten Fachgebieten anzuzeigen; die 104 Serien, die 1977 existierten, deckten allerdings erst reichlich die Hälfte dieser Gebiete (gemessen nach der Zahl der Publikationen) ab. Die "Fortschrittsberichte in Wissenschaft und Technologie" geben Übersichten über wesentliche neue Entwicklungen in einzelnen Bereichen; pro Jahr erscheinen etwa 80 Berichte, die in den USA auch ins Englische übersetzt werden.

72 Serien von "Expreß-Informationen" enthalten ausführliche Kurzfassungen wichtiger ausländischer Veröffentlichungen.

Alle Arbeiten, die in einem der Organe angezeigt werden, werden auf Anforderung in Kopie versandt; 1976 wurden 14,5 Millionen Seiten kopiert.

Um diese Aufgaben bewältigen zu können, werden Datenverarbeitungsanlagen eingesetzt. 1977 waren es vier Rechner der zweiten Generation (zwei Minsk-22 und zwei Minsk-32) sowie eine Digiset 50T1-Lichtsatzanlage, die mittels des Informationsverarbeitungssystems ASSISTENT an der Erstellung von etwa 15% der Zeitschriften (Current awareness bulletins und Referativnyi Zurnal) beteiligt waren. Für die verbesserte Version ASSISTENT-2 sollen Rechner der dritten Generation (ES-1022 und ES-1050 mit 512K beziehungsweise 1024K Hauptspeicher) eingesetzt werden. 20 Datenbasen mit knapp einer halben Million Dokumentationseinheiten jährlich waren auf Magnetband erhältlich; durch Hinzunahme weiterer Fachgebiete sollte der Umfang 1978 bereits auf etwa 600.000 DEs anwachsen.

VINITI bezieht unter anderem 25.000 Zeitschriften sowie andere Veröffentlichungen in 66 Sprachen aus 130 Ländern. Autoren können bei VINITI Aufsätze hinterlegen, die in keiner Zeitschrift erscheinen; auch diese werden referiert und in Kopie versandt (1977 etwa 7000 Aufsätze).

Neben VINITI gibt es ähnliche Dokumentationszentren für andere Fachgebiete, unter anderem das All-Unions-Institut für medizinische und medizinisch-technische Information VNIIMI und das Zentralinstitut für Patentinformation und technisch-ökonomische Forschung CNIIPI, ferner auf tieferen Ebenen Institute der einzelnen Republiken bis hinab zu den Informationsstellen der Betriebe.

# 6. Spezielle Systeme

## Informations-Makler

In den USA hat sich in den letzten Jahren ein neuer Geschäfts-
zweig entwickelt, der nun auch in Europa zu wachsen beginnt: die
Informations-Makler (englisch: information broker). Es handelt
sich um kleine Firmen (meist 1 bis 10 Mitarbeiter), die für ihre
Klienten gezielt Informationen wirtschaftlicher oder wissen-
schaftlich-technischer Art beschaffen. Meist geht das über den
reinen Nachweis existierender Literatur hinaus und umfaßt Kopien
der Originalbeiträge, bewertende Stellungnahmen oder Zusammenstellungen spezifischer Daten. Sie bedienen sich dabei der
Dokumentationssysteme ebenso wie der Bibliotheken.

## 6.4 Kosten

Die Kosten für die Benutzung von Dokumentationssystemen variieren
sehr stark von Anbieter zu Anbieter und auch im Laufe der Zeit;
alle Zahlenangaben können also nur einen groben Anhaltspunkt
liefern und von heute auf morgen überholt sein.

Einige große Firmen kaufen komplette Datenbasen für die Installation und Verwendung im eigenen Hause; die meisten Benutzer
bedienen sich jedoch der öffentlich zugänglichen Datenbasen der
Informationvermittler. Für diese setzen sich die Kosten einer
Suche aus den folgenden Anteilen zusammen:

- Telekommunikationskosten,
- Benutzung der Rechenanlage des Datenbankanbieters,
- Lizenzen für die Benutzung der Datenbasis,
- Druckkosten.

Hinzu kommen natürlich die Kosten für die Arbeitszeit sowie die
Datenstation und das Modem.

## Telekommunikationskosten

Der Zugriff auf ein Dokumentationssystem erfolgt über ein öffentliches Leitungsnetz (Telefon, Telex, Datex). Wer Glück hat,
findet die gewünschte Datenbasis bei einem Wirtsrechner im
Nahverkehrsbereich und kann für eine Gebühreneinheit acht Minuten
über Telefonleitungen recherchieren, dies sind knapp 2 DM pro
Stunde. Bei Entfernungen über 100 km bezahlt man dagegen DM 69 je
Stunde, so daß die Verbindungskosten erheblich ins Gewicht
fallen.

Für den Anschluß an Euronet gelten besondere Tarife. Sie setzen
sich aus einer Zeit- und einer Volumengebühr zusammen.

Bei Benutzung einer Mietleitung zum Euronet-Knoten Frankfurt

fallen zunächst einmal die Mietkosten an; diese setzen sich
zusammen aus einer entfernungsunabhängigen Grundgebühr von monatlich DM 380 für 2400 bit/s, DM 550 für 4800 bit/s beziehungsweise
DM 750 für 9600 bit/s und einer Verkehrsgebühr, die sich nach
Entfernung und Übertragungsgeschwindigkeit richtet; bei 200 km
Luftlinie und 9600 bit/s ergibt sich der stattliche Betrag
von monatlich DM 3750.

Für die Benutzung des Netzes kommen hinzu je nach Übertragungsgeschwindigkeit
bis zu 1200 bit/s      0,08 DM/min,
bis zu 9600 bit/s      0,10 DM/min.
Das sind DM 4,80 bzw. 6,00 je Stunde.

Für den Anschluß über Wählleitung beträgt die Zeitgebühr einschließlich des Zugangs zum Netz entfernungsunabhängig 0,50 DM je
Minute, also 30 DM je Stunde. Somit ist der Zugang zu einer
deutschen Datenbasis über Euronet billiger als im Telefon-
Fernbereich; allerdings kann Euronet über Wählleitungen nur
asynchrone Terminals bedienen (im Zeilen-Modus statt im Seiten-
Modus). Sofern das ausreicht,sind Mietleitungen nur bei sehr
kurzen Entfernungen oder extrem langen Verbindungszeiten billiger
als Wählverbindungen (bei 200 km Entfernung beispielsweise ab
etwa 200 Stunden im Monat).

Für die Volumengebühr werden die übertragenen Daten in Segmente
(Pakete) zu 64 Zeichen eingeteilt; die Gebühr für 100 Segmente
beträgt DM 0,45. Pro Suche bedeutet das ungefähr ein bis zwei DM.

An Wochenenden und während der Nacht wird ein Nachlaß von 20 %
auf die Zeitgebühr und von 33 1/3 % auf die Volumengebühr gewährt.


Rechenzeit-Kosten
_________________

Der Datenbankbetreiber erhebt grundsätzlich zwei Arten von Gebühren: die für die Benutzung seiner Rechenanlage und die
Lizenzgebühr für den Hersteller der Datenbasis. In der Abrechnung
werden beide häufig nicht getrennt; die unterschiedlichen Lizenzen äußern sich indirekt in unterschiedlichen Stundensätzen.
Letztere können aber auch durch die Konkurrenzsituation, durch
die Dateigröße oder andere Faktoren beeinflußt sein.

Einige Beispiele mögen die Größenordnung der aufzuwendenden
Beträge verdeutlichen. Die Stundenpreise der US-Anbieter Lockheed, SDC und BRS schwanken je nach Datenbasis meistens zwischen
25 und 100 US $ je Stunde; manche Dateien sind aber auch erheb-
lich teurer, Lern-Dateien billiger. Bei den häufig benutzten, wichtigen Datenbasen kann man meistens mit 35 bis 60 $
rechnen.

INKA erhebt fast durchweg einen Einheitspreis von DM 107 je
Stunde. Hierin sind die Lizenzgebühren enthalten. Erheblich

teurer ist die Patent-Familien-Abfrage INPADOC-IFS. Hier werden
pro Familien-Abfrage je angefangene 2000 Zeichen DM 150 in
Rechnung gestellt.

DIMDI trennt die beiden Anteile. Die Grundgebühr beträgt 39 DM/h;
die Lizenzen schwanken zwischen 0 (beispielsweise für MEDLARS, wo
sich DIMDI an· der Erstellung der Datenbasis beteiligt) und
etwa 100 DM je Stunde (SCISEARCH).

In aller Regel gewähren die Datenbankbetreiber Mengenrabatte,
insbesondere bei vorheriger Festlegung auf bestimmte Anschluß-
zeiten. Meist bewegen sie sich im Bereich bis zu 30 %; sie können
aber in Extremfällen erheblich höher liegen. Bei LEXIS kostet die
erste Stunde im Monat 90 $, die 501. Stunde nur noch 21 $. Als
Besonderheit kommt hier noch eine Gebühr von 0,45 $ für je 25.000
Vorkommnisse eines Suchwortes hinzu.

Bei manchen Datenbasen werden die Gebühren von weiteren Faktoren
stark beeinflußt. Bei SCISEARCH sinkt die Lizenz auf rund 22 DM
(bei DIMDI), wenn der Benutzer die gedruckte Version abonniert
hat. CAS Online berechnet neben einer relativ bescheidenen Gebühr
von 25 $ pro Stunde Anschaltzeit 14 $ für eine (Test-) Suche in
einer Teildatenbank und 77 $ in der kompletten Datenbank.

Manchmal sind die älteren Jahrgänge einer Datenbasis nicht im
Direktzugriff verfügbar; Suchanfragen werden über Nacht im Stapelbetrieb abgearbeitet. Hier müssen die Gebühren anders berechnet werden. DIMDI erhebt je durchsuchten Monat einer Datenbasis
0,50 DM. Die Technik der "backfiles" wird ausgiebig von BRS
geübt; für die laufenden Jahrgänge ist BRS dafür meist billiger
als Lockheed oder SDC.

Wenn die gewünschte Datenbasis über mehrere Wirtsrechner verfügbar ist, kann sich aufgrund der unterschiedlichen Preispolitik
ein Kostenvergleich durchaus lohnen. Übersichten über die Nut-
zungsgebühren für fast 250 Datenbasen bei mehreren Datenbankbetreibern erscheinen von Zeit zu Zeit in Online Review (Databases 1981).


Druckkosten
─────────────

Wenn man bei einer Suche nur sehr wenige Ergebnisse erhält, kann
man sich diese auf einem an die Datenstation angeschlossenen
kleinen Drucker ausgeben lassen (sofern man nicht ohnehin nur
ein Fernschreibgerät angeschlossen hat). Bei größeren Mengen ist
das sehr zeitaufwendig und damit langwierig und teuer. Man läßt
sich in der Regel die Ergebnisse dann über Schnelldrucker
beim Wirtsrechner ausgeben und mit der Post zuschicken. Hierfür
werden meistens Gebühren je ausgedrucktem Nachweis erhoben. Auch
diese können Lizenzgebühren enthalten. Manchmal kommen Porto-
Pauschalen hinzu.

In den USA liegen die Gebühren meist zwischen 0,10 und 0,20 $ je

Nachweis, gelegentlich darunter, bei Datenbasen mit ausführlichen Texten auch erheblich darüber. INKA erhebt DM 0,15, DIMDI DM 0,10 und zusätzlich eine Lizenzgebühr zwischen 0 und 0,15 DM je Nachweis.


## Gesamtkosten je Suche

Die für eine Suche benötigte Anschlußzeit kann sehr verschieden sein. Manchmal genügen ein oder zwei Minuten, manchmal benötigt man mehr als eine Stunde. Zahlreiche statistische Erhebungen führen jedoch immer wieder auf mittlere Zeiten knapp unter 20 Minuten je Suche.

In einem solchen Fall betragen die Telekommunikationskosten über Wählleitung und Euronet rund 15 DM, die Gebühren für die Datenbank-Benutzung meist 20 bis 35 DM und die Druckkosten bei 200 Nachweisen etwa 3o DM. Als groben Anhaltspunkt kann man daher DM 70 je Suche betrachten, allerdings ohne die Arbeitszeit. Diese beschränkt sich natürlich nicht auf die 20 Minuten des Anschlusses an die Datenbank, sondern beträgt einschließlich der Vorarbeiten (Analyse des Problems, Auswahl der Datenbasis, Suche im zugehörigen gedruckten Thesaurus und anderes) im Durchschnitt rund eine Stunde.

Man kann die komplette Suche dem Datenbankbetreiber übertragen. Dann muß dieser natürlich auch die Arbeitszeit in Rechnung stellen. Daher ergeben sich Preise um 150 DM: bei INKA eine Pauschale von 150 DM, bei DIMDI DM 118 für eine Suche (ohne ältere Jahrgänge im Stapelbetrieb) zuzüglich der Lizenzgebühren und der Druckkosten.


## Kosten-Nutzen-Betrachtungen

Wenn man sich überlegt, ob sich diese Kosten lohnen, muß man die Arbeitszeit mit in die Rechnung einbeziehen. Eine Suche in mehreren Jahrgängen einer Referatezeitschrift erstreckt sich leicht über mehrere Stunden und ist infolge der eingeschränkten Möglichkeiten in der Regel sehr unvollständig. Das Problem ist, daß diese Arbeitszeitkosten nicht explizit zu Buche schlagen; daher bereitet es oft Schwierigkeiten, in einem Betrieb oder in einer Behörde die Gelder für die Benutzung von Dokumentationssystemen bewilligt zu bekommen.

Es gibt zahlreiche Einzeluntersuchungen zum Verhältnis von Kosten und Nutzen der Literatursuche über Dokumentationssysteme; diese können jedoch kaum verallgemeinert werden. Hinweise findet der Leser in den einschlägigen Kapiteln der Annual Reviews of Information Science and Technology.

Bei Überlegungen über die zukünftige Entwicklung der Kosten ist zu berücksichtigen, daß die Rechnerkosten sicher weiter fallen werden. Bei den Lizenzgebühren sieht das anders aus. Die Er-

# 6. Spezielle Systeme

stellung der meist vorhandenen Kurzfassungen erfordert hoch
qualifiziertes Personal. Der zunehmende Umfang der Nutzung kann
zu einer Verbilligung führen. Bisher werden die Kosten für die
Erstellung der Datenbasis aber meist durch die gedruckten Dienste
gedeckt, deren Auflage stark zurückgehen könnte. Das müßte zu
einer Erhöhung der Lizenzgebühren führen.

Der Aufbau einer Datenbasis ist nicht billig. Bei MEDLARS werden
für 1966 375.000 $ genannt, für 1977 schon 2 Millionen. Dabei ist
zu berücksichtigen, daß ein beträchtlicher Anteil der Daten aus
weltweiter Zusammenarbeit stammt und mit Nutzungsrechten abgegol-
ten wird. Obwohl hiermit nicht vergleichbar sei erwähnt, daß der
Jahresumsatz von OCLC mit 28 Millionen US$ angegeben wird (1979).

# 7. Linguistische Verfahren und Sprachstatistik

Da in Dokumentationssystemen Texte gespeichert werden, verwundert
es nicht, daß wir an mehreren Stellen auf das Erfordernis
gestoßen sind, verschiedene sprachliche Formen ineinander zu
überführen. Dies ergibt sich letztlich daraus, daß die Dokumentationseinheiten wie auch die Abfragen aus Sprachkonstrukten bestehen, zwischen denen nach Übereinstimmung gesucht werden muß.
Als mögliche Strategien hatten wir die Reduktion von Wortformen
auf die Grundform oder den Wortstamm und die Generierung aller
zulässigen Formen eines Wortes kennen gelernt. Ein "Verstehen"
des Textes ist damit nicht verbunden. Analysen auf semantischer
Ebene (Untersuchung der Bedeutung von Phrasen, Sätzen oder ganzen
Texten) sind bei Frage-Antwort-Systemen erforderlich, die wir
hier nicht betrachtet haben; sie erfordern unter anderem auch
eine Analyse der Satzstruktur vorgelegter Texte.

In diesem Kapitel sollen zunächst einige Hinweise zu linguistischen Verfahren der Wortformen-Reduktion und -Generierung sowie
der Komposita-Zerlegung gegeben werden. Wir verzichten auf Einzelheiten; der Leser soll einen Eindruck von der grundsätzlichen
Wirkungsweise erhalten.

Für den Entwurf von Dokumentationssystemen wie auch für das
Verstehen mancher Komponenten sind weiterhin einige statistische
Ergebnisse aus der Untersuchung großer Textmengen von Bedeutung.
Wie schnell wächst das Vokabular einer Datenbasis? Wieviele der
möglichen Flexionsformen der Wörter kommen tatsächlich vor?
Welchen Anteil stellen die stärker sinntragenden Substantive und
Adjektive verglichen mit den Verben? Gibt es Erklärungsversuche
für die statistischen Ergebnisse? Solchen Fragen sind die Ab-
schnitte 7.2 und 7.3 gewidmet.


## 7.1 Linguistische Verfahren

Die folgenden Ausführungen sollen nur das Prinzip der Reduktionsalgorithmen zeigen; manche Details und Sonderregeln werden ignoriert. Für exaktere Darstellungen siehe (Schott 1972), (Klopprogge und Tschampel 1976), (Brecht 1978) und (Kuhlen 1974).

Manche Retrieval-Systeme speichern die Wörter in der Form,
in der sie in der Eingabe erscheinen; der Benutzer muß mit allen

# 7. Linguistische Verfahren und Sprachstatistik

grammatisch möglichen Wortformen suchen, wenn er keine Dokumente, die das Suchwort enthalten, übersehen will. Eine Hilfe für ihn ist es, wenn das System zur eingegebenen Grundform alle nach den Regeln der Grammatik möglichen Flexionsformen generiert, um die Suchfrage entsprechend zu erweitern.

Als Alternative bieten andere Systeme die automatische Reduktion der Eingabewörter auf die Grundform oder auf den Wortstamm an. Dasselbe Problem tritt auf, wenn die Suchfrage in natürlicher Sprache formuliert wird.

Das erste Problem (Generierung der Flexionsformen) ist meist einfacher zu lösen als das zweite (Bestimmung der Grundform). In jedem Falle benötigt man Ausnahmelisten für die total unregelmäßigen Ableitungen wie Bau - Bauten, gut - besser, gleiten - glitt (während "begleiten" regelmäßig ist).


## 7.1.1 Algorithmen für die englische Sprache

---

### Bestimmung der Grundform englischer Wörter

---

Wir wollen zunächst die Grundzüge von Verfahren zur Behandlung der englischen Sprache betrachten, da die Verhältnisse hier einfacher liegen als im Deutschen.

Die englische Sprache kennt nur wenige Flexionsendungen. Wenn man der Einfachheit halber von den Steigerungsformen der Adjektive absieht, verbleiben -s, -es, -ed, -ly, -ing und -ings bei substantivisch benutzten Partizipien. Man kann allerdings nicht einfach diese Endungen weglassen, da die Grundform stattdessen ein auslautendes -e haben kann und wegen des Wechsels zwischen y und ie oder i. Letzterer folgt festen Regeln, die programmiert werden können (ebenso die Verdoppelung des auslautenden Konsonanten vor manchen Endungen: program - programming). Mit dem auslautenden -e wird man fertig, indem man dieses im Text wie bei dem Suchwort ebenfalls abstreift; es kommt ja nicht darauf an, die korrekte Grundform zu bestimmen, sondern die richtigen Zuordnungen zwischen Text- und Fragewort zu finden. Man nimmt dabei in Kauf, daß vereinzelt neue Homographen entstehen: care (Sorge) - car (Auto).

Nun enthält dieses Verfahren aber noch eine Fehlerquelle: Die "Endung" kann zum Stamm gehören wie bei lens (Linse), wed (heiraten), belly (Bauch), string (Schnur). Man muß also entweder das Verfahren iterativ anwenden (lenses lens - len) oder eine Ausnahmeliste aufstellen. Letztere ist sehr klein (zu bilden aus einem rückläufigen Wörterbuch der englischen Sprache, das ist ein Wörterbuch, in dem die Wörter von hinten nach vorn alphabetisch sortiert sind), solange man nicht die Steigerungsformen der Adjektive mit germanischem Stamm dazu nimmt; denn es gibt

sehr viele Wörter, deren Stamm auf -er endet (etwa 8.000).
Hierfür ist es einfacher, die knapp 400 germanisch steigernden
Adjektive in einer Positivliste zusammenzuführen.


**Bestimmung des Wortstammes englischer Wörter**

Während die englische Sprache sehr arm an Flexionsendungen ist,
ist sie sehr reich an wortbildenden Endungen: compute - computer
computation - computable - computerization. Insgesamt gibt es
mehrere hundert solcher Endungen, an die gegebenenfalls noch
Flexionsendungen angehängt werden können. Bei der Reduktion ist
die längstmögliche Zeichenfolge abzutrennen, bei "computation"
also -ation und nicht -tion. Wie oben ist ein auslautendes -e zu
eliminieren (compute wird zu comput), ferner ein -t nach Konso-
nant wegen der Endung -tion (insertion wird zu inser und würde
sonst nicht mit insert zusammengeführt). Außerdem sind gelegentliche Konsonantenveränderungen zu beachten: extend (ausdehnen) -
extent (Ausdehnung), absorb - absorption.

Auch hierbei sind Ausnahmelisten erforderlich, sonst würde
creation zu cre reduziert.

Ein verhältnismäßig einfacher, aber doch recht genauer Algorithmus, der wesentlich die Silbenzahl mit berücksichtigt, wird in
(Porter 1980) beschrieben.


**7.1.2 Algorithmen für die deutsche Sprache**


**Wörterbuchverfahren**

Die für das Englische vorgestellten Verfahren erzeugen einige
Mehrdeutigkeiten (bei Wörtern, deren Grundform mit einer der
möglichen Flexionsendungen aufhört); ähnlich ist es bei den
Algorithmen für das Deutsche, die weiter unten erläutert werden.
Diese Schwierigkeiten kann man beheben, indem man ein Wörterbuch
mit allen grammatisch möglichen Formen aller Wörter anlegt.
Dieses wird offensichtlich sehr umfangreich; dafür arbeitet das
Verfahren der Zuordnung der Grundform sehr schnell.

Jede Verringerung der Wörterbuchgröße wird mit umständlicheren
Algorithmen oder mit der Möglichkeit fehlerhafter Zuordnungen
erkauft. Man kann im Wörterbuch auf die Flexionsformen verzichten, wenn man zu jeder Grundform die Klasse der möglichen
Flexionsendungen und Hinweise auf Umlaute und den Wechsel von ß
in ss angibt. Dabei kann man entweder gemeinsame Klassen für
Singular und Plural der Substantive bilden oder beides getrennt
angeben; im zweiten Falle reduziert sich die Anzahl auf 9 Klassen
für den Singular und 10 für den Plural zuzüglich der Kennung für
Umlaute und ß/ss, die übrigens nur in wenigen Klassen vorkommen

7.  Linguistische Verfahren und Sprachstatistik

können (Fremdwörter mit fremdsprachlicher Flexion sind bei dieser
Zählung ausgenommen, ferner kommt als Null-Klasse die Klasse
der Wörter hinzu, die keinen Singular oder Plural bilden: Eltern,
Armut).

Man darf nicht bei der ersten Zuordnung aufhören; denn manche
Wortformen sind mehrdeutig. So würde man "Winde" als Grundform im
Wörterbuch finden; es kann aber auch eine Flexionsform von "Wind"
sein.

Wörterbuchverfahren melden unbekannte Zeichenfolgen; ist dies ein
gültiges Wort, kann die Liste ergänzt werden; Schreibfehler, die
auf ungültige Zeichenfolgen führen, werden erkannt.


Flexionsformengenerierung

Im Folgenden beschränken wir uns auf deutsche Substantive.
Bei Adjektiven und Verben gibt es ähnliche Algorithmen. Allerdings komplizieren sich die Verhältnisse erheblich, wenn aus der
vorgelegten Zeichenfolge auch die Wortart bestimmt werden muß.
Die nicht flektierenden Wortarten sowie die Artikel und Pronomen
sollte man vorab durch eine Stoppwortliste eliminieren; es
handelt sich um etwa 2000 Wortformen, die im übrigen zusammen mit
den Hilfsverben über 50 % der Textwörter normaler Texte aus-
machen.

Deutsche Substantive können die folgenden Flexionsendungen annehmen: -e, -en, -ens, -er, -ern, -es, -ien, -n, -ns, -nen, -s,
-se, -sen, -ses. Bei manchen ergibt sich aus der Grundform
eindeutig, welche davon tatsächlich vorkommen: bei Wörtern auf
-en nur -s, bei solchen auf -nis nur -se, -ses und -sen. Je nach
Auslaut des Stammes sind maximal 6 der 14 Endungen möglich, bei
einem einzelnen Wort aber höchstens drei (unter Einschluß des
selten gebrauchten -e im Dativ Singular auch vier: Weib). Für
jeden Stammauslaut gibt es nur wenige Klassen von Flexionsendungen, beispielsweise für Wörter auf -n (ohne -in) die Klassen
-s (Degen); -s, -e, -en (Kern); -en (Bahn); -s, -er, -ern (Horn);
-es, -er, -ern (Mann). Die dritte Klasse enthält die Wörter auf
-ion; davon abgesehen gehören die meisten Substantive auf -n zur
ersten Klasse, zahlreiche auch zur zweiten und nur sehr wenige zu
den übrigen. Ähnlich ist es bei den anderen Stammauslauten.

Daraus ergibt sich die Möglichkeit, mit Hilfe eines auf wenige
tausend Einträge beschränkten Wörterbuchs die zulässigen Flexionsformen aller Substantive (ohne Fremdwörter) zu bestimmen:
Aus der Stammendung wird die Klasse der in der überwiegenden Zahl
der Wörter vorkommenden Flexionsendungen bestimmt, alle abweichenden Wörter werden in Ausnahmelisten zusammengefaßt. Dieses
Verfahren reicht aus und ist exakt, wenn bei der Abfrage aus der
Grundform alle zulässigen Flexionsformen bestimmt und in der
Wortliste der Datenbasis aufgesucht werden sollen.

## Bestimmung der Grundform deutscher Substantive

Das umgekehrte Verfahren, aus einer vorgelegten Form die Grundform zu bestimmen, ist nicht so einfach. Beispielsweise bilden die nicht in Ausnahmelisten aufgeführten Substantive auf -n den Genitiv mit -s; es gibt aber Substantive auf -ns (Gans), so daß ein -s nach -n nicht automatisch eliminiert werden darf. Es sind also weitere Listen nötig, um falsche Reduktionen auszuschließen. Bei den meisten Buchstabengruppen, die als Flexionsendungen vorkommen, sind diese Listen kurz, die für -ens enthält zum Beispiel etwa 20 Wörter (Dispens, Aufhebens).

Manche sind jedoch ziemlich lang. Es gibt rund 11.000 Substantive auf -er; hier ist es besser, die etwa 3o Wörter zu speichern, die außer denen auf -tum im Plural -er anhängen (Horn, Ei, Feld). Auf -s enden (ohne -nis, diese sind eindeutig kenntlich) über 3.000, auf -en 2.000 und auf -e sogar 18.000.

Ähnlich wie für das Englische kann man hier diese Listen vermeiden, wenn man in Kauf nimmt, daß die Wörter nicht exakt auf die Grundform, sondern teilweise etwas weiter reduziert werden. Man eliminiert die Stammendungen -e, -en und -s (Ros, Reg, Gan). Dadurch erzeugt man wiederum künstliche Homographen (Rahm / Rahmen, Kur / Kurs, Eis / Eisen, Lappe / Lappen). Diese kann man, wenn man den zusätzlichen Aufwand betreiben will, durch weitere Ausnahmelisten abfangen.

Tatsächlich sind die Algorithmen noch komplizierter als hier dargestellt. Zahlreiche Wortgruppen und Ausnahmefälle haben wir nicht erwähnt, insbesondere all die Fremdwörter mit nicht eingedeutschter Flexion. Viele solche Wörter können auch zwei verschiedene Endungsklassen bilden, ohne daß sich darin ein Bedeutungsunterschied widerspiegelt, nämlich eine der Fremdsprache entnommene und eine eingedeutschte (Themata/Themen).

Da die Algorithmen zwar immer besser, die Speichergeräte aber immer billiger werden, wird der Streit vielleicht nie entschieden, ob Wörterbuch- oder algorithmische Verfahren die größeren Vorzüge haben.


## 7.1.3 Komposita-Zerlegung

Manche Sprachen - keinesfalls nur das Deutsche - bilden sehr freizügig ständig neue Komposita, die in keinem Lexikon verzeichnet sind. Bei der maschinellen Textanalyse steht man vor der Aufgabe, diese zu erkennen und in ihre Bestandteile zu zerlegen.

Während im Englischen, soweit dort überhaupt Komposita gebildet werden, einfach die Bestandteile aneinander gereiht werden (on line wird zu on-line und dann zu online), ist die Situation im Deutschen vielfältiger, wie man an den Beispielen Schiffbau,

Schiffsbesatzung, Schiffeversenken und Schiffahrt sieht. Der vordere Bestandteil kann aus dem Nominativ oder Genitiv des Singular oder aus dem Plural gebildet werden, es können andere Fugenlaute eingeschoben werden (insbesondere ein -s- wie bei Dokumentationssystem), es kann ein doppelter Endkonsonant ausfallen oder es kann ein auslautendes -e weggelassen werden (Augapfel).

Eine maschinelle Zerlegung setzt voraus, daß eine Liste der infrage kommenden Simplizia verfügbar ist; wie soll ein Algorithmus sonst herausfinden, daß "Stiefelschaft" ein Kompositum ist, "Gesellschaft" aber nicht.

Die Zerlegungsverfahren können wiederum einfach und ungenau oder komplizierter und genauer sein. Im ersten Fall werden alle überhaupt vorkommenden Fugenlaute akzeptiert unabhängig davon, ob das vorliegende Wort diese spezielle Form kennt. Der Algorithmus würde also auch "Augeapfel", "Augsapfel" oder "Augenapfel" in "Auge" und "Apfel" zerlegen, aber ebenso "Gesellschaft" in "Geselle" und "Schaft", obwohl alle Komposita von "Geselle" mit "Gesellen-" beginnen.

Im zweiten Falle muß man bei jedem Wort der Simplizia-Liste angeben, welche Fugenlaute zulässig sind. Die Zerlegung von "Gesellschaft" wird damit unmöglich.

Selbstverständlich gibt es Beispiele, in denen auch diese Angabe nicht ausreicht. So würde der Algorithmus "Körperschaft" als Kompositum ansehen. Dies kann dadurch vermieden werden, daß solche Wörter in die Simplizia-Liste aufgenommen werden; dies gilt auch für Komposita, deren Zerlegung nicht sinnvoll ist, weil sich ihre Bedeutung nicht mehr aus den Bestandteilen ergibt (Gasthof, Eisenbahn, Hauptspeicher). Schließlich gibt es Wörter, die sich mehr oder weniger sinnvoll auf mehrere Arten aufteilen lassen; so könnte das Programm aus der Schul-Terrasse eine Schulter-Rasse machen. Wie selten solche Fälle sind, merkt man, wenn man versucht, ein neues Beispiel zu finden.

Es sei noch darauf hingewiesen, daß ein Kompositum aus mehr als zwei Bestandteilen zusammengesetzt sein kann. Wenn der Algorithmus einen möglichen ersten Teil gefunden hat, der Rest aber nicht im Wörterbuch steht, so muß er prüfen, ob dieser seinerseits zerlegt werden kann.


## 7.2 Empirische Worthäufigkeiten


Auszählungen des Wortbestandes, der Worthäufigkeiten in natürlichen Texten, des Anteils der verschiedenen Wortklassen und ähnliche empirische Untersuchungen haben sicherlich ein großes linguistisches Interesse, aber sie sind auch für andere Zwecke

nützlich. So entstammt die wohl umfangreichste, mit einem enormen
Aufwand ohne Hilfsmittel der Datenverarbeitung noch im letzten
Jahrhundert durchgeführte Zählung von Kaeding dem Bedürfnis, die
Entwicklung und Verbesserung der Kurzschrift auf gesicherte
Grundlagen stellen zu können. Die für Dokumentationssysteme
aufbereiteten Texte erleichtern statistische Auswertungen, wenn-
gleich vieles schwer oder gar nicht maschinell ermittelt werden
kann (etwa die zu einem Wort gehörenden Wortformen oder die
Zugehörigkeit eines Wortes zu einer Wortklasse). Die Ergebnisse
sind aber auch für den Aufbau von Dokumentationssystemen von
Interesse, beispielsweise für die Abschätzung der zu erwartenden
Länge von Wortlisten oder Zielpunktlisten oder für theoretische
Begründungen von Rangfolge- und Cluster-Algorithmen.

Eine Zusammenstellung zahlreicher, in der Sprachstatistik benutzter statistischer Verfahren und Kenngrößen findet der interessierte Leser in (Edmundson 1977).

Die in diesem Abschnitt zusammengestellten Zahlen entstammen
recht unterschiedlichen Quellen, die hier vorab zusammengestellt
seien.

Gemischte Texte aus allen Wissens-
bereichen                                            (Kaeding 1897)

59 Gerichtsentscheidungen                            (Prestel 1971)

FAZ-Korpus                                           (Maas 1972)

Deutsche Zeitungstexte: Die Welt und Süd-
deutsche Zeitung                                     (Rosengren 1972)

Entscheidung des Bundesgerichtshofs (BGH)
und Berliner Verfassung                              (JURIS 1972)

Norwegische Gesetzes- und Zeitungstexte (Bing und Harvold 1973)

Englische Abstracts aus Food Science and
Technology Abstracts (FSTA)                          (Henzler 1974)

1003 Entscheidungen des Bundesverfassungs-
gerichts (BVerfG)                                    (Gebhardt 1975a)

5069 Entscheidungen des Bundesfinanzhofes
(BFH)                                                (Gebhardt 1976b)


Die verschiedenen Auszählungen sind nicht nach den gleichen
Regeln vorgenommen worden; insbesondere unterscheiden sie sich
darin, ob Eigennamen, Abkürzungen, Zahlen und Druckfehler mitgezählt werden oder nicht. Weiter ist von vornherein klar, daß
nicht nur der tatsächliche Wortbestand, sondern auch die statistischen Zusammenhänge von der Art der Texte, dem Wissensgebiet
und der Sprache abhängen müssen. Deutsche Gesetzestexte verhalten

sich anders als norwegische Zeitungsaufsätze. Umso erstaunlicher ist es, daß sich mehrere grundlegende Ergebnisse mit vergleichsweise geringfügigen Abweichungen bei so unterschiedlichen Texten wiederfinden.


## 7.2.1 Zahl der verschiedenen Wörter eines Textes

Wollte man exakt sein, müßte man jetzt für jede Quelle von Textstatistiken angeben, was der Autor unter Wortform, Grundform oder Stammwort verstanden hat. Unter Vernachlässigung verschiedener Abweichungen wollen wir hier die folgenden Erläuterungen dazu geben.

Ein Wortvorkommnis (Token) in einem Text ist eine Zeichenfolge zwischen zwei Leerzeichen, bei der Sonderzeichen am Anfang und am Ende (nicht jedoch in der Mitte) gestrichen worden sind, insbesondere also die Satzzeichen. Wenn sich zwei Wortvorkommnisse höchstens durch Groß-Kleinschreibung unterscheiden, gelten sie als die gleiche Wortform. Stammwörter sind die grammatischen Grundformen; bei der Auszählung der Stammwörter werden also alle Flexionsformen eines Wortes bei der Grundform mitgezählt.

Die Zuordnung eines Wortes zu einer Wortklasse oder zu einer Grundform ist nicht immer eindeutig möglich, ohne den Textzusammenhang heranzuziehung; ein solcher Aufwand würde sich aber nicht lohnen.

Größere Lexika oder Wörterbücher haben meist um 80.000 bis 150.000 Stichwörter; selbst der 20-bändige Große Brockhaus kommt nur auf etwa 225.000. Sie unterscheiden sich mehr durch die Ausführlichkeit der Artikel als durch die Anzahl der Stichwörter. Hieraus könnte man die Vermutung ableiten, daß eine moderne natürliche Sprache vielleicht 300.000 Wörter enthält und also auch in umfangreichen Texten nicht mehr vorkommen können. Dies ist jedoch falsch.

Tabelle 7-1 enthält für die betrachteten Datenbasen die Anzahl der Wortvorkommnisse (V) und Wortformen (F) sowie meistens auch der Stammwörter (S); Abbildung 7-1 gibt dasselbe grafisch wieder. Die Häufigkeiten aus den Datenbasen mit in sich homogenen Texten lassen sich sehr gut durch die doppelt-logarithmischen Zusammenhänge (mit Basis 10 des Logarithmus) beschreiben:

$$\log F = 0{,}86 + 0{,}62 \log V$$
$$\log S = 0{,}90 + 0{,}59 \log V$$

Eine Abflachung, die durch einen solchen Grenzwert hervorgerufen würde, ist nicht ersichtlich. Für kurze Texte (unter 1.000 Vorkommnisse) gilt diese Relation nicht mehr. Deutlich über diesen Geraden liegen die Texte, die nicht einem einheitlichen Wissensgebiet entstammen. Die Zeitungstexte enthalten 2,2 bis

2,5,  Kaeding  1,54  mal  so  viele  Formen  wie  nach  der  Formel  zu
erwarten.  Selbst  die  englischen  Abstracts  liegen  dicht  an  diesen
Geraden,  obwohl  das  Englische  weit  weniger  Flexionsformen  als  das
Deutsche  kennt  und  kaum  Komposita  bildet.

| Text-Korpus | Vorkommnisse | Wortformen | Stammwörter |
|---|---|---|---|
| BGH-Entscheidungen | 2.038 | 827 | 697 |
| Berliner Verfassung | 4.089 | 1.397 | 1.106 |
| norwegische Gesetzestexte | 21.977 | 3.072 | |
| 59 Gerichtsentscheidungen | 86.338 | 7.945 | |
| FAZ | 97.792 | 19.871 | |
| FSTA (Abstracts) 1 Monat | 92.300 | 9.700 | 7.400 |
| FSTA (Abstracts) 2 Jahre | 2.554.400 | 63.200 | 53.000 |
| Leitsätze von 5.069 BFH-Entsch. | 363.000 | 21.200 | 13.800 |
| Süddeutsche Zeitung | 500.334 | 62.973 | |
| norwegische Zeitungstexte | 728.180 | 78.073 | |
| Die Welt | 2.476.560 | 166.484 | |
| 1003 BVerfG-Entscheidungen | 2.994.000 | 77.200 | 51.100 |
| 5069 BFH-Entscheidungen | 7.222.000 | 132.800 | 90.400 |
| gemischte Texte (Kaeding) | 10.910.777 | 258.173 | |

Tabelle 7-1.  Zahl  der  Wortvorkommnisse,  Wortformen  und  Stammwörter  für  verschiedene  Texte.

Ein  Vergleich  mit  zahlreichen  anderen  Daten  (vor  allem  für  die
Zahl  der  Wortformen),  die  hier  nicht  mit  aufgeführt  sind,
bestätigt  diese  Zusammenhänge,  wobei  auffällt,  daß  auch  literarische  Werke  mehr  Wortformen  haben,  als  nach  der  obigen  Aus-
gleichsgeraden  zu  erwarten  ist  (typischerweise  20  bis  40%  mehr).

Interessanterweise  fügen  sich  sogar  Schriften  ganz  anderen  Cha-
rakters  und  aus  einer  völlig  anders  gearteten  Sprache  in  dieses
Bild  ein:  Für  fünf  Bände  der  mittelalterlichen,  aramäisch  ge-
schriebenen  Responsa  werden  1.299.275  Vorkommnisse  von  80.925
Wortformen  genannt;  nach  unserer  Formel  sollten  es  knapp  45.000
Wortformen  sein.  Die  Abweichung  ist  bei  der  sehr  flexionsreichen
Sprache  nicht  verwunderlich.

Wenn  man  diese  Zusammenhänge  extrapoliert,  kommt  man  bei  Texten
der  Länge  100.000.000  auf  660.000  Wortformen  und  420.000  Stammwörter.

# 7. Linguistische Verfahren und Sprachstatistik

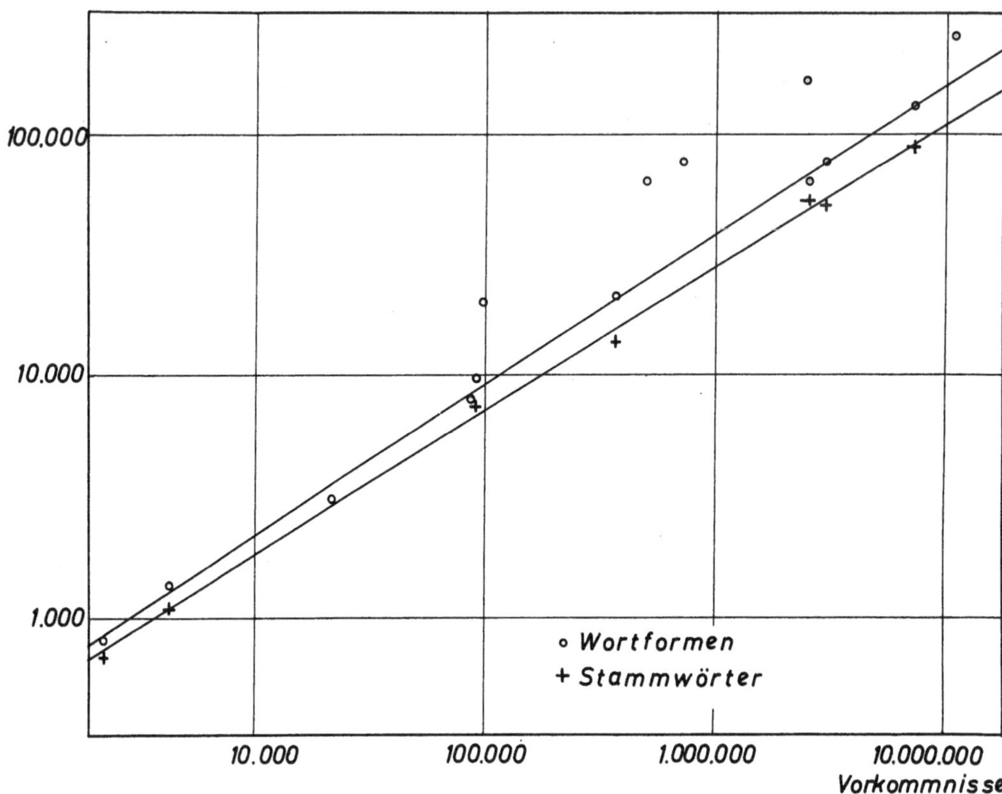


**Abbildung 7-1.** Zahl der Wortformen und Stammwörter in Abhängigkeit von der Zahl der Wortvorkommnisse. Daten der Tabelle 7-1. Ebenfalls eingezeichnet sind die Regressionsgeraden aus Abschnitt 7.2.1 für log F und log S.

## 7.2.2 Häufigkeiten einzelner Wörter

### Häufige Wörter

Welches Wort kommt in deutschen Texten am häufigsten vor? Überraschenderweise ist das nicht einheitlich. Bei Kaeding ist es "die", in den Zeitungstexten und Gerichtsentscheidungen dagegen "der". Die Worthäufigkeiten sind also stark von der Art des Textes abhängig, und zwar nicht nur bei fachspezifischen Wörtern. Ein extremes Beispiel ist "ich": Bei Kaeding hat es Rang 20 mit

einem  Anteil  von  0,75%  an  allen  Wortvorkommnissen,  in  den
Entscheidungen  des  BFH  liegt  der  Rang  in  der  Gegend  von  2.200
mit einem Anteil von 0,004%.

Aber  selbst  so  harmlose  Wörter  wie  "nicht"  schwanken  in  ihrer
Häufigkeit beträchtlich: in den BFHEntscheidungen 1,25% (Rang 6),
BVerfG-Entscheidungen 1,13% (Rang 7), Kaeding 1,05% (Rang 8), und
bei  einer  Aufgliederung  der  Zeitungstexte  in  5  Sparten  Schwankungen  für  "Die Welt"  zwischen  0,70  und  1,08%  (Rang  8  bis  16)  und
für  die  Süddeutsche  Zeitung  zwischen  0,71  und  1,17%  (Rang  7  bis
18). Einige weitere Beispiele gibt Tabelle 7-2.

| Wort | BFH-Entscheidungen | | Die Welt | | Kaeding | |
| | Anteil | Rang | Anteil | Rang | Anteil | Rang |
|---|---|---|---|---|---|---|
| der | 47,5 | 1 | 41,4 | 1 | 31,3 | 2 |
| die | 39,9 | 2 | 41,2 | 2 | 32,0 | 1 |
| des | 22,3 | 3 | 8,9 | 9 | 8,8 | 12 |
| und | 16,0 | 4 | 22,1 | 3 | 29,3 | 3 |
| in | 14,2 | 5 | 19,4 | 4 | 17,2 | 4 |
| für | 9,5 | 13 | 7,4 | 15 | 4,6 | 30 |
| eine | 6,5 | 20 | 6,6 | 18 | 6,4 | 23 |
| ein | 4,1 | 34 | 5,9 | 21 | 7,9 | 19 |
| werden | 5,1 | 29 | 5,0 | 24 | 3,6 | 39 |
| sein | 1,3 | 89 | 2,1 | 53 | 2,9 | 45 |
| ohne | 1,2 | 95 | 1,9 | 56 | 1,2 | 97 |
| Jahre | 0,9 | 118 | 0,9 | 95 | 0,7 | 139 |
| du | 0,001 | ca.28000 | 0,04 | ca.2220 | 1,8 | 69 |

Tabelle 7-2.   Anteil  ausgewählter  Wörter  an  der  Gesamtzahl  der
Wortvorkommnisse in Promille und Rang der Wörter in
der Liste der häufigsten Wörter.

Die  Tabellen  der  häufigsten  Wörter  (Kaeding;  deutsche  Zeitungstexte;  Entscheidungen  des  BVerfG  und  des  BFH)  können  dazu  benutzt
werden,  Stoppwörter  festzulegen.   Die  100  häufigsten  Wörter  haben
bei  den  Entscheidungen  des  BVerfG  insgesamt  einen  Anteil  von
47,0%  (BFH-Entscheidungen  48,2%,  Die  Welt  43,4%,  Kaeding  47,1%).
Natürlich gehören nicht alle häufigen Wörter zu den Stoppwörtern;
so  hat  bei  den  BVerfG-Entscheidungen  "Abs"  (Absatz)  Rang  12  und
"Art"  (hauptsächlich  als  Abkürzung  für  "Artikel")  Rang  20;  beide
werden  zusammen  mit  Gesetzesbezeichnungen  zur  Suche  benötigt  und
dürfen daher nicht als Stoppwörter unterdrückt werden.

Verteilung der Worthäufigkeiten

Als  grobe  Annäherung  für  die  Häufigkeit  des  Wortes  mit  Rang  n

# 7.  Linguistische Verfahren und Sprachstatistik

wird gern ein Ansatz proportional zu 1/n gewählt, weil diese Funktion besonders einfach ist. Im Bereich der Sprachstatistik wird das als "Zipfsches Gesetz" bezeichnet, obwohl es sich natürlich nicht um ein Gesetz handelt. Bei kleinen Datenbasen reicht die Genauigkeit außer bei den häufigsten Wörtern meist aus (das Wort mit Rang 1 müßte doppelt so häufig sein wie das mit Rang 2); bei größeren ist die Abweichung aber doch beträchtlich. So ergibt sich bei einer Textlänge von 3 Millionen Wörtern für Rang 50.000 die Häufigkeit 5, während sie bei den BVerfG-Entscheidungen tatsächlich nur 1 beträgt.

Es gibt zahlreiche Versuche, durch Einführung komplizierter Abhängigkeiten die Genauigkeit zu steigern. Wir wollen hier nur den Ansatz $n^{-b}$ statt 1/n erwähnen, auf den wir im Abschnitt 7.3 zurückkommen.


## Seltene Wörter

Ein beträchtlicher Teil der in einer Datenbasis enthaltenen Wortformen kommt dort nur einmal vor, meist zwischen 40 und 65%. Dabei scheint es so, daß mit wachsender Textlänge dieser Anteil abnimmt (BGH-Entscheidung 66%, Berliner Verfassung 62%, BFH-Leitsätze 48%, BVerfG-Entscheidungen 41%, BFH-Entscheidungen 45%). Bei Texten, die erheblich mehr Wortformen haben, als nach der oben angegebenen Formel zu erwarten ist, ist allerdings auch der Anteil der einmal vorkommenden Formen besonders hoch: Die Welt 56%, Süddeutsche Zeitung 60%, FAZ 66%. Der Anteil der zweimal vorkommenden Wortformen liegt, soweit Zahlen dafür bekannt sind, zwischen 13,4% (Kaeding) und 18% (in Maas 1972 angeführter englischer Text).


## 7.2.3 Wortklassen

Die Auszählungen an den Entscheidungen des Bundesverfassungsgerichts und des Bundesfinanzhofs enthalten auch Angaben über die Verteilung auf verschiedene Wortklassen. Diese mögen jedoch nicht repräsentativ für literarische oder Zeitungstexte sein.

Die folgenden Wortarten wurden unterschieden.

S   Substantive ohne Namen;
A   Adjektive ohne Partizipien;
P   Pronomen, Artikel, unbestimmte und bestimmte Zahlwörter;
L   flexionslose Wörter (Präpositionen, Konjunktionen, Adverbien ohne die Adverbialform der Adjektive);
V   Verben;
N   Eigennamen, Abkürzungen, Aktenzeichen, in Ziffern dargestellte Zahlen und Zusammensetzungen mit solchen Bestandteilen.

Fremdsprachige  und  fehlerhafte  Wörter  waren vorher eliminiert
worden.

Für  diese Wortarten ergaben sich die in Tabelle 7-3 aufgeführten
Anteile  am  Wortschatz.  In  Klasse  N  spiegelt  sich  bei  den
Steuerrechtsentscheidungen das Vorkommen sehr vieler unterschiedlicher  DM-Beträge  wieder.  Trotz  der  umfangreichen Texte und des
gleichen Fachbereichs schwanken die Ergebnisse doch erheblich.

| Wort-<br>klasse | Vorkommnisse (in %) | | Wortformen (in %) | | Wortformen pro<br>Stammform | |
|---|---|---|---|---|---|---|
| | BVerfG | BFH | BVerfG | BFH | BVerfG | BFH |
| S | 26 | 22 | 52 | 51 | 1,34 | 1,46 |
| A | 5 | 3 | 15 | 11 | 2,0 | 2,1 |
| P | 20 | 20 | 0,2 | 0,2 | 4 | 1,7 |
| L | 24 | 24 | 0,8 | 0,6 | − | − |
| V | 11 | 16,5 | 18 | 14 | 3,7 | 5,1 |
| N | 14 | 14,5 | 14 | 23 | − | − |

Tabelle 7-3.  Aufteilung der Textwörter nach Wortklassen.

Die  Wortklassen  P  und L tragen nur mit 1% zum Wortschatz, aber
mit  44% zur Zahl der Vorkommnisse bei. Obwohl Substantive bis zu
5, Adjektive mit ihren Steigerungsformen bis zu 16 und Verben bis
über  30  Flexionsformen haben können, kommen im Durchschnitt nur
wenige  davon vor; selbst von den Hilfsverben "sein" und "werden"
enthält  die  Datenbasis  der  BVerfG-Entscheidungen  nur  je  17
Formen,  von "haben" 9 und von "müssen" 7. In diesem Datenbestand
kommen  3/4  aller Stammwörter bei Substantiven nur in einer Form
vor,  bei Adjektiven etwa die Hälfte und bei Verben etwa 2/5.

Innerhalb  der Substantive dominieren bei den verschiedenen Wortformen die Komposita. Je nach Abgrenzung von den Simplizia machen
sie  bei den BFH-Entscheidungen 70 bis 80% aus, nach der Zahl der
Vorkommnisse allerdings nur 15 bis 22%.


7.2.4 Wortlängen

Die  durchschnittliche  Wortlänge  in  deutschen Texten liegt bei
knapp  6  Buchstaben; sie hängt  auch von der Art der Texte ab.
Kaeding  hat  die  durchschnittliche  Silbenzahl  ermittelt; sie
beträgt  bei  den  Klassikern,  Theologen und in privaten Briefen
knapp  unter  1,7  und  bei  Juristen  2,02 Silben pro Wort; die
übrigen  Textarten liegen dazwischen. Die Wortlänge ist natürlich

## 7. Linguistische Verfahren und Sprachstatistik

sehr stark sprachabhängig; im Finnischen, das keine Artikel
kennt, durch seine 15 Kasus weniger Präpositionen verwendet und
ebenfalls leicht Komposita bildet, liegt der Durchschnitt
zwischen 7 und 8.

Dieser Durchschnitt gilt natürlich nicht für die Wörterbücher, da
die häufigen Wörter überwiegend kurz und die seltenen meistens
lang sind. Bei den BFH-Entscheidungen beträgt die mittlere Länge
der Wörterbucheinträge 12,9 Zeichen. Bei zunehmendem Umfang eines
Textes bleibt die mittlere Wortlänge im Text etwa gleich, die im
Wörterbuch muß aber langsam ansteigen, da schließlich bevorzugt
lange Wörter (ad-hoc-Komposita) hinzukommen.


## 7.3 Ein statistisches Modell für Worthäufigkeiten

In der Literatur finden sich zahlreiche Vorschläge, die beobachteten Worthäufigkeiten durch eine passende Funktion zu approxi-
mieren. Je nach dem vorliegenden Textmaterial schneiden die
Näherungen besser oder weniger gut ab, Funktionen mit zwei oder
drei Parametern naturgemäß meist besser als solche mit nur einem.

Der einfachste Ansatz ist der, die Häufigkeit des n-ten Wortes
(bei Sortierung nach der Häufigkeit) proportional zu $1/n$ anzu-
nehmen. Diese Näherung ist als "Zipfsches Gesetz" bekannt. Für
große Datenbasen reicht das aber nicht aus, die Häufigkeiten bei
großen Rangzahlen n wiederzugeben. Ein anderer, ebenfalls noch
recht einfacher Ansatz ist die Proportionalität zu $n^{-b}$ mit
passendem b.

Bei den häufigsten Wörtern nimmt die Anzahl ganz ungleichmäßig
ab; diese sind für Dokumentationssysteme aber auch recht uninteressant. Ein Modell wird benötigt, um die Gesamtzahl verschiedener
Wörter, die Zahl der Wörter mit Häufigkeit 1 und ähnliche
Kennzahlen abzuschätzen, die sich aus dem "Schwanz" oder allenfalls aus mittleren Bereichen der Verteilung ergeben.


### 7.3.1 Modellansatz

Wir wollen hier die häufigsten Wörter pauschal berücksichtigen
und im übrigen von einer Proportionalität zu $n^{-b}$ ausgehen
(Gebhardt 1976a). Als "Wort" kann wahlweise die Wortform oder das
Stammwort betrachtet werden.

In einer Datenbasis von N Wortvorkommnissen mögen die m häufigsten Wörter N − M mal vorkommen. Für die verbleibenden M Vorkommnisse machen wir die folgenden Annahmen.

## 7.3  Ein statistisches Modell für Worthäufigkeiten

1. Das n-te Wort ($n>m$) kommt an jeder der M freien Stellen mit der Wahrscheinlichkeit $a_n$ vor; es gilt

$$\sum_{n=m+1}^{\infty} a_n = 1.$$

2. Die Vorkommenswahrscheinlichkeiten eines Wortes an zwei Stellen sind unabhängig voneinander.

3. Die Wahrscheinlichkeit $a_n$ ist proportional zu $n^{-b}$ mit geeignetem b:

$$a_n = A\, n^{-b} \quad ;$$

A errechnet sich aus der Summengleichung in Forderung 1.

Die Rangfolge der Wörter richtet sich also nach ihrer erwarteten Häufigkeit, nicht nach der tatsächlichen in einer konkreten Datenbasis. Die Wahrscheinlichkeitsverteilung für die Häufigkeit $H_n$ des n-ten Wortes ist wegen der Unabhängigkeitsforderung mit ausreichender Näherung eine Poisson-Verteilung mit dem Erwartungswert

$$E(H_n) = M\, A\, n^{-b} \quad ,$$

die Standardabweichung ist bei Poisson-Variablen die Quadratwurzel aus dem Erwartungswert.

Je nach Textmaterial kann b verschiedene Werte annehmen. Auch ist nicht verboten, daß das gleiche Wort je nach Sachgebiet und Dokumentart einen anderen Rangplatz innehat. Wir wollen hier also nicht etwa die unterschiedliche Häufigkeit von "du" gemäß Tabelle 7-2 erklären.

Es muß $b > 1$ gelten; selbst bei $b=1$ (was dem "Zipfschen Gesetz" entspricht) konvergiert die Summe in Forderung 1 nicht mehr.


### 7.3.2 Anzahl der verschiedenen Wörter

---

**Abhängigkeit von der Textlänge**

---

Die Wahrscheinlichkeit $p_n$ dafür, daß das Wort Nr. n ($n > m$) an mindestens einer der M freien Stellen vorkommt, ist

$$p_n = 1 - (1 - a_n)^M \quad .$$

Der Erwartungswert der Anzahl K der verschiedenen Wörter (ab Wort m+1) ist die Summe über diese Wahrscheinlichkeiten. Die Summe wird durch ein Integral approximiert:

## 7. Linguistische Verfahren und Sprachstatistik

$$E(K) = \sum_{n=m+1}^{\infty} p_n$$

$$= \sum_{n=m+1}^{\infty} (1 - (1 - A\, n^{-b})^M)$$

$$\approx \int_{m}^{\infty} (1 - (1 - A\, n^{-b})^M)\, dn$$

$$= A^{1/b}\, M^{1/b}\, b^{-1} \int_{0}^{t} (1 - (1 - y/M)^M)\, y^{-1-1/b}\, dy.$$

Der letzte Ausdruck entsteht durch die Integraltransformation

$$y = A\, M\, n^{-b}$$

mit der Integrationsgrenze

$$t = A\, M\, m^{-b}\ .$$

Aus den Modellannahmen ergibt sich zur Berechnung von A

$$1 = \sum a_n$$

$$= \sum A\, n^{-b}$$

$$\approx \int_{m}^{\infty} n^{-b}\, dn$$

$$= A\, m^{-b+1}\, /\, (b - 1).$$

Für die Integrationsgrenze t erhält man damit näherungsweise den
Wert M $(b-1)/m$, der klein gegen M ist. Daher kann man im Ausdruck
für E(K) näherungsweise $(1-y/M)^M$ durch $e^{-y}$ ersetzen und erhält

$$E(K) \approx A^{1/b}\, M^{1/b}\, b^{-1} \int_{0}^{t} (1 - e^{-y})\, y^{-1-1/b}\, dy.$$

Von Interesse sind Werte von b zwischen 1 und 2; außerdem ist m
klein gegen M (größenordnungsmäßig beispielsweise m=100,
M=1.000.000). Für y>t ist der zweite Faktor des Integranden so
klein, daß man wiederum nur einen geringen Fehler begeht,
wenn man das Integral statt bis t bis unendlich laufen läßt. Dann
hängt es aber nicht mehr von M ab (nur noch von b), und man
findet:

Die Anzahl der verschiedenen Wörter langer Texte ist proportional
zu $M^{1/b}$ und daher auch proportional zu $N^{1/b}$, da die m häufigsten

Wörter (N − M Vorkommnisse) einen festen Anteil am Umfang eines Textes haben.

Genau genommen ist die Gesamtzahl der verschiedenen Wörter natürlich nicht $E(K)$, sondern $E(K) + m$, da die m häufigsten Wörter hinzuzuzählen sind; dieser Unterschied ist aber erneut zu vernachlässigen.


Abhängigkeit von b
‾‾‾‾‾‾‾‾‾‾‾‾‾‾‾‾‾

Um die Abhängigkeit von b festzustellen, müssen wir die Integration ausführen. Durch partielle Integration (bis unendlich) findet man

$$\int_0^{\infty} (1 - e^{-y})\, y^{-1-1/b}\, dy = (1 - 1/b)!\ b^2\ /(b-1)$$

und nach einiger Rechnung unter Verwendung des für A gefundenen Ausdrucks

$$E(K) \approx (1 - 1/b)!\ b\ (b-1)^{-1+1/b}\ m\ (M/m)^{1/b}$$

$$= C(b)\ m\ (M/m)^{1/b}\ .$$

Interessanterweise ist der nur von b abhängige Faktor $C(b)$ nahezu konstant für die interessierenden Werte von b, insbesondere für b zwischen 1,4 und 2; man errechnet:

| b= | 1,0 | 1,2 | 1,4 | 1,6 | 1,8 | 2,0 |
|---|---|---|---|---|---|---|
| C(b)= | 1 | 1,456 | 1,637 | 1,723 | 1,761 | 1,772 |

Nehmen wir als gerundeten Wert für diesen Bereich 1,7, so ist

$$E(K) \approx 1,7\ m\ (M/m)^{1/b}\ .$$

Hierbei ist m nur eine Hilfsgröße. Die häufigsten 100 Wörter umfassen ungefähr 47% aller Vorkommnisse (siehe Abschnitt 7.2.2); für m=100 ist also M=0,47 N und damit

$$E(K) \approx 170\ (0,0047\ N)^{1/b}\ .$$

Einige Werte dafür sind in Tabelle 7-4 angegeben, wobei statt des runden Wertes 1,7 der genauere, oben angeführte Wert verwendet wurde.

Die meisten beobachteten Anzahlen verschiedener Wörter entsprechen Werten von b um 1,5 bis 1,6, bei den Zeitungstexten um 1,3 bis 1,4. Außerdem müßte 1/b mit der empirisch gefundenen Zahl 0,62 übereinstimmen (Abschnitt 7.2.1, Gleichung für log F); das entspricht b=1,6.

# 7. Linguistische Verfahren und Sprachstatistik

| N | b = 1,2 | 1,4 | 1,6 | 1,8 | 2,0 |
|---|---|---|---|---|---|
| 100.000 | 25.000 | 13.000 | 8.100 | 5.400 | 3.800 |
| 300.000 | 61.000 | 29.000 | 16.000 | 9.900 | 6.700 |
| 1.000.000 | 170.000 | 69.000 | 34.000 | 19.000 | 12.000 |
| 3.000.000 | 420.000 | 150.000 | 68.000 | 36.000 | 21.000 |
| 10.000.000 | 1.100.000 | 360.000 | 140.000 | 69.000 | 38.000 |
| 3o.000.000 | 2.800.000 | 780.000 | 280.000 | 130.000 | 67.000 |
| 100.000.000 | 7.800.000 | 1.800.000 | 600.000 | 250.000 | 120.000 |

Tabelle 7-4. Erwartete Anzahl verschiedener Wörter in großen Datenbasen (N = Zahl der Wortvorkommnisse, b siehe Text).


## Wörter geringer Auftretenswahrscheinlichkeit

Interessant ist es noch, $E(K)$ mit der Zahl I der Wörter zu vergleichen, für die der Erwartungswert ihrer Häufigkeit größer als 1 ist.

Hier bestimmt sich I aus

$$M \ a_I = 1,$$

$$I = (M \ A)^{1/b} \ ,$$

$$E(K) = (1 - 1/b)! \ b \ I/(b-1).$$

Im Bereich $1,4 < b < 2$ schwankt die Fakultät nur zwischen 0,8856 und 0,8997; somit ist $E(K)$ um den Faktor $0,89 \ b/(b-1)$ größer als I. Für $b=1,4$ ergibt das 3,1, für $b=1,6$ immer noch 2,4. Mit anderen Worten: Der größte Teil der in einem Text tatsächlich vorkommenden Wörter sind solche, für die die individuelle Wahrscheinlichkeit, im Text aufzutreten, kleiner als 1 ist.

Bei $b=1,6$ besteht sogar 35% der verschiedenen Wörter aus solchen mit einer individuellen Auftretenswahrscheinlichkeit unter 0,5 ($b=1,4$: 48%)!


## Gemischte Texte

Angenommen, für homogene Texte gelte ein Zusammenhang

$$E(K) = a \ N^c$$

und wir mischen t gleich lange Texte mit einem völlig verschiedenen Wortschatz. Dann gilt für die Werte K' und N' des gemischten Textes

$$E(K') = t\ E(K),$$

$$N' = t\ N,$$

$$E(K') = t\ a\ (N'/t)^c$$

$$= t^{1-c}\ a\ N'^c\ .$$

Für den zusammengesetzten Text gilt also der gleiche funktionale Zusammenhang, aber der Proportionalitätsfaktor ist $t^{1-c}$ mal so groß. Für $c=0,62$ und $t=10$ erhält man $t^{1-c}=2,4$. Den größeren Wortschatz der Zeitungstexte kann man also damit erklären, daß dort etwa 10 verschiedene, sich wenig überdeckende Fachvokabulare verwendet werden. Daß dabei einige hundert oder auch tausend Wörter der Gemeinsprache in allen Vokabularen vorkommen, spielt bei der groben Nährung keine Rolle.


## 7.3.3 Anteil der einfach und zweifach vorkommenden Wörter

Die Wahrscheinlichkeit, daß das n-te Wort an einer bestimmten Stelle auftritt, an den übrigen (M-1) Stellen aber nicht, ist

$$a_n\ (1-a_n)^{M-1}\ ,$$

die Wahrscheinlichkeit, genau einmal (an irgend einer der M Stellen) aufzutreten, ist das M-fache davon. Der Erwartungswert der Anzahl $H_1$ aller Wörter, die genau einmal auftreten, ist die Summe dieser Wahrscheinlichkeiten:

$$E(H_1) = \sum_{n=m+1}^{\infty} M\ a_n\ (1 - a_n)^{M-1}\ .$$

Ähnlich wie in Abschnitt 7.3.2 kann man die Summe durch ein Integral ersetzen, den Integranden durch eine Exponentialfunktion und das Integral bei 0 statt bei m beginnen. Schließlich erhält man

$$E(H_1) \approx (1 - 1/b)!\ m\ (M/m)^{1/b}\ (b - 1)^{-1+1/b}$$

$$= E(K)\ /\ b.$$

Der Anteil der einfach vorkommenden Wörter an der Gesamtzahl aller verschiedenen Wörter müßte also unabhängig von der Größe der Datenbasis sein (71% bei $b=1,4$, 62,5% bei $b=1,6$). Tatsächlich ist er aber kleiner: 48% der Wortformen bei den Leitsätzen der BFH-Entscheidungen, 41% bei den BVerfG-Entscheidungen, 45% bei den BFH-Entscheidungen, 49% bei Kaeding, 56% und 60% bei den Zeitungstexten (Die Welt und Süddeutsche Zeitung).

Ähnlich erhält man für die zweimal vorkommenden Wörter

## 7. Linguistische Verfahren und Sprachstatistik

$$E(H_2) \approx 2\,(b - 1)\,E(K)\,/\,b^2\;.$$

Dies sind 10 bis 12% des Wortschatzes (für b zwischen 1,4 und 1,7). Hier liegen die beobachteten Werte höher: 13 bis 18%.

Die Erklärung für die Abweichungen ist darin zu suchen, daß die zweite unserer Annahmen nicht zutrifft, nämlich die Unabhängigkeit der Vorkommenswahrscheinlichkeiten an den M Stellen. Dafür spricht auch die folgende Beobachtung: Ein Wort, das in 1000 Dokumenten insgesamt 10 mal vorkommt, müßte sich im Durchschnitt auf 9,96 Dokumente verteilen; tatsächlich verteilen sich in der Datenbasis Verfassungsrecht zehnmal vorkommende Substantive und Adjektive im Schnitt nur auf rund 6 Dokumente (Verben auf rund 9).

# Literaturverzeichnis


Wichtige Zeitschriften und Serien
-----------------------------------


American Documentation / American Society for Information Science.
     Band 1 (1950) - 20 (1969).
     Ab 1970 unter dem Titel: Journal of the American Society for
     Information Science.

Annual Reviews of Information Science and Technology / American
Society for Information Science.
     Serie. Band 1(1966) -

Database.
     Weston, Conn.: Online Inc. - Band 1 (1978) -

Information Processing & Management.
     Oxford: Pergamon. - Band 11 (1975) -
     Bis 1974 unter dem Titel: Information Storage and Retrieval.

Information Storage and Retrieval.
     Oxford: Pergamon. - Band 1 (1963) - 10 (1974).
     Ab 1975 unter dem Titel: Information Processing & Manage-
     ment.

Information Systems.
     Oxford: Pergamon. - Band 1 (1975/1976), 2 (1976/1977), 3
     (1978) -

International Forum on Information and Documentation / International Federation for Documentation.
     Band 1 (1976) -

Journal of Documentation / Aslib.
     Band 1 (1945) -

Journal of the American Society for Information Science /
American Society for Information Science.
     Band 21 (1970) -
     Bis 1969 unter dem Titel: American Documentation.

Nachrichten für Dokumentation / Deutsche Gesellschaft für Dokumentation.
     Band 1 (1950) -

Literaturverzeichnis

Online.
     Weston, Conn.: Online Inc. - Band 1 (1977) -

Online Review.
     Oxford: Learned Information. - Band 1 (1977) -


(AACR II 1978)
     Anglo-American Cataloguing Rules / Michael Gorman (Hrsg.);
     Paul W. Winkler (Hrsg.).
     2nd edition. - London: Library Association, 1978, 620 S.

Adams, Arthur L.
     Planning search strategies for maximum retrieval from bib-
     liographic databases.
     Online Review 3 (1979), S. 373 - 379.

(ADEK 1975)
     Der Allgemeine Datenerhebungskatalog (ADEK). Grundlagen,
     Erfahrungen, Möglichkeiten / Bundesministerium des Innern
     (Hrsg.).
     Bonn, März 1975.
     Teil I (Grundlagen, Berichte, Weiterentwicklung), 162 S.
     Teil II (ADEK 2), 241 S.
     Teil III (Bibliographie), 16 S.

Aho, Alfred V.; Corasick, Margaret J.
     Efficient string matching: an aid to bibliographic search.
     Communications of the ACM 18 (1975), S. 333 - 340.

Antel, Raimund
     Suche mit maskierten Wortstämmen.
     In: Beiträge zur Sprachverarbeitung in juristischen Dokumen-
     tationssystemen / Bernd S. Müller (Hrsg.). - Berlin:
     Schweitzer, 1976 (Beiheft zu DVR, 7), S. 9 - 33.

Attar, R.; Choueka, Y.; Dershowitz, N.; Fraenkel, A. S.
     KEDMA - Linguistic tools for retrieval systems.
     Journal of the ACM 25 (1978), S. 52 - 66.

Bates, Marcia J.
     Information search tactics.
     Journal of the American Society for Information Science 30
     (1979), S. 205 - 214.

Bearman, Toni C.
     Secondary information systems and services.
     In: Annual Review of Information Science and Technology,
     vol. 13 / Martha E. Williams (Hrsg.). - White Plains, NY:
     Knowledge Industry Publications, 1978, S. 179 - 208.

Berger, Albrecht
    Die Erschließung von Verweisungen bei der Gesetzesdokumenta-
    tion.
    Pullach: Verlag Dokumentation, 1971, 240 S.

Bhattacharyya, K.
    How much 'explicit relations' do retrieval systems use?
    Journal of Documentation 30 (1974), S. 391 - 392.

Bing, Jon; Harvold, Trygve
    Legal Sources and Information Systems.
    Oslo: University, Institute for Private Law, 1973, 100 S.
    Insbesondere: Kap. 2.3 (Harvold).

Boyer, Robert S.; Moore, J. Strother
    A fast string searching algorithm.
    Communications of the ACM 20 (1977), S. 762 - 772.

Brecht, Werner
    Morphologische Analyse und Chart-Parsing.
    In: Datenbasen, Datenbanken, Netzwerke / Rainer Kuhlen
    (Hrsg.). - Band 1. - München: Saur, 1979, S. 233 - 249.

(BSO 1978)
    BSO Broad System of Ordering: Schedule and Index. Third
    revision.
    Den Haag: Federation Internationale de Documentation;
    UNESCO, 1978, 184 S.

Campbell, S. G.
    Promises and pitfalls.
    In: Information Systems for Management / Fred Gruenberger
    (Hrsg.). - Englewood Cliffs: Prentice-Hall, 1972, S. 113 -
    122.

Carroll, John M.; Roeloffs, Robert
    Computer selection of keywords using word-frequency analy-
    sis.
    American Documentation 20 (1969), S. 227 - 233.

Chernyi, Arkadij I.
    VINITI: science information activities over twenty-five
    years.
    International Forum on Information and Documentation 2, Nr.
    4 (1977), S. 3 - 9.

Cleverdon, Cyril; Mills, Jack; Keen, Michael
    Factors Determining the Performance of Indexing Systems /
    ASLIB Cranfield Research Project.
    Volume 1. Design. Part 1. Text.
    Part 2. Appendices. 377 S.
    Cranfield, 1966.

Literaturverzeichnis


Cleverdon, Cyril; Keen, Michael
     Factors Determining the Performance of Indexing Systems /
     ASLIB Cranfield Research Project.
     Volume 2. Test Results.
     Cranfield, 1966, 299 S.

(CODASYL 1971)
     CODASYL Data Base Task Group Report.
     New York: ACM, 1971, 269 S.

(CODASYL 1978)
     Report of the CODASYL Data Description Language Committee.
     Information Systems 3 (1978), S. 247 - 320.

Commentz-Walter, Beate
     A string matching algorithm fast on the average.
     In:  Automata, Languages and Programming / A. Maurer (Hrsg).
     - Berlin: Springer, 1979, S. 118 - 132.

(Compulex 1972)
     Operation Compulex - Information Needs of the Practicing
     Lawyer.
     Department of Justice, Kanada, 1972.

Conradi, J.
     Die Steuerrechtsdatenbank der DATEV.
     Elektronische Rechenanlagen 23 (1981), S. 87 - 93.

Cooper, William S.
     On selecting a measure of retrieval effectiveness.
     Part  I.  - Journal of the American Society for Information
     Science 24 (1973), S. 87 - 100.
     Part  II. Implementation of the philosophy. - Journal of the
     American Society for Information Science 24 (1973), S. 413 -
     424.

Coyne, Joseph G.
     Data base publishing at NTIS.
     IEEE  Transactions  on Professional Communication 20 (1977);
     S. 94 - 95.

Croft, W. Bruce
     Theoretical models of cluster searching.
     Journal of Informatics 2 (1978), S. 78 - 81.

(Databases 1981)
     Databases online.
     Online Review 5 (1981), S. 61 - 83.

(DDC 1979)
Dewey Decimal Classification and Relative Index / Deviced by Melvil Dewey. Edition 19, edited under the direction of B.A. Custer.
Vol. 1: Introduction. Tables. - 570 S.
Vol. 2: Schedules. - 1574 S.
Vol. 3: Index. - 1217 S.
Albany, N.Y.: Forest Press, 1979.

(DIN 1426)
Norm DIN 1426 11.1973. Inhaltsangaben in Information und Dokumentation. - 8 S.

(DIN 1427)
Norm DIN 1427 06.1975. Verzeichnisse von fortlaufenden Sammelwerken (periodischen Veröffentlichungen). Regeln. - 5 S.

(DIN 1430)
Norm DIN 1430 03.1975. Internationale Standardnummer für Fortlaufende Sammelwerke (ISSN). - 2 S.

(DIN E 1460)
Norm DIN 1460 Entwurf 12.1979. Umschrift kyrillischer Alphabete slawischer Sprachen. - 4 S.

(DIN 1462)
Norm DIN 1462 06.1981. Internationales Standardbuchnummern-System (ISBN). - 3 S.

(DIN 1463)
Norm DIN 1463 03.1976. Richtlinien für die Erstellung und Weiterentwicklung von Thesauri. - 12 S.

(DIN 1502)
Norm DIN 1502 12.1975. Kürzung der Titel von Zeitschriften und ähnlichen Veröffentlichungen; Regeln. - 4 S.

(DIN 1502 Bbl.1)
Norm DIN 1502 Bbl. 1 12.1975. Kürzung der Titel von Zeitschriften und ähnlichen Veröffentlichungen; Abkürzungen von Wörtern aus Sprachen mit lateinischen und kyrillischen Schriftzeichen. - 22 S.

(DIN E 1505)
Norm DIN 1505 Entwurf 03.1978. Titelangaben von Schrifttum. - 28 S.

(DIN E 1505 Bbl. 1)
Norm DIN 1505 Bbl. 1 Entwurf 03.1978. Titelangaben von Schrifttum; Abkürzungen. - 4 S.

Literaturverzeichnis


(DIN E 1505 Teil 2)
     Norm  DIN 1505 Teil 2 Entwurf 04.1981. Gekürzte Titelangaben
     (Zitierregeln). - 12 S.

(DIN 1506)
     Norm  DIN 1506 03.1978. Format für den Austausch von biblio-
     graphischen Daten. - 6 S.

(DIN V 2335)
     Norm  DIN 2335 Vornorm 01.1976. Terminologie und Lexiko-
     graphie; Sprachenzeichen und ihre Ergänzung durch Länder-
     zeichen und Autoritätszeichen.

(DIN V 2341)
     Norm  DIN 2341 Vornorm 05.1980. Magnetband-Austauschformat
     für terminologische/lexikographische Daten - MATER. - 26 S.

(DIN V 3166)
     Norm DIN 3166 Vornorm 10.1978. Länderzeichen. - 17 S.

(DIN E 31 620)
     Norm  DIN 31 620 Entwurf 07.1976. Abkürzungsregeln für Be-
     zeichnungen in der juristischen Fachsprache. - 6 S.

(DIN 31 624)
     Norm  DIN 31 624 05.1978. Erweiterter Zeichenvorrat für
     bibliographische Daten bei Verwendung lateinischer Schrift-
     zeichen. - 8 S.

(DIN 31 626)
     Norm DIN 31 626 12.1978. Erweiterter Steuerzeichenvorrat für
     bibliographische Daten. - 6 S.

(DIN E 31 631 Teil 1)
     Norm  DIN 31 631 Teil 1 Entwurf 03.1979. Kategorienkatalog
     für Dokumente; Begriffe und Gestaltung. - 14 S.

(DIN E 31 631 Teil 2)
     Norm  DIN 31 631 Teil 2 Entwurf 03.1979. Kategorienkatalog
     für Dokumente; Systematischer Teil mit alphabetischem Re-
     gister. - 123 S.

(DIN E 31 634)
     Norm  DIN 31 634 Entwurf 12.1979. Umschrift des griechischen
     Alphabets. - 4 S.

(DIN E 31 635)
     Norm  DIN 31 635 Entwurf 12.1979. Umschrift des arabischen
     Alphabets. - 4 S.

(DIN E 31 636)
     Norm  DIN 31 636 Entwurf 12.1979. Umschrift des hebräischen
     Alphabets. - 5 S.

(DIN 44 300)
     Norm  DIN  44 300  03.1972.  Informationsverarbeitung  - Be-
     griffe. - 20 S.

(DIN 66 009)
     Norm DIN 66 009 09.1977. Schrift B für die maschinelle opti-
     sche  Zeichenerkennung.  Zeichen, Nennmaße und Anordnung auf
     dem Zeichenträger. - 22 S.

(DIN 66 030)
     Norm DIN 66 030 11.1980. Informationsverarbeitung - Darstel-
     lungen  von  Einheitennamen  in  Systemen  mit  beschränktem
     Schriftzeichenvorrat. - 4 S.

(Directory 1981)
     Directory of Online Databases.
     Santa  Monica,  Ca.: Cuadra Associates, Spring 1981, Vol. 2,
     No.  3,  190  S.  (erscheint fortlaufend mit wechselnden Be-
     arbeitern).

(DK-Gesamtausgabe 1958)
     Dezimalklassifikation.  Deutsche  Gesamtausgabe  / Deutscher
     Normenausschuß (DNA).
     Dritte Internationale Ausgabe, 1934 - 1953.
     Achte Internationale Ausgabe, erscheint seit 1958.
     Berlin: Beuth.

(DK-Handausgabe 1978/81)
     Internationale  Mittlere  Ausgabe  der Universellen Dezimal-
     klassifikation  / Deutsches Institut für Normung (DIN). - 2.
     Auflage.
     Band 1. Systematische Tafeln. - 1978, 498 S.
     Band 2. Alphabetisches Sachverzeichnis. - Erscheint 1981.
     Berlin: Beuth.

(DK-Kurzausgabe 1973)
     Dezimal-Klassifikation.  Deutsche  Kurzausgabe  /  Deutscher
     Normenausschuß (DNA).
     Berlin: Beuth, 1973, 283 S.

Edmundson, H.P.
     Statistical  inference  in  mathematical  and  computational
     linguistics.
     International Journal of Computer and Information Sciences 6
     (1977), S. 95 - 129.

Falkenberg, E.
     Design  and  application of a natural-language-oriented data
     base language.
     Paper  prepared  for  the Advanced Course on "Data Base Lan-
     guages  and Natural Language Processing", Freudenstadt, Ger-
     many, August 4 - 15, 1975, S. 26.

Literaturverzeichnis


Foskett, Anthony C.
    The Subject Approach to Information. - 3. Aufl.
    London: Clive Bingley, 1977, 496 S.

Fraenkel, Aviezri S.
    Legal information retrieval.
    In: Advances in Computers / Franz L. Alt (Hrsg.); Morris
    Rubinoff (Hrsg). - Vol. 9. - New York: Academic Press, 1968,
    S. 113 - 178.

Fraenkel, Aviezri S.
    All about the Responsa Retrieval Project you always wanted
    to know but were afraid to ask.
    Proceedings of the Third Symposium on Legal Data Processing
    in Europe, Oslo 1975. - Straßburg: Council of Europe, 1976,
    S. 131 - 141.
    Abgedruckt in Jurimetrics Journal 16 (1976), S. 149 - 156
    und Informatica e Diritto 2 (1976), S. 362 - 370.

Galil, Zvi; Seiferas, Joel
    Saving space in fast string-matching.
    In: 18th Annual Symposium on Foundations of Computer Sci-
    ence. - New York: IEEE, 1977, S. 179 - 188.

Galil, Zvi
    On improving the worst case running time of the Boyer-Moore
    string matching algorithm.
    In: Automata, Languages and Programming / G. Ausiello
    (Hrsg.); C. Böhm (Hrsg). - Berlin: Springer, 1978, S. 241 -
    250.
    Abgedruckt in Communications of the ACM 22 (1979), S. 505 -
    508.

Gebhardt, Friedrich
    Codierung der Texte und formalen Angaben für ein compu-
    terunterstütztes Dokumentationssystem.
    Pullach: Verlag Dokumentation, 1973, 94 S.

Gebhardt, Friedrich
    Worthäufigkeiten in der Datenbasis Verfassungsrecht.
    In: Beiträge zur Methodik juristischer Informationssysteme /
    Friedrich Gebhardt (Hrsg.). - Berlin: Schweitzer, 1975a
    (Beiheft zu DVR, 5), S. 99 - 130.

Gebhardt, Friedrich; Lockemann, Peter C.; Poetsch, Joachim
    Möglichkeiten der Suche und Anzeige von Normen und ihren
    Gliederungseinheiten in Dokumentationssystemen.
    In: Beiträge zur Methodik juristischer Informationssysteme /
    Friedrich Gebhardt (Hrsg.). - Berlin: Schweitzer, 1975b
    (Beiheft zu DVR, 5), S. 178 - 193.

Gebhardt, Friedrich
    A simple probabilistic model for the relevance assessment of
    documents.
    Information Processing & Management 11 (1975c), S. 59 - 65.

Gebhardt, Friedrich
    Ein Modell für Worthäufigkeiten.
    In: Müller, Bernd S. (Hrsg.). Beiträge zur Sprachverarbei-
    tung in juristischen Dokumentationssystemen. Beiheft Nr. 7
    zur DVR, 1976a, S. 35 - 48.

Gebhardt, Friedrich
    Worthäufigkeiten in der Datenbasis Steuerrecht.
    Datenverarbeitung im Recht (DVR) 5 (1976b), S. 277 - 290.

Gebhardt, Friedrich; Stellmacher, Imant
    Design criteria for document retrieval languages.
    Journal of American Society for Information Science 29
    (1978), S. 191 - 199.

(GKD 1980)
    Gemeinsame Körperschaftsdatei (GKD) / Staatsbibliothek Preu-
    ßischer Kulturbesitz; Deutsche Bibliothek; Bayerische
    Staatsbibliothek; datentechnische Bearbeitung: Deutsches
    Bibliotheksinstitut.
    Wiesbaden: Harrassowitz. Buchausgabe: 1980, 4 Bände, 3962 S.
    - Mikrofiche-Ausgabe: 1981, 26 Fiches (1:48).

(GOLEM 1976)
    Softwareprodukt GOLEM (BS 2000). Großspeicherorintierte,
    listenorganisierte Ermittlungsmethode. 2. Ausgabe Dezember
    1976 für Version 1.
    München: Siemens AG.
    Programmbeschreibung. - (D 15/5338).
    Bedienungsanleitung. Teil 1. Datenbankdienste. - (D
    15/5337).
    Bedienungsanleitung. Teil 2. Datenwiedergewinnung. - (D
    15/5336).

Guibas, Leo J.; Odlyzko, Andrew M.
    A new proof of the linearity of the Boyer-Moore string
    searching algorithm.
    In: 18th Annual Symposium on Foundations of Computer Sci-
    ence. - New York: IEEE, 1977, S. 189 - 195.

(Häfner 1980)
    Bestandsverzeichnis Thesauri. Stand: 01.07.1980 / Cornelia
    Häfner (Bearb.).
    Frankfurt: GID, 1980, 29 S.

Hall, James L.; Brown, M.J.
    On-Line Bibliographic Data Bases 1981 Directory.
    London: Aslib, 1981, 213 S.

Literaturverzeichnis


Haller, Klaus
     Titelaufnahme nach RAK. Eine Einführung in die "Regeln für
     die Alphabetische Katalogisierung".
     München: Verlag Dokumentation, 1978, 251 S.


Harper, D.J.; van Rijsbergen, C.J.
     An evaluation of feedback in document retrieval using co-
     occurrence data.
     Journal of Documentation 34 (1978), S. 189 - 216.


Harter, Stephen P.
     A probabilistic approach to automatic keyword indexing.
     Journal of the American Society for Information Science 26
     (1975), S. 197 - 206 und 280 - 289.


Henzler, Rolf
     Quantitative Beziehungen zwischen Textlänge und Wortschatz /
     Zentralstelle für Maschinelle Dokumentation.
     Berlin: Beuth, 1974 (ZMD-A-28), 60 S.


Hersey, David F.
     Information systems for research in progress.
     In: Annual Review of Information Science and Technology,
     vol. 13 / Martha E. Williams (Hrsg.). - White Plains, NY:
     Knowledge Industry Publications, 1978, S. 263 - 295.


Hitzeroth, Christiane; Marek, Dagmar; Müller, Isa
     Leitfaden für die formale Erfassung von Dokumenten in der
     Literaturdokumentation.
     München: Verlag Dokumentation, 1976, 502 S.


Hunt, Bernard L.; Snyderman, Martin; Payne, William
     Machine-assisted indexing of scientific research summaries.
     Journal of the American Society for Information Science 26
     (1975), S. 230 - 236.


(Hyde und Ash 1975)
     Chemical Information Systems / E. Hyde (Hrsg.); J. E. Ash
     (Hrsg).
     Chichester: Horwood (Wiley), 1975, 309 S.


(INSPEC 1979)
     INSPEC Thesaurus - 1979.
     O.O.: Institution of Electrical Engineers, 1978, 445 S.


(ISBD(CM) 1977)
     ISBD(CM): International standard bibliographic description
     for cartographic materials / International Federation of
     Library Associations and Institutions.
     London: IFLA International Office, 1977, 58 S.

(ISBD(G) 1977)
    ISBD(G): General international standard bibliographic description: annotated text / International Federation of Library Associations and Institutions.
    London: IFLA International Office, 1977, 24 S.

(ISBD(M) 1978)
    ISBD(M): International standard bibliographic description for monographic publications / International Federation of Library Associations and Institutions.
    London: IFLA International Office, 1978.

(ISBD(NBM) 1977)
    ISBD(NBM): International standard bibliographic description for non-book materials / International Federation of Library Associations and Institutions.
    London: IFLA International Office, 1977, 61 S.

(ISBD(S) 1977)
    ISBD(S): International standard bibliographic description for serials / International Federation of Library Associations and Institutions.
    London: IFLA International Office, 1977, 61 S.

(ISO 4-1972)
    Norm ISO 4-1972. Documentation - International code for the abbreviation of titles of periodicals. - 4 S.

(ISO/R 9-1968)
    Norm ISO/R 9-1968. International system for the tranliteration of Slavic Cyrillic characters. - 6 S.

(ISO 214-1976)
    Norm ISO 214-1976. Documentation - Abstracts for publications and documentation. - 11 S.

(ISO/R 233-1961)
    Norm ISO/R 233-1961. International system for the transliteration of Arabic characters. - 8 S.

(ISO/R 259-1962)
    Norm ISO/R 259-1962. Transliteration of Hebrew. - 7 S.

(ISO/R 639-1967)
    Norm ISO/R 639-1967. Symbols for languages, countries and authorities. 15 S.

(ISO 690-1975)
    Norm ISO 690-1975. Documentation - Bibliographical references - Essential and supplementary elements. - 8 S.

Literaturverzeichnis

(ISO 832-1975)
     Norm  ISO 832-1975. Documentation - Bibliographical referen-
     ces - Abbreviations of typical words. - 38 S.

(ISO/R 843-1968)
     Norm  ISO/R  843-1968.  International  system for the trans-
     literation of Greek characters into Latin characters. - 3 S.

(ISO 2014-1976)
     Norm ISO 2014-1976. Writing of calender dates in all-numeric
     form. - 1 S.

(ISO 2108-1978)
     Norm  ISO  2108-1978. Documentation - International standard
     book numbering (ISBN). - 2nd edition. - 2 S.

(ISO 2709-1973.)
     Norm ISO 2709-1973. Documentation - Format for bibliographic
     information interchange on magnetic tape. - 4 S.

(ISO 2788-1974)
     Norm  ISO  2788-1974. Documentation - Guidelines for the es-
     tablishment and development of monolingual thesauri. - 13 S.

(ISO/DIS 2955-1980)
     Norm  ISO/DIS  2955-1980. Information processing - Represen-
     tation  of  SI  and  other  units  in  systems  with limited
     character sets. - 5 S.

(ISO 3166-1974)
     Norm  ISO 3166-1974. Code for the representation of names of
     countries. - 22 S.
     Amendment 1. - 1977, 1 S.
     Amendment 2. - 1978, 2 S.

(ISO 3297-1975)
     Norm  ISO  3297-1975. Documentation - International standard
     serial numbering (ISSN). - 4 S.

(ISO 5426-1980)
     Norm  ISO  5426-1980.  Extension of the Latin alphabet coded
     character  set  for bibliographic information interchange. -
     7 S.

(ISO/DP 7352-1980)
     Norm  ISO/DP Draft Proposal 7352-1980. Guide for the organi-
     sation  and  representation of data elements for data inter-
     change. - 44 S.

(JURIS 1972)
Das Juristische Informationssystem - Analyse, Planung, Vorschläge. Bericht der Projektgruppe BMJ/GMD/C-E-I-R / Bundesministerium der Justiz (Hrsg.).
Karlsruhe: Müller, 1972, 487 S.

Kaeding, F. W.
Häufigkeitswörterbuch der deutschen Sprache. Erster Teil.
Steglitz 1897.
Teilweise Reproduktion in: Grundlagenstudium aus Kybernetik und Geisteswissenschaft, Band 4 (1973), Beiheft.

Klopprogge, Manfred; Tschampel, Joachim
Automatische Reduktion von Wortformen in deutschen und englischen Texten.
Universität Karlsruhe, 1976 (Interner Bericht, 11/76), 47 S.

Kohl, Ernst
MAB1. Austauschformat für Bibliotheken in der Bundesrepublik.
In: Neuere Formate für Verarbeitung und Austausch bibliographischer Daten / Arbeitsstelle für Bibliothekstechnik. -
Pullach: Verlag Dokumentation, 1975, S. 12 - 23.

Kuhlen, Rainer
Morphologische Relationen durch Reduktionsalgorithmen.
Nachrichten für Dokumentation 25 (1974), S. 168 - 172.

Laisiepen, Klaus; Lutterbeck, Ernst; Meyer-Uhlenried, Karl-Heinrich
Grundlagen der praktischen Information und Dokumentation.
2., völlig neubearb. Aufl. - München: Saur, 1980, 826 S.

Lancaster, Frederick W.; Fayen, E.G.
Information Retrieval On-Line.
Los Angeles: Melville, 1973. 597 S.

Lockemann, Peter C.; Mayr, Heinrich C.
Rechnergestützte Informationssysteme.
Berlin: Springer, 1978, 368 S.

Lynch, Michael F.; Harrison, Judith M.; Town, William G.; Ash, Janet E.
Computer Handling of Chemical Structure Information.
London: Macdonald, 1971, 148 S.

Maas, Heinz-Dieter
Über den Zusammenhang zwischen Wortschatzumfang und Länge eines Textes.
Zeitschrift für Linguistik und Literaturwissenschaft 8 (1972), S. 73 - 96.

Literaturverzeichnis

(MAB1 1980)
    Maschinelles Austauschformat für Bibliotheken (MAB 1) /
    Deutsche Forschungsgemeinschaft, Bibliotheksausschuß.
    Ausgabe 1980. - Berlin: Deutsches Bibliotheksinstitut, 1980
    (Lose-Blatt-Ausgabe).

(MADOK 1977)
    MADOK. Magnetband-Austauschformat für Dokumentationszwecke /
    Zentralstelle für maschinelle Dokumentation (ZMD) (Hrsg.).
    Frankfurt, 1977, 136 S.

McCarn, Davis B.
    Online systems - techniques and services.
    In: Annual Review of Information Science and Technology,
    vol. 13 / Martha E. Williams (Hrsg.). - White Plains, NY:
    Knowledge Industry Publications, 1978, S. 85 - 124.

Moser, Andreas
    Zur Analyse und Bewertung informationeller Prozesse und
    Systeme.
    Stuttgart: Cantz 1977, 492 S.

Müller, Bernd S.
    Kompositazerlegung.
    In: Beiträge zur Sprachverarbeitung in juristischen Doku-
    mentationssystemen / Bernd S. Müller (Hrsg.). - Berlin:
    Schweitzer, 1976 (Beiheft zu DVR, 7), S. 83 - 128.

Naylor, Thomas
    Up, up and away.
    AFIPS Conference Proceedings 42 (1973), S. 50.

(NCC 1976)
    NCC Thesaurus of Computing Terms.
    8th edition. - Manchester: National Computing Centre, 1976,
    ca. 300 S.

Negus, A.E.
    EURONET Guideline: Standard Commands for Retrieval Systems.
    Final Report on a Study Carried out for the Commission of
    the European Communities, DG XIII.
    London: INSPEC, 1977, 66 S.

Oddy, R.N.
    Information retrieval through man-machine dialogue.
    Journal of Documentation 33 (1977), S. 1 - 14.

(PASSAT 1976)
    Softwareprodukt PASSAT (BS 2000). Programm zur automatischen
    Selektion von Stichwörtern aus Texten.
    München: Siemens AG.
    Bedienungsanleitung. 2. Ausgabe Dezember 1976 für Version 1.
    - (D 15/5314).
    Programmbeschreibung. 1. Ausgabe August 1976 für Version 1.
    - (D 15/5296).

Porter, M. F.
    An algorithm for suffix stripping.
    Program 14 (1980), S. 130 - 137.

Prestel, Berhard M.
    Datenverarbeitung im Dienste juristischer Dokumentation.
    Berlin: Schweitzer, 1971 (EDV und Recht, 3), 58 S.

(Preußische Instruktionen 1899/1908)
    Instruktionen für die alphabetischen Kataloge der
    preußischen Bibliotheken vom 10. Mai 1899. 2. Ausgabe in der
    Fassung vom 10. August 1908.
    Unveränderter Nachdruck Wiesbaden: Harrassowitz, 1964, X,
    179 S.

(RAK 1977)
    Regeln für die alphabetische Katalogisierung (RAK) / redakt.
    Bearbeitung: Irmgard Bouvier.
    Wiesbaden: Reichert, 1977, 418 S.

(RAK-WB 1980)
    Regeln für die alphabetische Katalogisierung in wissen-
    schaftlichen Bibliotheken (RAK-WB). Vorabdruck der verbind-
    lichen Regeln / Deutsches Bibliotheksinstitut.
    Berlin: Deutsches Bibliotheksinstitut, 1980, 77 S.

Ranganathan, Shiyali R.
    Colon Classification.
    6th revised edition, reprinted with amendments. New York,
    1963, 450 S.

Reiner, Günter
    Abstandsoperatoren bei der Suche mit Ausdrücken auf
    verschiedenen Textebenen.
    In: Beiträge zur Sprachverarbeitung in juristischen Doku-
    mentationssystemen / Bernd S. Müller (Hrsg.). - Berlin:
    Schweitzer, 1976 (Beiheft zu DVR, 7), S. 129 - 172.

Revens, Lee
    The first twenty-five years.
    Communications of the ACM 15 (1972), S. 485 - 490.

Literaturverzeichnis


Robertson, S.E.; Sparck Jones, Karen
     Relevance weighting of search terms.
     Journal of the American Society for Information Science 27
     (1976), S. 129 - 146.

Robertson, S. E.
     Theories and models in information retrieval.
     Journal of Documentation 33 (1977), S. 126 - 148.

Rosengren, Inger
     Ein Frequenzwörterbuch der deutschen Zeitungssprache,
     Band 1.
     Lund: Gleerup, 1972, 1318 S.

Roth, Gisela
     Operationelle Online-Bestellsysteme für Primärliteratur.
     Heidelberg: Gesellschaft für Information und Dokumentation,
     1980, 192 S. - Bericht Nr. BMFT-FB-ID 80-004.

Rouette, L.
     Begriffliche Festlegungen über Datenstrukturen und Speicher-
     organisationen.
     Angewandte Informatik 21 (1979), S. 391 - 400.

Rush, James E.
     Handling chemical structure information.
     In: Annual Review of Information Science and Technology,
     vol. 13 / Martha E. Williams (Hrsg.). - White Plains, N.Y.:
     Knowledge Industrie Publications, 1978, S. 209 - 262.

Sager, Wolfgang
     Ranking Algorithmen in Dokumenten-Retrieval-Systemen.
     Diplomarbeit, Universität Karlsruhe, Juni 1975, 126 S.

Sager, Wolfgang K. H.; Lockemann, Peter C.
     Classification of ranking algorithms.
     International Forum on Information and Documentation 1, Nr.
     4 (1976), S. 12 - 25.

Salton, Gerard
     Automatic Information Organization and Retrieval.
     New York: McGraw-Hill, 1968, 514 S.

(Salton 1971)
     The SMART Retrieval System. Experiments in Automatic Docu-
     ment Processing / Gerard Salton (Hrsg.).
     Englewood Cliffs: Prentice-Hall, 1971, 556 S.

Salton, Gerard
     Dynamic Information and Library Processing.
     Englewood Cliffs: Prentice-Hall, 1975, 523 S.

Salton, Gerard
    Mathematics and information retrieval.
    Journal of Documentation 35 (1979), S. 1 - 29.

Saracevic, Tefko
    Selected results from an inquiry into testing of information
    retrieval systems.
    Journal of the American Society for Information Science 22
    (1971), S. 126 - 139.

Saracevic, Tefko
    Relevance: A review of and a framework for the thinking on
    the notion in information science.
    Journal of the American Society for Information Science 26
    (1975), S. 321 - 343.

Schek, H.-J.
    The reference string indexing method.
    In: Information Systems Methodology Proceedings / Giampo
    Bracchi (Hrsg.); Peter C. Lockemann (Hrsg). - Berlin:
    Springer, 1978, S. 432 - 459.

Schott, Gerda
    Automatic analysis of inflectional morphems in German nouns.
    Acta Informatica 1 (1972), S. 360 - 374.

Schreyer, Michael; Seelbach, H. Eberhard
    DOMESTIC - Literaturdatenbank auf Mini-Computer.
    Nachrichten für Dokumentation 30 (1979), S. 227 - 230.

Schrode, Antonius
    PLIDOS - ein Beispiel für die Nutzung des Mikrocomputers in
    IuD.
    Nachrichten für Dokumentation 31 (1980), S. 210 - 216.

Schwuchow, Werner
    Zur Messung der Wirtschaftlichkeit von Dokumentnachweis-
    systemen.
    München: Verlag Dokumentation 1970, 67 S.

Senko, M. E.; Altman, E. B.; Astrahan, M. M.; Fehder, P. L.
    Data structures and accessing in data-base systems.
    IBM Systems Journal 12 (1973), S. 30 - 93.

Severance, Dennis; Duhne, Ricardo
    A practitioner's guide to addressing algorithms.
    Communications of the ACM 19 (1976), S. 314 - 326.

Sparck Jones, Karen
    A statistical interpretation of term specificity and its
    application in retrieval.
    Journal of Documentation 28 (1972), S. 11 - 21.

Literaturverzeichnis


Sparck Jones, Karen
     Index term weighting.
     Information Storage and Retrieval 9 (1973), S. 619 - 633.

Sparck Jones, Karen
     Experiments in relevance weighting of search terms.
     Information Processing & Management 15 (1979), S. 133 - 144.

(STAIRS 1976)
     STAIRS/VS-Handbuch. / IBM Deutschland, 1976.
     Teil A: Die Abfragesprache.
     Teil B: Von der Datenerfassung zum betriebsbereiten System.
     Teil C: Datenbankpflege.

(STATUS 1976)
     STATUS II Full-text Information Retrieval System, User
     Guide, Version 2 / A.E.R.E, Computer Science and Systems
     Division.
     Harwell: A.E.R.E., 1976.

(Svoboda 1981)
     Users of Legal Information Systems in Europe. A Case Study.
     Part I / Werner R. Svoboda (Hrsg.).
     Berlin: Schweitzer, erscheint 1981 (EDV und Recht, 12), ca.
     350 S.

Swanson, Don R.
     Some unexplained aspects of the Cranfield tests of indexing
     performance factors.
     Library Quarterly 41 (1971), S. 223 - 228.

Swanson, Don R.
     Information retrieval as a trial-and-error process.
     Library Quarterly 47 (1977), S. 128 - 148.

(TELDOK 1978)
     TELDOK. Benutzerbeschreibung.
     Computer Gesellschaft Konstanz. Ausgabe 0678-TI4, 1978.

(Thesaurus 1976)
     Thesaurus Informatique.
     Seconde edition. - Paris: Centre National de la Recherche
     Scientifique und IRIA, 1976.
     I. Listes alphabetique et hierarchique, 69 S.
     II. Liste permutee, 34 S.
     III. Correspondances francais - anglais, 78 S.

(TLS 1977)
     IBM System/370, Storage and Information Retrieval System /
     Virtual Storage (STAIRS/VS), Thesaurus and Linguistic Inte-
     grated System. Allgemeine Information / IBM Deutschland.
     1977 (GH12-1291), 40 S.

(Tomberg 1978)
    EUSIDIC Database Guide / Alex Tomberg (Hrsg.).
    Oxford: Learned Information, 1978, 190 S.

van Rijsbergen, C. J.
    Information Retrieval.
    2. Aufl. - London: Butterworths, 1979, 208 S.

(Verlegervereinigung 1975)
    Staatliche Rechtsdokumentation - Gefahr für die juristische
    Fachliteratur / Verlegervereinigung Rechtsinformatik e.V.
    Datenverarbeitung im Recht (DVR) 4 (1975), S. 169 - 184.

Vernimb, Carlo
    Automatic query adjustment in document retrieval.
    Information Processing & Management 13 (1977), S. 339 - 353.

Vickery, B.C.
    Facettenklassifikation / Übersetzt von E. Lutterbeck.
    München: Verlag Dokumentation, 1969, 72 S.

Wanger, Judith; Landau, Ruth N.
    Nonbibliographic on-line data base services.
    Journal of the American Society for Information Science 31
    (1980), S. 171 - 180.

Weihermüller, Manfred
    Untersuchungen über Ranking-Algorithmen in Dokument-
    Retrieval-Systemen.
    In: Beiträge zur Sprachverarbeitung in juristischen Dokumen-
    tationssystemen / Bernd S. Müller (Hrsg.). - Berlin:
    Schweitzer, 1976 (Beiheft zu DVR, 7), S. 173 - 200.

Willett, Peter
    A fast procedure for the calculation of similarity coeffi-
    cients in automatic clustering.
    Information Processing & Management 17 (1981), S. 53 - 61.

(Williams 1979)
    Computer-Readable Data-Bases: A Directory and Data Source-
    book / Martha E. Williams (Hrsg.).
    White Plains, N.Y.: Knowledge Industry Publications, 1979,
    1367 S.

Williamson, Robert E.
    An n-log-n single pass clustering algorithm.
    In: The IEEE Computer Society's First International Computer
    Software and Applications Conference. COMPSAC 77. - New
    York: IEEE, 1977, S. 683 - 690.

Literaturverzeichnis

Wind, Thomas
    Benutzer und Informationseinrichtung. Ansätze zu einer theo-
    retischen und methodologischen Fundierung der Benutzer-
    forschung.
    Inaugural-Dissertation, Kassel, 1979, 389 S.

Yu, C. T.; Luk, W. S.; Siu, M. K.
    On models of information retrieval processes.
    Information Systems 4 (1979), S. 205 - 218.

(ZDB 1981)
    Zeitschriften-Datenbank   (ZDB)   / Deutsches Bibliotheks-
    institut.
    Wiesbaden: Harrassowitz, 1981 (Stand April), 114 Mikrofiches
    (1:48). - Erscheint halbjährlich.

(ZDE 1981)
    Thesaurus Elektrotechnik  / ZDE Zentralstelle Dokumentation
    Elektrotechnik im Fachinformationssystem Technik.
    6. Aufl. - Offenbach: ZDE, 1981, 470 S.

(ZMD 1972)
    Maschinengerechte Erfassung von Titelaufnahmen mit Loch-
    streifenschreibmaschinen / Zentralstelle für maschinelle
    Dokumentation (ZMD).
    Berlin: Beuth, 1972 (ZMD-A-23), 46 S.

# Sach- und Personenregister

A. Cakir, D. J. Hart, T. F. M. Stewart

# Bildschirmarbeitsplätze

**Ergonomie, Arbeitsplatzgestaltung, Gesundheit
und Sicherheit, Aufgabenorganisation**

1980. 194 Abbildungen. XVII, 313 Seiten.
DM 64,-
ISBN 3-540-10068-7

**Inhaltsübersicht:**
Einleitung. – Grundlegendes zu Bildschirmgeräten. –
Licht, Sehen und die optischen Eigenschaften von Sicht-
geräten. – Ergonomische Anforderungen an VDTs. –
Arbeitswissenschaftliche Anforderungen an Bildschirm-
Arbeitsplätze. – Gesundheitliche, Sicherheits- und organi-
satorische Aspekte der Arbeit mit VDTs. – Anhang.

Im Zuge der ständig wachsenden Ausbreitung von Com-
puteranwendungen und der Umstellung auf Online-
Betrieb werden immer mehr Arbeitnehmer mit der
Arbeit an Bildschirmgeräten konfrontiert. Dies ist für sie
eine Quelle der Beunruhigung, die neben der Angst um
den Arbeitsplatz vor allem auch aus der Furcht vor
gesundheitlichen Schäden entspringt. Mangels ausreichender Information entbrannte darüber in den letzten
Jahren ein Meinungsstreit zwischen Arbeitgebern und
Arbeitnehmern und ihren Interessenverbänden.
Dieser Bericht – geschrieben von führenden Autoritäten
auf dem Gebiet der Computer-Ergonomie – schließt die
bestehenden Kenntnislücken und vermittelt Entwicklern,
Planern und Benützern von Computeranlagen die
modernsten Kenntnisse für die Gestaltung und Auswahl
von Bildschirmgeräten und Bildschirmarbeitsplätzen.
Gewonnen aus einer großen Anzahl von Versuchen und
praktischen Studien gibt er von der Beschreibung eines
Datensichtgerätes über Grundlagen von Licht und
Sehen, Bilddarstellung, Lesbarkeit von Zeichen, Tastatur,
Umweltfaktoren wie Beleuchtung, Heizung und Klima
bis zu anwendungsspezifischen Details Auskunft und
praktische Hilfe. Ein abschließendes Kapitel würdigt die
einzelnen Ergebnisse unter dem Gesichtspunkt des
gesundheitlichen Einflusses auf den Benutzer. Ein
Anhang mit mehreren Checklisten, einem Fachwörter-
buch sowie der Beschreibung eines Augentestverfahrens
dient als Arbeitshilfe und erleichtert das Verständnis.
Literaturhinweise geben weiterführende Quellen an.
Management und Betriebsräten in der Privatwirtschaft
wie in den öffentlichen Verwaltungen, Gewerkschaften
und Wirtschaftsverbänden wird dieser Leitfaden ein
unentbehrlicher Helfer im Ringen zwischen
Rationalisierung und der Humanisierung unserer Arbeits-
welt sein und wesentlich zur Versachlichung der Diskussion beitragen.

Springer-Verlag
Berlin
Heidelberg
New York

B.W. Kernighan, P.L. Plauger

# Programmier- werkzeuge

Übersetzt aus dem Englischen
von I. Kächele, M. Klopprogge

1980. IX, 492 Seiten
DM 69,–
ISBN 3-540-10419-4

**Inhaltsübersicht:**



Dieses Buch beschreibt Methoden und Techniken, kurz: Werkzeuge, die es dem Leser und
damit dem späteren Benutzer dieser Werkzeuge
ermöglichen, bessere Programme zu schreiben.
Moderne Programmiertechniken wie „Struktu-
riertes Programmieren" und „Top-Down-Ent-
wurf" werden ebenso gelehrt wie effiziente
Algorithmen für Sortieren, Suchen, Editieren
und Textverarbeitung.

Diese „Werkzeuge" werden als lauffähige, aus-
getestete Programme  vorgeführt, können also
vom Leser nachvollzogen werden. Sowohl dem
Studenten, der seine Programmierkenntnisse
vertiefen und neue Techniken lernen will, als
auch dem erfahrenen Praktiker wird dieses
Buch eine wertvolle Hilfe sein.

Springer-Verlag
Berlin
Heidelberg
New York